돌팔이 의학의 역사

엉터리 만병통치약에 대한
무시무시한 이야기

# 돌팔이 의학의 역사

리디아 강, 네이트 페더슨 **지음**

서민 추천 | **부희령** 옮김

더봄

충격과 웃음을 주는 러시아의 전기 샤워

## 들어가는 말

## 돌팔이, 협잡꾼, 허풍선이, 거짓말쟁이, 사기꾼, 모사꾼

오랫동안, 이런 단어들은 죽음과 질병에 대한 사람들의 두려움을 야금 야금 갉아먹으며 효과가 없거나, 해롭거나, 심지어는 목숨을 빼앗기도 하는 약을 파는 사람들을 일컫는 말이었다.

그러나 돌팔이라고 해서 늘 속이기만 하는 것은 아니다. 비록 고의로 의료 사기를 저지르거나 홍보하는 사람을 가리키기는 하지만, 어떨 때는 자기들 스스로도 정말 효과가 있다고 굳게 믿고 있을 때도 있다. 과학적 사실을 무시하거나 혹은 그것을 뒤엎을 새로운 시도를 감행한 것이었으리라. 아니면 문명 속으로 과학적 방식이 도입되기까지 수백 년이나 먼 이전의 일이었을 것이다. 현대의 시각으로 보면, 이러한 요법들은 말도 안 되는 엉터리처럼 보인다. 견과류를 피임약으로 쓴다거나, 출혈을 치유하기 위해 피를 뽑는다. 타는 듯이 뜨거운 쇠로 실연의 상처를 낫게 하기까지! 터무니없는 얘기들이다.

그러나 전염병을 막기 위해 진흙을 먹었던 오스만제국 사람부터 매독을 치유하기 위해 수은 증기로 가득 찬 방에 앉아 있는 빅토리아시대의 신사들, 검투사의 피를 핥아 먹는 고대 로마의 간질 환자들에 이르기까지, 모든 그릇된 요법의 배경에는 인간의 생존 욕구라는 강렬한 힘이 존재한다. 이러한 욕구는 사람을 무슨 일이든 할 수 있도록 몰아붙인다. 기꺼이 사체를 삼키고, 끓는 기름에 고통을 당하고, 많은 거머리를 몸에 집어 넣는 실험적 요법까지 견뎌낸다. 모두 생존이라는 목표 아래 가능한 일이다.

이러한 욕구는 또한 대단한 혁신으로 이어지기도 한다. 사망률을 낮추기 위해(그리고 고통스런 비명을 줄이기 위해) 오래 싸운 끝에, 이제 환자들은 마취를 한 상태로 수술을 받는 축복을 누린다. 더욱 다행스러운 것은 의사의 손에 먼저 시행된 수술을 할 때의 고름이나 세균이 묻어 있을까 걱정할 일도 없다는 사실이다. 우리 조상들은 상상도 못할 일이지만, 이제는 분자 단위에서 암과 싸울 수 있다. 매독이나 천연두 같은 질병들도 그다지 어렵지 않다. 이러한 진전을 이루기까지 혁신을 시도한 사람들은 비웃음을 당하고 수치스러워야 했고, 환자들은 의사의 실수로 인해 고통을 겪고 목숨을 잃는 경우도 있었다는 사실을 잊기 쉽다. 그러나 도전 없이는, 오늘날의 의학적 성취 가운데 어느 것도 이루어지지 않았을 것이다.

물론 어두운 측면이 존재한다. 병을 치료해서 더 오래 살려고 하는 욕망은 아편만큼이나 중독성이 있다. 인간의 모습을 한 이카루스의 후예인 과학자들은 서로 더 효과적이고 강력한 약을 만들어내려고 최선을 다한다. 황제들은 영생의 비밀을 풀기 위해 연금술사들에게 터무니없는 연구를 하도록 시킨다. 돌팔이들이 당신에게 염소 고환 한 쌍을 이식해야 한다는 진단을 내릴 때도 있는데, 간절히 치유 받고 싶을 때 우리는 무엇이든 하려고 한다. 방사능이 있는 좌약이라도 마다하지 않는다.

더 솔직해져 보자. 이미 우리 중 많은 이들이 건강만으로는 충분하지 않다고 한다. 우리는 더 많은 것, 이를테면 영원한 젊음, 완벽한 미모, 무한한 에너지, 제우스의 정력을 원한다. 이러한 마음 때문에 비소가 들어 있는 과자로 생기 있는 얼굴을 만들고, 미묘한 황금빛 만병통치약이 상처 입은 마음을 고쳐줄 것이라고 믿는 지경에 이른다. 이미 검증된 지식 덕분에 이 책에 나오는 많은 요법들을 비웃겠지만, 당신 또한 구글 박사님의 도움으로 성가신 문제에 대한 간단한 치유책을 찾고 있지는 않은가. 우리는 모두 빠른 해결책을 선호하기 마련이다. 백 년 전이라면, 스트리키닌 강장제를 사는 사람이 바로 당신이었을 수도 있다!

우리는 돌팔이들로부터, 그리고 스스로의 욕망으로부터 벗어나야 한다. 19세기에 특허 의약품이 출현하면서, 미국은 전환점을 맞게 되었다. 1906년 순수 식품 의약품법이 생기면서, 미국은 허위와 오해의 소지가 있는 상표나, 식품에 들어 있는 안전하지 않은 성분, 그리고 의약품 및 식료품에 들어 있는 불순물을 단속하기 시작했다.

단지 규제만으로 미국에서 돌팔이들을 몰아낼 수 있을까? 물론 아니다. 현대의 과학적 돌파구와 FDA, 인간 신체가 작동하는 방식에 대해 빠삭하게 알게 되었음에도, 돌팔이들은 여전히 건강관리와 화장품 산업의 모든 측면에 촉수를 뻗고 있다.

사기꾼들을 물리치려면, 인간 신체의 기능과 질병이 작동하는 방식에 대해 더 완전하게 이해해야 한다. 질병과 싸우는 방식에 대해서도 열린 사고로 수명을 늘려가야 할 것이다. 결국 우리는 경계 태세를 늦추면 안 된다. 과학과 의학이 확실한 해결책을 찾기 전에는 인간의 절망을 이용하고

자 하는 돌팔이들이 호시탐탐 기회를 노리고 있을 것이기 때문이다.

그러면 어떻게 해야 조심스럽고 분별력 있으면서 열린 사고를 지닌 소비자가 될 수 있을까? 엉터리 약들은 보통 효과를 확신시키기 위해 떠도는 일화 같은 증거나 유명 의사의 이름을 들먹이는 일이 많다는 것에 주목해야 한다. 또한 "연구 결과를 보면, XYZ는 놀라운 효과가 있다."라는 주장을 좀 더 깊이 들여다보아야 한다. 이러한 '연구'들은 동료들에 의해 엄격하게 교차 검증되어야 하고, 다양한 생명체를 대상으로 한 반복된 실험으로 효과가 입증되어야 한다. 그러나 그런 경우는 매우 드물다. 우리들은 허브가 들어 있는 기침약이라든가, 암 예방법이라든가, 고가의 PRP(혈소판풍부혈장) 주사치료법이라든가 하는, 다양한 치료법을 체계적으로 평가할 때 편향된 의견의 영향을 받는다.

마지막에는 몇 가지 단순한 질문으로 귀결된다. 그 효과에 대한 확실한 증거가 있음을 믿는가? 부작용을 무릅쓸 용의가 있는가? 그리고 결코 잊어서는 안 되는 질문이 있다. 비용을 감당할 만한 경제적 여유가 있는가?

그러니까, 이 책은 모든 것을 치유하려고 한 최악의 방식을 간단히 정리한 의학 역사서이다. 물론, 더 "최악의 방식"은 아직 등장하지 않았다.


## 저자의 비망록

이 책은 우리가 오늘날 터무니없다고 여기는 모든 치료법을 설명해주는 완전한 백과사전은 아니다. 그래서 대부분 현재의 요법보다는 과거의 요법에 초점을 맞추고 있음을 금세 알아차릴 수 있을 것이다. 나아가 좀 더 깊이 다루고 싶은 주제들이 꽤 많았으나 다음 숙제로 넘겼다. 예를 들어 종교를 근거로 한 엉터리 약, 동성애자 전환요법의 총체적 부당성, 인종차별에 입각한 요법과 같은 것들은 좀 더 진지하게 접근하는 책에서 전문적으로 다루어져야 한다고 생각한다.

# 〔 차 례 〕

 **1부 : 원소들 ELEMENTS**
주기율표에서 가져온 처방

# 2부 : 식물과 토양 PLANTS & SOIL
## 자연의 선물

# 3부 : 도구들 TOOLS
저미기, 썰기, 적시기, 그리고 짜내기

# 4부 : 동물들 ANIMALS
소름 끼치는 벌레들, 시체들, 인체의 치유력

# 5부 : 신비한 힘들 MYSTERIOUS POWERS
파동, 빛 그리고 전기

# 현대의학은
# 돌팔이로부터 자유로운가!

고대 이집트 사람들은 사후 세계를 믿었다. 하지만 그곳에서 부활하려면 온전한 육체가 있어야 했는데, 그들이 미라를 만든 것은 이 때문이다. 처음에는 왕과 귀족들만 미라가 될 수 있었지만, 시간이 흐르면서 일반인들도 미라가 되려 했다. 그 결과 만들어진 미라의 수는 어마어마하지만, 지금껏 남아 있는 미라는 극히 일부다. 그 많은 미라는 도대체 어디로 갔을까? 놀라지 마시라. 그 미라들은 약재로 만들어졌다! 어느 순간부터 미라에는 사람을 치료해 주는 신비한 효능이 있다는 잘못된 믿음이 퍼진 것이다. 시중에선 잘게 갈린 미라 파우더가 팔리기 시작했다. 실제로 효과를 본 이는 거의 없었을 테지만, 미라에 대한 수요는 점점 치솟았다. 한몫을 잡으려는 약재상들이 이집트로 몰려 갔다. 카이로에 있던 무덤들은 도굴됐고, 미라들은 토막난 채 유럽으로 실려 갔다. 미라를 구하기 어려워지자 걸인, 나환자, 전염병 희생자의 사체를 미라로 위조해 파는 사람들이 나타나기 시작했다. 아니, 미라도 인간인데 어떻게 그걸 갈아서 먹느냐고 하겠지만, 이건 그리 오래된 과거도 아닌 18세기 후반까지 벌어진 일이었다.

방혈(사혈)요법도 황당하긴 마찬가지였다. 안 그래도 아파 죽겠는 사람이 병원에 오면 일단 피를 뽑았고, 그래도 안 좋아지면 또 피를 뽑았다. 1799년에 죽은, 미국 초대 대통령 조지 워싱턴도 방혈의 희생자였다. 인후염이라는 바이러스 질환을 앓고 있었으니 그냥 집에서 쉬는 게 나았을 테지만, 워싱턴은 끝내 의사를 집으로 불렀다. 아는 치료법이라곤 피 뽑는 것밖에 없었던 의사는 워싱턴의 피를 뽑기 시작했다. 사람에겐 총 5리터의 피가 있는데, 이 중 30% 정도를 잃으면 목숨이 위험하다. 의사가 워싱턴에게 뽑은 피는 2리터, 이 정도면 죽는 게 당연했다. 이런 어처구니없는 치료가 시행된 이유는 도대체 뭘까? 2세기경 유럽 의학 최고의 의사였던 갈레노스의 4체액설이 근거였다. '인간에게는 혈액과 점액, 담즙 등 4가지 체액이 있으며, 이들 간의 균형이 맞지 않아서 병이 생긴다. 그 균형을 맞춰주기 위해서는 피를 뽑아야 한다.' 점액이나 담즙을 뽑지 않고 주야장천 피만 뽑는 이유는 잘 모르겠지만, 아무튼 이 방혈요법은 정말 많은 이들의 목숨을 빼앗았으리라 추측된다. 나중에는 방혈을 위해 거머리까지 동원했다니, 그 시절에 태어나지 않은 게 다행이다 싶다. 물론 방혈요법으로 병을 고친 사람도 있었으니 이 요법이 2천년 가까운 세월 동안 시행될 수 있었을 텐데, 내 생각에 그건 피를 더 뽑히면 죽을 것 같으니 "좋아졌다"고 말하고 도망친 사람들 같다.

우리는 의학이 제법 오래된 역사를 가졌고, 그 동안 좋은 일을 많이 했으리라 생각한다. 하지만 의학이 제 모습을 갖춘 건 100여 년밖에 되지 않으며, 그 이전까진 죽지 않을 수 있는 사람을 무수히 죽였다. 나름의 사정은 있었다. 환자가 왜 아픈지 알지 못했고, 원인을 안다 해도 치료법이 없었으니 말이다. 지금처럼 공장에서 약을 만들어내지 못했던 그 시절, 의사들이 기댈 곳은 각종 식물이나 기원이 불분명한 민간요법이었다. 어떤 치료법이 효과가 있다는 소문이 나면 모든 병에 그 치료법을 적용시켜 봤고, 안 든다 싶으면 또 다른 치료법을 찾아나서야 했다.

환자: 목이 좀 아파요.

의사: 이걸 좀 먹어 보세요. 요즘 핫한 미라 가루입니다.

환자: (잠시 후) 먹으니까 더 안 좋아요.

의사: 음, 그럼 할 수 없네요. 피를 좀 빼야겠어요.

그러니까 1900년 이전까지 의학의 역사는 '돌팔이 의학의 역사'일 수밖에 없다. 보채는 아이에게 아편을 먹인다든지, 건강한 외모를 위해 비소를 먹거나, 성욕 증가를 위해 스트리키닌을 먹는 행위 등등 이 책에 나오는 수많은 사례는 그 시절의 참극을 적나라하게 보여준다.


현대의학이 어느 정도 정착된 지금은 특정 질병에 효과가 있고 부작용이 없음을 증명한 후에야 약으로 출시가 가능하게 강제하고 있다. 그 증명 방법이 바로 임상시험인데, 이는 오랜 시간과 더불어 많은 비용이 드는 까다로운 과정이다. 동물실험을 통과한 약물 중 임상시험에 합격하는 경우가 겨우 8%에 불과하다는 통계도 있을 정도다. 우리나라에서 이 일을 담당하는 곳은 식약처<sup>KFDA</sup>인데, 덕분에 의사들은 과거처럼 이 약이 효과가 있을까를 고민하며 약 처방을 하지 않을 수 있다. 그렇다면 지금 우리는 소위 '돌팔이 의학'과 완전히 결별했을까? 전혀 그렇지 않다. 예컨대 미국에 거주하는 한 여성은 자폐증에 걸린 아이를 치료한답시고 표백제 성분이 든 물을 먹였다. 그 아이는 곧 30센티가 넘는 물체를 배출했고, 그 여성은 '몸 안에 이런 기생충이 있어서 아이가 아팠던 거구나!'라고 생각했다. 그 후 자폐증 환아를 가진 부모들이 앞다투어 표백제를 먹이기 시작했지만, 안타깝게도 이 치료로 인해 병을 고친 아이는 아무도 없었다. 그렇다면 아이가 배출한 30센티미터짜리 물체는 무엇일까? 표백제가 워낙 독하다 보니 아이의 장에 있던 점막이 무더기로 떨어져 나가 벌레처럼 보였던 것뿐이다. 자, 이렇게 질문해 보자. 아이에게 표백제를 먹이는 행위는 옛날 사람들이 미라 가루를 먹는 것과 얼마나 다른가?

현대의학이 발달된 이 시대에 이런 일이 일어나는 것은 현대의학이 해결해 주지 못하는 질병이 아직도 많기 때문이다. 자폐증은 아직까지 그 원인이 밝혀지지 않았으며, 치료제로 쓸 만한 것도 없다. 절망적인 상황이다 보니 지푸라기라도 잡으려고 하는 게 인간의 속성이다. 이렇게 본다면 표백제가 든 물을 먹인 부모의 마음도 이해가 된다. 불치병 하면 떠올리는 게 바로 암이다. 암 환자의 생존율이 높아진 것은 분명하지만, 아직도 암은 전체 사망자의 3분의 1을 죽이는 무서운 병이다. 특히 암이 멀리까지 전이된 말기 암 환자의 경우엔 아무리 유명한 의사라 해도 치료할 방법을 찾기 어렵다. 강아지 구충제로 불리는 펜벤다졸이 인기를 끈 건 이 때문이었다. 폐암 말기였던 조 티펜스Joe Tippens가 이 약을 복용하고 암이 완치됐다고 SNS에 올린 이후 펜벤다졸은 품귀현상을 보일 정도로 팔렸고, 약을 구하지 못해 발을 동동 구르는 사람도 한둘이 아니다. 물론 의사들은 암 환자가 이 약을 쓰는 것을 반대한다. 그건 이 약이 제대로 된 임상시험을 통해 효과를 증명한 게 아닌 데다, 수술이나 항암제로 치료될 수 있는 환자들이 펜벤다졸을 복용하느라 치료 시기를 놓칠까 걱정되어 그랬겠지만, 사람들은 의사들이 항암제를 더 못 팔아먹을까 봐 수작을 부리고 있다고 생각한다. 자폐증과 말기암, 의학의 한계 바깥에 놓인 병들은 이 밖에도 많으며, 그래서 환자들은 1900년 이전에 그랬던 것처럼 미신 비슷한 치료법에 매달리는 중이다.

돌팔이 의학의 역사

〈돌팔이 의학의 역사〉를 읽어야 하는 이유는 다음과 같다. 첫째, 의학의 역사가 수많은 시행착오의 역사였다는 사실을 배울 수 있고, 둘째, 임상시험을 거치지 않은 약을 먹는 게 얼마나 위험한지도 알 수 있다. 셋째, 이게 가장 중요한 이유인데, 현대의학의 한계를 넓히기 위해 노력하고 싶어진다는 것이다. 우리나라에서 노벨생리의학상을 단 한 명도 타지 못한 것은 의학연구에 관심 있는 인재가 거의 없다시피 했기 때문인데, 이 책을 읽음으로써 많은 이들이 의학연구라는 목표를 갖는다면 현대의학의 한계가 넓어짐과 더불어 노벨생리의학상 수상의 꿈도 앞당길 수 있으리라. 뜻있는 분들의 일독을 권한다.

# 옮긴이의 말
### 부희령

# 돌팔이들의 엉터리 처방과
# 의학의 발전사

"독자들은 대부분 수술을 받아본 경험이 있을 것이다. 아니라고? 기다려 보라. 언젠가는 받게 될 것이다. 한때는 치명적인 질병을 치료하기 위해 행했던 마지막 수단이었지만 이제는 흔한 일이 되었다. 때로는 긴급하지도 않다.('돌팔이 의학의 역사' 중에서)"

지난 3월, 번역 작업을 끝낸 지 얼마 지나지 않아 나는 간단한 수술을 받기 위해 병원에 입원했다. 다음 날 아침 일찍 수술 일정이 잡혔다는 이야기를 전해 들으면서 나는 이 책에 실려 있는 '외과 수술'에 관한 내용을 떠올리지 않을 수 없었다. 현대에는 당연히 수술을 할 때는 감염도 고통도 없을 것이고 외과 의사들이 숙련되어 있을 것이라고 여긴다. 하지만 세균의 존재를 발견하기 전, 감염에 대한 경계심이 없던 시절에 외과 의사들은 수술용 장갑을 끼지도 않았고, 손을 씻지도 않았다. 수술실은 피와 고름으로 얼룩져 있었으며, 외과 수술을 받다가 죽을 확률은 60퍼센트 이상이었으며, 수술 후에도 감염 때문에 죽는 일이 부지기수였다. 게다가 가장 끔찍한 것은 '마취'라는 개념조차 없었다는 것! 의사가 환자의 고통을 줄여주기 위해 할 수 있는 일은, 수술의 모든 과정을 아주 빠르게 해치우는 것이었다! 수술 받기 전날, 깨끗한 침대에 누워 막연한 두려움과 불안을 달래면서, 한편으로 새삼 나는 반짝이는 위생적인 수술실에서 마취를 받은 채 수술을 받게 된 것을 다행스럽게 여겼다.

인간 신체의 구조와 기능이 상세히 알려지기 전, 세균의 존재를 발견하기 전, 그러니까 아주 오랜 옛날에도, 사람들은 질병으로 인한 고통을 없애기 위해, 혹은 질병에서 회복되어 더 오래 살아남기 위해 사람들은 매우 다양한 시도를 했다. 그러한 시도를 우리는 '의학'이라고 부른다. 하지만 의학의 역사와 자연과학의 역사는 일치하지 않는다. 의학의 아버지라고 일컬어지는 히포크라테스나 고대의 명의 갈레노스도 무지로 인한 시행착오에서 벗어날 수는 없었다. 사실 그 무렵에는 의사와 돌팔이의 구별은 명확하지 않았다. 노련한 의사라고 해도 축적된 경험에 의한 대증요법 이상의 치유를 행할 수 없었을 것이다. 혹은 오로지 경험으로 얻은 직관에 의해, 실증적으로 검증되지 않은 자기 나름의 논리를 인간의 몸에 적용해서 치유를 시도했을 것이다. 세포 수준, 분자 단위로 질병에 대응하는 현대의 의술과는 전혀 다른 '위험한' 방식이었다. '돌팔이 의학의 역사'를 우리말로 옮기면서, 내내 마음속에서는, 19세기 근대 과학이 발달하기 이전, 과연 의사와 돌팔이를 확연히 구별할 수 있는 기준이 있을 것인지 의문이 떠나지 않았다. 그러나 책의 뒷부분으로 갈수록 그 의문에 대한 답이 저절로 풀렸다.

매우 간단하다. 돌팔이들은 인간을 돈벌이의 도구로 본다. 엉터리 처방으로 얼마나 많은 이들이 고통을 당하든, 혹은 목숨을 잃든, 그들에게는 관심 밖의 일이다. 오직 돈을 끌어 모으는 일에만 열중하여, 근거가 전혀 없는 온갖 거짓말을 늘어놓는다. 하지만 진짜 의사는 다르다. 기본적으로 다른 이들의 고통을 덜어주고 목숨을 구하기 위해서라는 목적이 뚜렷하다. 부수적으로 진리에 대한 열정이나, 혹은 자신의 명예라는 동기가 작용하겠지만. 문제는 선한 의도인지, 악한 의도인지를 가리는 것이다. 물론 그것을 구별하는 것이 그렇게 쉬운 일은 아니다. 이 책에서는 그릇된 관행이나 혹은 아집에 가까운 소신 때문에 많은 이들의 목숨을 희생시킨 의사들의 경우도 드물지 않게 찾아볼 수 있다. 적어도 고의는 아니었다는 변명을 할 수는 있을 것이다. 모순적인 일이기는 하지만 의학의 발전이 의사들의 시행착오나 돌팔이들의 엉터리 처방 덕을 어느 정도 본 것도 사실이다. 의도적인 것은 아닐지라도, 결과적으로 무엇을 피해야 하고 어떤 부작용이 나타나는지에 대한 데이터들을 많이 축적해 놓았으니까.

　책을 읽어 내려가면서 등골이 오싹한 순간들을 자주 만날 것이다. 책을 펼치는 순간부터 감각을 살짝 무디게 만들어 놓기를 권한다. 인류의 역사는 인도주의나 인권에 대한 감각이 깨어나는 역사이기도 하다는 사실을 책을 읽으면서 여러 번 느꼈다. 그리고 그것은 뜻밖에도 자연과학의 역사와도 일치한다. 번역 작업을 끝내면서, 나는 결론을 내렸다. 무지는 잔혹과 통하며, 지혜로움이 곧 인도주의다. 바이러스가 창궐하는 2020년, 이 책을 만난 것은 운명과도 같았다. 이 순간도 최전선에서 온갖 어려움을 무릅쓰고 바이러스와 싸우고 있는 의료진들에게 새삼 깊은 감사를 드린다.

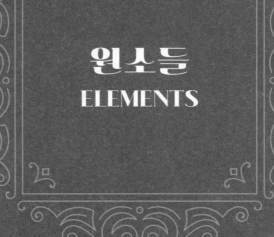

1부

# 원소들
## ELEMENTS

주기율표에서 가져온 처방

# 수은
## Mercury

로마의 신, 화장실 고고학, 침 흘리는 매독환자,
불멸의 신봉자, 잘못 채택된 뱀들

아기의 손과 발이 얼음처럼 차가워졌고, 붉은색으로 변하면서 부어올랐다. 살은 통째로 데쳐서 껍질이 벗겨진 토마토처럼 갈라지고 있었다. 몸무게는 줄어들었고, 성마르게 울었으며, 간지러움을 견딜 수 없어 제 몸을 할퀴어 생살을 찢었다. 열이 나서 체온이 거의 39도까지 오를 때도 있었다.

"아기가 어른이었다면 미친 사람처럼 보였을 거예요. 요람에 머리를 쿵쿵 찧으면서 머리카락을 쥐어뜯었어요. 비명을 지르고, 누가 다가오면 사납게 할퀴었지요." 아기 어머니는 증언했다.

아기의 증상을 훗날에는 '지단동통증', 혹은 '말단통증'이라고 부르게 되었다. 손과 발이 극심한 통증에 시달리는 병이다. 그러나 1921년에는, 아기의 고통을 '분홍 병'이라고 불렀다. 해마다 같은 병에 걸리는 사례가 점점 늘어나면서 의사들은 한동안 이 병의 원인을 알아내려 애썼다. 비소, 맥각병, 알레르기, 바이러스를 의심했다. 그러나 1950년대에 이르자, 많은 사례에서 그 병에 걸린 아이들이 공통적으로 섭취하는 것이 있음이 밝혀졌다. 바로 캘러멜calomel(염화제일수은)이었다.

치아가 나면서 유아들이 느끼는 통증을 가라앉히기 위해 부모들이 잇몸에 문질러주던 가루약 속에 캘러멜이 들어 있는 경우가 많았다. 그 시절에 크게 유행한 약이 있었으니 '모핏 박사의 티씨나 파우더'라는 것이 있었다. 그것은 "아동의 체력을 증진시키고……, 모든 연령대 아동의 복통을 가라앉히는 효과가 있다."고 과장 광고를 했다. 또한 "아기를 돼지처럼 복스럽게 만든다."라고 유혹했다.

**〈상표 1 내용〉**

"모핏 박사의 티씨나 파우더 (치아가 날 때의 통증 완화제)

단돈 25센트, 약국에서 구입하세요.

혹은 C. J. 모핏 박사에게 25센트 우편환을 보내세요.

간지러움을 완화시키며 소화를 촉진합니다.

〈상표 1〉 우리는 그림 속의 새끼돼지와 혼종인 괴물을 보고 기겁을 한다.

장운동을 원활하게 하고, 체력을 증진시키며, 치아가 나올 때의 통증을 완화시켜 줍니다.

티씨나는 모든 연령대 아동의 복통을 가라앉힙니다.

**〈상표 2 내용〉**

스티드먼 파우더는 아동의 치통을 가라앉힙니다.

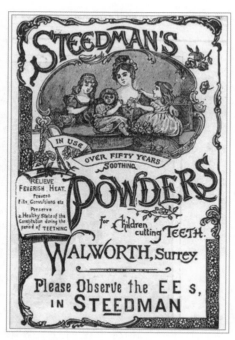

헨젤과 그레텔 풍의 소름 끼치는 약속이 불러온 결과의 배경에는, 캘러멜 속에 숨어 있던 불길한 물질인 수은이 도사리고 있다. 수백 년 동안 수은은 그리 심각하지는 않지만 연관성이 전혀 없는 각종 질병들을 고칠 수 있다고 주장하는 제품들에 함유

〈상표 2〉 아이들을 제대로 독살하려면, 철자법이 중요하다.

되어 있었다. 우울증, 변비, 매독, 독감, 기생충 같은 것들을 거론하면, 누군 가는 수은이 그것을 치유할 수 있다고 장담하곤 했다.

수은은 액체 형태 혹은 결정 형태로 수 세기 동안 어디에서나 그리고 모든 사회 계층에서 사용되었다. 염화제일수은으로 알려져 있는 캘러멜은 결정 형태이며, 역사상 가장 걸출한 인물인 프랑스 황제 보나파르트 나폴 레옹, 시인 에드거 앨런 포, 정치인 앤드류 잭슨 그리고 소설가 루이자 메이 올컷이 그것을 사용했다. 왜? 이야기가 길다.


## 캘러멜(염화제일수은)
구멍난 턱에서 혀와 잇몸이 드러나다


'캘러멜'이라는 이름은 유익하고 검다(암모니아가 있으면 검게 변하는 성질 때문에)는 의미의 그리스 단어에서 유래한 것이다. 캘러멜은 16세기부터 20세기 초반까지 의약품으로 사용되었는데, 캐러멜caramel과 발음이 비슷하 지만 달콤한 과자와는 아무 관련이 없다. 간혹 구충약으로 처방될 때면 속이 뒤집힐 것 같은 '지렁이 사탕', 그리고 '지렁이 초콜릿'이라는 별명으 로 불리곤 했지만.

아무 냄새도 없는 하얀 가루인 캘러멜은 그 자체로는 전혀 해롭지 않 아 보인다. 하지만 속아서는 안 된다. 옆집에 사는 평범한 사람이 지하실 에 뼈를 자르는 톱을 숨겨둔 살인마인 경우와 비슷하다. 캘러멜을 경구 투 약하면, 순화된 언어로 말하자면, 강렬한 카타르시스를 경험하게 된다. 내 장이 뒤집히며 남김없이 비워지는 경험이다. 변비는 오랜 세월 동안 질병 과 관련이 있다고 생각되었기 때문에 직장의 문이 열리면 병든 부분이 치유가 되는 징조로 받아들여졌다.

캘러멜이라는 이름에 들어 있는 '검다'는 의미도 몸에서 빠져나온 검은 대변에서 비롯되었다고 믿는 이들도 있었다. 검은 대변은 담즙이 제거되었다는 증거로 받아들여졌다. 담즙이 '막힘없이' 흐르면 몸이 균형을 유지하고 기질이 유쾌해진다. 이것은 히포크라테스와 갈레노스의 시대부터 전해져 내려오는 이론이다. 만약 대변이 검은색이고 가늘다면, 그렇게 만든 독소를 제거하는 게 낫지 않을까?

'제거'는 다른 곳에서도 일어났다. 보기에 거북할 만큼 침을 엄청나게 줄줄 흘리게 되는데, 이것은 수은 중독의 증상이다. 캘러멜을 먹은 사람은 광견병에 걸린 개와 우열을 가릴 수 없을 정도로 침이 나온다. 침을 흘려서 해로운 성분들이 빠져나간다면, 그건 좋은 일이었을 것이다. 그렇지 않은가? 16세기에 파라켈수스(역주: 테오프라스투스 필리푸스 아우레올루스 봄바스투스 폰 호엔하임. 속칭 파라켈수스는 문예부흥기 시대에 활동한 독일계 스위스 본초학자, 연금술사, 점성술사, 광의의 오컬티스트이다.)는 캘러멜을 효과적으로(즉, 유독하게) 복용했다면, 적어도 3파인트(역주: 액량·건량 단위. 영국에서는 0.568리터, 일부 다른 나라들과 미국에서는 0.473리터. 8파인트가 1갤런)의 침이 나와야 한다고 믿었다. 침을 지독하게 많이 흘려야 한다는 의미다. 변기가 막힐 정도의 배설물과 많은 양의 가래침이 질병이 치유되는 징후라고 믿었던 시절에, 의사들은 캘러멜을 치료약으로 선택했다.

벤자민 러시Benjamin Rush도 그런 의사였다. 미국 독립선언서에 서명한 건국의 아버지인 러시 박사는 여성의 교육과 노예제도 폐지를 주창했다. 그는 정신질환자를 인도적으로 치료하는 길을 열었으나, 불행하게도 정신적 질병은 캘러멜을 투여하면 가장 치유 효과가 좋다고 믿었다. 그는 건강염려증에도 이러한 치료법을 제안했다.

수은은 병에 대해 다음과 같이 작용한다.

1. 질병을 일으키는 뇌 내의 자극물이 입으로 배출된다.

2. 장내에 쌓여 있던 것이 배출된다.

3. 환자는 지금까지의 증상보다는 구강 통증을 신경쓰게 된다.

그 외에, 환자는 끝도 없이 흘러나오는 침에 화가 나 의사와 친구들을 원망할 때가 있다.


의사와 친구들을 원망하는 것이 부작용이라니, 기상천외하다! 그러나 진실을 말하자면, 러시 박사는 건강염려증을 중금속 중독으로 바꿔놓았을 뿐이었다. 또 다른 부작용이라면 수은으로 인한 신경과민으로 우울증, 불안감, 병적 수줍음, 잦은 한숨 등이 포함된 신경성 질환이 있었다. 더불어 사지를 부들부들 떨기도 했는데, 이러한 증상은 모자 제작자의 병, 혹은 모자 제작자의 경련이라고 불렀다(모자 만드는 직공들이 모직을 압축하는 과정에서 수은을 사용했기 때문이다). 더욱이 수은 중독자들은 치아를 잃고, 턱뼈가 부식되고, 뺨에 괴저 증세가 나타나 얼굴에 구멍이 생기고, 궤양이 있는 혀와 잇몸이 드러났다. 러시의 환자들이 걸어 다니는 우울한 시체로 변했다면 도대체 그게 무슨 성공이란 말인가?

황열병 바이러스를 옮기는 모기가 1793년 필라델피아를 습격했을 때, 러시 박사는 다량의 캘러멜 투여와 혈액 제거를 열정적으로 옹호

"용법: 한 알씩 복용"
(화장실에 지옥의 문이 열릴 때까지)

돌팔이 의학의 역사

했다. 일반적인 투약량의 열 배나 되는 캘러멜을 사용하기도 했다. 그러자 뭐든지 쏟아내는 것을 선호하는 의료기관조차 이것이 지나치다고 생각했다. 필라델피아 의과대학 교직원들은 러시 박사의 치료법을 '살인적'이며 '말에게나 적합한' 것이라고 비난했다. 그보다 앞서 1788년에 작가 윌리엄 코벳은 그를 "돌팔이나 마찬가지"라고 불렀다.

당시에 토마스 제퍼슨은 황열병의 치사율을 33퍼센트로 추정했다. 훗날 1960년대에 밝혀진 바에 의하면, 러시의 환자들 중에서는 46퍼센트가 사망했다. 그러니 의사로서 공헌했다고는 도저히 말할 수 없다.

웅덩이에 고여 있는 물과 필라델피아의 위생 문제를 개선하는 데 끼친 러시 박사의 기여도 있었지만 궁극적으로는 가을의 첫서리가 내려 모기가 없어지면서 사건은 종식되었다. 러시 박사의 친구인 알렉산더 해밀튼은 병에 걸렸을 때, 다른 의사를 찾아갔다. 해밀튼은 다음과 같이 썼다. "방혈이나 캘러멜 요법에 관한 한 나는 매우 사랑하는 친구의 의견에 반대한다. …… 그는 사람의 생명을 지킨다는 진지한 신념을 지니고서 엄청난 해를 끼치고 있다." 해밀튼은 살아났으나, 러시 박사의 명성은 살아남지 못했다. 19세기로 접어들면서, 그는 의료행위를 하지 못하게 되었다.

그러나 캘러멜은 여전히 계속 사용되었다. 20세기 중반에 이르러서야 많은 이들이 중금속 중독이 위험하다는 것을 분명히 알게 되었고, 비로소 수은 화합물을 멀

벤자민 러시. 사람들이 지나칠 정도로 배설을 많이 하기를 바랐던 미국 건국의 아버지.

리하게 되었다.

## 수은
대통령이 되기 전 수은이 들어간 약을 복용했던 링컨

사람들은 대부분 수은을 한때 흔히 쓰이던 유리 온도계 속의 매끄러운 은빛 액체로 알고 있다. 만약 과잉보호나 자연 친화적 양육 태도를 지닌 부모들이 나타나기 이전에 어린 시절을 보냈다면, 깨진 온도계 속 내용물을 가지고 놀았던 기억이 있을 것이다. 빛나는 구슬들이 작게 부서졌다 뭉치며 사방으로 빠르게 미끄러지는 모습을 보면서 아이들은 시간 가는 줄 몰랐다.

'퀵실버(재빨리 움직이는 은)'라고 불리기도 한 수은에는 신비로운 면이 있었다. 옛날 라틴어 이름인 하이드로지럼hydrargyrum은 '물 형태의 은'이라는 의미로 그 물질의 놀라운 독특함을 설명하고 있으며, 주기율표에서 Hg라는 기호로 자리잡았다. 상온에서 액체 형태인 유일한 금속이면서, 일반명사인 머큐리는 로마신화에 나오는 상업의 신과 연금술에서 이름을 빌린 유일한 원소이다.

그러니 사람들이 수은으로부터 마법 같은 현상을 기대하는 것도 납득

이 갈 것이다. 진시황(BC 246~221)도 그러했다. 불로장생의 비밀을 간절히 알고 싶은 나머지, 해답을 찾기 위해 신하들을 여기저기 보냈지만 모두 헛수고였다. 그러자 그의 연금술사들은 빛나는 액체가 비밀의 열쇠일 것이라고 추

돌팔이 의학의 역사

측하여 수은으로 약을 조제했다.

그는 마흔아홉의 젊은 나이에 수은 중독으로 죽었다. 그러나 그는 거기서 멈출 생각이 없었다. 저승을 다스리기 위해, 진시황은 웅장한 지하 무덤에 묻혔다. 작가들은 그 속에 수은의 강이 흐르며, 천장은 별자리 모양의 보석들로 치장했다고 기록하고 있다. 또한 영화 〈인디애나 존스〉에 등장하는 것처럼 화살과 불꽃이 튀어나오는 부비트랩이 설치되었다고 한다. 진시황은 만족했겠

에이브러햄 링컨. 수염을 기르고 모자를 쓰기 전, 그리고 수은 중독에서 벗어나지 못했을 때의 모습

지만 다른 모든 이들에게는 소름 끼칠 일이 있었으니, 그것은 후궁들과 무덤 설계자들을 모두 순장한 것이다. 끔찍한 일이다. 만약 무덤을 개방할 경우 독성 수치가 너무 높은 수은이 방출될 위험이 있기 때문에 그곳은 아직도 발굴하지 않고 있다.

꽤 오랜 시간이 흘러, 역사 속에서 불멸의 존재가 된 에이브러햄 링컨 역시 수은의 희생자로 살고 있었다. 대통령이 되기 전에, 링컨은 감정의 기복, 두통, 변비에 시달렸다. 1850년대에, 보좌관 한 명이 다음과 같은 기록을 남겼다. "링컨은 늘 토할 것 같은 두통에 시달렸고, 도저히 참을 수 없을 때면 파란색 알약인 청괴를 먹었다." 구토를 유발하는 두통은 '담즙 분비 이상에서 비롯된 두통'으로 알려져 있다. 따라서 담즙이 흐를 수 있도록 배설을 많이 하면 치유할 수 있다고 여겼을 것이다.

그런데 이 신비한 '청괴'란 무엇일까? 순수한 액체 수은에 감초 뿌리, 장미수, 꿀, 설탕을 섞어서 제조한 말린 후추 열매 크기의 알약이다. 액체

상태의 수은은 장에서 잘 흡수되지 않기 때문에, 약사들은 액체 구슬을 두들겨 부수어 상대적으로 존재감이 사라지게 하는 방식으로 그 공격적 효과를 억누르는 솜씨를 부렸다. 불행하게도, 이러한 과격한 방식 덕분에 수은은 장 내부에서 더 쉽게 흡수되었다.

덕분에 그 알약을 먹고 나면 링컨의 상태는 더 나빠졌다. 당시에 그의 변덕스러운 행동과 더불어 분노가 뒤섞인 우울증 발작, 불면증, 몸의 떨림, 걸음걸이 문제에 대해 여러 설명이 있지만, 이 모든 것은 이론적으로 수은의 독성 탓으로 볼 수 있다. 그는 또한 내장기관 과민증에도 시달렸던 것 같다.

알약이 효과가 있을 거라고 믿었음에도 불구하고, 링컨도 마침내 자신의 상태가 회복되기는커녕 더 악화되고 있음을 깨달았던 것 같다. 백악관에 들어간 이후로 알약을 복용하는 횟수가 눈에 띄게 줄었다. 하마터면 너무 늦을 뻔했다. 수은에 중독되어 병적으로 변덕스러운 지도자가 남북전쟁 때 나라를 이끌었을 것을 상상하면 끔찍하기만 하다.

## "비너스와 하룻밤을 함께하고, 수은과 일생을 함께한다."

수은은 수 세기 동안 매독과 밀접한 관계를 맺어 왔다. 15세기에 프랑스가 이탈리아의 나폴리를 침공한 이후로, 매독은 유럽 전역으로 퍼져나가게 되었다. 볼테르에 의하면, "의기양양하게 이탈리아로 진격하면서, 프랑스인들은 경솔하게도 제노바, 나폴리 그리고 매독을 차지했다. 그리고 나서 나폴리와 제노바를 빼앗기고는 쫓겨났다. 그러나 모든 것을 잃지는

치료를 받고 있는 매독 환자. 환자의 입에서 침이 폭포수처럼 흘러나오고 있다. (오른쪽 위) 또 수류탄처럼 생긴 솥에서는 찜질 요법이 시행되고 있다.

않았다. 매독이 그들과 함께했다."

곧이어 '매독'이 유럽 전역으로 퍼져나가면서, 그것은 진정한 골칫거리이자 끔찍한 부산물이 되었다. 트레포네마 팔리덤(매독의 병원균)의 역사적 변종은 특히 맹독성이었다. 감염된 상대와 성관계를 하고 나면, 생식기에 궤양이 발생하고 발진과 발열로 진행되었다. 그러고 나면 악취가 나는 종양, 농포 그리고 궤양이 온몸으로 번졌다. 심각한 경우에는 얼굴과 살 그리고 뼈까지 침식해 들어갔다. 그렇다. 통제할 수 없는 매독은 진정 몸서리쳐지는 것이었다.

사람들은 절박하게 치유를 바랐다. 16세기에 다소 허세는 있지만 열성적인 파라켈수스 덕분에 수은이 치료약으로 등장했다. 그는 갈레노스의 체액 이론에 반대했다. 대신에 수은과 소금, 황산으로 신체의 모든 문제를 치료할 수 있다고 믿었다. 땅에서 비롯되었고, 생리적 요소이며, 점성술과 관련되어 있기도 했기 때문이다.

또 다른 종류인 염화수은이 등장했다. 수은과 달리, 염화수은은 물에 녹는 성질이 있었고, 몸에 쉽게 흡수되어 그 독성의 결과가 더 효과적인 것처럼 보였다. 피부에 바르면 화상을 입혔고("아파요! 그러니까 효과가 있는 거군요!"), 엄청난 양의 침을 흘리면서 병이 성공적으로 제거되는 것으로 여겨졌다.

또한 매독 환자들은 사상 최악이라 할 만한 스파 패키지를 받았다. 수은에 열을 가하여 한증탕을 했고, 수은 증기를 들이마시는 것이 효과적이라고 생각했다(수은을 강력하게 흡수하는 경로가 된다). 지방에 염화수은을 첨가하여 만든 연고를 궤양에 꼼꼼하게 발랐다. 이따금 온몸에 훈증 소독을 하기도 했다. 액체 수은이 가득 들어 있는 상자 안에 환자를 알몸으로 눕히고, 구멍 밖으로 머리를 내밀게 한 다음, 상자 아래에 불을 지펴 수은을

돌팔이 의학의 역사

# 루이스와 클라크의 북미대륙 횡단과 600정의 '벼락'

벤자민 러시의 영향력은 역
겨운 알약의 형태로 필라
델피아 밖으로 광범위하게
퍼져나갔다. 캘러멜, 염소,
그리고 할라파(강력한 완하제
인 약초)를 특허 받은 비율로
조제한 그 알약은 러시 박

인류 역사상 가장 과감한 배설의 현장

사의 '벼락' 혹은 '벼락치기'와 같은 애칭으로 불리곤 했다. 미국인 최초로 북
미 대륙 횡단에 성공한 메리웨더 루이스와 윌리엄 클라크 역시 러시의 권유로
이 약을 가지고 탐험을 떠났다. 러시는 복용법을 다음과 같이 적어 넣었다.
"조금이라도 몸이 불편해지면, 하제(설사약)를 한두 알 혹은 그 이상 복용하고
쉽게 배변을 볼 것." 또 변비는 "병에 걸리기 전의 징후로 볼 수 있기 때문에
약을 한 알 이상 복용할 것." 식욕이 없는 것은 "몸 상태가 나빠지고 있다는
신호이므로 같은 처방을 적용하면 된다."

요컨대, 몸이 찌뿌둥한가? 배설하라. 남김없이 배설하라.

그래서 루이스와 클라크는 러시 박사의 '벼락'을 600알이나 가지고 갔다. 현대
의 역사학자들은 루이스와 클라크가 역사적인 탐험을 하던 중 몬태나의 로로
에서 글자 그대로 쪼그리고 앉았음을 밝혀냈다. 탐험이 군사적 목적을 띠고 있
었으므로, 변소의 위치는 야영지에서 약 90미터 떨어진 곳에 있어야 한다는 군
사 지침을 따라, 구식 납 샘플을 이용해서 야영장 자리를 찾아냈다. 아니나 다
를까, 그곳에서 90미터 떨어진 곳에서 수은이 검출되었다. 배설물 빙고! 였던
것이다. 러시의 벼락 덕분에 병이 나았는지 아닌지는 모르겠지만, 그들은 배설
이라는 방식으로 역사에 확실한 흔적을 남겼다.

증발시켰다. 16세기의 이탈리아인 의사 지롤라모 프라카스토로<sup>Girolamo</sup>
<sup>Fracastoro</sup>는 수은 연고와 훈증 소독 요법을 행한 뒤 이렇게 말했다. "병균이
끓어올라 입안에서 녹아내리고 역겨운 침으로 흘러내릴 것이다."

매독 치료는 전혀 섹시하지 않다. 더 끔찍한 것은, 이러한 요법을 환자
들이 죽을 때까지 계속해서 받아야 하는 경우도 있다는 것이다. 항간에는
이런 경우에 딱 맞아떨어지는 속담이 있었다. "비너스와 하룻밤을 함께하
고, 수은과 일생을 함께한다."

역사상 가장 유명한 바이올리니스트 중 한 명인 니콜로 파가니니는 매
독으로 진단받은 후 수은 중독에 시달렸던 것 같다. 건강염려증과 신경과
민으로 인한 과도한 수줍음으로 괴로워한 것 말고도, 그는 통제할 수 없는
경련 때문에 1834년에 은퇴했다. 그는 다리가 나무줄기처럼 굵어졌고, 만
성 기침에 시달렸다. 그는 다음과 같이 불평했다. "콧물과 고름이 끝없이
나온다. …… 서너 대접은 너끈할 것이다. …… 다리는 무릎 뒤까지 부어
올라서 달팽이처럼 움직인다." 치아가 모두 빠졌고, 방광에는 계속 통증이
있었다. 고환에는 염증이 생겨 '작은 호박'만 하게 부풀어 올랐다. 빌어먹
을 매독이 온 세상 어디에나 있는 작은 호박의 사랑스러움을 망쳐버렸다.

다행인지 불행인지, 가엾은 파가니니가 연체동물처럼 끔찍하게 쏟아내
던 점액질과 호박 크기로 부풀어 오른 하체는 그리 오래 지속되지 않았다.
연주를 그만둔 지 한 달도 되지 않아 파가니니는 사망했다.

오늘날, 우리는 수은이나 은 같은 금속이 박테리아를 죽일 수 있다는
것을 알고 있다. 그러나 세균 배양용 접시 위에서 효과가 있었다고 해서
사람 몸속에서도 같은 효과를 나타내지는 않는다는 사실도 과학자들은
잘 알고 있다. 매독 환자들은 수은 요법으로 나았을 수도 있고, 매독의 다
음 단계인 잠복기로 이행한 것인지도 모른다.

그러니까 수은의 독성이 환자들을 먼저 죽이지 않았다면 말이다.

## 카두케우스
뱀 지팡이의 돌변

지나치게 '투지 넘치는 약'인 강력한 하제를 대신할 더 안전하고 효과적인 치료법이 나오게 되면서 캘러멜은 점점 사용하지 않게 되었다. 미국과 전 세계에서 수은 광산은 1940년대에, 금과 은 광산은 1960년대에 채굴이 금지되었다. 캘러멜은 1950년대까지 영국의 약학사전에서 삭제되지 않았다. 수은이 말단통증의 원인이라는 사실이 밝혀지기까지 시간이 너무 오래 걸렸기 때문이다. 현재도 수은 온도계가 남아 있다(붉은색 알코올 온도계보다 더 정확하기 때문이다). 그러나 세계적으로 점점 더 규제가 확대되는 중이다.

수은은 이제 더 이상 주요 의료현장에서 사용되지 않지만, 수은의 상징은 많은 클리닉들로 슬그머니 비집고 들어갔다. 수은의 어원이 된 머큐리 신의 상징은 두 마리 뱀이 서로 얽힌 채 날개 달린 지팡이(카두케우스)를 감고 있는 것이다. 그 상징은 흔히 의료 기관과 연관된 것이라고 오해를 받곤 하는데,

카두케우스와 두툼한 지갑을 든 채, 머큐리가 모든 이들을 딛고 서 있다.

그 이유는 1902년에 미 육군이 다른 지팡이와 혼동하여 의무본부의 상징으로 그것을 채택하는 실수를 저질렀기 때문이다. 결국 그것은 치유를 나타내는 상징이 되었지만 실제로 이 카두케우스 지팡이의 주인인 머큐리는 금전적 이득, 상업, 도둑질, 속임수를 상징하는 신이다.

그들이 상징물로 채택했어야 할 것은 아스클레피오스의 지팡이였다. 아스클레피오스는 그리스 신화에 등장하는 건강과 의술의 신으로, 아무 장식도 없는 나무 지팡이에 뱀 한 마리가 휘감긴 지팡이를 들고 있다. 이것이 1902년에 실수로 놓친 바로 그 지팡이다. 오늘날에는 의료 연구기관 대부분에서 이 지팡이를 상징으로 사용하고 있다.

1932년에 스튜어트 타이슨은 〈월간 사이언티픽〉에서 카두케우스를 잘못 사용한 것에 대해 지적하면서, 머큐리에 대해 이렇게 말했다. "상업과 두둑한 지갑의 수호자이며…… 그 은빛 혓바닥은 언제나 능숙한 언변으로 '겉으로는 더 나빠보일지라도 사실은 더 좋아지고 있는 것'이라고 설득한다. …… 머큐리 신을 상징으로 한 것은 돌팔이 의사들에게 딱 들어맞지 않는가?"

정말 딱 들어맞는 말이다.

# 안티몬
**Antimony**

올리버 골드스미스의 마지막 어리석은 짓,
가짜 성 바실리우스 발렌타인, 쿡 선장의 컵,
그리고 끝없이 똥을 누게 되는 알약

1774년, 올리버 골드스미스는 기분이 좋지 않았다. 《웨이크필드의 목사》, 그리고 희곡 《지는 것이 이기는 것》의 저자이며 마흔네 살인 그는 열과 두통이 있었고, 신장 상태도 안 좋아보였다. 그의 인생을 살펴보면 그는 더블린의 트리니티 칼리지를 꼴찌로 졸업했고, 에딘버러대에서 의학박사 학위도 받지 못했다. 그러고 나서 돈이 다 떨어질 때까지 유럽을 돌아다녔다. 마침내 작가가 되어 어느 정도 성공을 거두었으나, 호레이스 월폴 Horace Walpole 같은 이들은 그를 '통찰력 있는 바보'라고 불렀다.

올리버 골드스미스.
작가이자 '통찰력 있는 바보'

그러나 의학을 공부하다가 그만두고 잠깐 약제상의 조수로 일한 경력이 있었으므로, 그는 자가 치료를 시도했다.

그는 '성 제임스의 해열제'를 떠올렸다.

당시에는 열병을 치료하는 '성 제임스의 가루약'이 유행하고 있었다. 18세기의 저명한 의사들 중 한 사람이었던 로버트 제임스가 개발해 특허를 획득한 이 약은 '경련과 약한 두통을 동반한' 열병과 통풍, 괴혈병, 소들의 디스템퍼 바이러스를 치유할 수 있다고 했다. 로버트 제임스 박사는 이 약의 조제 방법을 철저하게 비밀로 했다. 다른 사람들이 도용할 것이 두려워 특허를 신청할 때조차 가짜 조합법을 적어냈다고 한다. 사실 이 약의 주성분은 안티몬이라는 유해금속이었다. 그러나 올리버 골드스미스는 자신의 병을 치료하기 위해서는 독성이 있는 금속 안티몬이 꼭 필요하다고 믿었다. 그는 구토를 원했다.

의사면허는 따지 못했지만 스스로 의사임을 자처하던 골드스미스는 약제상에 성 제임스의 해열 가루약을 주문했다. 약제상은 먼저 진짜 의사를 찾아가 보라고 간절하게 설득했지만 골드스미스는 결국 원하던 것을 얻었다.

돌팔이 의학의 역사

열여덟 시간 뒤, 엄청난 구토와 경련에 시달리다가 올리버 골드스미스는 사망했다.

## 고대 로마인들에게 구토는 일상이었다

우리는 가엾은 골드스미스와 그가 갈망했던 안티몬 처방에 대해 살펴볼 것이다. 그러나 우선 잠시 멈춰서, 왜 그가 자신을 죽음으로 몰고 갈 정도의 격렬한 구토를 원했는지 살펴보자.

구토 혹은 게워내기는 몸이 자기 위장 속 내용물을 중력과 정상적인 소화 과정의 방향을 거슬러서 제거하는 방식이다. 위장 내벽을 자극하고, 구역질 반사를 이끌어 내면서, 뇌에 자리 잡은 '구토를 관장하는 영역'을 건드림으로써(그렇다, 뇌야말로 신경이 자리 잡은 곳이니까), 역방향 소화를 유발할 수 있다. 안티몬과 같은 구토제는 억지로 토하려는 목적으로 복용하는 물질이며, 그 역사는 꽤 길고 파란만장하다. 헤로도토스$^{Herodotus}$ (*역주: 그리스의 역사가, BC 484~425)에 의하면, 고대 이집트인들은 건강을 유지하기 위해 월 1회 구토제를 복용했다고 한다. 히포크라테스 역시 정기적으로 토하는 것을 권장했다고 한다. 그러한 권고는 수천 년 동안 이어져 왔다. 실제로 수십 년 전까지만 해도, 구토제는 매우 중요한 처방약이었다.

구토제 처방은 히포크라테스의 체액론을 근거로 한다. 인체를 구성하는 네 가지 체액인 혈액$^{blood}$, 흑담즙$^{black\ bile}$, 황담즙$^{yellow\ bile}$, 점액$^{phlegm}$ 중 어떤 체액이 우세하냐에 따라 체질이 결정되고 성격이 달라진다고 하였다. 이 네 가지 체액이 균형을 이루지 못할 때 질병이 발생한다고 믿는 이론이다. 그래서 병을 고치기 위해서는 구토와 설사,
땀을 내고 침을 뱉는 것이 필수적이었다. 간단
히 말해서 모공에서 땀을 흘리고 입이나 항문
에서 체액을 배출시키면 몸이 균형을 이룬다는
것이다.

기원전 3000년부터 전 세계의 광물 퇴적층에서 채굴된 회색빛을 띤
준금속인 안티몬은 주로 그러한 목적으로 사용되었다. 어떤 사람들은 탐
욕스럽게 식사를 한 뒤 먹은 것을 게우기 위해 으레 구토제를 사용했다는
사실이 널리 알려져 있다. 로마의 황제 율리우스 카이사르와 클라우디우
스도 그러했다. 로마 황제의 고문이었던 세네카는 젊은 시절 다음과 같이
언급했다. "어떤 로마인들은 먹기 위해 토하고, 토하기 위해 먹으며, 세계
각지에서 올라온 음식을 굳이 소화시킬 필요를 느끼지 못한다."

이러한 과정에서 안티몬이 함유된 술을 거듭 마셨다. (흥미롭게도, 출입구
를 뜻하는 보미토리움(*역주:토하는 사람이라는 의미도 있다)이라는 용어는 폭식, 폭
음을 하는 로마의 파티 참가자들에게 제공되는 구역으로 오랫동안 간주되었다. 그러나
실제로 그 단어는 단순히 관중들이 '배설'을 하기 위해 원형경기장 밖으로 나가는 출구
를 가리키는 말이었다. 이것은 사람과 토사물을 동등하게 적용한 건축 용어이다.)

안타깝게도 위장의 내용물을 역류시키기 위해서는 때때로 독약처럼
몸이 필사적으로 거부하는 것을 복용해야 한다. 학자와 치료자들 모두 안
티몬의 독성을 인지하고 있었다. 간에 해를 끼치고, 췌장에 심각한 염증을
유발하며, 심장에 문제를 일으켜, 죽음을 초래할 가능성이 있다는 것을
말이다. 그럼에도 불구하고 그들은 의사들이 안티몬을 통제할 수 있을 것
으로 믿었다. 안티몬에 관한 그 당시의 공통된 인식은 "설사 독약이라고
하더라도 의사의 손에 있으면 독약이 아니"라는 것이었다.

골드스미스가 의사들의 반대에도 불구하고 안티몬을 복용한 것은 불행한 일이었다.

## 수도사를 죽이는 약인가, 아니면 놀라운 효험을 지닌 약인가?

16세기의 유명한 의사인 파라켈수스는 인간의 체액 이론에 반대하면서 미네랄에 바탕을 둔 학설을 주창했다. 그렇게 급진적인 발상의 전환 때문에 많은 추종자를 두는 동시에 많은 적도 생기게 되었다. 그는 자연과학을 이해하지 못하면 질병을 치료할 수 없다고 생각했다. 그런 그에게 안티몬이나 수은처럼 땅속에 묻혀 있는 물질은 병세를 회복시킬 수 있는 완벽한 원소들이었다. 특히 안티몬은 "자정 작용이 있을 뿐만 아니라 오염된 모든 것들을 정화하는 물질"이라고 주장했다.

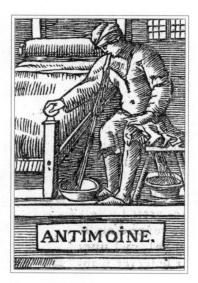

의도는 좋지 않았어?

르네상스 시대의 오즈 박사가 보증해주는 것만으로도 구토 유도제 복용을 시도할 만하다고 당신은 생각하겠지만, 안티몬의 인기에 불이 붙은 것은 가공의 수도사가 이를 극찬했기 때문이었다. 안티몬이라는 이름은 15세기 독일 수도사 성 바실리우스 발렌타인Basil Valentine의 이야기로부터 비롯되었다고 추정한다.

전해지는 말에 의하면, 그는 성 베드로 베네딕트 수도원의 참사회원이었으며, 놀랍게도 106세에 죽었다고 한다. 묘비명에는 "post CXX annos patebo(수수께끼는) 120년 후에 밝혀질 것이다."라고 적혀 있었다. 그리고 바로 사후 120년이 지난 어느 날 베네딕트 계열의 한 교회에서 기둥 하나가 툭 터지면서 그 속에서 원고가 발견되었다. 지금은 그 존재가 확실하지 않은 발렌타인이 그 원고의 저자라고 되어 있었다.

발렌타인은 《승리의 전차 안티몬》이라는 제목의 원고에서 안티몬의 효능을 극찬했다. 심지어 구충제로 사용하면 돼지를 살찌울 수 있다고 추천하기도 했다. 떠도는 말에 의하면, 안티몬을 돼지에게 먹여 좋은 효과를 보고 수도사들에게도 시험 삼아 먹였더니, 그것을 먹은 이들이 급작스럽게 죽었다는 것이다. 그래서 안티몬은 '안티-몽크anti-monk(수도사를 좋아하지 않는)' 혹은 '수도사를 죽이는 약'이라는 뜻으로 그런 이름이 붙었다는 말이 있다 (그러나 이것이 그 이름의 진정한 기원은 아닐 것이다. 안티몬은 그리스어 안티모노스에서 비롯되었을 확률이 높다. 이 단어는 '홀로 발견되지 않는 금속'이라는 의미인데, 유황과 같은 다른 원소에 대한 친화성에서 기인한 이름이다. 마치 성 바실리우스 발렌타인이라는 이름이 행실이 방종한 라운지 음악 가수에게 더 어울리는 것과 마찬가지다).

발렌타인의 원고는 마치 마법처럼 요한 톨드Johann Thölde의 손으로 흘러들어갔다. 그는 소금 굽는 사람이자 상인이었는데, 어쩌면 그 원고의 실제 저자일 수도 있다. 우연의 일치인지 그는 노련한 화학자이기도 했던 것이다. 1600년대 초에 그는 발렌타인의 원고를 퍼뜨려 많은 돈을 벌었으며 안티몬의 사용량을 급증하게 만들었다.

그리고 지적인 전쟁이 시작되었다.

체액 이론을 신봉하는 갈레노스파 의사들은 파라켈수스와 발렌타인을 신봉하면서 수은과 안티몬을 주성분으로 한 설사약을 즐겨 쓰는 의사

돌팔이 의학의 역사

와 화학자들에게 분노했다. 의학과 화학 중 어느 쪽이 옳은지를 두고 신랄한 설전과 법정 싸움이 이어졌고, 그 중심에는 안티몬이 있었다. 파리 의과대학 교수들은 안티몬을 '맹독'으로 규정했다. 가장 단호한 프랑스의 비평가이자 의사였던 가이 파탱Guy Patin은 부르짖었다. "신이여, 맹독성 약물과 맹독성 의사들로부터 우리를 지켜주소서!" 그러나 여전히 많은 이들은 안티몬이 불순물을 정화하고 '몸을 완전하게' 만들어준다고 믿었다. 그래서 천식이나 알레르기부터 매독과 페스트에 이르기까지 모든 질병에 안티몬이 사용되었다. 1658년 루이 14세는 큰 병을 앓으며 죽을 고비를 넘기던 중 안티몬을 복용했다. 그가 (기적처럼) 회복되면서 프랑스에서는 안티몬 논쟁이 종지부를 찍었고 이 빛나는 준금속성 물질이 승리했다.

톨드와 가상의 인물일지 모를 발렌타인은 어떻게 되었을까? 소금 굽는 사람이자 화학자인 톨드가 발렌타인 원고의 진짜 저자일지도 모른다는 사실에 대해 사람들은 아무도 관심이 없었다. 사실 15세기의 수도사가 그 원고를 썼을 가능성은 매우 희박했다. 왜냐하면 발렌타인이 그가 죽은 뒤에 일어난 일들을 기록해 두었기 때문이다. 그러나 안티몬이 구토를 일으킨다는 것만은 틀림없는 사실이었다.

## 영구적 알약과
## 구토를 위한 성배

안티몬의 인기가 절정에 이르렀을 때, 사람들은 처방된 약을 먹는 것만으로는 성이 차지 않았다. 사람들은 안티몬이 함유된 물건을 갖고 싶어 했다. 17~18세기에는 안티몬으로 만든 컵이 유행했다. 푸쿨라 에메틱pucula emetic 혹은 칼리코스 보미토리calicos vomitorii라는 애칭으로 불렸는데, '구토를 위한 성배'라고 할 수 있겠다. 이 컵에 포도주를 따르면 컵에 함유된 안티몬이 포도주 속의 산酸과 결합하여 구토제 역할을 하는 '주석산'(주석산 안티몬 칼륨)을 생성한다. 그리하여 그 컵으로 포도주를 마신 사람은 '건강에 좋은' 구토를 하게 되거나 적어도 설사를 하게 된다. 지금까지 남아 있는 안티몬 컵 중 하나는 제임스 쿡 선장의 것으로 추정된다. 그가 세계 일주 항해를 할 때 가지고 갔던 것이다. 그는 컵을 신중하게 사용했던 것 같다. 안티몬이 녹아나온 포도주를 너무 많이 마시면 죽음에 이를 수도 있었기 때문이다. 1637년 런던의 화약 골목에서 50실링에 팔린 컵 하나는 세 명의 목숨을 앗아갔다.

안티몬 알약이라는 것도 있었다. 오늘날 우리가 복용하는 약과는 달리, 이 금속 알약은 잘 소화가 되지 않았고, 대개의 경우 변질되는 일 없이 장을 통과할 수 있었다. 그것들은 변기에서 빠짐없이 회수되었고, 깨끗이 씻은 후 여러 번 다시 사용되었다. 알약을 재활용한 것이다. '변하지 않는 알약' 혹은 '영구적 알약'으로서 집안에서 대대로 소중한 가보로 전해졌다. 누군가가 마지막으로 남긴 유언이 다음과 같다는 것을 상상해 보라. "그리고 변비가 있는 사랑하는 아들 조너선에게 나의 설사약을 물려주노라." 그러니 윌리 웡카(*역주: 로알드 달의 《찰리와 초콜릿 공장》의 주인공)의 줄어들지 않는 커다란 사탕은 신기하다고 할 수도 없다. 기획력이 뛰어난 많은 돌팔이 의사들이 안티몬 열

구토를 해서 활기를 되찾으려면 포도주를 채우기만 하면 된다. 17세기의 안티몬 컵과 상자

풍 덕택에 부자가 되었다. 18세기의 의사 조슈아 워드<sup>Joshua Ward</sup>는 조지 2세의 탈구된 엄지손가락을 치료해 준 덕분에 왕의 인정을 받았다. 그는 의사로서의 경력도 없고 약물에 대한 지식도 거의 없었지만 명성을 이용하여 부를 축적했다.

그의 이름을 내건 대표적 약은? '워드의 알약'과 '워드의 물약'이었다. 그는 이 약으로 통풍부터 암에 이르기까지 모든 질병을 치료할 수 있다고 주장했다. 그렇게 효능이 좋은 약이 정말로 있단 말인가? 그렇다. 워드의 약에는 독으로 작용할 수 있을 만큼의 안티몬이 함유되어 있었다. 그럼에도 불구하고 누구나 워드의 알약과 물약을 자기 집 선반에 상비약으로 모셔두었다. 홍보의 귀재였던 그는 알약을 빨간색, 보라색, 혹은 파란색으로 물들였다. 젤리 사탕처럼 보이는 인공적인 색채가 모든 것을 더 그럴듯하게 보이게 했기 때문이다.

그러나 젤리 사탕과는 달리 워드의 약 성분에는 비소도 들어 있었다. 워드는 그렇게 모은 재산을 사회에 환원하려고 병원을 세웠다고 한다. 그는 빈민들을 돌보기도 했는데 그럭저럭 훌륭한 일이었다. 그런데 그들에게 자기가 만든 약을 나눠주었으니……, 그것은 그다지 좋은 일은 아니었다.


## 고통이 지닌 치유의 힘
아내에게 토주석을 받아 먹은 남자의 비극

구토를 일으킨다는 악명이 높았음에도 불구하고, 사람들이 안티몬을 얼굴에도 사용했다는 사실을 알면 무척 놀랄 것이다. 그렇다. 황제를 토하게 만들고 영구적 설사약으로 사용했던 금속이 화장품으로도 사용되었던 것이다. 주기율표에서 안티몬을 나타내는 Sb라는 약자는 휘안석<sup>stibnite</sup>에서 유래한 것이며, 그것은 안티몬이 황산과 결합한 상태의 광물이다. 금속성의 연한 회색이지만 공기 중에 노출되면 검은색으로 변하는 휘안석은 고대 이집트, 중동, 아시아의 일부 지역에서 아이섀도우로 사용되었다(그런 곳에서는 '콜'이라고 불렸다).

그러나 눈에 스모키 화장을 하려고 휘안석을 집어 들기 전에, 계속 읽어보라. 안티몬이 내장 기관에 여러 작용을 한다는 것을 알고 있다면, 피부에 어떤 일을 하는지도 알았으면 좋겠다. 예전에는 반대 자극 요법이라고 해서 환부에 화상을 입히거나 물집이 생기게 함으로써, 환자가 원래의 통증을 신경 쓰지 않게 된다는 이론이 대두되었었다('소작법과 수포제' 참조). 그 이론에 의거해 물집을 만드는 데 안티몬을 국소적으로 사용했던 것이다.

1832년의 런던 의학 백과사전은 백일해와 결핵을 치료하기 위해 안티몬 성분이 함유된 연고를 추천했다. 공식적으로는, 아무런 효과가 없는 연고였다. 그럼, 연고를 발라서 물집이 생기면? 백과사전의 저자들은 물집을 계속 유지하는 게 낫다고 생각한 것 같다. 즉 물집이 가라앉으려고 하면 '고름이 더 많이 나오도록' 물집을 터뜨려 거기에 주석 구토제를 더 넣으라고 한 것이다.

구역질이 난다. 안티몬을 국소적으로 사용하면 구토를 유발하지 않는다고 누가 그랬던가?

안티몬 옹호자들은 "고통 없이는, 아무것도 얻을 수 없다."는 접근방식을 취했다. 더 나아가 혐오요법에도 적용시켰다. 혐오요법이란 행동요법의 일종으로, 좋아하는 것(예를 들어, 술 마시기)을 하면 혐오하는 것(예를 들어, 구토 같은 것)도 더불어 일어나게 함으로써 행동을 제한하는 방법이다. 필라델피아의 의사였던 벤자민 러시는 술을 지나치게 즐기는 사람에게 주석 구토제 몇 알을 몰래 떨어뜨린 럼주 한 잔을 마시게 한 적이 있었다. 그 환자는 심하게 토한 뒤, 이후 2년 동안 술은 쳐다보지도 않음으로써 러시를 흐뭇하게 만들었다. 그래서 안티몬이 이러한 목적에 매우 유용하다고 생각할지도 모르겠다. 그런데, 그러기에는 독성이 너무나 지독하다. 그리고 알코올중독은 그렇게 즉시 치유되는 질병도 아니다.

그러나 돌팔이들은 멈추지 않았다. 1941년에는, 알코올중독자를 치료할 수 있다는 모팻 부인의 슈 플라이 파우더(약 이름이 다소 알쏭달쏭하다)라는 안티몬이 함유된 약을 제조한 회사가 유해물질을 부당하게 표시하여 판매한 혐의로 기소되었다. 그럼에도 불구하고 사람들이 그 약을 알코올중독 치료에 사용하는 것을 막지 못했다. 실제로 안티몬은 지금도 미국 이외의 국가에서 알코올의존증 치료약으로 사용되고 있다. 2004년에는 열아홉 살 청년이 안티몬이 함유된 콰테말라산 '솔루토 바이탈'을 마시고 신장에 급성손상을 입었다. 뉴잉글랜드의 의학 잡지는 2012년에 술에 취해 귀가한 남자가 부인으로부터 타타르산 안티모닐칼륨을 받아 마신 사례를 다루었다. 부인은 그 약을 먹으면 구토를 하고 더 이상 술을 마시지 않게 된다는 말을 듣고 약을 샀다고 한다. 그런데 남편은 신장과 간에 손상을 입고 병원에 실려 갔다.

요즘도 혐오요법에 사용되는 승인된 약들이 있다. 술을 마시자마자 토하게 하는 안티부스라는 화학물질 같은 것이다. 그렇지만 그런 약이 일반적으로 사용되지는 않는다. 환자들이 복용하기를 싫어하기 때문이다. 혐오요법을 혐오하는 것이다! 안티몬이 들어 있는 것도 아닌데.

# 구토를 유발하는 물질들

**소금**: 고대의 항해자들은 바닷물을 너무 많이 마시면 토한다는 사실을 알고 있었다. 그리스인들은 소금, 물 그리고 식초를 섞어서 구토제로 사용했다. 대 플리니우스Pliny the Elder(*역주: 고대 로마의 박물학자, 정치가, 군인인 가이우스 플리니우스 세쿤두스)는 꿀, 빗물 그리고 바닷물을 잘 섞어서 만든 탈라쏘멜리$^{thalassomeli}$라는 묘약을 추천했다. 로마의 저술가 켈수스는 '배를 비우기 위해' 포도주와 바닷물, 혹은 소금을 넣은 그리스 술을 사용했다. 배를 비운다는 것은 토한다는 표현을 순화시킨 것이다. 그런데, 소금물을 많이 마시면 토하기도 하지만 그러다가 죽을 수도 있다.

**맥주와 으깬 마늘**: 4세기경 그리스 의사인 필루메누스는 맥주와 으깬 마늘을 섞은 혼합물을 먹으면 구토를 해서 독사에게 물린 것을 치유할 수 있다고 믿었다. 뱀의 독이 위장에 모이지 않는다는 것을 생각해 보면, 이것은 상처를 덧나게 할 확률이 높다.

**담반(황산구리)**: 담반은 눈에 확 띄는 파란색 결정체이며, 9세기 무렵부터 구토제로 사용되었다. 1839년의 잡지를 보면, 담반을 아편과 독당근의 독을 제거하는 데 추천하고 있다. 불행히도 담반 그 자체가 독이다. 적혈구 세포를 파괴하고, 근육을 무기력하게 하며, 신장 기능을 망가뜨린다.

예쁜 파란색 황산구리.
얼음사탕처럼 보인다.
핥지 말 것.

**토근 (이페카큐아나ipecacuanha)**: 토근은 1600년대에 처음 유럽에 들어왔다. 아니, 〈이페카큐아나에서 온 소녀〉라는 제목의 노래 이야기가 아니다. 토근 시럽은 오랜 세월 동안 거담제와 구토제로 사용되었다. 19세기와 20세기 초에 토근은 독으로 사용되었고, 아이를 키우는 부모들의 필수품이었다. 오늘날에도 여전히 사용된다. 그러나 현대의 독물학자들은 토근이 독소의 흡수를 줄이는 효능이 안정적이지 않으며, 절반 정도는 토하지도 않는다는 사실을 밝혀냈다.

**아포모르핀:** 이 환각제는 특정 종류 수련(님페이아 속)의 알뿌리와 뿌리에서 얻어진다. 마야인들이 사용했고, 고대 이집트의 무덤 프레스코 벽화에도 남아 있는 이 약은 1800년대 중반에서야 합성되었다. 그 약효는 강력했다. 1971년도의 연구 보고서에서는 다른 구토제의 성공률이 30~50퍼센트에 불과한 데 비해, 이 약은 거의 완벽한 성공률을 보인다고 묘사하고 있다. 불행하게도 한때는 동성애 치료제로도 사용되었고, 몇몇 '환자들'을 사망에 이르게 만들었다. 현대에는 수의학에서, 그리고 드물게 인간의 파킨슨병 치료제로 조심스럽게 사용된다.

## 의료체계에서 안티몬을 제거하기

안티부스를 제외하고, 현대의 약리학에서 의도적으로 구토를 유도하는 약이 없는 이유가 있다. 독을 제거할 수 있는 더 나은 방법들이 있기 때문이다. 요즘에는 위에서 독소를 빨아들이기 위해 활성탄을 먹인다. 그리고 중금속 제거요법을 실시하면 독소를 혈액 속에서 킬레이트 화합물로 만들어 버린다. 토할 필요가 없는 것이다!

안티몬은 파라켈수스와 발렌타인의 추종자들에게는 기적의 물질이었을지 모르나, 오늘날에는 화상으로 인한 수포나 구토를 위한 성배는 전혀 환영받지 못한다. 비록 몇몇 나라에서는 여전히 특정 기생충에 감염된 환자에게 안티몬을 처방하기도 하지만, 미국에서는 허용되지 않는다. 안티몬 화합물은 비소의 부작용과 유사한 여러 증상을 일으킨다. 예를 들어 구내염이나 신부전, 가볍게는 메스꺼움과 구토, 복통 같은 것들이다. 그리고 다른 문제가 하나 더 있는데, 그것은 암을 유발한다는 사실이다.

올리버 골드스미스는 불행히도, 이러한 사실을 모두 알지 못한 채, 안티몬을 손에 넣었던 것이다.

# 3

# 비소
**Arsenic**

유산상속을 위한 가루, 쥐약을 먹은 이들,
아름다움과 목숨을 바꾼 매력적인 젖 짜는 처녀,
매독의 구원자, 독이 든 벽지에 대하여

메리 프랜시스 크레이튼은 마음만 먹으면 살인을 할 수 있는 능력을
지닌 아내이자 누이, 그리고 어머니였다. 메리는 1920년에 첫 살인을 저질
렀고, 희생자는 시어머니였다. 메리가 시어머니에게 맛있는 코코아를 먹인
직후 그녀는 심하게 토했고. 몇 시간 뒤에 사망했다. 사람들은 부유한 47

1704년의 비소 공장. 살인자들이 가장 좋아하는 백색 비소는 황화비소를 구워서 만든다.

세 여성이 프토마인 중독으로 죽었다고 생각했다.

1923년에 메리는 다시 범행을 저질렀다. 십대의 남동생 찰스를 굳이 자신과 남편이 사는 집으로 이사 오도록 하고는 어느 날 친절하게도 잠자리에 들기 직전 동생에게 초콜릿 푸딩을 먹였다. 찰스는 복통과 함께 입이 마르는 증상에 시달렸다. 그리고는 몸을 떨면서 구토를 하다가 곧 끔찍한 죽음에 이르렀다.

그의 사인은 위장의 바이러스 때문으로 추정되었다. 메리가 남동생의 생명보험금 1000달러의 수혜자가 되는 것은 매우 쉬운 일이었다. 경찰은 메리 프랜시스가 거짓말쟁이이며, 소년이 살해당했다는 익명의 편지를 받고 긴장했다. 찰스와 메리 시어머니의 시신이 발굴되었고, 법의학자들이

돌팔이 의학의 역사

부검한 결과는? 비소 중독이었다.

치유보다 살인의 도구로 더 잘 알려져 있는 비소는 간에 강한 독성을 미치는 발암물질이다. 치사량(약 100㎎)을 복용하면 대개 몇 시간 안에 사망하게 된다. 중세부터 20세기로 접어들 무렵까지, 비소는 '독의 왕', '왕들의 독', '유산상속을 위한 가루'라는 별명으로 불리며 독약으로 사랑받아 왔다. 고대의 히포크라테스조차 비소를 캐는 광부들에게 자주 나타나는 복통을 묘사한 것으로 보아, 그 독성을 알고 있었던 것으로 보인다. 로마의 네로 황제는 이러한 약효가 매우 편리하다는 사실을 발견하고, 비소를 이용하여 이복동생 브리타니퀴스를 죽이고 자신의 자리를 보장받았다.

비소는 왜 가정주부부터 황제에 이르기까지 누구나 선호하는 독약이 되었을까? 우선 그것은 눈으로 구별할 수가 없기 때문이다. 가장 잘 알려진 형태인 '하얀 비소'는 맛도 냄새도 없다. 음식과 음료수에 넣었을 때, 전혀 이상한 점을 발견할 수 없는 경우가 많다. 중독 증상이 식중독과 유사하다는 점도 이유일 것이다. 냉장고가 없던 시절에는, 왕이 갑자기 위경련을 일으키고, 뇌가 튀어나올 정도로 토하고, 요강이 가득 차도록 설사를 해도 반드시 독살을 당했다고 생각하기는 어려웠다. 르네상스시대 유럽의 메디치 집안과 보르지아 집안에서는 누구든지 그들의 앞길을 가로막는 사람이 있으면 이들을 살해하기 위해 비소를 듬뿍 사용했다. 영국의 수필가 맥스 비어봄Max Beerbohm은 이렇게 말했다. "어젯밤 보르지아 가문 사람과 저녁 식사를 했다고 살아서 얘기할 수 있는 사람은 하나도 없었다."

메리 프랜시스 크레이튼은 '롱 아일랜드의 보르지아'라는 별명을 얻었음에도 불구하고 무죄 판결을 받았다. 그런데 그녀는 몇 년 뒤에 다시 비소로 다른 사람을 독살했는데(왜 안 그랬겠는가? 처음 두 번이 그토록 쉬웠는데!), 그 사람은 십대인 메리의 딸과 불륜을 저지른 남자의 아내 에이다 애

1936년에 '롱 아일랜드의 보르지아'라 불렸던 메리 프랜시스 크레이튼이 법정으로 향하고 있다.

플게이트였다.

대번에 진상이 밝혀질 간단한 사건처럼 보이지만, 메리의 범죄를 증명하기 어려운 이유가 있었다. 20세기 초에는 비소가 어디에나 있었던 것이다.

## 비소를 끊은 마르크스, 그만둘 수 없었던 다윈

비소는 고대로부터 약으로 사용되었다. 피부 표면을 괴사시켜 제거하기 위한 약이었다. 건선과 같이 피부 표면이 비정상적으로 두꺼워지는 피부병에 효과가 있었다. 그러나 궤양이나 습진 같은 피부병에도 두루 사용

돌팔이 의학의 역사

되었다. 환부에 살짝 바르는 것뿐이라면 크게 해롭지 않았을 것이다. 그러나 지나치게 많이 혹은 오랫동안 사용하면 만성 비소 중독에 걸릴 수 있다. 역사상 약효가 있는 많은 것들이 그랬던 것처럼 비소도 약효와는 전혀 상관없이 원인을 알 수 없는 온갖 증상에 사용되었다. 발열, 위통, 속쓰림, 류머티즘은 물론, 일반적인 강장제로도 이용된 것이다. 에이킨의 강장제 알약에서부터 황화합물 캔디, 그로스의 신경통 알약에 이르기까지, 돌팔이들로 가득 찬 18세기의 특허 의약품 무역에서 비소 역시 인기가 높았다.

시장에서는 비소가 함유된 말라리아 예방약인 '테이스트리스 에규'와 '피버 드롭스'가 사랑을 받았다(인기가 있었던 이유는 다른 약인 키니네가 너무 썼기 때문이었다). 그것들이 말라리아 기생충을 죽였을까? 확실하지 않다. 그러나 몇몇 의사들은 "열이 내린 것은 비소 덕분에 환자가 사망했기 때문이다."라고 통렬하게 지적하기도 했다. 토마스 파울러Thomas Fowler라는 의사는 비소가 약효가 있다고 생각했다. 그래서 150년 동안 가장 유명했던 비소가 함유된 약 처방을 직접 만들었다.

1786년에 제조된 파울러의 물약은 비산칼륨 1퍼센트 용액에 물과 구별하기 위해 라벤더 향을 섞은 것이었다. 이 약에는 매독, 기생충 감염으로 인한 수면병을 치료하고, 말라리아 해열제로도 쓸 수 있다는 설명이 붙어 있었다. 이 약이 몇몇 피부 질환을 태워서 없애버릴 수 있음을 알고 있던 의사들은 악성 종양을 제거하려고 시도하기도 했다. 1818년 의약품 해설서에는 실망스런 결과가 상세히 기록되었다. "불행하게도 이

상표의 절반이 독성에 대한 경고와 해독제에 대한 설명으로 채워져 있음을 주목하라.

약의 효능은 일정 기간 이상 나타나지 않는다." 그리고 많은 환자들에게 "이 약이 해로울 수 있음을 알려야만 한다."고 경고하면서 티아민(비타민 B1) 결핍을 일으켜 손발이 따끔거리거나 심장이 두근거리는 증상이 나타난다고 했다.

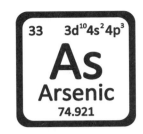

활력을 북돋우는 건강강장제라고 하였으나, 파울러의 물약은 모두 허풍일 뿐 실체가 없었다. 비소를 복용하면 얼굴의 모세혈관을 확장시켜 뺨이 붉어지면서 일시적으로 화사하고 건강해 보인다. 그러나 실제로 건강이 좋아지는 것은 아니다. 오히려 수은을 비롯한 다른 많은 약물과 마찬가지로 비소의 독성으로 인해 설사나 섬망 같은 위험한 증상을 야기할 수 있다. 그런 약물이 신체에 어떤 영향을 미치는지, 현대에 이르러서는 실험실에서 정밀 검사와 관찰을 할 수 있게 되었지만, 과거에는 몸에 어떤 반응이 나타나면(배가 비정상적으로 붓기만 해도), 약이 작용을 하는 증거라고 생각했다.

파울러의 물약 외에도 비소가 들어 있는 제품들은 19세기 전반에 걸쳐 널리 자유롭게 꾸준히 사용되었다. 피부에 바르거나 관장용으로도 사용되었고, 직접 먹기도 했다. 선호되는 한 가지 방법은 빵에 비소를 넣어서 '빵 약'을 만들거나 후추와 함께 먹는 것이었다. 또한 주사를 놓거나 증기로 흡입하기도 했다. 어떤 약학서에는 수유 중인 어머니가 비소를 먹는 것은 안전하며, 아기에게 비소가 함유된 모유를 먹여도 된다고 주장하고 있다. 입덧에 비소를 사용하는 사람들도 있었다. 비소로 치료할 수 있다고 주장하는 질병은 무한했다. 뱀독! 구루병! 숙취로 인한 구토! 그 모든 증상을 비소로 치료할 수 있었다. 아니, 사람들이 그렇게 믿었다.

1948년에 토랄드 솔먼Torald Sollmann이 쓴 약학서에 의하면, 파울러의 물약과 비소는 여전히 "변하기 쉽고, 예측하거나 통제하기 어려워서 유익하기도 하고 해롭기도 한" 것으로 인식되고 있다. 칼 마르크스<sup>Karl Marx</sup>는 비소 사용을 중단했던 것으로 알려져 있다. 그 이유는 정신을 너무 흐릿하게 만들기 때문이라고 했다. 찰스 다윈<sup>Charles Darwin</sup> 역시 파울러의 물약을 복용한 탓에 비소 중독에 시달렸던 것 같다. 비소를 장기간에 걸쳐 복용하면 피부가 두꺼워지고 검게 되는데, 햇볕에 거의 노출되지 않았음에도 구릿빛인 다윈의 피부를 보면 비소 중독의 가능성을 점칠 수 있다. 조너선 허친슨<sup>Jonathan Hutchinson</sup>이 밝혀낸 비소의 효능은 "활력을 주는 게 아니라 감소시키며, 환자는 무감각해지고 상태가 나빠진다."는 것이었다. 환자들은 그에게 애원하곤 했다. "제발 비소 처방을 하지 말아주세요. 그걸 먹으면 몸이 너무 안 좋아져요."

자신의 집 선반에 파울러의 물약 한 병을 올려두었던 또 다른 사람은 누구일까? 메리 프랜시스 크레이튼이다. 그러나 소년의 몸에서 발견된 비소의 양에 이르려면 몇 갤런이나 되는 희석된 용액이 필요하다. 고작 푸딩 몇 입으로 그만큼을 섞어 넣기란 쉽지 않은 일이다. 그러면 어떻게 해서 찰스의 몸속에 그토록 상당한 양의 독이 들어갈 수 있었을까?

메리의 변호사는 찰스가 평소에 비소를 복용하고 있었을 것이라고 주장했다. 정신 나간 소리처럼 들리는가? 그렇다면 당신은 독소 중독에 대해 잘 모르고 있는 것이다. 세상에는 독을 먹는 사람들도 존재한다.

## 비소를 먹는 스티리아 사람들

지금은 오스트리아의 일부가 된 스티리아에서는 일부러 많은 양의 비소를 먹는 독소중독자 주민들이 있었다. 그들은 쥐약을 먹는 사람들로 알려져 있었다(비소는 설치류를 죽이는 데 효과가 좋은 독약으로 알려져 있다. 메리 크레이튼은 남동생과 에이다 애플게이트를 살해할 때 맹독성 쥐약을 사용했던 것이고, 대중은 곧 그것을 알게 되었다). 1851년 스위스의 의사 요한 야콥 폰 츄디 <sup>Johann Jakob von Tschudi</sup>가 독소중독에 대해 처음으로 연구보고서를 남겼다. 스티리아의 주민들 몇몇은 분명히 일주일에 몇 번씩 한 번에 약 30㎎ 상당의 비소를 복용하면서, 치사량인 약 500㎎까지 체내에 비소를 축적하고 있었다. 분필처럼 보이는 흰색 비소 덩어리를 빵이나 '신선한 돼지비계 한 조각'에 뿌려서 먹었다. 맛있었다. 그것은 떠돌이 약초상 혹은 행상인들에게서 구입할 수 있었다. 그들은 헝가리 유리공장의 노동자, 수의사 혹은 사기꾼들로부터 비소를 구했다. 공인된 제약회사 제품은 아니었지만 별 문제는 없었다.

스티리아인들은 인내력과 성욕이 증가하고, 뺨이 발그레해지고, 몸무게가 늘어서 건장해진 외모를 자랑했다(그들은 심지어 말에게도 비소를 먹었다). 츄디는 연인을 유혹하기 위해 매력적이 되기를 바라는 젖 짜는 처녀에 대해 기록했다. 그녀는 비소를 먹기 시작했고, "몇 달 뒤 그녀는 포동포동하고 통통해졌고, 사랑에 빠진 젊은이가 원하는 바로 그 모습이 되었다." 원하던 결과를 얻은 것이다. 그런데 왜 멈추겠는가? 처녀는 점점 더 복용량을 늘렸고, 마침내 매력의 희생물이 되었다. 그녀는 비소에 중독되어 고통스럽게 죽음에 이르렀다. 불행히도 '다다익선'이라는 말은 비소에 관한 한 전혀 맞지 않는 이야기다.

더 무서운 사실은 '독을 먹는 사람들'이 비소 의존증이었을 가능성도 있다는 것이다. 만약 복용을 중지하면 금단증상에 시달리게 된다. 식욕부진과 불안, 구토, 침이 마구 흐르고, 식은땀을 흘리며 호흡 장애를 일으킨다. 식이요법을 시작하지 않는 한 죽음에 이른다. 그렇다고 해서 비소를 먹는 사람들이 모두 발그레하고 건강한 혈색이 되는 것도 아니다. 많은 이들이 끔찍한 죽음을 맞이한다.

스리리아의 시골 처녀, 1898년경. 많은 양의 독을 먹은 얼굴.

그 당시 독소중독자들에 대한 소식은 전 세계 의학계를 뒤흔들었다. 보스턴 의료외과저널(뉴잉글랜드 의료 저널의 전신)에서 슈발리에 박사는 다음과 같이 주장했다. "보고된 사실은 있을 수 없는 일처럼 보인다. 우리는 그런 사실을 도저히 신뢰할 수가 없다." 먹을 수 있는 비소로 알려진 것들이 실제로는 사기꾼들이 속여서 파는 분필이 아닐까 생각하기도 했고, 또 비소 덩어리를 먹어도 체내에 완전히 흡수되지 않는다고 생각하는 사람들도 있었다. 결국 독소중독자들이 진짜 비소를 먹고 있다는 사실을 보고하는 다른 의사들이 있었음에도 현대적인 혈액 분석과 같은 증거가 없이는 비소를 먹는 사람들이 있다는 이야기는 받아들여지기 힘들었다.

사람들은 그들의 사례를 엉뚱하게 해석하기도 했다. 독소 중독에 대한 보고서가 위험한 극약인 비소를 젊음을 되찾아주는 만병통치약으로 둔갑하게 한 것이다. 슬프게도 비소를 먹고 아름다움을 얻었다는 얘기가 사회의 주목을 받았다. 아름다움을 위해 기꺼이 독을 먹고는 마지못해 죽어간 여성들이 흘러 넘쳤다.

# 예뻐지고 죽게 되는, 반드시 죽는 비소 화장품

스티리아의 젖 짜는 처녀 이야기가 유럽에 퍼져나가자 뺨이 발그레해지는 미모를 원하는 이들이 나타났다(아마도 처녀의 괴로운 죽음은 무시했나 보다). 빅토리아시대에는 비소, 식초 그리고 분필을 섞은 약이 빈혈을 초래했는데 오히려 그것이 피부를 창백하고 더 귀족적으로 보이게 했다. 앞에서도 언급했지만 비소는 모세혈관을 확장시켜 건강해 보이는 홍조를 띠게 된다. 그러나 실제로 만성적으로 복용하게 되면 안색이 검게 변하게 되므로 비소 외의 성분들이나 다른 노력(햇빛을 피하는 것 혹은 식초로 씻어내는 것) 덕분에 피부가 창백해졌을 가능성이 더 크다. 다행스럽게도 많은 미용 제품에는 그렇게 많은 비소가 함유되지는 않았다. 만약 비소가 많이 들어있다면? 현명한 소비자라면 반대의 효과를 인식하게 된 뒤에는 제품의 사용을 중지할 것이다.

비소 화장품의 유행은 꾸준히 지속되었다. 19세기에는, 파울러의 물약을 마시거나 그것으로 얼굴을 씻었고, 비소가 함유된 보조식품이나 비누가 대유행이었다. 심지어 비소 성분이 들어 있음을 광고하는 헤어 토닉도 있었는데, 실제로 비소가 히포크라테스 시대 이후로 탈모작용이 있었음에도 그런 사실은 전혀 개의치 않았다.

타당성을 따져 본 많은 이들이 그 유행을 비난했다. "아내가 어리석게도 허영의 제단에 스스로 희생물이 된다면 그 남자의 미래는 어떨 것인가!" 1878년에 어떤 의사가 쓴 글이다. 교과서에는 케이트 브루윙턴 베네트의 사례가 실리기도 했다. 그녀는 세인트루이스에서 가장 아름다운 여성이었고 도자기 같은 피부로 유명했다고 한다. 몇 년 동안 비소를 복용한

# 나폴레옹은 비소중독이었다?

비소는 또한 '패리스 그린 (밝은 녹황색)'이나 '셸레 그린 (산성 아비산동)' 같은 아름다운 염료를 만들 수 있었고, 그것은 조화나 직물, 벽지의 색을 내는 데 사용되었다. 1800년대 중반까지 그 염료는 매우 흔해서, 영국에서 비소가 들어간 벽지를 모두 합하면 약 30만km² 넓이에 달할 정도여서 전국이 온통 녹색 벽지로 뒤덮여 있는 셈이었다. 불행하게도 이러한 벽지들에서 유독한 종이조각이 떨어져 나와 환경을 오염시키거나 공기 중에 비소를 뿜어내 많은 사용자들이 중독되었다. 이러한 안료의 위험성을 인지한 뒤에는 설치류를 죽이는 쥐약으로 사용되었다. 런던 퍼플이라 불린 아름다운 염료 제품의 부수적 효과는 식물에 뿌리는 훌륭한 살충제 역할을 한다는 것이었다. 벌레가 생겼다고? 벽지를 바꿔야 하나? 죽이고 싶은 사람이 있다고? 비소가 있잖아.

1821년 나폴레옹이 사망했을 때 수은을 비롯하여 여러 원인이 거론되었는데, 그의 머리카락에서 고농도의 비소가 검출되었다. 그렇다면 사인은 비소 중독인가? 그럴 가능성도 있지만, 결정적인 원인이라고 보기는 어려웠다. 하지만 나폴레옹의 방에 쓰였던 아름다운 녹색의 벽지 샘플이 하나의 원인이 되었을 가능성이 유력하다. 멋지게 치장된 감방이 그를 병들게 했을지도 모른다는 것을 요즘 사람들은 알고 있다.

결과 1855년 서른일곱의 나이로 죽었다. 최후까지 허영심이 강했던 그녀는 남편에게 묘비에 생년월일을 새기지 말아 달라고 부탁했다. 불멸의 젊음으로 남기를 바랐던 것이다. 남편은 동의했으나, 몰래 그녀의 나이를 적어 넣었다.

저 세상 어딘가에서 베네트 부부는 그 문제로 말다툼을 벌이고 있을 것이다.

## 발암물질이자 항암제

이 모든 독약과 독성과 죽음에 대한 이야기를 듣다 보면 비소를 알약으로 만드는 것은 말도 안 된다고 생각할 것이다. 그러나 비소가 의료 역사에서 한동안 합법적인 지위를 누릴 때도 있었다.

살바르산, 네오살바르산 그리고 비스마르센은 모두 비소화합물이며 수세기 동안 치료법이 없었던 매독을 퇴치한 약품들이다. 결국에는 페니실린이 그 자리를 대신하게 되었다. 또 예전의 비소화합물은 수면병 감염(트리파노소마증)에 사용되기도 했지만, 독성이 너무 과도했다. 20세기에는 원생동물을 박멸하는 새로운 비소화합물이 등장했다. 그러나 1990년대에 이르러, 암을 유발한다는 사실이 밝혀지면서 약품 시장에서 퇴출되었다.

암에 대해서라면, 파울러의 다목적 물약도 항암제라고 광고되었다. 놀랍게도, 특정 암에서는 효과가 있는 것 같기도 했다. 1800년대 중반에 그 약은 만성 골수성 백혈병의 징후와 증상을 일시적으로 멈추게 하는 효과를 보였다. 하얀 비소는 급성 백혈병을 치료하는 데 사용되었고, 오늘날에

돌팔이 의학의 역사

도 많은 환자들을 치료하고 있다.

다른 약들과 마찬가지로, 비소에 대한 평가는 양면성을 지닌다. 살인자의 과거를 지닌 영웅이라고 할 수 있다(메리는 치명적인 세 번째 살인을 저지른 뒤, '올드 스파키'Old Sparky라는 애칭이 붙어 있는 싱싱 교도소의 전기의자에서 생을 마쳤다. 늦었지만, 거기서 운이 다한 것 같다.). 비소로 인해 많은 사람들이 미인이 되기 위해 목숨을 버리기도 했다. 또 발암물질인 동시에 항암제도 된다. 파라켈수스가 말했던 것처럼 "모든 약은 독약이고, 독성이 없는 약은 없다. 오직 용량에 따라 독약이 아니게 될 뿐이다."

비소도 예외는 아닌 것처럼 보인다.

# 4

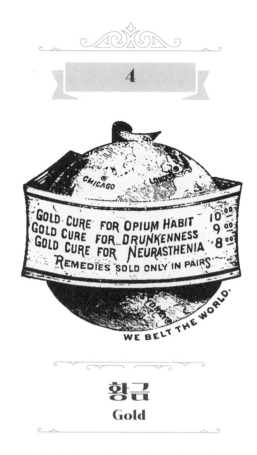

## 황금
### Gold

철학자의 돌, 술고래 치료법, 금박을 입힌 알약,
마음이 따뜻해지는 음료

1893년 어느 금요일 늦은 밤 유진 래인이 브루클린 다리의 입구에서 몹시 취한 상태로 발견되었다. 얼마나 취했는지 경찰관은 그가 "눈이 보이지 않고, 귀도 들리지 않으며 말도 할 수 없는 상태였다."고 설명했다. 그는 시내 중심가 맨해튼에 있으며 툼즈(*역주: The Tombs 무덤이라는 의미)라는 별명이 붙은 뉴욕시 감옥에 끌려가 수감되었다.

다음날 '악취가 진동하는 곳'에서, 타는 듯한 두통을 느끼며, 죽은 물고기처럼 뿌연 눈을 한 채 래인은 자기가 왜 거기에 있었는지 설명했다. 그는 화이트 플레인에 있는 킬리 연구소에서 알코올중독 치유 프로그램을 성공적으로 마치고 다른 수료생들과 함께 축하 파티를 했다고 한다. 나중에 밝혀진 바에 의하면 그다지 성공적이지는 않았던 것 같다.

레슬리 킬리<sup>Leslie E. Keeley</sup> 박사는 북군의 군의관이었으며 중독을 치료할 수 있다고 장담하는 사람이었다. 1880년에 그는 일리노이주 드와이트에 있는 그의 요양소에서 알코올과 아편 중독을 치료하기 시작했다. 그 당시 의료계 입장과는 반대로, 그는 "알코올중독은 질병이고, 그것은 치료할 수 있다."고 주장했다.

그리고 알코올중독을 치료하려는 그의 노력으로, 수년 동안 드와이트로 향하는 기차에는 맑은 정신으로 있기를 절박하게 바라는 주정뱅이들로 가득 찼다. 입원 절차를 거친 뒤, 환자들은 즉시 팔에 주사를 맞았다. 기운을 북돋우는 강장제가 처방되었고, 두 시간마다 한 숟갈씩 복용하도록 했다. 환자들은 매일 군대식으로 정확하게 시간 맞춰 주사를 맞고 약을 먹으려고 줄을 섰다.

강장제와 주사의 처방전은 특허를 받아 엄격하게 극비에 부쳐졌다. 사실 실제 제조법은 킬리가 무덤까지 가져갔다. 그러나 그가 자랑스럽게 공개하고 광고한 한 가지 성분이 있었다. 바로 금이었다.


## 마시는 금
유리잔에 들어있는 불사의 약

금가루 강장제에 병을 고치는 힘이 있다고 주장한 사람이 킬리가 처음은 아니었다. 인간은 수천 년 전부터 건강을 위해 금을 복용하려 했다. 그러나 한 가지 걸림돌이 있었다. 몸이 금을 흡수할 수 없다는 것이었다. 경구 투여했을 때, 순수한 금은 소화가 되지 않고 장기를 그냥 통과하여 그저 우리의 대변이 그

전날보다 더 반짝이는 값진 것이 될 뿐이었다. 오랫동안, 의사들은 이 고집 센 원소 때문에 애를 먹었다. 금은 화학적으로 변화하지도 않고, 용액에 녹지도 않았다. 무엇과도 작용하지 않는 것처럼 보였다. 의학에서 가장 거침없이 단언하던 전문가(히포크라테스, 켈수스 그리고 갈레노스)들도 그 문제에 관해서는 입을 다물었다.

그런데 왜 우리는 아름답지만 쓸모없어 보이는 이 원소를 복용하려고 노력을 거듭했을까?

무엇보다도, 불멸성 때문이었을 것이다. 물론 사치스러운 금은 의학적 혁신이 탐욕스러워지는 지점이다. 토하고 싶을 때는 안티몬으로 손이 갔을 것이고, 피를 흘려야 하면 외과용 칼 랜싯이나 거머리를 찾았을 것이다. 그러나 때때로 질병을 퇴치하는 것만으로 부족할 때가 있다. 대대로 죽음을 이겨내는 비결을 연구하던 연금술사들은 반짝이는 금에 주목했다.

기원전 2500년으로 거슬러 올라가보면, 중국인들은 금이라는 물질은

부식이 거의 되지 않는다는 사실에 착안하여 불로장수와도 연관되지 않을까 하는 기대를 했다. 2세기의 연금술사 위백양魏伯陽은 이렇게 기록했다. "금은 세상에서 가장 귀중한 물건이다. 불멸하며 녹이 슬지 않기 때문이다. 연금술사들은 그것을 먹고 장수를 누렸다." 금을 복용하려는 시도는 새로운 것은 아니다. 기원전 202년부터《본초강목》에서는 입과 잇몸의 염증 같은 질병에 금을 사용하도록 권하고 있다. "금 세공품을 물에 끓여서 정기적으로 입안을 헹궈라." 금이 함유된 구강청정제에 관심이 있다면 도전해 보는 것이 어떨까?

중세에 이르러 연금술이 발달함에 따라 마실 수 있는 형태의 금을 만들기 위한 탐구가 활발해졌다.

연금술사의 주요 목적은? 철학자의 돌이라고 알려진, 혹은 마법의 물질로 알려진, 불로장생을 선사할 영약 엘릭시르를 만드는 것이었다(물론 해리포터 이전에 나온 이야기다). 1300년경에 게베르Geber로 알려진 연금술사가 마침내 금을 녹이는 방법을 알아냈다. 진한 질산과 진한 염산을 혼합하여, 밝은 오렌지색 용매를 만든 것이다. '왕수'王水라고 불린 이 용매는 극약이며, 디즈니 만화에 흔히 나오는 마녀의 솥처럼 김이 모

파라켈수스가 마실 수 있는 금에 대해 진지하게 숙고하고 있다.

락모락 난다. 마법처럼 이 용액은 순수한 금을 녹일 수 있었고, 여러 과정을 거치면, 물과 섞어서 마실 수 있는 소금(염화제이금)이 되었다. 염화금이 비록 무서울 정도로 부식성이 강한 물질이었지만, 금을 마실 수 있다니 획기적인 일이 아닐 수 없었다. 역사상 처음으로 화학자들은 이 반짝이는 금속에 감춰진 생명의 수수께끼를 푼 것 같았다.

마실 수 있는 금을 선전하고 다닌 인물로는 16세기의 파라켈수스가 유명하다. 금이 인간을 '불멸'하게 해준다고 믿었던 그는 "마실 수 있는 금은 모든 질병을 치료할 것이고, 몸을 재생하고 회복시킬 것이다."라고 했다. 그는 조증과 무도병, 간질에도 효과가 있을 것이며 또한 사람을 '행복하게' 만들어 줄 것이라고도 했다.

정말로 효과가 있었을까? 그렇게 말하기는 어렵다. 확실한 것은 마실 수 있는 금에 독성이 있었다는 사실이다. 염화제이금은 급성신부전을 일으켰으며, 발열과 함께 다량의 침을 흘리고 소변을 보게 했다.

아마 사람들은 금을 마실 수 없던 시절 더 건강했을 것이다.


## 금박을 입힌 알약, 폭발성 코디얼(*역주: 과일 주스 음료) 그리고 반짝이는 또 다른 그릇된 아이디어들

이상하겠지만, 17세기의 식물학자이자 의사였던 니콜라스 컬페퍼<sup>Nicholas Culpeper</sup>는 파라켈수스와 같은 이유로 계속해서 금을 처방했다(때로는 특별한 효과를 기대하면서 염화금에 금박을 입힌 알약을 만들기도 했다). 문제는 환자들이 기꺼이 감수해야 했던 위험성이었다. 간질이나 정신질환을 앓고 있는 사람들에게 빛나는 금의 약속은 시도해볼 만한 가치가 있었다.

불행하게도, 많은 돌팔이들이 금을 미끼로 하여 아무 효과도 없는 약을 팔곤 했다. 그런 장사꾼 중 하나가 레온하르트 튀니세<sup>Leonhard Thurneysser</sup>였다. 금세공인의 아들이었던 튀니세는 16세기에 금박을 입힌 싸구려 금속 덩어리를 순수한 금으로 속여서 팔면서 사기꾼으로서의 첫발을 내딛었다. 마침내 그는 의료 사업이 돈이 된다는 것을 깨달았고, 터무니없이 비싼 불로장생약을 만들어서 팔기 시작했다. 마실 수 있는 금이 함유되어 있다고 하는, '금으로 된 팅크제' 혹은 '태양의 자연치유력' 같은 극적인 이름이 붙은 약이었으나, 용해되는 염화금이 들어 있을 가능성은 희박했다. 그저 겉만 번드레할 뿐 결코 약이라고 할 수는 없는 것이었다. 결국 프랑크푸르트의 한 교수가 그 약의 정체를 가차 없이 폭로했다. 튀니세는 사업에 실패하고 이혼을 당했으며 결국 파산했다.

17세기의 약전<sup>藥典</sup>에 금이 많이 등장하기는 하지만, 분명한 것은 실제 전문가들보다 돌팔이들이 그런 약을 더 많이 팔았다는 것이다. 의사들은 금이 신체에 유익한 영향을 끼친다는 사실을 여전히 증명하지 못하고 있었다. 그러나 장사가 잘 되는데 경험적 발견 같은 사소한 일에 관심을 갖는 사람이 있을까? 금으로 만든 약품을 파는 장사꾼들이 가장 자주 하는 장담은 금에는 '따뜻한 성질'이 있다는 것이었다. 친절함을 말하는 게 아니라, 심장에 원기와 따뜻함을 불어넣어 준다는 것이다. 고대의 연금술사들은 금이 태양을 상징한다고 생각했고, 심장은 태양과 온기에 상응하는 장기였으므로, 이런 논리는 납득할 만하다. 코디얼은 수백 년 전부터 마시는 사람에게 온기를 가져다주었고(보통 알코올이 그렇듯이), 사실 아무 효능이 없다고 해도 금가루가 둥둥 떠 있는 강심제만 먹어도 왕족이 된 것 같은 기분을 느낄 수 있었다. 확실히 오늘날 골드슐라거(*역주: 24K 금박이 들어 있고 계피향이 나는 맑은 술)를 마시는 사람들은 반짝반짝하는 대접을 받고 있다고 느낀다.

비록 장사꾼들이 자신의 제품에 대해 거짓말을 했다고 해도, 그것이 최선이었을지도 모른다. 그렇다. 이러한 강장제나 팅크제에 실제로 금이 들어 있지는 않았겠지만, 어쨌든 사람들도 진짜 금을 원한 것은 아니었다. 몸을 따뜻하게 해주는 염(소금) 외에도, 연금술사들은 금과 암모니아와 염소의 조합인 '폭발하는 금'이라고 불렸던 어떤 유독성 물질을 우연히 발견했다. 이것 또한 심장에 온기를 주는 '코디얼'로 광고가 되었는데 이 화합물은 제약업계의 반응이 폭발적이었다. 그런데 그것은 말 그대로 갑자기 폭발할 때가 있었다. 방화벽이 있는 사람들에게는 멋진 일이겠지만, 환자들에게는 결코 그렇지 않았다. 혁신적인 것이 나쁠 때도 있는 것이다.

18세기가 되자, 금은 마실 수 있게 된 대신에 효능과 광채를 잃었다. 연금술사들은 여전히 금이 약이 된다고 주장했지만 의사들은 이를 부정하는 화학자들의 주장에 귀를 기울이기 시작했다. 네덜란드인 의사인 헤르만 부르하버<sup>Herman Boerhaave</sup>를 비롯한 사람들은 "금은 과시하기에는 좋지만, 약으로서는 거의 쓸모가 없다."고 잘라 말했다.

그랬기 때문에 이 금속의 이미지를 변화시키기 위해서는 또 다른 적지 않은 비평과 치명적인 사건이 필요했을 것이다. 의료용 금은 여전히 완성되지 않았다.


## 섹스, 마약, 술
성병 및 알코올중독을 치료하는 금


19세기가 되자, 매독의 치료법을 찾으려는 절박한 노력으로 인해 금이

다시 의료계에 등장했다. 비록 성병을 치료할 때 수은을 훨씬 더 선호하긴 했지만, 부식이 거의 되지 않는 물질인 염화나트륨과 염화금을 조합한 제제를 사용하는 의사들도 일부 있었다. 매독은 저절로 증상이 수그러들기 때문에, 그 당시의 많은 약품과 마찬가지로 금도 효과가 있는 것처럼 보였다. 입증되지 않은 여러 일화들이 신빙성을 높여주었다. 금은 알약, 약용 사탕, 잇몸에 사용되는 금과 소금 가루 형태로 다시 돌아왔다. 그리고 수천 명의 알코올 중독자들을 괴롭히는 고통을 치유해 준다고 장담하는 주사약과 강장제의 형태도 있었다.

서두에서 소개한 레슬리 킬리 박사는 바보가 아니었다. 그 당시에 알코올중독을 개인의 나약함이 아니라 질병으로 간주하여 치료해야 한다는 그의 생각은 충격적이면서도 혁신적인 발상이었다. 그러나 정말로 하루에 네 번 주사를 맞고 강장제를 마시는 것으로 수천 명이나 되는 미국의 주정뱅이들을 치료할 수 있을까? 킬리는 그럴 수 있다고 생각했다. 그는 자신의 금 주사요법의 치료 성공률이 95퍼센트에 달한다고 자랑했다.

킬리 요양소 지점의 광고. 날아다니는 해골의 모습이 멋지다.

무엇보다도, 주사제에 정말 금이 들어 있었을까? 그가 광고하는 내용 중에서 가장 솔깃한 부분이기도 했다. 그러나 킬리는 조제법 공개를 강경하게 거부했다. 개인적으로 실험을 위한 샘플을 제공한 적이 몇 번 있었고, 주사액에서 금의 흔적이 발견되기도 했다.

그러나 킬리 몰래 진행된 다른 사람들의 비밀 실험에서는 물약이나 주사액 속에서 유의할 만한 양의 금을 찾을 수 없었다. 대신에 그들은 상당한 양의 매우 흥미로운 성분을 발견했다. 모르핀, 대마초, 코카인, 버드나무껍질 추출물과 알코올이었다. 스트리키닌(*역주:극소량이 약품으로 이용되는 독성 물질)과 아트로핀(*역주: 유독성 알칼로이드, 경련 완화제)을 찾아낸 이들도 있었다. 인기가 한창일 때 흔히 '약물'이라고 불리던 킬리의 약은 미국 전역에서 쉽게 눈에 띄었다. 연구소에도 있었고 우편으로 주문할 수도 있었다. 아이들이 인형 놀이를 하면서 빨리 병이 낫지 않으면 '약물'을 먹이겠다고 위협할 정도였다. 유진 래인을 체포한 경찰들이 "킬리 박사의 요양원에서 몇몇 사람이 마치 마약을 복용하고 있는 것처럼" 넋이 빠지고 이해력이 없는 것처럼 보였다고 말한 이유가 설명된다.

금은 효과가 있었을까? 그것은 실제 치료라기보다는 알코올을 금지하는 힘든 과정에서 환자들에게 진정제를 투여하는 것 이상의 시도를 하고 있다고 과시하려는 수단이었던 것 같다. 그를 수상쩍게 여긴 사람들이 독자적으로 조사한 바, 킬리가 장담했던 95퍼센트의 치료율이 아니라, 실제 치료율은 고작 20~50퍼센트 정도였다고 한다. 장기적인 후속 데이터의 제출이 의무화되어 있지 않았기 때문에 실제 치료율은 훨씬 더 낮았을 것으로 추측할 수 있다.

1900년에 킬리가 죽고 난 뒤, 초기 동업자 프레드 하그레이브즈<sup>Fred</sup> <sup>Hargraves</sup>와 회사 사이에 법적 분쟁이 일어났다. 프레드는 자신의 조제법에는 금이 함유되어 있지 않다고 주장했다. 초기에 프레드와 킬리가 금이 포함된 처방으로 어떤 환자를 치료했는데, 환자가 죽었다. 앞이 캄캄했겠지만 그들은 '금 치료'라는 상표명을 유지했다. 킬리는 다음과 같은 발상에

# 정신병과 블루 맨

약용 은은 금만큼 현란하지는 않
지만, 훨씬 더 중요하다. 오늘날에
는 주로 항균제로 사용되고 있고,
고대에는 부패를 막아주는 효과
가 있다고 했다. 그러한 명성은 서
부개척 시대에까지 전해져서 우유
를 신선하게 보관하기 위해 우유
통 속에 은화를 집어넣었다고 한
다.

연금술사들은 은을 마음이나 달
과 연관지었다(금과 태양의 관계처럼).
그래서 정신적 장애를 표현할 때

푸른 피부의 자유당원

lunatic(*역주: '미친, 제정신이 아닌'이라는 의미로 영어 단어 'lunar달의'에서 유래)이라
는 용어를 사용하는 것이다. 부자들은 은수저를 쓰면서 은을 너무 많이 섭취
한 나머지 피부 빛깔이 변해서 '푸른 피'라고 불렸다. 고대의 은 애호가들과 마
찬가지로, 오늘날의 은 옹호자들은 감염을 막을 목적으로 은을 너무 지나치
게 복용하여 피부 빛깔이 파랗게 변하기도 했다(은중독 상태). 2000년과 2006
년에 상원의원과 몬태나 주지사에 출마했다가 낙선한 자유당 정치가 스탠 존
스[Stan Jones]는, Y2K에 항생제가 부족할 것을 대비해서 은 콜로이드 용액을 상당
량 마신 뒤 심각한 은 중독 증상을 보였다. 그는 기자들에게 자신의 회청색 피
부에 대해 이야기하면서 이렇게 말했다. "사람들은 나의 피부 빛깔이 영원히
그런 색일지, 아니면 내가 죽게 될 것인지를 질문했다. 나는 할로윈 연습을 하
는 중이라고 대답했다." 어쩌면 스머프로 분장하려고 했는지도 모른다.

만족한 것 같았다. 즉 "모든 것에는 미량의 금이 들어 있다. 바닷물 속에도, 진흙 속에도, 섞여있기만 하다면 그걸로 충분하다."

반짝이는 것들이 모두 다 금은 아니라는 말만큼은 분명히 사실이었다. 금은 알코올중독을 치료할 수 없었다.

유진 래인이 그 증거였다.


## 현대의 황금시대


오늘날의 사람들은 금이 실제로 의약품상자 안에 합법적으로 놓여 있다는 얘기를 듣는다면 깜짝 놀랄 것이다. 우리는 앞선 사례에서 마실 수 있는 금에 온갖 노력을 기울인 끝에, 그 물약에는 아무 효능이 없을 뿐더러 심지어 독성이 있다는 사실을 알게 되었다. 그러나 다른 형태의 금은 여러 면에서 매우 유용하다. 미세한 금과 다른 물질의 혼합인 콜로이드 금은 전자 현미경에 사용된다. 고맙게도 금 합금은 충치를 때우는 데 필요하다. 금 나노 입자는 암 치료제로 연구되고 있다. 그 입자들은 종양 세포 속에 우선적으로 축적되며, 단백질이나 약물과 결합시키면 특정 치료법의 효과를 높일 수 있기 때문이다.

주사액이나 알약 형태인 금 화합물은 류머티즘 관절염 치료에 사용되어왔다. 아마도 항염증 성분 때문일 수 있는데, 그 이유는 아직 완전히 밝혀지지 않았다. 이러한 금 화합물들은 부작용이 매우 많은데, 그중 하나가 금침착증이다. 금 입자가 피부 색소 세포에 축적이 되고(몇 년에 걸쳐 치료를 받아 약 8그램 정도 쌓이면), 그것이 햇빛에 노출되면, 환자의 피부에 청회색

그늘이 생긴다. 피부에 관한 한 물리적으로 인간을 반짝이게 만들 수는 없지만, 그것 때문에 죽게 되는 것도 아니다. 영화 〈제임스 본드 골드핑거〉에서 '피부질식'으로 죽게 되는 황금 여인의 죽음 장면을 기억하는가? 그것은 시선을 사로잡는 장면이기는 했으나, 그저 현란하기만 할 뿐 과학적 근거는 없다.

당연히 현대에서도 의료용 금의 용도는 매우 협소하다. 최근에 이르기까지 금은 본래의 가치보다 더 빛나는 것이었다.

THE
REVIGATOR
WATER JAR
For Every Home

# 라듐과 라돈
## Radium & Radon

중독된 플레이보이, 퀴리 부부, 라듐 저장고,
식수가 방사능에 오염되는 과정

1927년 11월 말의 어느 날 저녁에, 사업가이자 사교계의 명사이며, 여성들에게 인기가 좋은 47세의 남성 에번 바이어스<sup>Eben Byers</sup>는 자신의 전용 열차 안의 침상에서 굴러 떨어졌다.

그날 밤 그의 모교인 예일 대학이 연례 풋볼 경기에서 하버드대학을

돌팔이 의학의 역사

이기는 것을 관람하고 온 덕분에 그는 몹시 흥분한 상태였다. 모교 팀의 우승에 고무된 바이어스는 부유한 플레이보이들을 전용 기차에 초대해 광란의 20년대식 파티를 열었다(금요일 밤마다 우리가 상상하는 그런 파티였다).

밤늦게까지 흥청망청 놀다가, 바이어스는 심하게 넘어져 팔을 다쳤다. 자신의 안락한 저택에 돌아가 며칠 동안 요양을 해도 통증이 가라앉지 않자, 그는 보수를 후하게 지불하고 주치의를 불렀다. 그런데 의사들의 갖은 노력에도 불구하고, 바이어스의 팔에서 통증이 가라앉지 않았다. 팔의 부상 때문에 바이어스가 중요하게 여기는 골프 경기에서도 결과가 좋지 않았다(그는 21년 전, 1906년에 전미 아마추어 골프 경기에서 우승한 전력이 있었다).

부유한 플레이보이로서 더 힘든 부분은 부상을 입은 후로 맹렬한 성욕이 한풀 꺾였다는 것이다.

악명 높은 바람둥이는 절박하게 해결책을 찾았다. 갈팡질팡하던 끝에, 바이어스를 진찰한 의사들 중 하나가 '라디토어'라고 불리는 특허 받은 신약을 복용해 보라고 권했다. 뉴저지에 있는 베일리 라듐 연구소에서 제조된 약으로, 라디토어 한 병에는 2마이크로퀴리의 라듐이 함유되어 있으며, 의약품 영역의 신제품이지만 잠재적 효과가 기대된다고 했다. 라디토어는 소화불량과 고혈압, 발기부전을 포함한 약 150가지 질병을 완치시킬 수 있다고 대대적으로 광고하고 있었다. 또한 의사들에게도 아주 구미가 당기는 약이었던 것이 라디토어를 처방하는 의사들은 모두 제조회사로부터 약값의 17퍼센트나 되는 리베이트를 받았기 때문이다.

바이어스는 약을 복용하기 시작했다. 팔의 통증이 나아지자, 그는 라디토어가 활력을 증강시켜 준다는 것을 확신하게 되었다. 그는 1927년 12월의 어느 날부터는 하루에 라디토어를 세 병씩 마시기 시작했다. 하루 권장량의 세 배였다. 그가 경제적으로 월등하게 부유했기 때문에 가능한 일

이었다. 평범한 사람은 그 정도 용량을 지속적으로 복용할 경제적 능력이 없었다. 차라리 그것이 나을 뻔했다. 부유한 사업가는 1931년까지 X레이를 수천 번 찍은 것에 상응하는 수준까지 방사선이 축적됐다.

불행하게도, 그 정도의 방사선량은 바이어스를 마블 시리즈의 수퍼히어로로 만들어주지 않았다. 그는 천천히, 그리고 소름끼치게 죽어갔다.

세 번 증류한 물에
2마이크로퀴리 라듐이
함유된 라디토어.
바이어스는 이것을 하루에 세 병씩 마셨다

## 보라,
## 라듐의 힘을!

라듐은 마리와 피에르 퀴리가 발견하고 분리해낸 것으로 유명하다. 두 사람은 그로 인해 건강을 잃었고, 마리 퀴리는 과학적 발견과 자신의 생명을 바꾸었다. 라듐은 암세포를 파괴하는 충격적인 능력으로 인해 20세기 초 의료계에서 대대적인 환영을 받았다. 그런데 라듐의 위력은 열추적 미사일보다는 핵폭탄에 가까웠다. 암세포든 아니든 접촉하는 모든 세포에 영향을 미치는 강력한 물질이었던 것이다.

그러나 그 위험성이 제대로 알려지기도 전에 라듐은 새로 발견된 원소로 반짝 인기를 누렸다. 1902년, 퀴리 부부는 우라늄이 풍부하게 함유된 광물에서, 그리고 지금은 '우라나이트'라고 불리는 광석에서 처음으로 염화라듐을 분리해냈다.(간단한 설명: 우라늄은 붕괴하면서, 다른 원소로 변한다. 목적지를 향해 한 방향으로 달리는 기차처럼 우라늄이 붕괴하여 이르게 되는 첫 번째 정류장이 라듐이다.) 마리 퀴리가 '나의 아름다운 라듐'이라고 불렀던 새로운

돌팔이 의학의 역사

원소는 방사능을 의학적으로 활용할 수 있을 것이라는 가능성으로 크게 빛을 내뿜었다. 라듐의 반감기는 1,600년이었고, 방사능 수치는 우라늄의 약 3천 배였다. 그것은 매우 희귀한 일이었고, 그래서 매우 흥미로운 일이었다(또한 매우 위험하기도 하다. 그 부분은 나중에 설명할 것이다).

1년도 되지 않아 피부에 깊은 화상을 입히는 라듐의 성질에 대해 언급하면서, 피에르 퀴리는 암을 치료할 수 있는 가능성이 있지 않을까 제안했다. 처음 시도했던 결과를 보면 특히 피부암의 경우에 매우 고무적이었다. 다음 해 1904년에는, 런던의 채링크로스 병원 의사인 존 맥로드$^{\text{John MacLeod}}$ 가 내장 기관의 암을 치료하기 위한 라듐 도포기를 개발했는데, 그것으로 종양을 줄어들게 하는 효과가 있음을 알게 되었다.

당시 라듐의 발견이 얼마나 획기적인 것이었는지 아무리 강조해도 모자랄 것이다. 수 세기 동안 암과의 전투에서 참패를 계속하다가, 마침내 용병을 찾아낸 것이다. 심지어 빛나기까지 했다! 따라서 20세기의 의사들이 암 치료뿐만 아니라 라듐을 사용하여 고혈압, 당뇨병, 관절염, 류머티즘, 통풍, 결핵의 치료에도 적용하려 한 것도 수긍할 수 있는 일이었다.

미국에서는 1906년에 순수 식품과 의약품 법이 통과되었지만 라듐은 규제대상에서 제외되었다. 의약품이 아니라 자연 원소로 분류되었기 때문이다. 그래서 전국의 돌팔이들은 라듐의 신비한 성질을 돈벌이에 이용하기 시작했다(신문에 광고가 쏟아지기 시작했

자신이 발견한 '아름다운 라듐'과 함께 빛나고 있는 마리 퀴리

다. "젊음과 미모를 내뿜어 보세요." "라듐은 수천 명에게 건강을 되찾아주고 있습니다." "효과가 뛰어난 라듐 크림 연고가 관절과 근육 통증을 순식간에 몰아냅니다!").

한 가지 천만다행이었던 점은 라듐의 가격이 매우 비쌌다는 것이다. 그 결과 미국 전역을 돌아다니던 돌팔이들의 방사능 제품 대부분에는 실제로는 방사성 물질이 전혀 들어 있지 않았다. 수요와 공급이 일치하지 않은 덕분에 결과적으로 수백, 수천 명이 목숨을 구한 것이다.

## 라돈, 레비게이터 그리고 다른 항아리들

처방 없이 구입할 수 있는 방사능 의약품의 첫 번째 유행은 물과 관련된 것이었다. 라듐은 붕괴할 때 '라돈'이라는 가스가 발생하는데, 의사들은 라돈이 병을 고치고  몸을 건강하게 해준다고 생각했다. 이십세기 초에 유행했던 온천, 특히 유명했던 아칸소 온천 속에 함유된 활력 성분이 바로 라돈이었다('라듐 온천 호텔' 참조). 온천 속의 치유 성분이 무엇인지 아는 사람이 없다가, 일단 라돈의 존재가 밝혀진 뒤에는 방사능 덕분이라는 생각을 하게 되었다. 그러나 라돈에는 심각한 문제가 있었다. 물속에 잠깐 녹아 있을 뿐 금세 붕괴하거나 공기 중으로 날아가버린다는 점이었다.

오늘날 우리들은 마시는 물에서 라돈을 제거하려 애쓴다(확실하다). 그러나 20세기 초에는 완전히 정반대의 목적으로 제작된 장치들이 활발하게 거래되었다. 라돈이 함유된 욕조에 몸을 담그는 것 외에도 방사능이 함유된 물을 마시는 것이 유익하다는 생각이 널리 퍼져 있었다. 오늘날

녹즙이 유행하는 것과 비슷한 식이었다. 물에 라돈을 첨가하는 장치로 가장 성공한 것은 R. W. 토마스가 만들어서 1912년에 특허를 받은 레비게이터였다. '방사능 물병'이라는 설명 그대로, 라듐이 포함된 우라늄 광석으로 만들어 수도꼭지가 붙어 있는 커다란 항아리였다. 소비자들은 밤마다 이 항아리에 물을 채워, 라듐이 우러나온 물을 하루에 여섯 컵에서 일곱 컵 정도 "마음껏 마시라"는 지시를 받았다. 레비게이터는 각 가정에서 '건강을 지켜주는 물'인 방사능 샘물 생산을 담당하게 되었다. 하루가 지난 물은? 제품 광고에서는 식물에게 주면 좋다고 적혀 있다.

레비게이터로 생성된 물에는 식수 기준치의 약 다섯 배나 되는 라듐이 녹아들어 서서히 사람들을 피폭시켜갔다. 하지만 그 사실을 모르는 사람들은 전혀 다른 문제를 고민하고 있었다. 레비게이터의 한 가지 문제는 휴대하기가 불편하다는 것이었다. 그래서 레비게이터보다 크기는 작지만 기능은 비슷한 물통들이 시장에 등장하기 시작했다. 토마스 콘, 짐머 에메네이터(방사능 용기), 라듐 에메네이터 등이다. 사용법은 모두 비슷했다. 마실 물을 물통에 담기만 하면 되는 것이었다(통칭 '에메네이터'라고 불리던 이런 것들은 보통 우라늄의 일차 광석인 카르노타이트 광석으로 만들어졌다. 우라늄은 서서히 붕괴할 것이고, 그 과정에서 먼저 라듐을, 그리고 라돈이 뿜어져 나오면, 물이 방사능을 띠게 되는 것이다). 결국 이 작은 항아리만 있으면 어디서나 방사능 물을 만들 수 있었다. 출장이 잦은 영업

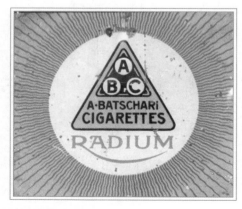

라듐 담배 피실래요?

사원들은 이것으로 그들이 묵는 도로변 모텔에서도 매일 밤 좋은 방사능 물을 마실 수 있다고 장담했다.

라돈과 라듐의 관계가 좀 더 명료하게 이해되기 시작하자(방사능 수준을 보면, 라듐은 기본적으로 라돈의 제곱이다), 제조업자들은 곧 소비자들이 직접 라듐을 복용하거나 피부에 바를 수 있는 제품을 내놓기 시작했다. 1920년 대에는 미용 크림, 연고, 비누 그리고 치약을 비롯하여 라듐을 기본 성분 으로 한 미용 제품들이 다양하게 시장에 등장했다. 그렇다, 치약도 있었 다. 1920년대에는 하얀 치아만으로는 충분하지 않아서 진주처럼 빛나야 만 했던 것 같다.


## "당신의 분비샘을 이온화 하세요" 국부보호대와 좌약으로

의학계에서는 방사선을 어떻게 사용해야 우리 몸에 도움이 되는지를 놓고 논란이 이어졌다. 라듐을 환부에 직접 바르면 효과적이라고 주장하 는 사람이 있는가 하면, 라듐이 부신과 갑상선과 같은 내분비 계통을 자 극한다고 주장하는 사람도 있었다. 결국 신체기관을 건강하게 유지하려면 이온화한 방사선, 즉 X-ray나 감마선 같은 이온화방사선이 효과적이라는 결론을 내렸다.

에번 바이어스가 즐겨 마시던 라디토어가 생산되기 전, 윌리엄 베일리 William Bailey는 '라디엔도크리네이터'를 제조했다. 활기를 되찾게 하고 싶은 신체 부위 어디에나 착용할 수 있도록 만든 보호대 같은 것인데 라듐이 함유되어 있고 금으로 도금이 되어 있었다. 짐작하겠지만, 라디엔도크리네

돌팔이 의학의 역사

이터는 '내분비선을 이온화하는' 감마선이 발생하는 기구다. 내분비선을 이온화하면(즉 방사선을 쬐면) 호르몬 생성이 촉진될 것이라는 주장이었다. 혹은 무지한 대중들을 더 잘 이해시키기 위해서, 그 장치가 '신체의 어두운 구석을 밝히는' 작용을 한다고 설명했다. 라디엔도크리네이터는 심지어 활력을 잃은 음경에 에너지를 불어넣기 위해 특별히 제작된 보호대의 형태로 음낭 밑에 착용할 수도 있었다.

1924년에 베일리는 미국화학협회 앞에서 라듐의 의학적 가능성이 아주 희망적이라는 연설을 하면서 자기 경력의 절정에 이르렀다. 그는 다음과 같이 말했다. "우리는 정신이상, 질병, 노년을 막다른 골목이라고 생각했다. 그런데 삶과 죽음은 내분비선 안에 있었다." 베일리는 노화가 내분비선이 서서히 감퇴하면서 일어나는 것이라고 믿었다(혹은 적어도 그렇게 믿는다고 주장했다. 영업 전략으로 내세운 것이라서 그가 정말로 무엇을 믿었는지는 모호하다). 방사선을 쪼이거나 혹은 '이온화시키는' 것으로, 라듐은 내분비선에 활력을 되찾아 줄 수 있으며, 노인과 쇠약한 사람들에게 광채를 되찾아 준다고 했다. 그는 덧붙였다.

라디엔도크리네이터로 경험한 명확한 임상적 결과에 만족한다. 우리가 경험할 수 있는 그 장치의 이온화 방식은 분명히, 그리고 예외 없이 노화의 과정을 지연시키고, 인생의 태양이 기나긴 밤의 보랏빛 그늘 속으로 잠겨가는 사람들에게 비교적 정상적인 힘과 기능을 더 누릴 수 있도록 한다. …… 주름진 얼굴, 헬쑥한 얼굴, 흐릿한 눈, 무기력한 걸음걸이, 불완전한 기억, 아픈 몸, 불임의 파괴적인 효과, 이 모든 것은 내분비선이 제대로 기능하지 못한 결과이다.

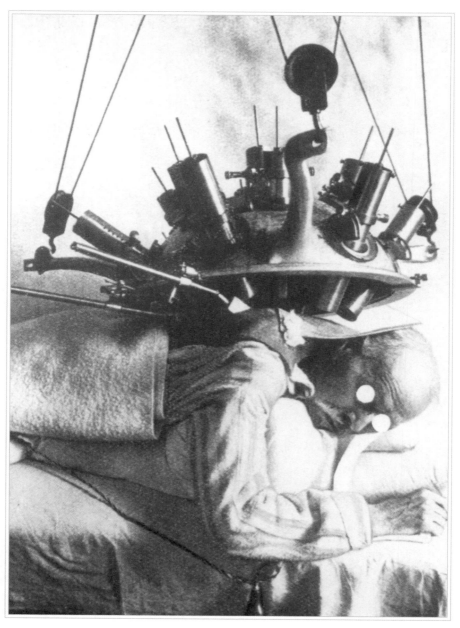

후두암을 앓던 남성이 1925년 벨지움에서 '라듐 폭탄'으로 방사능 치료를 받았다. 그 폭탄은 열세 군데 발생원에서 방사선을 쏘았고, 서로 다른 각도로 종양 조직에 초점을 맞추었다.

베일리가 라듐과 분비샘의 관계를 주목한 유일한 사람은 아니었다. 콜로라도주의 덴버에 근거지를 둔 홈 프로덕트라는 회사는 동물의 분비샘으로 만든 알약과 '기력이 쇠해서 좌절한 남성들이 기쁨에 차 활력이 넘치도록' 돕는 강장 치료제인 라듐 보충제를 결합하는 악마 같은 발상을 했다.

비타 라듐을 복용하는 불운한 경험을 했던 남성들은 확실히 무엇인가가 넘쳐흐르기는 했다. 그 라듐 보충제는 좌약이었기 때문이다. 라듐 좌약. 환자들은 말 그대로 엉덩이에 라듐을 꽂아 넣었다.

그런데 여성의 경우에는 상황이 훨씬 심각했다. 여성의 영원한 문제인 '성적 무관심'을 타파하려는 시도로, 홈 프로덕트는 '여성의 특별한 보충제'를 생산했다. 그들은 이 라듐 보충제를 질 안에 삽입하면 모든 형태의 성적 고통이 치유되고, 더불어 성욕이 다시 활발해진다고 광고했다.

## 사업가의 소름 끼치는 죽음

1927년 말에, 앞서 언급되었던 사업가 에번 바이어스는 날마다 라디토어 몇 병을 마셨다. 건강이 좋아지는 것이 그 덕분이라고 확신하고 있었기에 새로운 믿음에 빠져든 사람 특유의 열정으로, 바이어스는 열렬한 보증과 함께 라디토어를 친구와 동료 그리고 여성 '지인들'에게 보내기 시작했다(지인 중 하나였던 메리 힐은 그보다 앞서 사망했다. 방사능이 원인일 확률이 높다). 특허약에 완전히 빠져든 바이어스는 사랑하는 경주마에게도 그 약을 먹였다. 아마도 역사상 유일한 일일 텐데, 1920년대 후반 무렵 사람들은 방사능에 피폭된 말이 트랙을 달리는 모습을 보았을 것이다.

5년이 넘는 세월 동안, 바이어스는 놀랍게도 라디토어 1,500병을 복용했다. 1931년까지, 그의 몸은 말 그대로 만신창이가 되었다. 인생의 마지막 18개월 동안은 공포영화와도 같은 시간을 보내야 했다.

한때 강하고 원기 왕성했던 여성 편력가가 1932년 3월 31일, 방사능으로 인한 다양한 암의 맹렬한 공격으로 인해 마침내 사망하게 되었을 때, 그의 몸무게는 42킬로그램에도 미치지 못했다. 신장은 완전히 기능을 상실했고, 피부는 창백했으며, 가죽만 남았다. 뇌에는 종양이 생겨서 거의 말을 할 수 없었으나 의식은 명료했다. 턱은 암이 퍼지는 것을 막으려다 실패한 여러 차례의 수술로 인해 거의 남아 있지 않았다. 두개골은 방사능으로 인해 구멍이 숭숭 뚫려 있는 상태였다.

"이처럼 호화로운 환경에서 이처럼 소름 끼치는 장면을 상상하기는 힘들 것이다." 바이어스가 방사능 오염 증상의 마지막 단계에 시달리던 때에 그의 롱 아일랜드 저택을 방문했던 목격자가 기록한 내용이다. 바이어스의 죽음을 법의학적으로 조사한 결과에 의하면, 뼈에서까지 방사능이 위험수위로 검출되었다. 그 플레이보이는 문자 그대로 납으로 봉인된 관에 들어가 매장되어야만 했다.

세간의 이목이 집중된 바이어스의 죽음은 FDA(미국 식품의약국)가 라디토어를 철저하게 조사하는 계기가 되었고, 곧이어 연방무역위원회에서 생산 중단 명령을 내렸다. 전국의 상점에서 판매 중이던 라디토어 약병들은 치워졌고, 정부에서는 그 제품의 위험성을 경고하는 내용의 팜플렛을 배포했다. 1930년대 초반이 되자, 예전에는 호황을 누렸던 라듐 특허 약품 시장은 거의 완전히 무너졌다.

회사가 생산 중단 명령을 받았음에도, 베일리는 바이어스의 죽음으로 인해 법적으로 기소를 당하지 않았다. 능란한 사기꾼은 스스로도 규칙적으로 라디토어를 복용한다고 하면서 바이어스는 오진의 사례라고 주장했다. "나는 물보다 라디토어를 더 많이 마시지만 누구보다 활기차고, 어떤 질병도 앓아본 적이 없다." 베일리는 1949년 비교적 젊은 나이인 예순네 살에 매사추세츠에서 사망하면서, 사람들의 관심에서 사라졌다. 그의 사인인 방광암은 방사능 오염의 부작용일 가능성이 크다. 베일리의 시신은 1969년에 발굴되었고, 여전히 높은 수준의 방사능이 검출되었다. 따라서 돌팔이라 해도 한 가지 사실은 틀림없다. 자신이 설파하는 것을 실행에 옮긴다는 것.

## 오늘날의 라듐

한편 합법적인 의료 연구의 최전선에서도, 초기의 라듐 실험자들(퀴리 부부 포함) 대부분에게 방사능으로 인한 건강 문제가 생기기 시작했다. 의료계에서 그 물질을 다루면서 발생하는 위험성과 환자에게 부정확한 양을 복용하게 했을 때 생기는 위험성을 포함하면, 그 물질이 지닌 치유의 효과라는 득보다 실이 큰 결과였다.

그런데 1928년에 가이거 계수기라는 도움의 손길이 등장했다. 방사능 수준을 성공적으로 측정할 수 있는 장치였으므로, 과학자들이 라듐 연구를 계속하는 데 매우 중요한 요소인 안전을 보장해주었다. 라듐은 작은 유리 시험관에 넣어 밀폐시키고, 그런 다음 백금 저장 용기에 넣어서, 그것을 병든 조직에 집어넣는 방식으로 치료에 적용했다. 백금 저장 용기는 몸에 해로운 알파선과 베타선을 차단하며, 감마선만 통과시킨다. 마찬가지로, 1940년에는 씨드라고 불리는 금으로 된 시험관에 라돈을 넣어 밀봉하는 방식이 소개되어, 의사들은 라듐이 붕괴하며 만들어지는 생성물로 하는 연구에 성공할 수 있었다(금은 백금과 마찬가지로 감마선만 통과시키는 역할을 한다). 그러나 가스가 새거나 표본이 오염될 위험 때문에 1980년

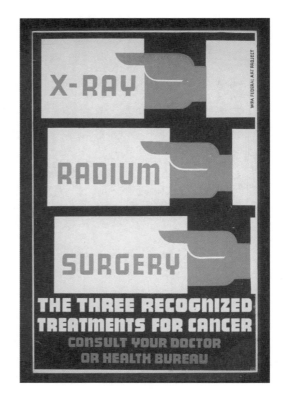

대에 들어서는 의학적 용도로는 라듐을 사용하지 않게 되었다. 다만 라듐 223의 경우에는 전립선암의 특정 단계에서 여전히 표준화된 치료법으로 적용되고 있다. 오늘날, 방사선 치료는 이온화방사선을 조사하는 것이 가장 일반적이다. 이 방식이 수술이나 화학요법과 함께 암을 다루는 일차적 치료법으로 남아 있다.

흥미로운 후기가 있다. 1989년 로서 맥클리스가 의료 골동품 가게에서 라디토어 한 병을 산 뒤, 그것에 남아 있는 방사능을 조사했다. 그리고 놀라운 결과를 〈사이언티픽 아메리칸〉 잡지에 기고했다. "나는 라디토어의 잔류 방사능이 붕괴하여 오래전에 무의미한 수준으로 떨어졌을 것이라고

# 라듐 온천 호텔

방사능이 함유된 온천에 몸을 담그는 것이 방사능을 흡수하는 방법으로 선호되었다. 라돈은 라듐이 붕괴되면서 생성되는 기체이고, 그것을 뿜어내는 온천이 있다는 사실이 밝혀진 이후, 사람들이 방사능 온천에서 목욕을 할 수 있도록 근처에 호텔이 세워지기 시작했다.

체코공화국의 요아힘스탈에 있는 라듐 온천 호텔에서는 방사능이 함유된 물에 몸을 담그는 것뿐 아니라 지하실에 있는 물탱크와 연결된 배기관을 통해 라돈을 직접 흡입할 수도 있었다. 심지어 호텔 내부의 공기에도 방사능을 퍼뜨렸다.

윌 로저스Will Rogers의 고향인 오클라호마 클레어모어에도 이런 호텔이 문을 열었다. 유황 온천이 발견되었을 때, 실제로는 방사능이 함유되어 있지 않았음에도 '방사능 온천'이라고 광고했다. 그렇다고 해도 방사능이 한창 유행하던 20세기 초에 마을과 호텔은 주요 관광지가 될 운명을 피하지 못했다.

가정했다. 내가 틀렸다. 실험 결과 생산된 지 70년이 지나 거의 비어버린 유리병 속에는 여전히 위험 수준의 방사능이 남아 있었다."

납으로 봉인된 관 속에서 서서히 분해되어가고 있는 에번 바이어스의 뼈가 바로 그 부분에 밑줄을 긋게 만든다.

# 여성의 건강편

역사를 통틀어 여성에게 어떤 의학적 치료를 할 것인지를 결정하는 것은 남성이었다. 여성은 신체적으로나 심리적으로 열등한 존재로 간주되었다(아리스토텔레스가 '여성은 하자가 있는 남성'이라고 주장한 것을 비웃고 싶다). 여성의 장기는 남성의 장기가 부패하고 역전된 것이라 여겼고, 여성들은 혈관이 새고 있다고 생각했다(생리, 울음, 수유). 생리는 '오염시키는 것'이었다.

수천 년 동안, 많은 이들이 대부분 자궁을 여성 질병의 해부학적 그리고 병적인 근원이며, 극도로 비싼 대가를 치르며 유지해야 하는 기관이라고 생각했다(생리를 통해 자체 정화가 이루어지는데도 불구하고). 그리고 몸 안의 여기저기를 질주하듯 '돌아다니면서' 온갖 질병을 일으킨다고 간주했다.

하느님 맙소사. 자연히 자궁을 다스리기 위한 채찍들이 등장했다. 방탕한 남자들과 발리 섬으로 날아가기 전에, 전기충격 목걸이나 전기 울타리에 시달렸을지도 모른다. 이제 여성의 질병이 역사적으로 어떻게 형편없는 치료를 받았는지 살펴볼 것이다.

## 향 치료

히스테리(그리스어에서 자궁을 뜻하는 히스테라$^{hystera}$에서 비롯된)라는 용어는 비교적 최근인 1800년대부터 사용되었다. 그러나 자궁이 문제를 일으키며 방황한다는 개념은 고대에서부터 시작되었다. 히스테리의 증상은 기절, 불면증, 복부의 불편함, 경련, 성교에 대한 무관심이나 과도한 관심처럼 기본적으로 성적인 것과 관련된 모든 문제를 포괄했다. 에베르스 파피루스(*역주: 기원전 1550년경

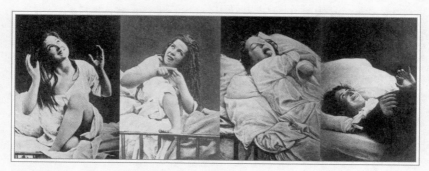

히스테리를 설명하는 19세기 후반의 사진들

의 약초 지식이 기록된 이집트의 의학 파피루스)에는 여성의 많은 질병은 이해하기 힘든 자궁의 움직임을 냄새를 사용하여 원래 있던 자리로 쫓아내면 된다고 설명하고 있다. 복강 내에서 자궁이 '너무 높이' 있을 때는? 냄새가 지독한 발이나 악취가 나는 물질을 코에 올려놓아서 자궁을 아래로 내려 보낸다. 혹은 달콤한 향을 질 근처에 두어 가까이 내려오도록 유혹해야 한다. 19세기에 여성들은 냄새나는 소금(각성제, 탄산암모니아)을 지니고 다니면서, 성가신 자궁을 제자리로 돌려놓고, 더불어 기절하지 않기도 바라면서 그 냄새를 맡곤 했다.

## 자궁절제와 음핵절제

히스테리를 치료하기 위해 난소를 제거하는 외과 수술은 19세기부터 시작되었다. 이것을 여성이 스스로 출산을 통제하고자 세운 영리한 계획이라고 생각하면 좋은 일일 수도 있다. 그러나 수술은 종종 환자의 동의 없이 행해졌다. 1880년대 중반 런던의 뛰어난 산부인과 의사였던 아이작 베이커 브라운Isaac Baker Brown은 여성의 성욕을 증가시키거나 만족시키는 것은 뭐든지 나쁘고, 나쁘고, 나쁘다고 판단을 내렸다. 그는 음핵 절개를 권하고 시행했으며, 심지어 자기 여동생의 난소를 잘라냈다. 이러한 음핵 절제 수술은 이십세기에 이르기까지 시행되었다(여성 생식기 훼손이라 불리는 끔찍한 수술들 중 하나이며, 현재도 여전히 많은 나라에 존재하고 있다). 1944년

에 그 수술을 받은 환자가 다음과 같이 말했다. "내가 자위행위를 하지 못하도록 한 거예요." 그녀는 덧붙였다. "소용없었죠."

## 붉은색 초석

수천 년의 세월 동안, 자녀를 출산하지 못했을 때 그 책임은 여성들에게 전가되었다. 인간의 생식에 관한 생물학적 지식이 그동안 베일에 가려져 있었다는 것도 아무 도움이 되지 않았다. 히포크라테스는 다음과 같은 방법을 권했다. "자궁경부가 너무 꽉 닫혔을 때 안쪽 공간은 붉은색 초석, 쿠민, 송진, 꿀로 구성된 특수 혼합물을 사용하여 열어야 한다."

그런데 붉은색 초석이란 정확하게 무엇인가? 아마도 질산칼륨 혹은 콘비프에 양념으로 뿌리거나 불꽃놀이용 화약을 만드는 칠레 초석일 것이다. 아니면 이집트인들이 미라를 건조시킬 때 사용했던 소다회이거나 소다석일 수 있다. 양념, 불꽃 그리고 미라…….흠, 아기를 갖고 싶을 때 사람들이 떠올릴 만한 유쾌한 것들은 분명히 아니다.

## 마늘 정향과 아니스

(*역주: 열대성 정향나무의 꽃을 말린 것. 씨앗이 향미료로 쓰이는 미나리과 식물)

히포크라테스에 의하면, 생식력이 왕성한 또 다른 징후는 입과 질 사이에 내부 소통이 자유롭다는 것이다. 따라서 마늘과 정향으로

여성의 생식기 부근을 문질렀을 때 입김에서 마늘 냄새를 맡을 수 있다면, 임신할 가능성이 높다. 또 다른 향으로 변화를 줄 수 있는데, 물에 아니스를 넣어서 마시게 하는 것이다. 다음날 여성의 배꼽 근처가 간지럽다면, 임신하고 싶어서 안달이 난 상태라고 한다.

## 출산을 위한 동물 처방

성공적인 출산을 위해, 1세기의 학자인 대 플리니우스는 하이에나의 오른발을 임산부의 몸 위에 올려놓으면 분만이 원활해진다고 장담했다(왼발은 죽음을 초래할 수 있다. 누가 알았겠는가, 독살범의 의료 장비 속에 '치명적인 하이에나의 왼발'이 있다는 것을?). 또한 출산의 고통을 줄이려면 암퇘지의 똥을 가루로 만들어 마시라고 조언했다. 어쩌면 냄새 때문에 예비엄마의 주의가 분산됐을지도 모른다.

임신에 관한 플리니우스의 다른 조언들: 거위의 정액을 마셔라(좋아, 그런데 어떻게 수놈 거위에게 그걸 부탁하나……. 어쩌면 그들은 거위를 죽여서 고환을 꺼냈을지도……. 아무래도 상관없지). 혹은 족제비의 자궁에서 생식기를 통해 흘러나온 액체를 마셔라. 쩝. 개의 태반을 산파의 장갑으로 삼아서 아기를 받으라는 조언은 어떤가?

## 새똥 한 숟갈

트로툴라는 중세의 의학 서적 전집이며, 저자 중 한 사람인 살레르모 출신 트로타의

이름을 딴 것이다. 그녀는 12세기 이탈리아에 살았던 의사이자 작가이다. 여권 신장을 축하하기 전에, 일단 계속 읽어보라. 그녀는 다음과 같이 썼다. "그러므로 생리량이 부족하고 여성의 몸이 수척해지면 발바닥 안쪽의 장심 아래 있는 정맥에서 피가 흐른다." "여성이 원활히 분만하도록 도우려면, 매의 똥 속에 있는 하얀색 물질로 만든 약 한 숟갈이 유용할 것이다." 처방전에 이런 내용이 있다고 상상해 보라.

살레르모 출신 트로타를
상상한 그림

## 족제비 불알

　트로툴라에서는 또한 피임에 대한 조언도 하고 있다. "수놈 족제비를 잡아서 고환을 제거한 다음 산 채로 놓아주라. 족제비 고환을 여성의 가슴에 품게 하고 거위의 가죽으로 묶는다. ……그러면 임신을 피할 수 있다." 흠. 섹스를 방해하는 방법이라는 게 옷을 벗은 여성의 가슴골에서 족제비 불알을 찾아내는 것이라니. 적어도 족제비에게는 좋은 피임법일 것이다. 오, 고환을 잃은 가엾은 족제비.

# 2부

# 식물과 토양
## PLANTS & SOIL

자연의 선물

# 1

# 아편
## Opiates

양귀비 왕관을 쓴 신들, 불멸의 돌, 영웅 헤로인,
베이비시터 역할을 한 모르핀

우는 아기를 보는 일은 쉽지 않다. 특히 한 세기 전이나 그 이전의 시대에 어머니가 지역 공장에서 일하는 한편 자녀 열 명을 돌봐야 하는 과중한 노동에 시달리는 보육자라면? 혹은 어린 동생들을 돌보아야 하는 손위 형제나 자매라면? 혹은 아기를 하나 더 임신하고 있어서 잠이 부족하고

아, 마침내 아이들을 곯아떨어지게 하고 잠을 잘 수 있는 방법을 알게 된 엄마의 기쁨.

지친 어머니라면? 물론 아기들이 우는 것은 배가 고프다거나 기저귀가 젖었다는 호소이다. 어쩌면 배앓이일지도 모르고 치아가 나오는 중일 수도 있다. 그러나 어쨌든 시끄럽다. 두 개뿐인 손으로 할 수 있는 일은 그리 많지 않다.

그럴 때는 '윈슬로 부인의 진정제 시럽', '갓프레이의 코디얼', '제인의 발삼 구풍제' 혹은 '대피의 묘약'을 선택할 수 있다. 여기에는 모두 모르핀이나 아편, 그리고 아이들을 곧바로 잠들게 하는, 어쩌면 죽일 수도 있는 온갖 성분들이 들어 있다.

잔혹하다고 생각할지도 모르지만, 시끄러운 아이들에게 약을 먹이는 일은 수천 년 동안 일반적으로 행해졌다. 에베르스 파피루스는 우는 아이를 진정시키려면 양귀비에 말벌의 배설물을 섞어서 사용하라고 설명하고 있다. 7세기의 의사이자 철학자인 아비켄나Avicenna는 양귀비, 회향 그리고

돌팔이 의학의 역사

아니스 씨앗을 섞은 묘약을 추천
했다. 1400년대부터 지난 세기에
이르기까지, 교과서에서는 잠을
자지 않거나 치아가 나느라 보채
는 아이들에게 아편과 모르핀을
다양하게 혼합해서 먹이라고 권
했다. 만약 아기가 젖을 떼려고
하지 않는다면? 건국의 아버지
알렉산더 해밀턴<sup>Alexander Hamilton</sup>은
그 문제에 관해 이렇게 조언했다.
"보채면서 심하게 울어대는 것을

아편, 가엾은 아이들의 유모

방지하기 위해서는 약한 백포도주와 유장, 희석된 브랜디 펀치에 양귀비
시럽 한두 숟가락을 섞어서 먹인다. …… 젖에 대한 생각을 완전히 잊을
때까지."

하지만 그로 인한 문제들이 많았다. 1800년대 후반의 에든버러에서 찰
스 러스<sup>Charles Routh</sup>는 유모들이 그들이 돌보는 아이들에게 약을 먹이거나 스
스로 약을 먹는 일이 잦다고 기록하고 있다.

"유모가 술을 홀짝홀짝 마시는 사람이거나, 아편을 복용하는 사람이라
면, 젖에도 치명적인 영향을 미칠 수 있다. …… 그렇지 않으면, 결국 아이
들에게도 약을 먹인다." 물론 아기들은 잠을 푹 자게 되지만, 아이들이 밥
을 잘 먹으려 하지 않거나 앓고 있는 질병이 있어도 알 수 없게 된다.

# 달콤한 자장가, 아편

따라서 이러한 베이비시터들은 바람직하다고 할 수 없다. 그렇다고 하더라도 고대부터 내려오던 아편을 활용하던 전통을 이어받은 것뿐이다. 아편을 복용하고 나면 30분도 지나지 않아 참기 어려운 아픔이 사라지면서 행복감과 나른함을 느끼게 된다. 멋지지 않은가? 부작용이 몇 가지 있기는 하다. 피부 가려움증, 변비, 메스꺼움, 위험할 정도로 느린 호흡. 아, 물론 심각한 마약 중독도 있다. 심지어 사망도.

학명이 Papaver somniferum(그리스어 Papaver는 '양귀비', 라틴어 somniferum은 '잠이 오게 하는'이라는 의미)인 양귀비가 사람들에게 알려진 것은 5천 년도 더 된 일이다. 종이처럼 하늘거리는 하양, 빨강, 분홍 혹은 보라색 꽃들은 이틀도 못 가 바람에 시들어버린다. 그러나 그런 가냘픈 모습에 속으면 안 된다. 양귀비의 힘은 꽃의 아름다움에 있는 게 아니라 꽃이 지고 나면 남는 마약 성분이 함유된 꼬투리에 있다. 기원전 3400년에 수메르 사람들은 양귀비를 '훌길'이라고 불렀다. '기쁨을 주는 식물'이라는 의미였다. 이천 년 뒤에 아편은 북아프리카, 유럽, 그리고 중동까지 퍼져나가 사용되었다. 감초나 발삼과 섞으면, 만병통치약이라고 소문이 났다. 고대 이집트에서는 여신 이시스가 태양신 라의 두통을 고치려고 아편을 주었다는 이야기가 내려온다. 그렇다면 신들도 두통을 앓는다는 말인가?

고대 그리스에서는 신들이 양귀비를 손에 들고 있거나 왕관 주위를 장식한 모습을 자주 볼 수 있었다. 아편은 다양한 방식으로 달콤한 위안을 제공하는 여러 신들, 즉 닉스(밤), 히프노스(잠), 타나토스(죽음) 그리고 모르페우스(꿈)와 연관되어 있었다. 기원전 4세기경에 히포크라테스는 아편의 위험성에 대해 적절한 관심을 표했고, 잠들기 위해, 출혈이나 아픔을 멈추기 위해, 그리고 여성의 질병에 아주 조금만 사용할 것을 권했다. 호머는 아편의 기본 성분인 네펜서(*역주: 시름을 잊는 약이라는 의미)라는 약에 대해 기록했다. 그 이름은 텔레마코스가 기억을 잃게 하려고 헬렌이 준 약에서 비롯되었다. 독미나리와 아편을 섞어서 사형수들을 죽일 수 있는 치명적 독약으로 사용

양귀비 꽃송이와 더불어 아편 유액으로 가득 찬 단면이 드러난 꼬투리

했다. 아편의 유용한 측면도 많다. 그러나 너무 자주 오용되었다.

2세기경에 갈레노스는 약용 아편을 좀 지나치게 선호했다. 현기증, 청각장애, 간질, 뇌졸중, 약시, 신장 결석, 나병……. 그러니까, 거의 모든 것을 치료할 수 있다고 생각했다. 어쨌든 아편이 사람들에게 몸 상태가 좋아졌다는 느낌을 주는 것은 사실이었다. 7세기에, 아비켄나는 아편의 효능에 관한 논문을 썼다. 자신의 의학 전서에 실린 글에서 그는 아편이 고통스러운 통풍, 미약한 설사에 효과가 있고 불면증 환자를 잠들게 할 수 있다고 설명했다. 아편은 세상에서 가장 오래된 수면제이기도 하다. 그는 성욕을 통제하기 어려운 사람들에게도 효과가 있다고 여겼다. "강한 성욕으로 상태가 불안정한 환자들은 오피오이드(*역주: 아편성 마취제)를 국부에 사용해도 된다." 흠, 그렇군.

아비켄나는 독자들에게 자신이 관찰한 호흡 곤란, 가려움증, 의식상실 같은 아편 중독의 증상에 대해 경고했다. 복용법이나 생산에 대한 규제가 없었으므로 남용되었을 것이 뻔했다. 그래서 아비켄나가 경고한 것이다.

그러나 역설적으로, 그부터가 역사상 최초로 아편 과다복용자로 기록될 확률이 높다. 그는 복통을 앓고 있었고, 그의 하인은 그로부터 약을 훔치기까지 하면서 과다복용하고 있었다. 게다가 그는 지나치게 잦은 섹스를 했다(성욕이 낮아진다는 주장과는 반대로). 그 후 그는 곧 죽었다(스스로에게 보내는 주의 사항: 복통과 지나친 섹스 그리고 아편은 죽음을 부를 수 있다. 그보다 더 나쁜 방식의 죽음도 있겠지만).

## 업그레이드된 아편
아편팅크

아편이 15세기 유럽에서 폭발적으로 퍼져나간 것은 파라켈수스 덕분이다. 모르는 사람이 없을 만큼 유명한 의사였던 그는 아편을 불멸의 돌이라고 불렀고, 아편팅크를 발명한 것으로 알려져 있다. 그는 그것을 '어떤 영험한 치료약보다 우월한' 약이라고 겸손하게 선언했다. 그와 동시대인인 요하네스 오포리누스<sup>Johannes Oporinus</sup>는 다음과 같이 말했다. "그는 아편팅크라고 부르는 약을 가지고 있었는데, 꼭 쥐똥처럼 보이는 것이었다. …… 그는 그 약으로 죽은 사람도 깨울 수 있다고 자랑했다."

쥐똥 형태인 파라켈수스의 아편팅크<sup>laudanum</sup>(라틴어 'laudare 칭찬하다'에서 비롯된 이름)는 25퍼센트의 아편에 미라(당신이 생각하는 그 미라가 맞

아편팅크를 발명한 파라켈수스

다. 식인풍습과 시체 의학<sup>Cannibalism & Corpse Medicine</sup>을 보시오), 소의 소화기관에서 꺼낸 베조아르 돌(위의 결석), 사리풀(진정제와 환각제 효능이 있는 풀), 호박, 으깬 산호와 진주, 사향, 기름, 수사슴의 심장 뼈(뭐지?), 유니콘의 뿔(코뿔소나 일각고래의 뿔일 것이다)을 섞는 것이다. 그의 조제법에는 개구리 알이 들어가는 경우도 있었다. 다른 것으로는 오렌지 주스, 계피, 정향, 용연향 그리고 사프란을 넣었다. 아편을 기본으로 해서 가격이 비싸면서 냄새가 지독한 쓰레기들을 섞는 방식이다. 그렇지만 현상 유지 이상의 엄청난 치유 효과를 보이지는 않는다. 죽은 사람을 깨운다고? 아니, 전혀 그렇지 않다.

1600년대에 토마스 시든햄<sup>Thomas Sydenham</sup>은 파라켈수스 식의 화려한 수사 없이 자신의 아편팅크를 대중화했다. 단지 핵심적인 한 가지를 첨가했을 뿐이다. 바로 다량의 알코올이었다. 또한 풍미를 위해 계피와 정향도 집어넣었다. 그리고는 페스트를 치료할 수 있다고 선전했다. 슬프게도, 아편팅크는 페스트를 치료할 수 없었다. 그러나 무자비한 질병으로 환자들이 죽어가는 동안 고통을 훨씬 덜 느낄 수는 있었을 것이다. 시든햄은 그런 것을 알지 못했다. 그는 페스트를 피해 런던으로 달아났다.

그 사이에 아편은 전 세계적으로 엄청난 시장을 지닌 상품이 되었다. 19세기에는 두 번의 아편 전쟁이 치러졌다. 중국이 자국민의 아편 중독 문제로 아편 수입을 금지하자, 영국은 무역 거래 불균형 문제를 내세워 전쟁을 일으켰다. 승리한 영국은 난징조약을 맺고 150년 이상 홍콩을 지배하게 되었고, 이후로 고체 형태의 아편을 흡연할 수

아편을 흡연하는 도구

아편팅크. '먹지
마시오'라는 경고문이
온갖 혼란을 야기한다.

있는 아편굴이 급속히 퍼졌다.

　그러나 서구에서는 액체 형태인 아편팅크가 더 영향을 끼쳤다. 비록 순수한 아편만큼 강력하지는 않았지만, 이것 또한 효과가 좋았고 맛은 더 나았다. 알코올이 첨가되면서 행복감의 효능과 향정신성 작용도 더 강해졌다. 의사들 대부분이 부담 없이 그 약품을 권했고, 처방전 없이도 살 수 있었으며, 아편굴에 갈 필요 없이 가정에서도 쉽게 복용할 수 있었다. 복용량을 늘리거나 줄이기도 훨씬 쉬웠다. 보통은 점점 더 복용량이 늘어갔다.

　그렇게 약을 쉽게 구할 수 있다면 당연히 중독의 어두운 그림자가 드리울 수밖에 없다. 그것은 사회의 각 계층이 겪는 온갖 어려움을 잠시 몰아내는 최면 효과이기도 했다. 1821년 《어느 영국인 아편 중독자의 고백》에서 토마스 드 퀸시는 아편팅크에 중독된 자신의 경험을 감상적으로 서술했다. "여기에 만병통치약이 있다. …… 모든 인간의 괴로움을 씻어주는…… 이제 행복은 1페니로 살 수 있을지도 모른다." 그런

체리 껍질, 알코올 그리고 아편(c. 1840)이 함유된
진통제 광고. '모든 폐 질환' 치료제라고 하면서
인형놀이를 하고 있는 것처럼 그려놓았다.

데 나쁜 점도 적어놓았다. "매일 밤 나는 추락한다. …… 갈라진 틈새와 햇빛이 들지 않는 심연으로…… 자살을 생각하게 하는 절망인 완전한 어둠에 이르게 되기까지."

중독은 웃어넘길 일이 아니었으나, 약국에서는 엄청난 양의 아편팅크, 아편과 마약류를 만병통치약으로 팔았다. 아편, 토근, 감초, 초석(질산칼륨, 폭탄을 만들고 돼지고기를 양념한다) 그리고 황산 타르타르(황산칼륨, 비료)가 함유된 18세기의 치료제 도버의 가루약을 예로 들어보자. 감기와 열을 치유하는 약이었으나, 약을 먹은 사람들은…… 영원히 잠이 들었다. 일곱 가지 가루를 섞은 효능 좋은 약을 제조한 토마스 도버는 말했다. "몇몇 약제사들은 환자들이 너무 많은 용량을 복용하기 전에 유언장을 작성해 놓으라고 권했다."

그럼, 서명하시죠!

## 모르핀
꿈인가 악몽인가?

프리드리히 빌헬름 아담 제르튀르너[Friedrich Wilhelm Adam Sertürner]가 양귀비의 꼬투리 안에 있는 진액과 내용물로부터 모르핀 추출에 성공했을 때 그는 겨우 스물한 살의 청년이었다. 1806년의 일이었다. 그는 화학자로 훈련받은 사람도 아니었고, 단지 열여섯 살 때부터 약국의 도제 노릇을 했을 뿐이었다. 그의 장비는 조잡했으나 그는 끈기가 있었다. 잠이 오게 하는 양귀비의 속성 때문에 그는 자기가 새롭게 발견한 화합물에 잠들게 하는 성분이 있음을 알았다. 그래서 그리스신화 속 꿈의 신 '모르페우스'에서 이름을 따왔다.

드디어, 모르핀의 등장이다. 물론 제르튀르너는 그것을 시험해봐야 했다. 예전에는 실험실 밖에서 돌아다니는 개와 쥐들에게 아직 완전히 순수하게 추출되지 않은 것으로 시험을 해보곤 했다. 이번에는 자신을 시험 대상으로 삼고, 또 십 대의 소년 몇 명을 시험 대상으로 삼았다(윤리학자들과 '임상시험심사위원회'는 눈을 돌리시오). 그는 기록했다. "세 청년을 대상으로 시험한 결과는 명백하게 빠르고 극단적이었다. …… 탈진 그리고 기절에 가까운 심각한 마취 상태……. 나는 꿈을 꾸는 것과 비슷한 상태에 빠졌다." 너무 심하게 마취된 상태를 보고 겁을 먹은 그는 소년들에게 식초를 마시게 해서 모르핀을 모두 토하도록 했다. 몇몇은 구토를 멈추지 않았고, 취한 상태가 며칠이나 지속되었다.

그래도 그는 자신의 목적을 달성했다. 이 추출물이야말로 아편과 비슷한 희귀한 힘의 근원이었던 것이다(그리고 구토를 유발한다). 사회는 언제나 더 강렬하고 순수한 것을 요구하기 때문에, 모르핀은 곧 널리 퍼졌다. 현대 의학의 기초를 세운 아버지라 할 수 있는 윌리엄 오슬러[William Osler] 경은 모르핀을 '신의 약물'이라고 불렀다. 신들과 그들의 두통을 다시 떠올리게 하는 말이다. 물론 그는 다른 무엇보다도 가장 인간을 위한 창조물이라는 의미로 말했다.

19세기에도 여전히 방혈, 하제로 장 청소하기, 거머리 붙이기, 관장이 성행하고 있었는데 의사들은 모르핀을 사용하면 그런 과정이 훨씬 편안해진다는 사실을 발견했다. 그 이후 아편과 모르핀은 영원히 의약품 교과서에 한 자리를 차지하게 되었다. 통증이나 설사 같은 확실한 질병에 권장되었고(아편 덕분에 콜레라와 이질로 사망에 이르는 사람은 현저하게 줄었다), 통증을 일으키는 질병에 두루 처방되었다. 뱀에게 물린 것, 광견병, 파상풍, 궤양, 당뇨병, 중독, 우울증 그리고 다른 정신질환도 '치료'했다. 의사와 환자들은 모르핀이 매우 편리한 약이라는 사실을 깨달았다.

남북전쟁 시기에 아편과 모르핀은 엄청나게 사용되었다. 그러나 이질과 전투로 인한 끔찍한 외상을 치유하는 과정에 중독을 일으켰다(많은 이들이 중독되었고, 그래서 당시에는 아편중독을 병사들이나 군대의 질병이라고 불렀다). 북군의 외과 의사였던 네이던 메이어Nathan Mayer 소령은 말에 탄 채로 장갑 낀 손에 모르핀을 복용량만큼 쏟아 부은 다음 병사들에게 핥아먹게 했다.

아편에 대한 접근이 쉬워지고 그 사용이 절정을 이루었던 1850년대에, 알렉산더 우드Alexander Wood가 현대의 피하주사를 발명했다. 모르핀 주사는 아주 적은 양으로도 강력한 효과를 가져왔다. 그 결과 모르핀의 사용이 더 널리 보급되었다. 다만 모르핀, 주사기, 주삿바늘 세트의 가격이 비쌌기 때문에 중산층과 상류층이 주로 사용했다.

1880년대에 이르자, 우드의 발명품 덕분에 새로운 문제가 생겼다. 모르핀마니아와 모르피니즘 같은 모르핀중독을 가리키는 새로운 용어들이 생긴 것이다. 피하주사는 의학의 기적이었으나, 불행히도 암울한 질병의 전달자가 되었다.

## 헤로인, 영웅인가?
헤로인을 판매한 바이엘사

아편이 인류에게 행복감을 주고 고통을 없애주는 선물이었다면, 모르핀은 그보다 더 좋은 신의 선물 같은 것이었다. 그러나 아편과 모르핀은 중독을 유발했다. 당연한 말이지만 인간은 만족할 줄을 몰랐다. 어설프게 자연을 고치려 하고 차선/차악을 찾으려 하는 본능을 억누를 수 없다. 봉화(13세기)에서 이메일(1971)을 발명하기까지, 그 사이에 인간은 헤로인이라는 괴물을 발명했다.

1874년에 찰스 로움리 올더 라이트<sup>Charles Romley Alder Wright</sup>라는 약사가 중독성이 없는 모르핀을 만들려고 연구했다. 그가 만든 새로운 아편 디아세틸모르핀은 놀라울 정도로 효과가 강력했지만, 십 년이 지나서야 비로소 바이엘연구소에서 일하던 독일인 화학자 하인리히 드레저<sup>Heinrich Dreser</sup>의 눈에 띄었다. 그는 이 약이 바이엘회사에 돈을 벌어주는 경주마가 될 것이라고 생각했다.

비슷한 시기에 바이엘사의 다른 화학자 펠릭스 호프만<sup>Felix Hoffmann</sup>이 아스피린의 인공합성에 성공했다. 그러나 드레저는 아스피린은 돈벌이가 되지 않을 것이라고 생각했다. 오히려 심장을 쇠약하게 만들 것이라고 추정했다(관상동맥 질환을 앓고 있는 사람들 모두 아스피린을 복용한다. 그러니 무시하라). 그래서 그는 이미 합성되어있던 디아세틸모르핀을 빨리 만들어내라고 호프만을 재촉했다. 그리고 토끼와 개구리를 대상으로 시험해 보았다. 그 다음에는 바이엘의 직원들에게 조심스럽게 투약했다. 그들은 좋아했다. 몇몇 사람들은 힘이 세지고 영웅이 된 것 같은(헤로익<sup>heroic</sup>) 느낌이 든다고 말했다.

바이엘에서 헤로인을 판매했다는 사실을 아는 사람은 거의 없다.

그래서 헤로인이라고 불리게 되었다. 물론 헤로인은 중독성이 없으리라 추측했다. 당연히 모두가 찾아내려 애쓰던 아편을 대신할 새로운 진통제일 것이라 생각했다(아스피린이 대단한 진통제라는 사실에는 여전히 관심이 없었다). 심지어 부작용도 적을 것이라고 여겼다. 그리고 효과도 강력했다. 거의 모르핀의 여덟 배에 이르렀고, 따라서 복용량도 더 적었다. 그런데 반전은?

바이엘은 헤로인이 모르핀 중독을 치료할 수 있다고 장담했다.

1899년까지, 그 회사는 해마다 1톤의 헤로인을 합성했다. 전 세계에 알약, 가루, 물약, 그리고 감미료가 첨가된 사탕의 형태로 판매했다. 바이엘은 그런 제품들로 결핵, 천식, 감기, 그리고 모든 원인의 기침을 치료할 수 있다고 주장했다. 광고에는 다음과 같은 열광적인 주장이 들어 있었다. "헤로인은 안색을 맑게 하고, 마음에 활력을 주고, 위와 장운동을 조절한다. 건강의 완벽한 수호자다."

많은 의사들이 중독성이 없는 헤로인이라는 진정한 청량음료를 마셨다. 1900년 보스턴 의학저널에서는 이렇게 쓰고 있다. "모르핀보다 장점이 많다. …… 최면 상태가 되지 않는다." 그러나 현실은 숨겨져 있던 추악한 머리를 내밀었고, 20세기 초에 이르자, 헤로인의 암울하고 중독적인 속성을 보고하는 의학 저널이 점점 더 많아졌다.

## 현대 의학과 마약의 싸움

20세기에 들어선 뒤에도 아편의 남용이 멈추지 않자, 마침내 국제사회는 그것을 단호하게 금지하기로 결정했다. 1912년, 헤이그 국제아편협약은 약물 통제의 시대를 열겠다고 약속했다. 바이엘은 1913년 헤로인의 생산을 중단했다. 미국은 1914년에 제정된 자국의 해리슨 마약법<sup>Harrison Narcotics Act</sup>을 따랐다. 이 법은 아편과 코코아 제품의 수입, 판매, 유통을 규제하는 것이었다.

사회적으로 용인되던 노골적인 아편 소비의 시대는 끝났다. 더 이상 '윈슬로 부인의 진정제 시럽'을 우유만큼 쉽게 구하지는 못하게 된 것이다. 1924년에 헤로인은 미국에서 영구적으로 금지되었다.

그러나 그것으로 문제가 끝나지 않았다. 이미 한 세대가 아편에 사로잡혀 있었기 때문에 다음 세대도 뒤따르고 만 것이다. 법적인 금지 같은 보호장치와 처방전 제한으로는 여전히 마약으로 인한 죽음을 막지 못했다. 2015년에 미국에서는 3만 3천 명이 약물 남용으로 사망했고, 그중에서 절반이 처방받은 진통제를 과다복용한 것이 원인이었다.

마약의 과다복용을 해독하기 위한 나르칸 같은 약들은 응급실 밖에서 처방전 없이도 구할 수 있도록 허용되고 있다. 그러나 단지 임시방편일 뿐이다. 사회는 지금도 불법 마약과 싸우는 한편 마약의 치명적인 부작용을 피하면서 그 진통작용을 이용할 방법을 모색하고 있다. 양귀비밭이 여전히 존재하는 한 현대 의학이 더 안전한 진통제를 만들어내지 못하는 한, 마약과의 싸움은 계속될 것이다.

그러니 다음번에 약국 진열대에서 바이엘 아스피린을 보면, 그 약품이 초기에는 한때 영웅이었다가 약물 중독의 세계에서 악당으로 몰락한 헤로인의 그늘에 가려져 있었음을 떠올리게 될 것이다.

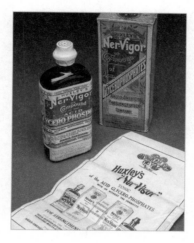

# 2

# 스트리키닌
## Strychnine

마라토너들의 도핑, 생명을 앗아가는 나무,
성적 자극, 밀주업자들, 인디언 역도 선수

1904년의 어느 무더운 날, 올림픽이 열리고 있던 미주리주에서는 마라
톤경기가 막 시작되려는 참이었다. 출발선 앞에는 한 무리의 주자들이 뒤
섞여 서 있었다. 우승 후보자들 속에는 경기장까지 차를 얻어 타면서 찾
아온 쿠바 우체국장, 보어 전쟁 전시회 준비를 위해 우연히 이 도시에 왔

던 아프리카 부족민 두 명, 그리고 미국의 장거리 육상 대표선수 토마스 힉스가 포함되어 있었다.

마라톤 코스는 세인트루이스 경기장에서 출발해 미주리주의 시골길을 내내 달린 후 다시 돌아오게 되어 있었다. 기온은 섭씨 32도를 웃돌았다. 수없이 많은 언덕과 비포장도로로 지나가는 자동차들이 구름 같은 흙먼지를 일으키면서 상황이 더 나빠졌다. 아마도 1904년의 마라톤 코스는 올림픽 역사상 가장 험난했을 것이다.

응급 처치소는 어떠했을까? 약 18킬로미터쯤 되는 지점에 우물이 달랑 하나 있었다.

돌로 된 우물이었고, 양동이로 물을 길어 마시게 되어 있었다.

미국 청년 힉스가 23킬로미터 지점에서 매우 힘들어하자, 트레이너는 힘을 좀 북돋아 주기로 마음먹었다. 당시에는 경기력을 향상시키는 약물이, 금지되기는커녕, 운동경기에서 널리 쓰이고 있었다. 힉스의 트레이너는 1904년 방식대로 에너지 음료를 혼합해서 만들었다. 지독한 쓴맛을 완화하기 위한 달걀 흰자에 1밀리그램의 스트리키닌을 넣는 것. 힉스는 그것을 마시고 계속 달렸다.

선두를 달리는 힉스는 뒤따르는 선수와 1.6킬로미터나 떨어져 있기는 했지만, 언덕을 만날 때마다 속도가 점점 느려지고 있었다. 그리고 탈수현상도 점점 더 심해졌다. 그런데도 트레이너는 달리는 내내 힉스에게 물을 마시지 못하게 했다. 대신 입안을 헹굴 수 있는 '따뜻한 증류수'를 넉넉하게 제공했다. 그래서 분투하는 힉스에게 다시 한 번 스트리키닌을 줄 때도 당연히 물을 섞지 않았을 것이다. 어떻게 했을까? 스트리키닌에 브랜디를 섞었다.

기적 같은 인내심 속에서 힉스는 간신히 달렸다. 마지막으로 3킬로미터 가량을 남겨두었을 때, 경기 진행자는 힉스가 "기름칠이 잘 된 기계처럼 달리고 있었다. 그의 눈은 초점이 없고 흐릿했다. 얼굴과 피부는 잿빛으로 변했고 홀쭉해졌다. 양팔은 묶여 있는 것처럼 축 늘어

1904년 올림픽 마라톤의 오싹한 결말!

져 있었고, 무릎이 막대기처럼 뻣뻣해진 상태라 다리를 겨우 들어 올릴 수 있었다."라는 기록을 남겼다.

그럴 수밖에 없었다. 선수는 거의 죽어가고 있었으니까. 그 순간 힉스는 스트리키닌 중독의 치명적 한계에 도달해 있었다. 8월의 무더위, 탈수로 인한 심각한 체력 저하, 그리고 올림픽에서 마라톤을 뛰는 뛰어난 신체의 투지가 서로 뒤섞여 힉스는 말 그대로 죽어가고 있었다. 놀란 트레이너들이 세 번째로 스트리키닌 혼합액을 그에게 제공했고, 그로 인해 그는 확실하게 죽을 뻔했다.

경주의 마지막 단계에서 그는 트레이너들에게 자신이 꼿꼿이 서 있을 수 있도록 붙잡아 달라고 요구했다. 남아 있는 사진을 보면 그 순간 힉스의 얼굴은 경직되어 긴장한 표정이다. 아마도 안면근육을 지속적으로 경련하게 만드는 스트리키닌의 독성 때문일 것이다. 환각 속에서 흐느적거리고 있었고, 출발했을 때보다 몸무게가 3.6킬로그램이나 빠졌지만, 힉스는 1904년 마라톤의 우승자가 되었다.

# 스트리키닌
# 에너지 음료

오늘날의 관점으로 볼 때는 어리석어 보이지만, 힉스의 트레이너들은 스트리키닌이 활력을 증강시킨다는 20세기 초 의학계에 널리 퍼져 있던 믿음을 공유했을 뿐이다. 그리고 그들이 완전히 틀린 것은 아니었다. 적은 양이라면, 스트리키닌은 단기적 흥분제로 작용하여, 카페인과 마찬가지로 신경계에 자극을 준다. 그러나 카페인과는 달리 너무 많이 마시면 목숨을 잃을 수도 있다. 정확히 말하면 5밀리그램이다.

그런 약효 때문에 스트리키닌은 중세 이후로 쥐, 고양이, 개 그리고 다른 성가신 동물들을 효과적으로 혹은 잔인하게 독살하는 데 사용되었다. 다량의 스트리키닌을 복용하면, 근육에 신경 신호를 보내는 화학물질인 글리신의 원활한 작동이 방해를 받아서 심각하고 고통스러운 근육 경련이 일어난다. 이러한 경련을 방치해서 빈도가 잦아지고 강도가 강해지면 질식하거나 엄청난 경련에 완전히 탈진하게 되어 몇 시간 안에 환자를 죽음에 이르게 할 수 있다.

간단히 말해서 아주 적은 양이어야만 올림픽 마라톤의 활력제로 적당하다.

벼락치기 시험공부를 하려는 학생이 에너지 음료로 마실 때도 마찬가지다.

스트리키닌은 잠깐이지만 빅토리아 시대의 애더럴(*역주: 암페타민과 덱스트로암페타민의 혼합제제이며, 각성제이다.) 역할을 하면서 잠을 쫓으려고 애쓰는 19세기 후반의 야심찬 의대생들 사이에서 유행한 적이 있다. 1896년에 레오나드 샌달이 적정량보다 아주 조금 더 많이 스트리키닌을 복용

돌팔이 의학의 역사

했다. 그는 살아남아 후일담을 이야기할 수 있었지만, 유쾌한 경험은 아니었다.

3년 전에 시험에 대비하여 책을 읽고 있었는데, '체력이 소진되는 것'을 느꼈다. 나는 스트리키닌 용액(B.P.) 10미님(약 0.02 액량온스)을 같은 양의 희석인산과 잘 섞어서 하루에 두 번씩 복용했다. 그렇게 복용한 지 이틀째 되는 날 저녁 무렵, 나는 '안면 근육'이 경직되면서 입안에서 독특한 금속맛이 나는 것을 느꼈다. 몸이 매우 불편하고 초조해지면서, 계속 걷고 싶었고 무엇이든 해야 할 것 같았으며 가만히 앉아서 책을 읽기가 힘들었다. 침대에 눕자 종아리 근육이 뻣뻣해지다가 이따금 불끈 경련을 일으키기 시작했다. 발가락이 곤두서고, 몸을 움직이거나 고개를 돌릴 때마다 눈으로 섬광이 지나갔다. 그때 뭔가 심각한 일이 일어나고 있음을 깨달았다. …… 몸 전체에서 식은땀이 났고, 협심증 같은 통증이 있었고, '죽을 것'만 같았다. …… 조금 있다가 나는 의식을 잃었고 '깊은 잠'에 빠졌다. 일어나 보니 아침이었고, 불쾌한 증상은 사라졌으며, 두통도 없었다. …… 그러나 '몸을 계속 움직이고 싶은' 욕구는 여전했고, 턱에 경직된 느낌이 조금 남아 있었다. 하루 종일 그 느낌이 지속되었다.

간단히 말해서, 스트리키닌 중독 초기 단계의 증상을 묘사한 것이다. 이런 경험을 한 사람의 생존보고서는 역사적으로 매우 드물다. 왜냐하면 살아남아야만 경험을 기록할 수 있기 때문이다. 샌달은 운이 좋았다. 하지만 많은 이들은 그렇지 못했다.

## 독을 숨기고 있는 식물

스트리키닌 알칼로이드는 인도와 동남아시아
가 원산지인 낙엽송 스트리키닌 나무 Strychnos
nux-vomica의 씨앗 속에 포함되어 있다. 높이가
약 12미터까지 자라며, 겉모습은 너무 많이
자란 배나무처럼 보일 뿐, 아무 문제도 일으
킬 것 같지 않다. 꽃에서는 식별할 수 있을 정
도로 불쾌한 향이 나며, 꽃이 지면 그 자리에 둥근 열매가 열리고, 열매마다
흰 과육에 둘러싸인 다섯 개의 씨앗이 들어 있다.

스트리키닌 나무는 각 부분 모두에 독성이 있다. 그러다 보니 나무에 달라붙
어 사는 기생 식물도 상당량의 독을 흡수한다. 1840년에, 영국 선원 한 명이
임질에 걸려 캘커타의 병원에 입원해 치료를 받고 있었다. 지루했고 도덕적으
로 황폐했던 그는 한가할 때면 병원에서 일하는 하인들을 구타했다.

모두가 외면하는 환자가 되어버린 그는 곧 새로운 약을 받았다. 스트리키닌
나무에 기생하는 쿠칠라 몰롱이라는 식물의 잎으로 만든 가루약이었다.

네 시간 뒤, 선원은 사망했다. 병원 직원은 '불행한 실수'로 인한 사고였다고 기
록했다.


# 스트리키닌 관장과
# 다른 충격적인 것들

스트리키닌 나무 씨앗은 유럽으로 흘러 들어와서 중세 때부터 동물을
독살하는 데 사용되었지만, 사람에게 투여할 수 있는 약인지는 1811년이

돌팔이 의학의 역사

되어서야 비로소 파리의 피에르 푸퀴에<sup>Pierre</sup>
Fouquier 박사가 진지하게 연구하기 시작했다.
푸퀴에 박사가 스트리키닌이 거의 전기자
극 같은 수준으로 팔다리가 마비된 환자들
을 다시 정상적으로 움직이게 할 수 있음
을 이론화하기 전까지 프랑스의 의사들은
전반적으로 그 식물을 무시하고 있었다.

푸퀴에 박사

알코올이 들어 있는 스트리키닌 추출액
으로 푸퀴에는 파리의 자선병원<sup>Hôpital de la</sup>
Charité에서 열여섯 명의 마비 환자를 대상으
로 직접 실험을 진행했다. 실내장식업자인
서른네 살의 남성이 첫 실험 대상이었다. 그
는 다리에서 시작된 이유를 알 수 없는 마
비가 골반까지 올라가면서 꼼짝도 못하고
누워 지냈다. 푸퀴에는 그에게 스트리키닌
추출액을 투여했다. 처음에는 거의 효과가
없었으나, 곧 양을 점점 늘려가자, 환자는
신경 시스템이 정상적으로 작동하려는 '충
격을 받은' 것처럼 경련을 일으키기 시작했
다. 석 달 동안 스트리키닌 총 314그래인을
복용한 뒤, 그는 일어나 앉았다가 병원 밖
으로 걸어 나가게 되었다. 마비가 회복된 것
이다(어쩌면 너무 늦게 나간 것일 수도 있었다).

푸퀴에의 다른 실험들은 그다지 성공하

스트리키닌 상표에 독약이라고
분명히 씌어 있다!

점잖게 말하는 어법이 강렬하다. 스트리키닌 알약으로 '밤의 기운'을 얻으세요.

지 못했다. 스트리키닌 관장(약이 스며들도록 잠시 내버려 둠)을 하도록 선택되었던 M. 판호베는 운이 나빴다. 판호베는 우연히 스트리키닌 약으로 관장을 하게 되었을 때 마비가 조금 회복되는 진전이 있었다고 적혀 있다. 무시무시하게도 곧 뒤따른 끔찍한 경련으로 인해 아직 죽지는 않았지만, 건강이 호전되지 않자 푸퀴에의 환자 목록에서 갑자기 삭제되었다.

푸퀴에의 충격적인 실험으로 인해 다른 프랑스 과학자들도 더 심화된 연구를 하게 되면서, 1818년 스트리키닌 알칼로이드가 처음으로 스트리키닌 씨앗에서 분리되었다. 프랑스 의사들은 순수한 스크리키닌을 약으로 사용했을 때의 효능을 연구하기 위해 활발한 실험을 시작했다. 결과가 좋지는 않았다. 보통 스트리키닌은 1밀리그램에서 3밀리그램 사이의 양을 복용했는데, 과학자들은 곧 5밀리그램만으로도 치명적인 중독을 일으킬 수 있음을 밝혀냈다.

치사량을 넘길 가능성이 너무 높았고, 실제로도 많은 의사들이 실수를 했다.

스트리키닌은 복용하기에는 위험성이 너무 높아서 약으로서 외면 받

돌팔이 의학의 역사

으며 병원에서 퇴출되었으나, 약국과 거리에서는 점점 인기가 높아졌다.

## 발기부전 치료제 스트리키닌

스트리키닌 알칼로이드가 추출된 후, 프랑스 과학자들은 곧 그것을 성적인 영역에 적용해 보는 실험을 시작했다. 아주 적은 양의 복용만으로도 감각이 상승하는 효과를 보이자 비롯된 발상이었다. 하지만 이것은 아주 새로운 생각은 아니었다. 성 기능을 향상시키는 식물이 있다는 소문이 퍼지면서 빅토리아 시대부터 이미 인도와 동남아시아에서 유럽 시장으로 수입되고 있었다. "마전자를 자극제로 쓰는 라지푸트족 사람들은 더 방탕하다는 이야기를 들은 적이 있다."라는 기록을 1830년대 인도에서도 누군가가 남겼다.

의사인 트로소와 피디외Trosseau and Pidioux는 18개월 동안 아내와 오직 '남매와 같은 소통'만 할 수 있었던 25세 청년의 사례를 기록해 두었다. 스트리키닌의 효능이 지속되는 동안 남자는 성 기능을 회복했으나, 약을 끊은 뒤에는 다시 예전으로 돌아갔다. 비아그라가 발명되기 전에는 어쩔 수 없이 스트리키닌에 의지할 수밖에 없었을 것이다.

1960년대에 마이애미에 근거지를 두고 있던 회사 〈올 프로덕트 언리미티드〉는 빅토리아시대에 성적 자극제로 유명했던 스트리키닌에 관심을 갖게 되었다. 그 무렵 막 싹트기 시작했던 성 혁명에 편승하여 이 약을 활용할 기대를 갖고, 1966년에 그들은 '젬스'라는 상품명의 정력제를 시장에 내놓았다. '부부를 위한 자연의 활력 증강제'인 젬스는 스트리키닌이 소량 함유된 알약이었다.

회사는 곧 우편 사기로 고소를 당했다. 약 성분에 스트리키닌이 포함되어서가 아니라, 젬스를 먹으면 성 기능이 향상된다는 주장에 근거가 없다는 이유였다. 회사는 굳이 혐의를 부인하려 하지 않았고, 신속하게 기소되었다.

## 독재자의 약장에 들어 있던 스트리키닌

스트리키닌이 세상에 널리 알려지면서, 많은 사기꾼들이 정력을 증강시키는 이 새로운 약물로 돈을 벌려고 몰려들었다. 아버지와 아들이 동업하여 캐나다에서 사업을 시작하고 나중에 런던으로 거점을 옮긴 〈펠로우 앤 컴퍼니〉사는 '웜 로젠즈', '다이펩시아 비터즈' 그리고 놀라울 정도로 효능이 모호한 '골든 오인먼트' 같은 몇몇 수상한 가정용 약품들을 생산했다. 그러다 회사는 치아인산염 복합 시럽을 개발하면서 대단한 성공을 거두었다. 스트리키닌 성분이 함유된 그 시럽은 20세기 초반에 엄청난 인기를 누린 특허약이었다. 스스로 폐결핵 2기 환자라고 주장한 제임스 펠로우가 직접 경험한 증언에 힘입어 병이 완전히 낫기도 전에 약은 순식간에 성공을 거두었다.

펠로우의 시럽은 "빈혈, 신경쇠약, 기관지염, 독감, 폐결핵 그리고 아이들의 소모성 질환을 치유하고 병으로 쇠약해진 체력을 회복하는 데에" 효과가 있다고 광고했다.

'경험담'에 크게 의존하는 영업 전략을 펼침으로써 처방전 없이 살 수 있는 스트리키닌 성분이 함유된 약 덕분에 펠로우 사는 상당한 수익을 얻었다. 약은 15온스 한 병에 7실링에 판매되었다. 당시 기준으로는 터무니없이 비싼 가격이었으나, 병을 선홍색 젤라틴으로 봉인하여(감탄을 자아내도록) 그만한 가치가 있게 만들었다.

그렇게 인기가 있지는 않았으나, 경쟁하는 강장제였던 '이스턴 시럽'은 '펠로우 시럽'보다 스트리키닌 양이 두 배나 많이 함유되어 있었다. 1911년에는 한 파인트 당 6온스가 들어 있었는데, 이것은 치사량보다 불과 1/4 파인트 모자라는 것이었다.

메타톤이라는 이름의 또 다른 스트리키닌 강장제는 1930년에 출시되었는데, 1온스 당 스트리키닌 1/25 그레인(*역주: 0.0648그램)이 함유되어 있었다. 영국에서 쉽게 구할 수 있던 메타톤은 앓고 난 뒤 건강과 활력을 회복시켜주는 강장제로 광고하고 있다. 그러나 성분 표시에서 스트리키닌은 눈에 띄지 않는데, 1970년에 조용히 삭제되었다.

스트리키닌은 또한 독일로도 슬그머니 전해져서 '쾨스터 박사의 가스 제거제'라는 이름의 소화장애를 치료하는 약으로 만들어졌다. 1940년대 초에 테오도르 모렐<sup>Theodor Morell</sup> 박사는 채식주의 식단으로 인해 변비와 장에 가스가 차는 증상으로 고생하는 환자에게 이 약을 처방했다. 박사는 환자에게 하루에 여덟 알에서 열여섯 알 정도의 약을 복용하도록 지시했다. 환자는 9년 동안 성실하게 그렇게 했다. 2차대전이 끝날 무렵 베를린 지하의 벙커 속에서 스스로 목숨을 끊기 전까지.

그렇다. 아돌프 히틀러는 공포 정치를 하면서 거의 치사량에 가까운 스트리키닌을 복용하고 있었다. 시간이 흐르면서 점점 더 많은 양의 스트리키닌 가루가 창자 속에 쌓여 갔을 것이고, 그 결과 생의 마지막 순간에

## 그냥 맥주인 줄 알았더니…

1851년, 영국의 주요 맥주 생산업체인 올솝 에일즈에서 IPA(인디아 페어 에일) 맥주의 쓴맛이 진해지게 하려고 스트리키닌을 섞었다는 소문이 돌기 시작했다. 인디아 페어 에일은, 모든 맥주 애호가들이 알다시피, 홉의 풍미가 진하고 쓴맛이 강한 맥주이다. 올솝 회사는 홉보다 저렴하면서 독성이 있는 스트리키닌을 맥주에 첨가했다는 혐의로 고발당했다.

소문이 너무 걷잡을 수 없이 커지자 헨리 올솝은 자청해서 영국에서 유명한 두 화학자에게 의뢰하여 올솝 맥주 속에 스트리키닌이 들어 있지 않다는 사실을 증명해달라고 했다. "아니 땐 굴뚝에 연기 날까"라는 유서 깊은 속담에 대한 도전이었다.

누군가에게는 매우 놀랍게도, 영국 화학자들은 올솝 에일에 스트리키닌이 전혀 들어 있지 않음을 밝혀냈다. 다행히 올솝은 소비자들을 중독시켰다는 혐의를 벗을 수 있게 되었다. 그러나 소문에는 어느 정도 진실한 근거가 있었다. 올솝 에일즈에서 직접 스트리키닌을 섞지는 않았으나, 술집 주인들이 그렇게 했던 것이다. 종종 있는 일이었다. 19세기에는 술집 주인들이 양조장에서 맥주를 사올 때와 같은 가격으로 맥주를 팔았다. 그럼 이익은 어떻게 남기는가? 어쩌면 맥주에 물을 섞을 수도 있겠지만, 그러면 싱거운 맛에 손님이 줄어들 것이다. 그러나 만약 물을 섞은 맛이 나지 않으면서 맥주를 희석할 방법이 있다면? 스트리키닌을 넣으면 된다.

이 마법의 가루는 물에 잘 녹고, 홉과 섞여서 쓴맛을 짙게 하면서 순수한 맥주와 비슷하게 취하게 하는 효과를 나타낸다. 즉 돈을 벌고 싶은 욕심 많은 술집 주인이 원하는 모든 일이 이루어진다. 19세기에는, 적지 않은 영국의 술주정뱅이들이 다른 유형의 중독으로 목숨을 잃었을 것이다.

다가가면서 점점 더 변덕스러운 행동을 보였을 수 있다.

## 스트리키닌의
## 몰락

1970년대 초반에 스트리키닌은 마침내 유행에서 밀려났다. 영국 의학 저널에서는 이 물질을 인간에게 적용하는 약품으로는 어떤 용도로도 쓰지 않기로 했음을 선언했다.

오늘날 스트리키닌은 서구에서 회피하는 것이지만, 여전히 운동선수들의 소변검사에서 테스트를 하고 있다. 힉스의 마라톤 이후 한 세기가 지난 뒤 스트리키닌 투여는 다시 수면 위로 떠올랐다. 인도의 어느 역도 선수의 소변에서 스트리키닌이 검출된 뒤 6개월 동안 경기 출전을 금지 당하는 사건이 일어났을 때였다. 역도 선수인 쿤자라니 데비는 아시아 역도대회에서 딴 금메달도 반환해야만 했다. 데비는 자신이 그저 커피를 많이 마셨을 뿐이라는 미심쩍은 주장을 했다. 아마도 데비는 많은 양의 마전자를 복용했을 것이다. 인도에서는 여전히 동종 요법으로 처방하기 때문에 아무 곳에서나 쉽게 구할 수 있다.

데비의 말이 완전히 터무니없다고 보기도 힘들다. 스트리키닌 알칼로이드가 실제로 커피에 들어 있는 성분은 아니지만, 카페인은 우리가 아침마다 곁에 두고 찾는 기호식품이다. 그리고 카페인과 스트리키닌은 현저하게 비슷한 분자구조를 지니고 인체에서 둘

다 글리신 억제제로 기능한다. 스트리키닌이 더 강한 효과를 나타낼 뿐이다. 훨씬 더 강하다.

만약 스트리키닌에 중독되었을 때와 비슷한 느낌을 살짝 경험해보고 싶다면 진한 커피를 몇 파인트쯤 마셔보라. 심장이 두근거리면서, 감각이 예민해지면서, 근육이 경련을 일으키면 19세기 프랑스 의대생들과 20세기의 올림픽 마라토너가 쫓기듯 느꼈던 똑같은 자극을 느낄 수 있을 것이다. …… 끔찍한 경련이나 고통스러운 죽음이라는 불행한 부작용은 없이.

그러나 다시 말하지만, 심장에 부정맥이 생겨 결국 응급실에 실려 갈지도 모른다. 그러니 그냥 생각만 하는 게 나을 것이다.

# 3

# 담배
**Tabacco**

궐련 처방, 크림 같은 코담배,
엉덩이에 연기 뿜어 넣기

"의사들이 가장 많이 피우는 담배 '카멜'!"
"20,679명의 의사들이 '럭키즈'가 자극이 덜하다고 말합니다!"
"신선한 담배로 당신의 목을 쉬게 해주세요!"

흡연이 건강에 이롭다는 허위 광고들이다. 이런 말들은 20세기 초부터 중반에 이르기까지 온 나라의 잡지 속 화려한 광고에 적혀 있었다. 1955년에 성인 남성 인구의 50퍼센트 이상이 흡연을 했다는 것이 과연 놀라운 일인가? 의사들까지도 흡연을 즐겼다. 비슷한 시기에 의사들 중 30퍼센트가 하루에 한 갑 이상 담배를 태운다고 보고했다.

두 세대가 흐르는 동안 적어도 미국에서는 지금이 역사상 흡연율이 가장 낮은 상태가 되었다. 지난 5세기 동안 사람들이 건강에 도움을 준다고 믿었던 중독성 강한 물질에 대해 겨우 60년 만에 엄청난 인식의 변화가 일어난 것이다.

그러나 오해는 하지 말라. 인류에게 알려진 식물 가운데 담배는 여전히 가장 치명적이다. 해마다 전 세계에서 6백만 명이 넘는 사람들이 담배가 직접적인 원인이 되어 사망한다. 그런데 오늘날 사망의 원인으로 지목받기는 해도, 치유 식물로서의 오랜 역사도 지니고 있다. 20세기에 들어서서도 그것이 지닌 치유 효과 때문에 구대륙과 신대륙 양쪽에서 받아들여졌다.


## 신대륙에서 들려온 기쁜 소식


아메리카 대륙이 원산지인 60종의 니코티아나는 수천 년 동안 재배되었다. 15세기에 스페인 탐험가들이 아메리카 대륙에 처음 발을 디뎠을 때, 담배는 종교의식을 치를 때나 놀이를 위한 약물로 그리고 의료용 약초로 북미와 남미 전역에서 널리 사용되었다.

돌팔이 의학의 역사

콜럼버스의 선원들은 오늘날 쿠바와 아이티의 원주민 타이노족이 햇불처럼 담배 잎사귀에 불을 붙여 병을 예방하고, 집과 종교의식을 치르는 장소들을 소독하는 장면을 목격했다. 또한 타이노족이 다량의 말린 담배를 코로 흡입한다고 기록했다. 그때 사람들은 빠른 속도로 의식을

포니족 산파가 출산 중인 여성에게 담배로
의료 행위를 하고 있다.

잃게 되는데, 원주민 의사들은 두개골에 구멍을 뚫는 수술을 시행하기 전에 그런 방법으로 환자를 혼절시킨다는 것이다(타바코$^{tobacco}$ 라는 단어의 어원에 대해서는 아직 논란이 남아 있는데, 타이노족의 언어로 담배 잎사귀 자체를 가리킨다는 주장과 담배를 태울 때 사용하는 파이프를 가리키는 것이라는 주장이 서로 경합을 벌이고 있다).

훗날의 탐험가들도 신대륙 전역에서 담배가 의료용으로 사용되는 것을 목격했다. 멕시코에서는 지사제와 설사약, 기분을 가라앉히는 진정제로 사용되었다. 말려서 흡연할 뿐만 아니라 잎사귀를 상처나 화상에 직접 붙였고, 가래가 생기는 증상을 완화하기 위해 가루를 만들어 삼키기도 했다. 캘리포니아에서는 사막의 원주민들이 담배 잎사귀를 찧어서 류머티즘 같은 염증성 질환과 습진 같은 피부 감염에 찜질 치료를 했다. 잎은 태워서 일반적인 감기의 치료제로 사용했는데, 세이지 잎과 섞으면 더 효과가 높아진다고 믿었다(내년 겨울에는 데이퀼(*역주:미국의 대중적인 감기약) 한 병을 비우는 것보다 더 즐거운 대안을 경험할 수 있다).

신대륙에서의 '발견'은 유럽의 의사들에게는 마치 아드레날린 주사를

한 방 맞은 것 같은 효과였다. 상당량의 새로운 식물들이 지닌 치유 성분을 발견하여 그들의 약장을 채울 수 있다는 생각에 크게 흥분했다. 담배는 유럽 의사들이 만병통치약이라고 부르면서 환호했던 최초의 인기 있는 신대륙 작물이었다(비록 오래 지속되지는 않았지만).

1570년에 스페인 의사 니콜라스 모나르데스Nicolás Monardes가 신대륙 약초에 대한 대중적인 역사책을 출간했는데, 그 속에는 담배를 열렬히 찬양하는 부분이 포함되어 있다. 《신세계로부터 온 즐거운 소식》이라는 흥겨운 제목의 이 책에는 신종약초에 대한 일반적인 견해가 소개되어 있고, 담배를 극찬하는 칼럼도 실려 있다. 모나르데스에 의하면, 담배는 암을 비롯하여 스무 가지 이상의 질병을 치유할 수 있다고 한다. 이것은 아마도 의료에 관한 저술에서 발견할 수 있는 매우 모순적인 언급에 속할 것이다(미국에서는 담배가 유발한 폐암으로 인해서 적어도 한 시간에 열일곱 명이 사망한다).

## 코담배는 옳다
### 초기의 담배 지지자들

초기에 담배의 의학적 효과를 옹호하던 또 다른 이는 포르투갈 궁정에 파견된 대사였던 장 니코였다. 그의 이름은 니코틴이라는 단어의 기원으로 의학 문헌 연보에서 영원히 칭송될 것이다(니코틴은 담배 잎사귀가 타면서 발생하는 4천 가지 이상의 화학물질 중 하나이다. 하지만 흡연자들의 뇌와 신경계를 자극해서 중독의 계기를 마련하는 것이기 때문에 그 물질들 중에서 가장 끔찍한 것이다).

돌팔이 의학의 역사

여러 놀라움을 안겨준 담배

니코는 1559년에 리스본으로 부임했고, 도착하자마자 담배를 소개받았다. 학자다운 성향을 지닌 호기심 많은 사람이었던 니코는 신대륙의 식물과 초기 포르투갈 의학의 실험성에 깊은 흥미를 느꼈다. 대사이자 의사의 자질이 싹트기 시작했던 그는 자신이 직접 담배를 사용해보기로 했다. 우선 담배 연고를 선택했다. 그리고 종양이 있는 포르투갈 사람 하나를 붙잡아서 점점 커지는 종양에 정기적으로 바르도록 했다(그 문제에 대한 포르투갈 사람의 의견은 역사에 남아 있지 않다). 연고는 효과가 있었고, 니코는 자신이 올바른 길로 들어섰다고 생각했다.

담배가 모든 질병에 대한 처방이자 잠재적 치유법이라고 확신한 니코는 담배 잎사귀를 잔뜩 가지고 의기양양하게 프랑스로 돌아왔다. 그 무렵 프랑스는 카트린 드 메디치가 통치하고 있었다. 1561년에 니코는 카트린에게 담배 잎사귀를 진상했다. 그리고 잎사귀를 가루로 내어 코로 들이마시면 두통이 가라앉는다고 설명했다. 끔찍한 두통에 시달리던 카트린(독살하고자 하는 적들이 도처에 있는 사람이 겪는 증상)은 니코의 조언을 받아들였다. 그의 코담배는 효과가 있었고, 카트린과 온 프랑스 궁정 사람들은 하룻밤 새에 담배 추종자가 되었다.

21세기와 마찬가지로 16세기에도 프랑스인들은 많은 유행을 선도했기에, 코담배는 순식간에 유럽 궁정 전역에 꼭 필요한 것이 되었다. 1500년대 후반의 귀족들 파티에서는 코담배를 권하지 않는 사람이 없을 정도였다. 유행하는 약물이 사회 계층을 따라 아래로 퍼져나가 대중들에게 수용되는 것은 시간 문제였다. 명성과 재산을 보장받은 니코는 시골로 은퇴하여, 그 다음 작업에 착수했다. 프랑스어 사전을 편찬하는 일이었다.

1773년에 스웨덴 식물학자 칼 린네Carl Linnaeus는 니코의 이름을 따서 담배 속을 니코티아나라고 명명했다. 그 식물을 대중화시킨 니코의 역할을

돌팔이 의학의 역사

인정한 것이다. 그러나 니코틴의 중독성이 밝혀지자 그것은 불명예스러운 것이 되었다.

카트린 드 메디치의 담배 찬가가 널리 퍼졌음에도 단지 태양과 장미의 나날만은 아니었으니, 유럽에 이식되던 초기부터 반대자가 있었기 때문이다. 가장 두드러지게 담배를 반대했던 목소리를 꼽자면 하나는 침울한 사람이었던 영국 왕 제임스 1세였다. 그는 1604년에 쓴 책에서 흡연이 '혐오스러운 것'이라고 썼다. 특히 선견지명이 엿보이는 구절은 담배를 '뇌에 해롭고, 폐에 위험한 것'이라고 설명한 부분이다.

담배에 대한 제임스 1세의 혐오 역시 퍼져나가기 시작했다. 17세기와 18세기에는 더 이상 그 식물을 만병통치약으로 여기지 않게 되었다. 그러나 몇몇 의사들은 특별한 목적으로 여전히 담배 연기를 권했다. 예를 들어 18세기 중반부터 19세기 중반까지 유행했던 《근본 약학》이라는 의학책은 귀앓이를 가라앉히는 데 담배 연기를 권하고 있다. 그것은 우리가 선호하는 처방 가운데 하나다. 만약 귀가 아프면, 친구 하나를 붙잡아서 담배 연기를 가느다란 관으로 귀 안쪽 깊숙이 불어넣어 달라고 하면 된다.

## ｛ 엉덩이에 연기를 주입하는 것

사람의 몸에서 강력한 간접흡연을 위해 열려있는 것은 귀만이 아니었다. 당신은 "엉덩이에 연기를 뿜어 줄까?"라는 말을 들어본 적이 있는가? 실화에서 비롯된 그 말의 의학적 기원을 알고 나면 역겨울 수도 있다. 18세기에는 말 그대로 누군가의 엉덩이에 연기를 불어 넣는 것이 허가된 소생술이었기 때문이다. 그 소생술은 매우 대중적이어서 담배 연기 관장 세트를 공장에서 제조했고, 필요한 가정에 판매했다. 응급 사태는 미리 대비하는 것이 언제나 최선이며, 담배 연기 관장 세트를 응급처치용품 옆에 두는 것이 완벽한 대비였다.

담배 연기 관장은 18세기에 영국 의학계에서 익사자의 소생술이라는 매우 특별한 목적으로 받아들여진 뒤 관심이 집중되었다. 템스강에서 익사 사건이 너무 빈번하게 일어나자 익사자를 살리려는 목적으로 단체를 조직하고 기금을 적립하던 시대였다. 〈물에 빠져서 거의 죽어가는 사람들에게 즉각적인 도움을 줄 수 있는 연구소〉라는 자세한 별명으로 불리던 그 단체의 회원들은 담배 관장 세트를 준비하고 템스강 강둑을 시찰했다. 그러다 발을 헛디뎌 강물에 빠진 가엾은 영혼이 있으면 회원들은 달려가서 강물에 빠진 사람을 구조했다. 그리고 옷을 다 벗기고 엎드리게 한 후 엉덩이에 관장용 관을 꽂고, 훈증기로 풀무질을 했다.

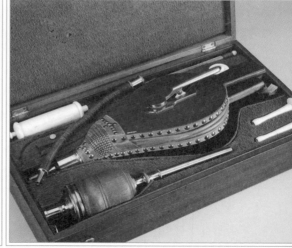

담배 연기 관장 세트. 가정에서도 갖춰 두어야 안전하다.

　　　　　　　　　　　　　　　　　　　　돌팔이 의학의 역사

숨을 들이쉬면 안 된다는 것을 기억하라.

이때, 풀무는 관장 세트에 꼭 필요한 것이었다. 풀무가 없었을 때는 항문에 관을 꽂고 입으로 직접 연기를 불어 넣었다. 다만 실수로 숨을 들이마셔서는 안 되었다. 그 결과는 역겨울 뿐만 아니라 목숨을 잃을 위험도 있었다. 예를 들어 소생술을 받던 사람이 콜레라를 앓고 있었다면, 콜레라균을 흡입하게 되어 소생술을 시행하던 사람도 목숨을 부지할 가능성이 희박해지는 것이다. 지금 막 당신은 이 책에 등장한 '가장 최악의 죽음'에 대한 설명을 들었다.

템스강 구조 단체를 설립한 관장 세트의 옹호자들, 특히 윌리엄 휴 박사나 토마스 코건 박사 같은 이들에게는 그 배경이 되는 의학 이론이 매우 타당하게 보였다. 물에 빠져서 다 죽어가는 사람의 몸속으로 연기를 불어 넣는 것에는 두 가지 의학적 목적이 있었다. 체온을 따뜻하게 하고 호흡을 자극하는 것이다.

물론 다른 사람의 엉덩이에 연기를 불어넣는다고 해서 실제로 두 가지 중 어느 하나도 이루어지는 것은 아니다. 그래서 오늘날, "엉덩이에 연기를 뿜어 줄까?"라는 말이 진실하지 못한 찬사를 뜻하게 된 것이다. 그러나 18세기의 구조대원들은…… 개인의 사적인 영역을 매우 익숙하게 목격했다. 그것도 발목조차 드러내지 않던 시대에 말이다.

만약 담배 연기 관장이 물에 빠진 사람을 살리지 못했다면, 연구소 회원들은 실제로 생명을 구하기 위해 인공호흡 같은 더 신뢰할 만한 방법을 사용했을 것이다. 그러나 구강 대 구강 호흡법은 의료계 전반에서 누군가의 엉덩이에 연기를 불어넣는 것보다 더 '음란하다'는 이유로 외면당했다. 소생술을 시도하는 사람들은 물에 빠져 거의 죽어가는 사람의 폐에 풀무를 사용해서 공기를 집어넣었다. 그러나 산파들은 갓난아기를 소생시키려면 구강 대 구강 호흡법을 사용하는 게 낫다는 것을 알고 있었고, 자주 실행했다. 다행히 의료계도 점차 산파들의 뒤를 따랐고, 구강 대 구강 호흡법은 '음란하다'는 누명을 벗었으며, 그 결과 수많은 생명을 구하게 되었다.

# 담배를 피워라, 집을 청소하라!

담배 연기 관장이 결코 좋은 발상이 아니었음에도, 담배는 잠시나마 소독제로 기능했으므로, 큰 효과가 없을지라도 연기를 사용해보고 싶었을 것이다. 콜럼버스의 선원들은 쿠바의 타이노 족이 담배 잎사귀를 태워 오래 앓던 사람이 있던 집을 소독하는 것을 목격했고, 담배는 소독제라는 명성을 얻으며 유럽으로 전파되었다.

1665년 런던에 전염병이 발생했을 때, 질병을 막기 위한 방법으로 학생들은 실제로 교실을 연기로 소독하라는 지시를 받았다. 전염병이 도는 런던에 살아서 유일하게 좋은 점은 학생들이 담배를 피우기 위해 수업을 땡땡이치지 않아도 된다는 것이었다.

마찬가지로 1882년 볼턴(*역주: 잉글랜드 북서부의 도시)에서 천연두가 유행했을 때도 한 구빈원에서는 모든 거주자들에게 담배를 나눠주며 시설 내 살균에 협조해달라고 요청했다고 한다.

돌팔이 의학의 역사

내과 의사들은 가끔씩 담배의 살균작용을 검증해보곤 했다. 1889년
브리티시 의학 저널에 익명의 필자가 담배 연기 속에 존재하는 피리딘 화
합물에는 살균효과가 있다는 것과, 그 결과 흡연자들은 디프테리아나 티
푸스 같은 질병에 감염될 확률이 낮다는 내용의 글을 게재했다. 1913년에
는 담배 연기 속 피리딘에 대해 더 깊이 다룬 논문이 〈랜싯〉 지에 실렸다.
그것도 역시 담배 연기가 콜레라를 일으키는 박테리아들을 죽일 수 있음
을 밝힌 것이었다.

그러나 두 논문 모두 담배연기는 득보다 실이 많기 때문에 담배를 살

균제로 활용하기 위한 연구가 더 이상 필요하지 않다는 결론을 내렸다.

## 내과 의사와
## 담배 산업의 밀월

　19세기부터는 담배를 의료용으로 사용하지 않기 시작했다. 1811년, 영국 과학자 벤 브로디<sup>Ben Brodie</sup>는 니코틴이 심장에 좋지 않다는 사실을 발견했다. 1828년에 연구자들이 니코틴 알칼로이드를 분리하였고, 니코틴이 뇌와 신경계에 미치는 부정적인 영향을 관찰하였으므로, 담배라는 식물에 대한 의학적 평가가 낮아지기 시작했다.

　20세기 초반이 되자, 흡연이 건강에 해로울 것이라는 염려가 대두되기 시작했다. 담배 회사들은 놀라서, 소비자들의 두려움을 완화하기 위해 의사들과 강력한 동맹을 맺었다. 일반 대중과 마찬가지로 자주 흡연을 하는 의사들은 담배를 피우는 모든 사람이 병에 걸리는 것은 아니라는 말장난으로 흡연이 건강에 미치는 잠재적 위험을 밝혀낸 연구 결과를 무색하게 만들었다. 그리고 의사들이 담배회사에 유리한 증언을 하는 사례도 종종 있었다. 특히 흡연 습관이 있는 이들이 지지의 대가로 담배를 제공 받는 경우도 많다.

　럭키 스트라이크가 '자극이 덜하다'라고 광고한 미국 담배회사의 성공적 캠페인을 필두로 의사들은 잡지 속 화려한 담배 광고에 등장하기 시작했다. 1930년에 새롭게 경쟁에 뛰어든 필립모리스 회사는 자사의 담배가 흡연으로 인한 코와 목의 자극을 완전히 없애주는 품질 향상을 이루었음을 '의사 집단'이 발견했다는 대대적이고 성공적인 광고로 이름을 날렸다.

그 광고 하나로 필립 모리스 사는
주류 브랜드로 올라섰다.

"의사들이 가장 많이 피우는 담배, '카멜'!"

담배 피우는 의사들이 등장
하는 광고의 열풍은 알 제이 레이
놀즈 담배 회사의 "의사들이 가
장 많이 피우는 담배, '카멜'!"에
서 절정에 이르렀다. 1946년부터
1952년 사이에 카멜 광고는 '독립
적으로 이루어진 설문 조사'의 결
과라는 이 슬로건이 이끌어 갔다.
실제로 설문 조사는 알 제이 레이놀즈의 자회사인 윌리엄 에스티 사에서
시행한 것으로 판명되었다. 그들은 의사들에게 무료로 카멜 담배 한 상자
를 제공한 뒤 그들이 가장 좋아하는 담배 브랜드가 무엇인지 질문했다.

## 오늘날의
## 담배

그러나 "의사들이 가장 많이……" 광고는 종말의 시작이었다. 흡연의
해로운 효과를 보여주는 연구 결과들이 점점 더 많아지면서 담배는 의료
계에서 자취를 감추었다. 이제 담배를 치료에 이용하는 일은 사라졌고, 의
사들은 흡연의 수많은 해로움(몇 가지 예를 들자면 암, 폐기종, 심장병, 천식 그리
고 당뇨병)에 대해 이해하고 방어하게 되었다.

그러는 동안 흡연은 취미로 받아들여졌다. 흡연이 해롭다는 사실이 수

십 년 동안 잘 이해되고 강력하게 홍보되었음에도 불구하고, 여전히 13억의 지구인들이 담배를 피운다. 또한 세계 담배 산업은 3천억 달러 상당의 거대한 조직이다. 따라서 의사들이 인체에 흡연이 미치는 부정적 영향과 싸우기 위해 바빠서 담배의 긍정적 성질에 대해 더 깊이 연구하지 못하는 것도 이해할 수 있다.

그리고 오늘날 템스강을 따라 산책하는 이들에게는 다행스럽게도 담배 연기 관장이 익사자들을 살려내는 응급 소생술로 선호되지 않는다. 템스강을 찾을 때도, 혹시 강물에 빠지더라도 엉덩이에 담배 연기를 뿜어대는 변태가 강변에서 기다리고 있을 리 없다는 것을 알기 때문에 우리 모두는 더 안전하다고 느낀다.

# 코카인
## Cocaine

희열을 주는 코카인 경험, 지그문트 프로이트,
코카인 치통약, 빈 마리아니

　로버트 리[Robert E. Lee] 장군이 율리시스 그랜트[Ulysses S. Grant] 장군에게 항복한 일주일 후에도, 앨라배마와 조지아를 가르는 채터후치 강에서는 남북전쟁의 마지막 전투 중 하나가 벌어지고 있었다. 정식으로 전쟁이 종결되었는데도 여전히 전투를 계속해야 하는 경우는 거의 없을 것이다. 그러나

수염을 기른 존 펨버튼 중령

뒷마당에 심기 적당한 순수한 코카 관목

빙하의 움직임처럼 느린 통신 체계 덕분에 콜럼버스 전투는 리 장군이 애포매턱스 법원에서 항복하고도 일주일이 지난 후에 벌어졌다.

그 전투에서 서른 네 살의 존 펨버튼 중령은 기병대가 돌격하는 도중 목숨을 잃을 뻔한 위험한 자상을 가슴에 입었다. 그러나 그와 미래의 탄산 음료 애호가들 모두에게 다행스럽게도 그는 죽지 않았다.

상처가 회복되는 동안 펨버튼은 남북전쟁 당시의 군인들과 마찬가지로 모르핀에 중독되었다.

그러나 부상당한 다른 병사들과는 달리, 펨버튼은 민간인이었을 때 약사로 일했다. 그는 여러 종류의 약물과 약초를 구해 실험을 할 수 있었다(그가 했던 실험은, 식물성 블러드 밤, 트라이펙스 간장약, 글로브 플라워 기침 시럽, 인도 퀸 헤어 염색 등 다양한 특허 약품을 제조하는 것이었다).

펨버튼은 코카나무에서 코카인을 추출하기 시작했다. 그 나무는 남아메리카에서는 흔한 것이었고, 그 무렵 프랑스에 유입되어 각성제나 만병통치약인 코카 포도주의 형태로 환영받았다. 그는 곧 프랑스산 코카 포도주 대신 집에서 알코올과 코카인이 든 미국식 코카 포도주를 만들었고, 그것

돌팔이 의학의 역사

을 애틀랜타로 가져가서 팔았다.

그가 특허를 낸 작은 거품이 보글거리는 음료수는 코카-콜라라고 불렸다.


## ⟨ 자연의 각성제
안데스에서 오스트리아까지

'길거리 마약의 캐비어'라고 불리며 지구상에서 가장 인기 있는 기분 전환용 마약이기도 한 코카인은 적어도 기원전 3천 년 전부터 각성제로 사용되었다. 코카인은 남아메리카의 안데스 산맥이 원산지인 코카나무에서 얻을 수 있다. 그 나무는 조경을 잘한 정원에서는 보기 드물고 바닷가에 우거진 관목들 사이에서도 눈에 띄지 않는 평범한 나무이다. 그러나 그 작은 관목은 엄청난 돈을 벌어들이고 수많은 인생을 파멸시켰다. 탁월한 각성 효과 때문에 페루의 잉카족들 대부분은 코카나무 잎사귀를 씹었다. 16세기에 스페인 정복자들이 침입한 뒤 스페인 가톨릭교회는 갑자기 그것을 금지했다. 그러나 여전히 사람들은 코카 잎을 계속 씹었고, 통제가 되지 않았다. 결국 어쩔 수 없이 스페인 식민 정부는 패배를 인정했다. 1539년에 어떤 스페인 정복자가 다음과 같은 기록을 남겼다.

코카는 우리 고향의 카스티야 지방에서 볼 수 있는 옻나무와 비슷하게 생긴 작은 나무의 잎사귀다. 인디언들은 이 잎을 항상 입안에 머금고 다니는데, 긴장을 풀게 해주고 활기를 되찾게 해주며 뜨거운 태양 아래 있어도 덥지 않다고 한다. 그 가치는 같은 무게의 금과 비슷하고, 세수税收의 10분의 1을 차지하고 있다.

처음에 코카 잎사귀를 씹는 것은 잉카족만의 풍속이었다. 그런데 금지를 포기하고 나자 스페인 사람들도 코카잎에 빠져들기 시작했다. 세금을 부과하고 판매와 복용을 관리했다. 마약을 통제하는 현명한 전략이었다.

또한 정복자들은 코카잎을 유럽으로 가져왔으나 거의 무시당했다. 배에는 반짝이는 금과 은이 실려 있었기 때문이다. 코카 잎 한 다발에만 습기가 차도 전체가 금세 썩어버리기 때문에 코카 잎을 배로 운송하는 것은 일종의 도전이었다. 따라서 스페인 이외의 유럽 국가들은 한참 뒤에야 남아메리카에서 온 흥미로운 나뭇잎을 연구하기 시작했다.

19세기 초에 알칼로이드를 추출하는 과학이 발전하면서 누군가 코카나무의 잎사귀에 주목하게 되었다. 1859년, 엄청난 양이 독일로 유입되면서 알베르트 니만<sup>Albert Niemann</sup>이라는 젊고 명석한 의학박사 과정의 학생 손에 코카 잎이 들어갔다. 그는 연구 주제를 찾는 중이었다. 그는 코카 잎의 활성 성분 추출에 성공했다. 코카인을 분리해냈고, 단번에 박사 학위를 받았다. 역사를 통틀어 중독성이 강한 마약을 만들어내서 학위를 받은 처음이자 마지막 사람이었다(코카인을 만든 것만으로는 그리 인상적인 업적이 아니었던지, 이 26세의 박사는 에틸렌과 산화 유황으로 실험을 시작했고, 겨자 가스를 발명하게 되었다. 그리고 그 과정에서 목숨을 잃었다).

니만이 코카인을 분리해낸 같은 해에 파올로 만테가자<sup>Paolo Mantegazza</sup>라는 이탈리아 의사도 코카나무에 사로잡혀 페루까지 여행을 떠났다. 그는 스스로 실험쥐가 되어 코카 잎사귀를 복용하고 효과를 시험했다. 극단을 피하는 소극적인 사람이 아니었던 만테가자는 코카 잎사귀를 조금, 적당히, 많이, 터무니없이 많이 복용했을 때의 자기 몸의 반응을 성실하게 기록했다. 그는 조금 그리고 적당히 복용했을 때 허기를 느끼지 않고 활력이 향상됨을 알게 되었다. 그리고 많은 양으로 시험했을 때는, 격렬한 희열을 느꼈다고 다음과 같이 행복하게 서술했다.

눈물의 골짜기에 살도록 저주받은 가엾은 필멸의 존재들을 비웃으며, 나는 코카 잎 두 장의 날개로 77,438개의 단어들로 이루어져 이전보다 훨씬 더 화려한 공간을 날아다녔다. …… 인간이 코카의 효과를 평생 누릴 수 없게 만들었기에 신은 불공정하다. 코카 없이 10만 년(여기에 0들을 더 집어넣어도 좋다)을 사는 것보다 코카와 함께 10년을 살고 싶다.

이러한 열의를 담아 만테가자가 《코카의 위생학과 의료적 가치에 대하여》라는 제목으로 출간한 책자는 유럽인들의 눈에 띄지 않을 수가 없었다. 그리고 그가 옳았다. 코카인을 복용하면 매우 자신감 있고 결단력 있고 에너지가 넘친다고 느끼게 된다. 이 모든 것들이 전문직업인들에게 유용한 특성들이다.

당연하게도 코카인은 지식인, 예술가, 작가 그리고 주로 뇌를 많이 사용하여 성과를 내야 하는 사람들에게 인기를 얻었다. 19세기에 각성제로서 코카인을 지지했던 가장 유명한 사람은 지그문트 프로이트였고, 그는 이미 20~30대에 중독자가 되었다. 1895년에 프로이트는 동료에게 편지를 보냈다. "왼쪽 콧구멍으로 코카인을 흡입한 뒤, 지난 며칠 동안 믿어지지 않을 만큼 기분이 좋았네. 모든 근심이 지워져 버린 것 같아. …… 날아갈 것 같고, 잘못된 일이 전혀 없는 것 같아." 프로이트는 마흔이 되어서야 코카인을 끊었고, 그러고 나서 누구나 그의 이름을 알게 만들어준 심리학 책을 썼다. 그러나 학자들 사이에서는 여전히 프로이트의 오랜 코카인 중독이 그의 뛰어난 사상에 나중까지 영향을 미쳤을지 모른다는 논란이 있다.

## 통증을 없애주는 코카인

젊은 프로이트는 코카인을 각성제뿐만 아니라 국소마취제로 사용하도록 장려했는데, 효과가 아주 좋았다. 그는 이러한 사실을 안과의사 칼 콜러Karl Koller에게 알려주었고, 그는 안과 수술을 할 때 코카인을 국소마취제로 사용했다. 그리고 그 결과를 영국의 의학 저널인 〈랜싯〉에 게재했다.

윌리엄 스튜어트 홀스테드William Stewart Halsted(존스 홉킨스 병원의 창립자이며 근치적 유방절제술의 선구자)라는 미국의 젊은 의사는 콜러의 실험에 관해 읽고 스스로 실험 대상이 되어 코카인으로 치과 수술의 통증을 마비시켰고, 대학원생들에게 그 마취법을 훈련시켰다.

이러한 코카인의 진통 효과는 19세기 후반과 20세기 초에 급성장한 특허 의약품 제조업자들에게 열렬한 환영을 받았다. 코카인은 '로저의 코카인 치료제', 그리고 '로이드의 코카인 치통약'을 비롯한 인기 있는 많은 약품들의 주요 성분이 되었다(물론 소비자들은 이러한 약품 속에 중독성 약품이 있으리라고는 전혀 생각 못했을 것이다).

'로저의 코카인 치료제'는 크고 고통스러운 치핵을 줄어들게 하는 효과를 목표로 한 것이었다. 이것은 좌약으로 사용할 때 어느 정도 효과를 볼 수 있었다. 코카인은 염증이 생긴 조직을 수축시킬 수 있기 때문이다.

'즉각적인 치유 효과!'라고 광고하던 '로이드의 코카인 치통약'은 홀스

테드 박사가 코카인을 사용
하여 치과 수술에 성공한
뒤 발명되었을 것이다. 가격
이 한 묶음에 0.15달러인 치
통약은 누구나 살 수 있는
것이었다. 또한 아이들에게
사용해도 괜찮다고 장담하
며 판매했다.

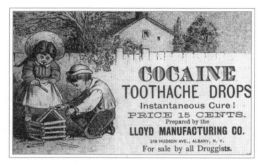

지나간 시대의 어리석은 순수함

홀스테드가 코카인으로 했던 실험의 비극적이고 끔찍한 결과는 그 자신이 중독된 것이었다. 그는 각성 효과를 얻기 위해 혈관에 직접 코카인을 주사하기 시작했고, 급속도로 중독되었다. 그 결과 그는 로드 아일랜드의 프로비던스에 있는 버틀러 병원으로 보내졌다. 그런데 그곳의 약물 중독 치료법은 환자에게 다량의 모르핀을 투여하는 것이었다.

그는 결국 모르핀과 코카인에 중독되어 황폐해진 상태로 요양원을 떠났다. 그렇다고 그가 의료 행위를 그만둔 것도 아니었다.

## 상승효과

코카인 음료와 떠나는 모험

코카인이 특허 의약품 세계에서 환영을 받으면서 코카인이 들어 있는 강장제가 우후죽순 생겨나기 시작했다. 예를 들어 '코카 비프 토닉'이라는 매력적인 이름은 그 강장 음료가 고기를 대신할 수 있다는 의미였을 것이다. 큼지막한 필레미뇽을 사 먹을 여유가 없다면, 그 대신 몇 페니를 털어

## 지킬 박사와 하이드 씨

로버트 루이 스티븐슨이 엿새 동안 엄청난 양의 코카인을 투여하고 《지킬 박사와 하이드 씨》를 썼을지도 모른다고 추론할 만한 증거들이 몇 가지 있다. 실제로 어떤 독자들은 그 소설을 코카인 중독 상태의 메타포로 읽는다(어느 쪽 주인공이 마약중독 상태를 상징하는지 추측해 보라). 오스카 와일드는 다음과 같이 썼다. "지킬 박사의 변신은 마치 <랜싯>에  실린 실험 사례처럼 위태롭게 읽힌다." 1971년에 <미국 의사 저널>에 실린 논문은 이러한 주장을 세밀하게 검증했다. 집필할 무렵 스티븐슨은 기본적으로 혼자 생활할 수 없는 병자였으며, 침대에서 휴양하던 중이었다. 의사가 '폐출혈'이 재발할지도 모른다는 염려 때문에 그에게 말도 하지 말라고 지시할 정도였다. 그럼에도 스티븐슨은 놀랄 만큼 짧은 기간인 엿새 동안 먹지도 자지도 않고 소설을 썼다. 이러한 사실과 연결하여 소설의 내용을 보면, 스티븐슨이 집필하는 동안 코카인에 취해 몽환적 상태에 있었다는 주장이 꽤 설득력이 있다.

서 고기 향이 첨가된 음료를 사면 된다. 코카인과 23퍼센트의 알코올로 고기가 부족한 것을 보충해 주는 음료다. 배고픔에 시달리지 않아도 되고, 술에 취해서 마음이 들뜨고 기분이 좋아진다.

그래도 역시 포도주에 코카인을 첨가하는 방식이 가장 인기였다. 프랑스의 화학자 안젤로 마리아니<sup>Angelo Mariani</sup>는 만테가자가 스스로 코카 잎을 복용하고 희열에 차서 쓴 실험 결과를 읽었다. 그래서 보르도 포도주 한 병에 코카 잎 몇 장을 넣은 뒤 어떤 일이 일어나는지 관찰했다. 포도주 속

에 있던 에탄올로 인해 코카 잎
에서 코카인이 추출되었고, 그것
이 포도주에 용해되어 또 하나의
도취성 음료가 완성되었다. 마리
아니는 그 결과에 기뻐하면서,
보르도 포도주에 코카 잎을 담
그기 시작했고, '빈 마리아니'라
는 상품명을 붙여서 강장 포도
주라는 혼합 음료로 광고했다.
그리고 손쉽게 돈을 벌었다. 놀랍
게도 '빈 마리아니'는 엄청난 인
기였다. 10퍼센트 알코올에 8퍼
센트 코카인 추출물이 들어 있
는데, 어떻게 인기가 없겠는가?

알코올에 코카인을 넣어 녹인 것!
"몸과 두뇌에 힘과 활력을 준다."

'빈 마리아니'가 대히트를 치는 바람에 프랑스 화학자는 백만장자가 되었
다. 단숨에 거대한 부를 모은 최초의 사례일 것이다.

이 음료는 다양한 분야의 유명인사들로부터 찬사를 받았고, 19세기의
문학적 성과에도 부분적으로 상당한 기여를 했다. 아서 코난 도일, 쥘 베
른, 알렉산드르 뒤마, 헨릭 입센, 그리고 로버트 루이 스티븐슨 모두 그 음
료에 열정적으로 빠져들었다. 지나치게 긴 19세기 후반의 고전들 속에서
길을 잃고 헤맬 때 이런 사실을 떠올려보면 좋을 것이다. 코카인을 복용
하는 이들은 단호하게 자신의 결정을 확신하게 되므로 소설가의 경우에
는 퇴고를 거의 하지 않을 수 있었다.

빅토리아 여왕은 빈 마리아니의 팬이었고, 교황 레오 13세와 피우스

돌팔이 의학의 역사

10세도 마찬가지였다. 토마스 에디슨 역시 이 음료를 마셨는데, 전기를 실험하면서 밤새 깨어 있을 수 있도록 해주었기 때문이다(이 헌신적인 천재는 하루에 오직 네 시간만 잤다. 정말로 이 음료가 필요한 사람이었다). 후두암으로 서서히 죽어가고 있던 전직 대통령 율리시즈 S. 그랜트는 회고록을 완성하면서 고통을 줄이기 위해 빈 마리아니를 여러 병 마시곤 했다.

빈 마리아니는 선풍적인 인기를 끌었다. 그리고 유행하는 제품은 경쟁자를 끌어들이기 마련이다. 예를 들어 존 펨버턴의 프랑스 코카 포도주 같은 상품은 곧 코카콜라로 직행했다. 1886년 코카콜라가 처음으로 판매되었을 때 사람들은 그 속에 코카인이 함유되어 있음을 알고 있었다. 그러나 철저한 비밀이자, 이제는 살아 있는 그 누구도 알지 못하는 것은 그 속의 함유량이다(저술가들 대부분은 꽤 많은 양이 포함되어 있다고 믿는다). 그 음료는 '뇌 강장제, 그리고 지능을 향상시키는 음료'라고 광고되었으며, 생리통을 완화시키는 효과가 있다고 알려져 있다. 1905년까지는, 원액 1온스 당 1/400그래인의 코카인이 함유되어 있었다. 1929년에는 공식적으로 코카인이 전혀 들어 있지 않다고 확인했다('콜라'라는 이름은 혼합된 또 다른 성분에서 비롯되었다. 아프리카의 콜라 콩에서 추출한 것인데, 카페인이 들어 있으며 미약한 각성 효과를 얻기 위해 서부 아프리카 사람들이 씹는 견과류이다).

## 코카콜라를 마시며 역사에 동참하다

우스갯소리가 아니라, 오늘날에도 코카콜라에는 코카 추출액이 실제로 첨가된다. 정확한 레시피는 회사가 엄중하게 보호하는 비밀이지만, 코카콜라 회사는 페루의 국립 코카 회사에서 공식적으로 코카잎을 수입하고 있다. 추출된 코카인은 눈이나 귀, 코, 후두에 전문적으로 사용하는 국소마취제로 판매되고, 코카 잎에 잔류하는 맛과 향은 비밀 레시피로 들어가 밀봉된다.

따라서 이제는 비록 공식적으로 코카인이 첨가된 포도주를 마실 수는 없지만, 음료수의 역사에 길이 남을 성공을 거둔, 활력을 주는 얼음처럼 차가운 코카콜라 한 잔 속에 코카 잎의 맛이 조금 들어 있음을 아는 것도 나쁘지 않을 것이다. 코크 한 캔을 마실 때마다 코카인으로 도취의 상태를 얻었던 5천 년의 역사를 잠깐이나마 맛볼 수 있으니까.

돌팔이 의학의 역사

# 5

# 알코올
## Alcohol

혈거인, 검투사의 내장 씻어내기, 흑사병,
술 취한 유모, 브랜디 주사

수천 년 동안 인류는 분투하며 살아 남았다. 주말에 편히 쉴 수 있는
모닥불 가를 기대하면서 일주일을 버틸 수 있을 만큼의 매머드를 사냥하
려 애썼다. 그러던 어느 찬란한 날, 세월의 안개에 길을 잃은 신석기 시대
의 한 혈거인이 우연히 토기 안에 산딸기 주스를 담아두고는 며칠 동안

그 사실을 잊었다. 그것은 알코올이 되어 발견되었고, 인류에게는 아침에 일어날 새로운 이유가 갑자기 생겼다.

그 행운의 날 이후로 알코올, 특히 에탄올은 우리가 먹는 음식과 약장 속에서 사라지지 않고 자리를 지켰다. 인류는 일찌감치 알코올이 뇌에 미치는 유쾌한 영향을 인지했을 뿐 아니라 다친 상처에는 소독제의 효과, 그리고 상처를 꿰매야 할 때는 미약한 마취제 효과도 있다는 사실을 알게 되었다.

"어린 빌리가 또 호랑이 송곳니에 물렸다고? 어서 산딸기 술을 마시게 하자."

사람들은 곧 알코올이 뛰어난 용해제임을 알았다. 특히 약초에서 유효 성분을 추출하는 데에 탁월하다는 것을 알았다. 그러한 발견이 역사 속에서 약과 술을 결합하는 계기가 되었다. 이제 신석기 시대의 혈거인이 발효시킨 산딸기 주스와 오늘날의 퇴근 후에 마시는 포도주 한 잔 사이에 존재하는 몇몇 사건을 살펴볼 것이다.


## 포도주

증류기술을 발견하기 수천 년 전에, 사람들은 약을 조제할 때 알코올이 필요하게 되자 포도주를 사용했다. 사실은, 다른 선택지가 없기도 했다. 그래서 이집트에서 그리스, 로마에 이르기까지 고대의 치료법들은 모두 포도주에 약초를 담가 우려낸 약을 권하고 있다.

그리고 고대 로마시대에 이르러서야 포도주 제조 기술이 완성되고 포도주가 건강에 유익하다고 인식하게 되었다. 우울하고, 기억력에 문제가

바커스가 건강을 위해 축배하고 있다.

있고, 슬픔을 느끼는가? 포도주를 마셔라. 부종, 변비, 비뇨기 질환, 설사, 통풍이 있다고? 포도주를 더 마셔라. 뱀에게 물렸다고? 촌충이 있다고? 포도주로 깨끗이 낫게 하자.

카토(*역주: 고대 로마의 장군, 정치가)는 포도주를 달여서 만드는 변비약 조제방법을 기록해두었다. 포도주에 재, 거름, 헬레보레(독성이 강한 식물)를 혼합하여 조리는 것이다. 소믈리에가 이렇게 설명하는 것을 상상할 수 있는가?

"약간의 재와 거름, 독소의 풍미가 곁들여진 산뜻한 과일 맛이지요."

카토는 또한 비뇨기 질환은 오래된 포도주와 노간주나무 열매를 납으로 만든 냄비에 넣고 끓여 먹으면 치료할 수 있다고 주장했다. 물론 납 중독과 납독성 통풍은 덤이었다.

잠시 검투사들의 의료 처치를 맡았던 갈레노스는 상처를 소독하는 데 포도주를 사용했다. 심하게 상처 입은 검투사들의 내장을 포도주에 담갔다가 다시 몸 안에 집어넣기도 했다(아직까지 미국 남학생들의 사교 클럽에서도 받아들이지 않는 방법이지만, 술에 취하는 가장 극단적인 한 가지 방법이다).

그러나 포도주의 과음으로 인한 폐단도 지적되고 있다. 고대 로마의 바커스 축제에서의 야단법석이나 로마시대의 작가가 남겨둔 문장에서도 묘사되어 있듯이, 알코올을 과음하면 그 사람의 단점이 더욱 눈에 띄게 된다고 사람들은 느꼈다. 원로원 의원 마크 안토니가 숙취로 인해 사람들 앞에서 토했던 것처럼 공식적 행사에서 대중 앞에서 취해 있는 모습은 눈살을 찌푸리게 했다.

치료제로서의 포도주의 명성은 로마에서 시작되어 중세 유럽의 암흑시대로 이어져, 수도원에서는 포도주를 약으로 사용하는 전통이 이어졌다. 13세기의 수도사 로저 베이컨은 포도주가 "위장을 보존하고, 몸을 뜨겁게 하며, 소화를 돕고, 몸이 부패하지 않게 보호하며, 음식과 혼합되어 혈액으로 변할 수 있게 한다."라고 기록했다.

그러나 한편으로는 포도주에 지나치게 탐닉하지 말라고 경고했다.

지나치게 곤드레만드레 취해버리면, 오히려 상당히 해로울 것이다. 왜냐하면 이해력이 둔해질 뿐더러 뇌에 나쁜 영향을 미쳐서 활력을 사라지게 하고, 건망증을 일으키고, 관절을 약하게 하고, 팔다리가 떨리고 시력이 흐릿해진다. 심장의 혈액을 탁하고 검게 만들어서 공포와 떨림, 그리고 많은 질병을 발생하게 만든다.

베이컨은 취한 상태가 별로 낯설지 않았던 것 같다.

포도주는 20세기에 이르기까지 약품 창고 안에서 자리를 지켰다. 험

돌팔이 의학의 역사

난했던 금주법 시대에는 악
전고투하기도 했으나, 최근
에도 심장병의 위험을 줄이
려면 하루에 적포도주 한
잔을 마시라는 권고가 있
는 만큼 의학계에서 다시
부활하고 있다.

로저 베이컨이 작업하는 중이다. 중세의 과학자들을
위한 특전; 시원한 겉옷.

## 진

노간주나무 열매는 오랫동안 의료에 사용되어 왔다. 고대 이집트에서
는 황달을 치료할 수 있다고 생각했다. 고대 그리스에서는 배앓이에 처방
됨과 동시에, 그리고 알몸으로 하는 레슬링 경기 전에 분위기를 조금 띄우
는 약으로 처방되었다. 이 열매가 마침내 알코올과 혼합된 것은 고대 로마
에서였다. 디오스코리데스가 가슴 통증을 치료하기 위해 포도주에 노간
주 열매 담근 것을 처방했다.

1세기에는 로마의 정치가이자 학자인 가이우스 플리니우스도 알코올
에 노간주 열매를 넣어 우려낸 것이 건강에 좋다는 기록을 남겼다. 그렇지
만 노간주 열매를 적포도주에 담가 놓은 것이 '장을 심하게 수축시킨다'고
도 했다.

하지만 의사들은 오히려 노간주 열매의 수축작용을 선호했다. 페스트
가 유럽 전역을 휩쓸어 약 1억 명의 목숨을 빼앗았을 무렵, 의사들은 환자
들에게 노간주나무 향을 피우고, 노간주 기름을 몸에 바르고, 노간주 열

노간주나무 열매가
만병통치약이
되어가는 중이다.

매를 채워 넣은 페스트 방지 마스크를 쓰라고 권했다. 또한 체력을 키우려면 노간주 코디얼을 마셔서 몸을 소독해야 한다고도 했다.

페스트가 절정에 달했던 시기(14세기 중엽) 네덜란드의 양조업자들은 브랜디를 만드는 실험을 하고 있었다. 아마도 대중이 절박하게 페스트에 시달렸기 때문에 증류주 생산자들이 방역의 가능성을 계산해서(보너스로!) 만들고 있던 브랜디에 노간주 열매를 던져 넣을 생각을 했던 것 같다.

포도(특히 네덜란드 북쪽 지방의 기후에서는 재배가 쉽지 않았다)로 만들던 브랜디에서 재빨리 벗어나, 네덜란드인들은 곡물로 증류한 알코올에 노간주 열매를 첨가하는 실험을 시작했다.

그렇게 해서 진이 태어났다. 네덜란드인들은 이렇게 만들어진 노간주 열매 술을 의약품 목록에 재빨리 올렸지만 사람들은 전혀 다른 목적으로 그 술을 마셨다. 젖먹이를 둔 어머니나 유모들은 진을 마시고 아기에게 치유 성분을 전달해 주려고 했다. 네덜란드 계 영국인 양조업자인 윌리엄 워드는 이렇게 말했다.

네덜란드에서는 아기가 열병이 나려고 기운이 없고 보챌 때 아기에게 젖을 먹이는 엄마들이 노간주 술을 마셔서 아기를 편안하게 해주려 하는 게 일반적 풍속이었다.

15세기까지 네덜란드에는 대부분의 마을마다 이렇게 특별한 술을 제조하는 양조업자들이 있었고, 그들을 지니버genever라고 불렀다. 비록 처음

돌팔이 의학의 역사

에는 치료용이었으나, 진은 맛이 좋고 기분이 좋아지는 효과 때문에 북유
럽 전역에 빠른 속도로 퍼졌다.

네덜란드의 양조업자들이 영국에 진출했을 때 물로 희석한 맥주를 마
시곤 하던 영국의 노동자계층은 알코올 함량이 높은 새로운 술에, 말 그대
로 흠뻑 젖어들었다. 그래서 진은 18세기 초에 열광적으로 유행하기 시작
하면서 헤아릴 수 없이 많은 인생을 망치게 되었으며, 그 과정에서 진이
놓이는 장소는 의약품 선반에서 술집으로 바뀌었다.

오늘날에는 누구나 진 혹은 어떤 알코올이라도 너무 많이 마시면 '진

---

## 알코올 다이어트를 시도한 윌리엄 1세

정복왕 윌리엄(1028~1087)은 나이가 들어가면서 자신의 체중 때문에 발목을 잡
혔고, 그 부분에서는 '정복왕'이라는 이름에 어울리지 않았다. 비만으로 인해
말도 탈 수 없게 되자, 윌리엄은 드디어 자신의 몸을 정복할 때가 되었다고 판
단했다. 다이어트를 감행한 것이다. 그것도 다른 음식은 입에도 대지 않고 오
직 술만 마시는 하드코어 다이어트를 시작했다. 윌리엄은 침대에 누운 채 그냥
진탕 마셨다. 효과가 있었다. 곧 말을 탈 수 있을 정도로 몸무게가 줄었다. 그
러나 역설적으로 말을 탈 수 있게 되는 바람에 그는 죽게 되었다. 1087년, (여전
히 매우 뚱뚱했던) 윌리엄의 배가 안장의 앞가리개를 눌러 부서지면서 내장에 손
상을 입었다. 그것으로 인해 윌리엄은 천천히 죽어갔다. 끔찍한 역사적 에피
소드를 소개할 때 '위대한 인물의 최후' 같은 범주에 들어갈 만한 이야기다. 부
풀어 오른 윌리엄의 시신은 준비해 두었던 석관에 비해 너무 컸다. 수행원들이
억지로 관에 밀어 넣으려 하자, 시신은 글자 그대로 펑 터져버렸다. 교회 안은
지독한 악취와 여러 가지 역겨운 체액으로 엉망이 되었다. 말할 필요도 없지
만 짧은 장례식이었다.

---

블러썸'(코와 뺨의 모세혈관이 터져서 붉게 변하는 것)에 이르게 된다는 사실을 알고 있다. 그렇다, 그것은 이따금 늦은 밤에 클린턴 시절을 그리워하다가 지나친 감상에 빠져 〈헤이, 젤러시〉(*역주: '진 블러썸'이라는 밴드가 부른 노래 제목)를 반복해서 들을 수도 있고, 그러다가 너무 달리면 얼굴에 붉은 꽃이 필 수도 있다는 의미이다. 진블러썸은 술을 많이 마시는 술꾼들의 얼굴에 생기는 붉은 선과 점을 말하는데, 다량의 알코올이 체내에 들어가 모세혈관이 확장되어 생기는 것이다.

## ｛ 브랜디

> 브랜디는 의학적 관점으로 볼 때, 다른 어떤 증류주보다 약효가 뛰어난 것으로 간주된다. -랜싯, 1902

8세기에 무어인들이 남유럽으로 들어오기 전에, 유럽에는 오로지 포도주와 맥주밖에 없었다. 북아프리카인들은 과학과 수학을 들여와 유럽을 재탄생시켰을 뿐만 아니라 정밀한 증류 기술도 들여왔다. 새로운 약을 개발하기 위해 무어인들은 자신들의 근거지였던 스페인 지방의 포도주를 비롯하여 손에 닿는 거의 모든 것을 증류했다.

포도주를 순수 알코올이 될 때까지 증류하면 고도로 농축된 증류주를 얻게 되는데, 오늘날에는 그것을 브랜디라고 부른다. 스페인 사람들이 이베리아반도를 되찾았을 때 무어인들은 그들의 증류 기술과 새로운 알코올음료에 대한 지역 특유의 맛을 남기고 갔다. 스페인 수도원에서는 그 방식에 따라 포도주를 증류하여 브랜디를 만들었다. 그리고 바티칸을 비롯한 주위의 기독교 국가에도 보내주었다. 교황의 주치의는 브랜디를 수명을 늘려주는 강장제로 처방했다. 브랜디는 곧 건강음료로 인기를 얻었다.

BRANDY AND SALT.—THE UNIVERSAL MEDICINE.
Drink the Brandy, and clap your feet into the Salt Box. That's the way to rid of your corns!!!

브랜디와 소금-보편적인 만병통치약. 그녀처럼 보이고 싶지 않은가?

그 뒤 몇 백 년 동안 브랜디는 의료계에서 가장 칭송을 받는 알코올음료의 지위를 누렸다. 각성제로 간주되어 기절을 했을 때 응급조치로도 자주 사용되었다. 레이디 아라벨라가 당신의 멋진 등장을 보고 황홀해서 기절했던가? 브랜디 한 잔으로 정신을 차리게 하라.

의사들은 출혈이 있는 환자를 대할 때에도 브랜디를 사용하곤 했다. 알코올이 응고를 촉진하기 때문이다. 때때로 환자의 팔이나 엉덩이에 브랜디를 직접 주사하기도 했으며, 힘든 출산일 경우 정맥주사로 놓기도 했다. 출산의 고통을 겪는 산모들이 경막외 마취 주사를 맞기 전에 "그냥 브랜디 주사를 놓아 달라고요!"라고 소리치는 것을 상상해보자.

브랜디는 또한 저체온증의 경우에도 도움이 된다고 여겨졌고, 그래서 북극 탐험의 초기에는 중요한 필수품이 되었다. 문제는 알코올을 마시면 몸이 따뜻해지는 것처럼 느끼지만 오히려 혈관을 확장시켜 열 손실을 촉진한다는 것이다. 그 뒤에는 혈관을 수축시켜서 동상을 악화시킬 수도 있다. 이러한 생물학적 과정이 잘 알려져 있는 오늘날에도 차가운 날씨에 휴대용 술병을 배낭에 넣고 다니는 사냥꾼들이 있다. 그들의 짐 안에는 두 가지 위험성이 존재한다. 총과 알코올을 같이 지니는 것과 '몸을 따뜻하게

## 맥주 통을 지니고 다니는 세인트버나드의 신화

세인트버나드 종 개들은 외따로 떨어진 위
험한 길인 알프스산맥의 세인트버나드 패
스에 있는 사원에서 키웠다. 눈보라나 눈사
태로 인해 발이 묶인 여행객들을 수색하고
구조하는 임무를 맡기기 위해서였다. 개들
은 그 임무를 훌륭하게 수행했다. 사람의
냄새를 맡아서 추적하여 구조대가 도착할
때까지 그들이 체온을 유지하도록 도왔다.
사람들 사이에 떠도는 전설에 의하면, 세인
트버나드들이 목에 알코올이 들어 있는 통
을 매달고 있어서 조난당한 사람의 저체온

역사적으로 부정확한 역사화

증을 벗어나게 해주었다고 한다. 아름다운 이야기이긴 하지만 −실제로 당신이
눈보라 속에서 길을 잃었다면, 훈훈한 느낌의 개가 술통을 지니고 있는 광경
을 보기만 해도 기운이 날 것이다− 순전히 전설일 뿐이다. 이러한 관행을 기록
한 역사적 문서는 어디에도 없다. 알코올이 저체온증 환자에게 미치는 영향을
생각하면 천만다행이다.

하기 위해' 술을 마신다는 것이다.

　혈관을 수축시키는 알코올의 작용을 생각하면 저체온증에는 좋지 않
은 선택이지만 열량은 알코올이 단백질이나 탄수화물보다 낫다. 취하게 해
서 아픈 환자를 진정시킬 수 있다는 것까지 생각하면, 19세기 의사들이
알코올을 의약품 창고에 넣어둔 것도 수긍할 수 있다.

　최근이라고 할 수 있는 1900년대 초까지, 의사들은 브랜디를 일반적인 건강 음료로 처방하곤 했다. 그러나 1차 세계대전이 끝날 무렵, 병리학적 이해가 발달하고 새로운 정맥주사 혼합액이 등장하면서 브랜디는 의사들의 약장에서 사라졌다.

## ᕤ 맥주

포도주보다 역사가 더 오래되었음이 분명하지만, 맥주는 그만한 의학적 명성을 누린 적이 없다. 옛날 의사들도 득보다 실이 크다는 사실을 알고 있었던 것 같다. 이탈리아 의사인 시에나의 알도브란디노는 1256년에 다음과 같이 기록했다.

> 귀리나 보리 혹은 밀, 무엇으로 만들었든, 맥주는 머리와 위에 해롭다. 숨에서 나쁜 냄새가 나게 하고, 치아를 망친다. 위에 나쁜 가스가 차며, 그 결과 맥주와 포도주를 섞어 마신 사람은 누구나 빨리 취한다. 그러나 소변을 잘 나오게 하는 특성이 있고, 사람의 살을 하얗고 부드럽게 만든다.

알도브란디노는 맥주가 이뇨작용이 있다는 부분을 날카롭게 지적하고 있다. 금요일 밤에 다급한 표정으로 시내를 돌아다니는 사람에게 한번 물어보라.

그런데, 좀 어이없게 들리겠지만, 금주법이 시행되던 시기(1920~1933)에 약용 맥주라는 개념이 등장한 적이 있었다. 그 시절에 술을 너무나 마시고 싶었던 사람들은 의료 목적이라면 알코올을(알코올이라면 무엇이든 괜찮았기 때문에) 살 수 있도록 하자는 주장을 하며 특정단체를 만들었다. 포도주

글자 그대로 모든 시대를 통틀어 최고의 항의 표시다.

나 맥주보다 알코올 도수가 높은 술은 허락될 것 같지 않았기 때문에 그
들은 정부가 볼스테드 법(1919년 주류 소비를 금지하기 위해 통과된 법)에서 맥
주를 제외시켜주기를 기대하며 맥주가 가진 약으로서의 효능을 홍보하기
시작했다.

결과적으로 약용 맥주가 오늘날 병원에서의 지위를 확보할 수 있기는
했다. 의사들은 때때로 금단증상을 막기 위해 환자에게 맥주를 처방하곤
하니까. 그러나 금주법 시대의 알코올중독자들은 그렇게 운이 좋지 않았
다.

"금주법이 발효된 뒤 환자의 회복을 위해 꼭 필요하다면서 나에게 와
서 맥주를 달라고 호소하는 의사들이 많았다." 양조업자이면서 뉴욕 양키
즈의 소유주이기도 한 제이콤 루퍼트 대령은 말했다. 유감스럽게도 그가
뉴욕타임즈에 전달한 바에 의하면, "의사들을 도울 만한 위치에 있지 못했
다."

　　　　　　　　　　　　　　　　　　　　　　　　　　돌팔이 의학의 역사

# 6

## 흙
### Earth

사형수 감방의 거래, 테라 시길라타,
중독된 개들 그리고 흙을 먹는 사람들

1581년, 젊은 벤델 텀블라르트^Wendel Thumblardt는 살날이 얼마 남지 않은
상태였다. 그는 독일의 호엔로에 지방의 도시에서 연이은 몇 건의 강도 사
건으로 유죄 판결을 받고 교수형을 선고받았다. 그러나 그에게는 목숨을
건질 수 있는 마지막 비책이 하나 있었다. 독일로 향하는 길에 '테라 시길

라타' 혹은 '봉인 찍힌 흙'이라고 불리는 강력한 해독제가 있다는 이야기를 들었던 그는 교수형 대신 자기 몸을 실험용으로 써달라고 제안했다.

텀블라르트는 '사람이 만든 독 중에서 가장 치명적인 것'을 자기에게 먹이라고 제안했다. 그래야만 "해독제로 쓸 만한 흙의 가치를 가늠할 정확한 실험이 될 것"이라고 했다. 그것은 영리한 내기였다. 만약 그가 죽는다면 어차피 그는 사형수였으니 억울할 것이 없었다. 그러나 만약 그가 살아난다면 그는 자유를 얻게 될 것이다.

지역 군주였던 볼프강 2세가 큰 관심을 보였다. 바로 며칠 전, 전직 독일 광부이자 떠돌이 의사인 안드레아스 베르톨드<sup>Andreas Berthold</sup>가 그곳에 나타나, '테라 시길라타'라는 점토로 만든 작은 알약을 팔았었다. 베르톨드는 이 알약이 어떤 병도 고칠 수 있는 만병통치약이지만, 특히 해독기능이 뛰어나다고 선전했다. 당시에는 해독제가 아주 중요한 것이었다. 누군가를 독살하는 일이 동네 약재상에 잠깐 갔다 와서, 포도주잔에 재빨리 가루약을 털어 넣기만 하면 될 만큼 식은 죽 먹기였던 것이다. 유럽 전역에 걸쳐 메디치가가 통치하고 있던 16세기에, 다른 군주들과 마찬가지로 볼프강 2세 역시 진지하게 해독제가 필요했다.

그는 텀블라르트의 제안을 받아들였다.

텀블라르트는 지옥과 같은 지하 감옥에서 끌려 나와 '승홍(*역주:염화제이수은)과 설탕에 절인 장미꽃을 섞은 것'을 강제로 한 모금 반 삼켰다. '사람이 만든 독 중에서 가장 치명적인 것'으로 실험하겠다던 그의 제안이 정말로 실현되었다. 수은 독은 지독해서 죽음에 이르기까지 끔찍한 과정을 겪어야 한다. 신장이 심각하게 손상되고, 점막과 위벽이 고통스럽게 부식되어야 끝난다. …… 게다가 그러는 동안에도 의식은 여전히 살아 있다. 삼키기 쉽도록 장미꽃 설탕 절임과 함께 섞는 배려를 했지만, 그가 마신

돌팔이 의학의 역사

독은 치사량의 세 배였다.

볼프강 2세는 모험을 하지 않았다.

독을 삼킨 즉시, 텀블라르트는 베르톨드의 테라 시길라타 알약 4그램이 녹아 있는 포도주를 마셨다.

놀랍게도, '독이 그를 극도로 괴롭히고 고문하고' 난 뒤였으나, 그는 살아남았다. 수은 중독에서도 살아남았으니 해독제로 유효하다는 사실을 확인한 셈이었다. 볼프강 2세는 우선 텀블라르트를 풀어주어 부모가 그를 돌보도록 했다. 두 번째로는 평생 쓸 수 있을 만큼의 테라 시길라타를 떠돌이 행상에게서 사들였다. 더욱이 베르톨드가 안전하게 독일 전역을 돌아다니면서 약을 팔 수 있도록 직인을 찍은 추천서까지 써주었다.

# 고대의
# 신성한 흙

흙을 먹는 문화인 토식 풍습은 아주 오래전, 기원전 500년까지 거슬러 올라간다. 지중해에 있는 그리스의 섬이었던 렘노스 사람들은 해마다 특별한 날에 특정한 언덕에서 약으로 쓰이는 붉은 점토를 채취했다. 통치자들의 엄격한 감독 아래 점토는 세척되고, 정제되었으며, 일정한 두께로 밀어서 작은 알약으로 빚었다. 다음 단계는 사제들이 알약에 축복을 내리고 공식적인

렘노스섬의 테라 시길라타, 큰 컵의 유명세에 가려졌다.

유럽 전역에서 발견되는 다양한 봉인이 찍힌 테라 시길라타. 모두 수집해보라!

봉인을 찍었고, 그러고 나서 렘노스섬의 약국에 해당하는 장소에 배분했다. 그곳에서 점토 알약은 응급약으로 판매되었다.

흙을 약으로 판다고? 이상하겠지만 점토는 고대로부터 해독제로 사용되어 왔다. 소화기관 내의 약물 흡수를 늦추어주기 때문이다. 상처를 치유

돌팔이 의학의 역사

만약 독을 마셨다면 빨리, 세 가지의 테라 시길라타 은색, 금색, 붉은색 중 하나를 선택하라.

하는 데도 유용하다. 돌팔이들은 점토로 만든 작은 알약이 부여받은 종교적 의미와 지리적 특성으로 그 효능을 과장하여 만병통치약이라고 주장할 수 있었다. 그러나 점토는 특별히 사제의 축복을 받아 봉인이 찍히거나 렘노스섬의 언덕에서 채취하지 않아도, 어떤 의료적 상황에서는 매우 효과가 있다.

히포크라테스도 치유 효과가 있는 점토 알약에 대해 언급했다. 사모스섬에서 온 점토였다. 그는 해독제와 수축제, 지사제로 점토를 추천한 디오스코리데스와 렘노스섬에 가서 직접 테라 시길라타를 제조하는 장면을 목격한 갈레노스의 견해를 따랐다. 그 광경에 깊은 인상을 받은 그는 167년에 2만 개의 진흙 알약을 가지고 로마로 돌아왔다.

테라 시길라타의 유통은 고전 세계의 몰락과 함께 사라졌고, 오스만 투르크의 유럽 침략과 함께 다시 등장했다. 오스만 투르크 사람들은 아르메니아산의 특별한 점토를 페스트의 치료제로 확신했다. 비록 아르메니아산 점토가 서혜선종 페스트 박테리아의 맹공을 물리치는 데 아무 효과가 없다고 하더라도, 신성한 것 혹은 특이한 것을 복용하면 나타나는 플라세보 효과가 가끔씩은 병의 회복에 기여했을지도 모른다.

오스만 투르크가 어느 지역에 머물렀을까? 스트리가(오늘날 폴란드의 스트셰곰) 근처였고, 안드레아스 베르톨드가 광부로 일했던 곳이다.


## 점토로
## 제국을 건설하다


베르톨드는 독일의 각지를 찾아다니며 그곳 지도층에게 테라 시길라타를 선전했다. 그가 한 지역을 떠날 때마다 으레 죽은 개 몇 마리가 뒤에 남았다. 사람들이 신비한 점토가 정말로 해독제로 작용하는지 궁금해 했기 때문에 점토를 살 때 실험용으로 사용된 개들이었다. 점토 알약을 먹인 개들은 독을 먹여도 살아 남았다. 다른 개들은 거의 대부분 죽었다.

르네상스시대에 테라 시길라타는 유럽 전역에서 사용되었다. 독에 대한 해독제뿐만 아니라 이질, 궤양, 출혈, 임질, 발열, 신장 질환, 눈 질환의 치료에도 쓰였다. 생물학적 관점에서는 이러한 질환 대부분을 치유하는데 아무 효과도 없어야 마땅했지만 이따금 해독제의 효능을 나타내는 점토 알약에 대한 열광이라는 부작용이 효과를 나타냈을 것이다. 수은에 중독된 사람의 목숨을 구할 정도의 강력한 효능이라면 임질은 당연히 고칠수 있으리라는 믿음 같은 것이다.

호엔로에에서의 성공 덕분에 베르톨드는 돈과 명성을 얻었다. 16세기 후반의 점토 판매상으로는 아무도 따라갈 자가 없었다. 물론 점토를 파는 사업에도 두드러진 문제점이 있었다. 흙은 그다지 희귀한 광물이 아니며 어디서나 쉽게 얻을 수 있다는 것이다. 베르톨드와 그의 뒤를 따르는 이들에게는 그들이 판매하는 점토가 특별하고, 질이 좋고, 마법이 깃든 것임을 강조하는 게 아주 중요했다. 베르톨드는 자신의 테라 시길라타가 지닌 특별한 치유 효능은 스트리가 근처의 언덕에서 채취했기 때문이며 그 약이 가진 특별한 힘은 그곳에서 오는 것이라고 주장했다.

바꿔 말하면, 점토 알약은 그냥 오래된 흙이 아니라는 것이다. 당신이 사는 동네의 밭에서 나는 점토로는 특별한 약효를

테라 시길라타를 담아두던 도자기 꽃병

얻지 못하는 게 분명하다. 당신은 테라 시길라타가 필요하고, 진짜임을 증명하는 특별한 봉인이 찍혀 있어야 하며, 스트리가 근처에서 채취한 것이어야 한다. 베르톨드의 영리한 판매 전략은 초반에는 성공을 거두었고, 몇 년 뒤, 스트리가에서 채취된 테라 시길라타는 뉘른베르크에서 영국에 이르는 약국에서 판매되었다.

플라세보 효과는 미적인 면으로 더 부풀려진다. 렘노스섬에서 스트리가 산에 이르기까지, 테라 시길라타는 모두 아름다운 형태였다. 그런 만큼 효능의 일부는 점토 알약에 마술적이고 부적과 같은 신비한 성질이 있다고 생각한 환자의 믿음 덕분일 것이다.

심지어 테라 시길라타 근처에 있는 것만으로도 특별한 마법이 생기기도 했다. 르네상스 시대에 과학과 마법의 흐릿한 경계선에서 맴돌던 몇몇

## 흙을 먹는 남부 사람들

1984년에 <뉴욕타임즈>에는 사라져가는 토식문화에 대한 기사가 실렸다. 가장 끔찍한 상황에 처한 사람들만이 흙을 먹을 것이라고 생각한다면, 글래스 부인을 만나 보아야 한다. "저는 늘 흙이 맛있었어요." 미시시피의 시골에 거주하는 글래스 부인은 뉴욕타임즈와의 인터뷰에서 말했다. "좋은 장소에서 제대로 파내면 흙에서는 맛있는 신맛이 나요."

오랜 세월 동안, 흙을 먹는 것은 남부 시골의 전통적인 섭식 행태였고, 그것은 서아프리카에서 팔려온 노예들이 전파한 풍속이었다. 19세기 후반과 20세기 초에 토식증이 널리 퍼졌는데, 대부분 처음에는 어쩔 수 없이 흙을 먹다가 점점 익숙해지고 마침내 그 맛을 좋아하게 된 가난한 여성들에게서 나타났다.

인터뷰를 했던 즈음에는 그러한 행동을 그만두었던 글래스 부인은 아쉬운 듯이 덧붙였다. "정말 그리울 때가 있어요. 지금이라도 조금 먹고 싶어요."

남부 사람들이 골라 먹었던 흙은 점토였고, 사실상 약간의 의약품 효능이 있었다. 어디에서 채취했느냐에 따라 칼슘, 구리, 마그네슘, 철, 그리고 아연이 꽤 많이 함유되어 있을 수도 있다. 임산부에게 꼭 필요한 것들이라서 임산부는 어느 문화의 집단에 속해 있느냐와는 상관없이 토식증을 나타내는 사례가 종종 있다. 서아프리카와 미국 남부의 토양에는 이러한 미네랄이 풍부했기 때문에 이런 문화가 뿌리내리고, 오래도록 지속되었다고 설명할 수 있을 것이다.

의사들은 환자들에게 테라 시길라타 알약을 그냥 목에 걸고 있으면서 치료의 효과를 누리라고 권하기도 했다.

그러나 이런 현상은 오래 가지 못했다. 곧 많은 도시들이 직접 나서서, 자기 고장의 점토를 채취하고, 고유한 도장을 찍고, 그들의 점토 알약에도 특별한 효능이 있음을 선전했다. 베르톨드의 제국은 무너지기 시작했다.

돌팔이 의학의 역사

라틴어가 적혀 있는 테라 시길라타

독살도 점점 드문 일이 되었고, 현대에 접어들어 의학이 발달하면서
이질, 궤양, 출혈, 임질, 발열, 신장 질환, 눈 질환에 더 효과적인 치료법이
나타났다. 사람들은 테라 시길라타를 점점 찾지 않게 되었고, 19세기에 유
럽을 여행했던 부유한 골동품 수집가들이 사 모은 몇몇 알약들과 함께 신
기한 것들을 모아놓은 진열장과 박물관 속으로 사라졌다.

## 점토를 먹으면 미용에 좋다

비록 주치의가 권할 것 같지는 않지만 치료 목적으로 점토를 먹는 것
은 요즘의 대체의학에서도 적용되고 있다. 그런 주장을 하는 사람들은 점
토가 지닌 흡착하는 성질이 몸에 있는 독성을 해독하며, 몸 안에 축적된
중금속들을 배출시킨다고 주장한다.

그러나 우리 몸이 어떤 금속들, 예를 들어 철 같은 것은 필요로 한다는 것이 문제였다. 그리고 점토는 그런 것을 구분하지 못한다. 자신이 먹는 점토에 정확하게 어떤 것이 함유되어 있는지도 알기 어려운 일이다. 기생충, 박테리아, 역설적으로 납과 같은 중금속이 들어있을 수도 있다. 그래서 오늘날에는 의사들이 흙을 먹으라고 권하지 않는 것이다.

그러나 이러한 사실에도 불구하고, 셰일린 우드리Shailene Woodley는 데이비드 레터맨 쇼의 인터뷰에서, 그리고 미용 웹사이트인 '인투더글로스'의 2014년 게시물에서 점토를 먹는 실험을 하겠다고 선언했다.

저는 점토가 매우 좋다는 것을 알게 되었어요. 왜냐하면 몸에 흡수되지는 않고, 음전하를 내주면서 음의 동위원소들과 결합하기 때문이지요. 정말 굉장해요. 우리 몸 안의 중금속을 내보내기도 해요. 점토를 먹기 시작한 친구가 다음날 저에게 전화를 해서 말했어요. "얘, 내 똥에서 금속 냄새가 나." 그녀는 걱정을 많이 했지만 우리가 함께 검색해본 결과, 처음에 점토를 먹기 시작하면 장운동 때문에 소변에서도 금속 냄새가 날 것이라고 모두들 말하고 있었어요.

배설물에서 금속 냄새가 나게 하는 실험을 하고자 한다면, 조심하라. 가공된 소량의 점토를 먹는 것은 대부분 무해할 것이다. 그러나 너무 많이 먹으면 변비가 생기고…… 더 심한 일이 벌어진다. 칼슘이나 다른 미네랄을 섭취하는 가장 좋은 방법이 마당에 구덩이를 파는 게 아니라는 것을 명심하라.

# 해독제 편

독은 어디에나 있다. 흙 속에(비소), 공기 속에(일산화탄소), 마시는 음료 속에(납), 그리고 먹는 음식 속에(청산가리), 자연적으로 혹은 인위적으로 존재할 수 있다. 주위에 그토록 많은 위험이 도사리고 있으므로, 인간이 온갖 독으로부터 자신을 구할 해독제를 찾는 데 매달려온 것도 당연하다. 만약 당신이 왕좌를 물려받을 중세의 왕자라고 상상해 보라. 아마 당신 주변에는 호시탐탐 왕좌를 넘보는 사람들이 줄을 서서 기다리고 있을 것이다. 소량의 비소나 독미나리를 숨긴 사람이 당신이 믿었던 절친일 수도 있다. 만일에 대비해서 해독제를 준비해 두는 것이 최선이다.

수천 년 동안 과학의 발달이 너무 느렸기 때문에, 독극물로부터 자신을 지키고자 한 사람은 어느 정도 신비한 힘에 의지했다. 그러니 손쉽게 잡을 수 있는 유니콘의 뿔과 베조아르(*역주: 소나 양의 위장이나 장에 생기는 결석)를 한번 훑어보자.

## 베조아르

베조아르 돌은 몇 세기 동안 독을 씻어내는 해독제로 사용되었다. 베조아르 돌이란 사슴, 호저, 물고기, 그리고 인간을 포함하는 동물의 소화관에서 발견되는 완전히 소화되지 않은 음식, 식물 섬유 또는 털이 뭉쳐 있는 고체 덩어리를 일컫는다. 고양이와 함께 지내본 사람은 헤어볼에 익숙할 것이다.

동물들에게서 나오는 베조아르와 다른 돌 비슷한 것들은 그 배경에 종종 재미있는 이야기를 지니고 있다. 독사를 먹고 면역력이 생기게 되었다거나 독을 치료할 수 있는 돌로 변한다는 사슴의 눈물에 대한 전설이 있다. 1세기의 아랍 작가인 알-비루미<sup>al-Birumi</sup>는 베조아르가 '사탄의 코딱지'라 불리는, 무시무시한 독을 막아낼 수 있다고 주장했다. 12세기에 유럽이 페스트에 시달리고 있을 때 (아, 페스트라니!) 베조아르는 만병통치약과 해독제라는 명목으로 슬그머니 약제상의 진열장으로 들어갔다.

베조아르는 일상적으로 암살의 위험에 둘러싸인 부유층과 왕족들에게는 유혹적인 상품이었다. 돌들은 금이나 보석으로 장식되어 진열되거나 부적이 붙어 있기도 했다. 특히 인도산 베조아르는 생명을 위협하는 열, 독이 있는 것에 물린 것, 출혈, 황달, 우울증을 치유하고자 구하려는 이들에게 인기가 있었다. 심장이 건강해지고 신장 결석을 고치려는 사람들은 베조아르를 조금 긁어내어 음료수에 넣어 마셨다. 이러한 강장제는 이따금

금을 입힌 인도산 베조아르. 17세기

독성이 있는 수은이나 안티몬과 섞기도 했는데, 구토와 설사를 일으켜서 약효가 있다고 생각하게 하려는 술수였다.

그렇다면 약효가 있었을까? 어떤 연구에 의하면, 비소가 섞인 용액에 베조아르를 담가둔 결과 비소가 흡수되거나 독이 중화된 것을 발견했다고 한다. 치명적인 독을 해독할 정도로 기능하는지는 장담하기 어렵다. 16세기에 프랑스의 뛰어난 의사였던 앙브루아즈 파레<sup>Ambroise Pare</sup>도 의심을 품은 사람이었다. 은을 훔쳤던 왕의 요리사는 교수형 아니면 파레의 실험 대상이 되는 형벌 중 하나를 선택해야 했다. 요리사가 독을 먹은 뒤 파레는 그에게 베조아르를 삼키게 하고 지켜보았다. 여섯 시간이 지난 뒤 요리사는 고통에 몸

부림치며 죽었다. …… 그는 잘못된 선택을 한 것이었을까?

## 미트리다테스

이 해독제는 폰투스와 소 아르메니아의 왕이었던 미트리다테스 6세의 이름을 땄다. 기원전 134년에 태어난 그는 "당신을 죽이지 못한 것은 당신을 강하게 만든다."라는 말로 유명하며, 암살당하지 않기 위해 매일 독을 먹었다. 그의 왕궁에는 노랑가오리 가시, 독버섯, 전갈, 독이 든 광물이 가득 쌓여 있었고, 정원에는 독이 있는 식물이 무성했다. 그는 독에 대한 내성이 너무 강해서 아들에게 왕위를 뺏긴 뒤 처형을 당할 운명에 처했을 때, 독약을 먹고 자살을 할 수조차 없었다! 그는 경비병에게 자신을 칼로 찔러서 죽여달라고 애원했다(그것은 가능했다).

그가 지니고 있던 해독제의 실제 처방은 사라졌지만, 그가 죽은 뒤 여러 판본이 돌아다녔고, 그것은 그와 동일한 이름으로 불렸다. 붓꽃, 카르다몸, 아니스, 유향, 몰약, 생강, 사프란과 같이 비싼 재료가 포함된 긴 목록들이 널리 퍼져나갔다. 1세기에 플리니우스는 신랄하게 비판했다. "미트리다테스 해독제는 54가지 성분들로 이루어져 있다. …… 진리의 이름으로, 도대체 어느 신이 이토록 터무니없는 비율을 정했겠는가? ……그것은 분명히 과장된 기술적 나열이며 과학을 엄청나게 부풀린 것이다."

과장이든 아니든 사람들은 값비싼 약초를

혼합해서 꿀과 섞은 뒤, 병을 치유하기 위해 견과류 크기로 만들어서 먹었다. 적어도 숨을 쉴 때 값비싼 냄새가 나기는 했을 것이다.

## 뿔

유니콘이라는 신화 속 동물이 기원전 300년에 문학의 주위를 맴돌게 된 이후로, 그 뿔은 전설적인 해독제의 일부로 간주되었다. 여러 세기 동안 코뿔소, 일각 고래, 오릭스 같은 지구상에 실재하는 동물들이 생명과 뿔을 희생하면서 존재하지 않는 기적의 동물에 대한 갈증을 해소해 주었다. 화석이 된 암모나이트도 사용되었다. 그런 뿔로 만든 술잔은 독을 중화시키고, 심지어 갖다 대기만 해도 상처가 치유된다고 믿었다. 16세기에 스코틀랜드의 메리 여왕은 독살을 방지하기 위해 유니콘 뿔을 사용했다고 전해진다. 불행히도 그 뿔이 그녀의 참수형까지 막아주지는 못했다.

## 진주

오랜 세월 동안 진주는 강력한 해독제로 알려져 왔다. 굴의 몸속에서 만들어지는 귀하고 아름다운 보석인 진주는 시달림의 결과로 생성되는 것이다(연체동물들은 기생충이나 모래알 같은 자극을 처리하기 위해 무지갯빛 진주층으로 덮어버린다). 예쁘기도 하지만 침대 옆 탁자에 놔두는 제산제만큼 유용하기도 하다. 둘 다 주요 성분은 탄산칼슘이다. 자극적인 음식을 먹으면 생기는 위통에 좋지만, 그렇다고 기적에 가까운 효능이 있는 것은 아니다.

중국의 전통 의학에서는 여러 질병을 치료하는 데 진주 가루를 활용했다. 중세에는 아유르베다의 의사들도 해독제로 썼다. 또 사람들을 영생불멸하게 만든다는 이야기도 있었다. 고대 도교의 처방을 보면, 형태가 긴 진주를 채취하여, 맥아, 큰 뱀의 담즙, 벌집, 그리고 부석에 담가두라고 권하고 있다. 그래서 부드러워졌을 때, 그것을 태피(*역주: 설탕을 녹여 만든 무른 사탕)처럼 길게 늘여서 한입 크기로 잘라서 먹으면…… 자, 어떤 일이 벌어질까! 갑자기 당신은 음식을 먹지 않고도 살 수 있게 된다. 클레오파트라는 포도주를 발효시킨 식초에 크고 비싼 진주를 녹여서 마신 것으로 유명한데, 그 경우는 해독제로 먹은 게 아니었다. 그녀는 안토니우스와의 내기에서 지고 싶지 않았을 것이다. 자존심을 치명적으로 다치는 일이었을 테니까.

## 테리아카

테리아카는 1세기에 네로 황제의 주치의 안드로마커스가 약초를 혼합해서 만든 조제약이다. 그는 미트리다테스의 비밀 처방을 가지고 있었다고 전해진다. 꿀을 주재료로 해서 그 속에 계피, 아편, 장미, 붓꽃, 라벤더, 아카시아 등 약 70가지 성분을 넣고 으깨어 만들었다. 12세기에 베네치아에서 만들어진 테리아카는 매우 특별한 것으로 이름이 났고, 베네치안 트리아클(테리아카를 중세 영어로

해독제 맛을 볼 사람?

## 실제 효능이 있는 해독제들

다행스럽게도, 과학이 발달하면서 우리는 과다섭취하면 위험한 물질이나 혹은 조금도 노출되면 안 되는 많은 독물에 대해 다양한 해독제를 갖게 되었다. 의사들이 흔히 NAC 라고 부르는 N-아세틸시스테인은 아세트아미노펜을 과다 복용했을 때 효과가 있는 해독제이다. 에탄올은 부동액 중독을 치료할 수 있다. 아트로핀은 역설적으로 독성이 있는 가지과 식물(예를 들어 맨드레이크 같은 것)의 성분이지만, 농약에 중독된 증상이나 무기로 사용되는 화학 신경제의 독을 치료할 수 있다. 수년 동안 중독은 구토제로 치료했었다. 그런데 흔하게 볼 수 있는 활성탄 형태인 탄소는 몸에 들어 왔을 때 분해되고 소화되기 전에 소화기관 속에서 독을 빨아들일 수 있음(숯 표면에 독이 달라붙는다)이 밝혀졌다.

앞으로도 자연계와 인간이 치명적인 독극물을 계속 만들어내는 한, 우리도 불의의 죽음을 피하기 위한 방법을 계속 개발할 것이다.

귀여운 헤어볼은 그 목록에서 삭제하기로 하자.

번역한 것)은 크게 유행하는 상품이 되었다. 런던의 공개 석상에서 베니스에서 온 약사들이 트리아클을 제조하는 시범을 보여준다고 하면 많은 구경꾼들이 모여들었다고 한다.

18세기에는 꿀을 대신해 가격이 싼 당밀을 재료로 사용했다. 트리아클은 치료제로서의 명성을 잃기 시작했고, 약초로 만든 치료약이라는 의미도 사라지고 말았다. 다만 달콤한 시럽이라는 의미만 남아 있다. 그래서 우리는 트리아클(*역주: 당밀)이라고 하면, 치명적인 독으로부터 우리 목숨을 구해줄 멋진 해독제가 생각나는 게 아니라, 당밀 타르트가 연상되는 것이다.

# 3부

# 도구들
## TOOLS

저미기, 썰기, 적시기, 그리고 짜내기

# 피뽑기
## Bloodletting

모차르트의 레퀴엠, 재미없는 유머,
이발소 간판 기둥의 유래, 조지 워싱턴의 심각한 감기

1791년 8월, 서른다섯의 병약한 볼프강 아마데우스 모차르트는 익명의
후원자로부터 추도 미사용 진혼곡을 작곡해 달라는 의뢰를 받았다. 체중
감량, 빈혈, 두통, 실신 같은 증상들로 고통받고 있던 모차르트는 자신의 진
혼곡을 작곡하라는 의뢰를 받았다고 생각하는 편집증에 시달리게 되었다.

몇 주일이 흐르자 단순히 우울증만 심각한 상태가 아니었다. 11월에는 침대에서 일어날 수조차 없게 되었다. 격렬한 구토와 설사, 관절염이 그를 덮쳤고, 손과 발의 부종으로 인해 작곡을 할 수 없었다. 그가 사랑하던 카나리아의 노랫소리도 견딜 수 없게 되었다. 그는 자신이 독살당하는 중이라고 확신했다.

사후에 그려진 모차르트의 초상화

주치의는 그를 구하기 위해 그 당시 가장 유행하던 치료법 중 하나인 '방혈법'을 시도했으나, 어쩌면 그것이 오히려 그를 죽음으로 몰고 간 결정적인 원인이 되었는지 모른다. 생의 마지막 주에 그가 4파인트(*역주: 1파인트는 대략 0.4리터에서 0.5리터) 이상의 피를 흘려보냈으리라고 추정하는 이들도 있다. 처제였던 조피 하이벨은 다음과 같이 기록했다. "의사들은 그의 피를 흘려보내며 머리에 냉찜질을 했다. 그로 인해 그의 체력은 눈에 띄게 쇠약해지면서 의식을 잃었다. 그러고 나서 회복되지 않았다." 24시간 뒤에 모차르트는 사망했고, 묘비명도 없이 매장되었다.

부검을 하지 않았으므로, 아무도 그의 진정한 사인을 알지 못하지만 많은 이들이 방혈법이 비범한 천재의 종말을 재촉했으리라고 확신한다.

## 방혈

메스로 환자의 팔을 절개해서 피를 흘려보낸다. 쇳내가 공기 중에 퍼

돌팔이 의학의 역사

져나간다. 도자기 그릇 옆에 파인 홈에 팔을 고정하면, 핏방울이 그릇에 뚝뚝 떨어진다. 오늘날에는 혈관을 자르고 피를 뽑자고 하면 누구나 고개를 저으며 불신할 것이다. 고대로부터 혈액은 생명의 본질적 요소라고 생각했다. 성경에도 "육체의 생명은 핏속에 있다."고 하듯이 그렇게 중요하기 때문에 방혈법은 오히려 매우 매혹적으로 보였던 것 같다. 살기 위해 꼭 필요한 것을 도대체 왜 뽑아버리는 걸까?

우선 고대의 의사들이 사고하는 방식을 염두에 두어야 한다. 기원전 1500년경, 이집트인들이 방혈법을 시행했던 것은 혈액이 신체 내부에서 어떤 작용을 하는지 알 수 없었기 때문이다. 정보가 부족한 상태에서 이끌어낸 결론이었을 것이다. 고대 로마인들은 여성의 생리가 신체 내부의 독소를 제거하는 방법이라고 생각했다. 그런 이유로 피를 뽑는 것이 건강을 지키는 합리적인 방법이라고 여겼다. 혈액이 몸 전체를 순환한다는 사실을 발견하기 훨씬 전의 일이었기 때문에, 중국 한나라(기원전 206년~서기 220년)의 기록을 보면 혈액이 어떻게 '침체'되는지, 어떻게 오래된 혈액을 제거하는지, 그리고 '부패한' 혈액이 정체되는 양상에 대해 논의하고 있다.

병든 사람들의 경우에는 몸의 균형이 무너져서 철저한 정화가 필요했을 것이다. 그래서 히포크라테스의 네 가지 체액 이론이 만들어졌다. 피, 가래, 황담즙, 흑담즙이 너무 많은가? 방혈, 구토 혹은 장 청소로 정화해야 한다.

'지나치게 많은 혈액이 문제'라는 이론의 열렬한 지지자이기도 했던 에라시스트라투스는 많은 질병의 원인이 혈액이 과다한 탓이라고 주장했다. 그리하여 그 자신은 방혈법을 옹호하지 않았음에도 의도치 않게 3세기경에 그러한 치료가 유행하도록 만들었다. 그는 오히려 구토, 식이요법, 운동을 권했음에도 의사들은 방혈법을 선택했다.

방혈법이 만병통치라는 믿음이 자리 잡기까지 얼마 걸리지 않았다. 2

# 피를 뽑는 도구

벨 수 있는 것이라면 무엇이든 방혈법에 사용했다. 동물의 이빨, 돌, 날카로운 나무 조각, 깃펜, 조개껍질 등등. 치료법이 발전하면서 도구도 진화하였다. 17세기 무렵에는 시술자들이 치료 과정에 과학을 적용했다. 우선 압박대를 대고 나서, 상박의 귀요정맥을 절개한다. 그런데 정맥을 자를 때 무엇을 사용했을까?

지난 몇 세기 동안 랜싯은 가장 정교한 도구에 속했다. 손잡이 끝에는 날카롭고 곡선 모양의 칼날이 붙어 있었다. 오늘날까지 가장 널리 읽히는 세계적 의학 저널 〈랜싯〉은 이 도구의 이름을 딴 것이다. '썸 랜싯'은 예쁜 상아나 거북껍질 상자에 접어서 들어가는 정도의 크기로, 유행에 민감한 바쁜 방혈의를 위한 것이다.

'플림'은 여러 개의 칼날이 달려 있고 크기도 여러 가지인 복잡한 도구인데 말처럼 몸집이 큰 개체이거나 절개 부위가 큰 경우에 사용했다.

1980년대의 공포 영화 제목처럼 들리는 이름을 지닌 '스케리피케이터'는 스프링이 장착된 여러 개의 칼날이 들어 있는 상자로, 많은 피를 뽑기 위해 부항(진공으로 된 유리컵으로 빨아들이는 것)을 하기 전에 사용했다.

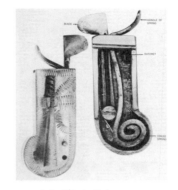

스프링이 장착된 랜싯

13세기의 쇠로 만든 플림

스케리피케이터의 외관

돌팔이 의학의 역사

모든 도구에는 충성스런 지지자들이 있었다. 1841년에 스노드그래스[J. E. Snodgrass]는 스프링이 장착된 자신의 랜싯을 찬사했다.

> 난 널 사랑해, 핏자국으로 얼룩진 충실한 친구여!
> ……
> 그리고 난 너를 끝까지 사랑할 거야!

아마도 당시에는 그에게 방을 잡으라고 말해주는 사람이 아무도 없었나 보다.

세기경 갈레노스는 피를 뽑는 것이 몸과 관련된 모든 질환의 해결책이라고 선언했다. 이런 상황이 한동안 지속되었다.

해부학과 생리학은 여전히 가야 할 길이 멀었다.

방혈법은 대부분의 경우에는 어린아이들과 나이 많은 노인들을 제외하거나 너무 많은 양을 뽑지 않도록 주의하는 합리적인 방법으로 행해졌으나, 항상 그렇지는 않았다. 현대적인 정맥 절개술에 이르기까지 유혈이 낭자한 어리석은 실수들이 수없이 일어났다. 방혈법이 행해졌다는 것만해도 충격적인데 그 방법을 보면 소름이 오싹 끼친다.

자, 누가 이 모든 피뽑기를 했을까?


# 면도, 이발, 그리고 방혈

고대 로마에서는 미용사들이 머리를 깎고, 손톱과 굳은살을 다듬고,

썩은 치아를 뽑고, 방혈법을 시행하는 역할을 모두 해냈다. 손님들은 값을 치르고 나서, 손톱 발톱이 말끔해지고 구멍이 생긴 미소를 지으면서, 빈혈 상태로 가게를 나섰다.

중세 유럽에서는, 이발사이자 외과 의사가 그런 도움을 주는 사람이었다. 단지 미용 서비스만 하는 게 아니라 절단, 부항, 거머리로 피뽑기 그리고 종기를 짜내는 일도 했다. 천연두에 걸렸다고? 그러면 피를 뽑읍시다. 간질 발작? 역시 피를 뽑아야 해요. 페스트라고? 안으로 들어오시

고전적인 이발소 간판 기둥, 이발사가 방혈법을 시술하던 시대의 흔적이다.

오. 바닥에 널려 있는 피 묻은 걸레들은 신경쓰지 마시고, 그런데 제발 내 의자에서 죽지는 마시오.

원래 피를 뽑는 일은 성직자들이 스스로나 동료들을 위해 시행하던 것이었다. 수도사와 성직자들은 독신을 서약했고, 피를 흘려보내는 일은 그들의 리비도를 길들이는 것처럼 보였다(그 시대의 안티 비아그라였을까!). 그러나 1163년에 교황 알렉산더 3세는 성직자들이 신체의 본성을 연구하는 데 몰두하는 것을 금지하고 "교회는 피를 싫어한다."라고 선언했다. 그 이후로 성직자들은 외과 수술이나 방혈법을 시술할 수 없었고, 해부학도 공부할 수 없었다. 영국에서는 이발사이자 외과의들이 그 역할을 이어받았다. 방혈법을 시술하려면 환자의 혈액 냄새를 맡고, 만지고, 맛을 본 뒤(자, 여기서 잠시 웩…… 하고) 진단을 내렸다. 손님을 끌기 위해 이발소의 창문턱

돌팔이 의학의 역사

에는 피 한 대접이 놓여 있곤 했다. 그렇게 하지 말고 피를 템스강에 조용히 버려야 한다는 법이 통과되기 전까지는.

우리 시대에는 이미 골동품이 되어버린 빨강, 파랑 그리고 하양(혹은 그냥 빨강과 하양)이 빙빙 돌아가는 이발소 간판 기둥은 이발사이자 외과의사였던 시대의 기둥에서 비롯된 것이다. 무슨 일을 하는지 광고하기 위해 이발소 밖에 기둥을 세워놓은 것이다. 기둥은 환자가 방혈법을 시술할 때 떨어지는 액체를 받아내려고 바닥의 그릇에 기대놓은 막대기를 나타냈다. 흰 줄무늬가 지혈대를 상징하고, 파란색은 정맥을, 빨간색은 피를 상징한다고 말하는 사람들도 있다.

다음에 이발소에 가면 피를 흠뻑 흘리고 싶다고 말해 보라. 그리고 이발사가 역사와 관련된 농담을 알아듣는지 살펴보라.


# 희열을 느끼기 위해 피를 흘리다

지금이 17세기이고, 당신은 '운명 같은 사람'이라고 생각했던 남자에게 거절당했다. 오, 어떻게 쓰라린 가슴을 진정시킬 수 있을까? 브랜디를 마시고 친한 친구에게 털어 놓을까? 바로크 시대의 '배스킨라빈스 아이스크림 한 통'에 상응하는 무엇인가를 해치워야 할까? 아주 비슷하다! 그러나 아픈 마음이 원하는 무엇인가 한 통은 '아몬드 봉봉'만큼 유쾌한 것은 아니다.

1623년에 프랑스의 의사 자끄 페랑Jacques Ferrand은 상사병에 걸렸을 때, 특히 '잘 먹어서 통통한' 사람에게 시행할 수 있는 외과적 치료에 대한 책을 한 권 썼다. 그는 심부전(글자 그대로 심장이 뛰지 않을 정도로)에 이를 정도로 피를 흘리라고 권한다. 그리고 '치핵의 절개가 가장 확실한 처방'이라고 적었다. 아마도 그는 비통함과 치질이 밀접하게 연결되어 있다고 생각한 것 같다.

정신 건강 분야에서 방혈법이 도입된 사례도 처음은 아니다. 해부학과 마찬가지로 심리학의 경우에도 의사들에게는 오랜 세월 동안 미지의 영역이었다. 비통함, 우울증, 조증과 같이 혼란스럽고 치유할 수 없을 것 같은 병 때문에 많은 의사들이 랜싯을 집어 들곤 했다. 한나라의 문서 《황제내경》에서는 '끊이지 않는 웃음'이나 조증에 방혈법을 처방했는데, 약간의 출혈은 사람을 진정시키는 효과가 있다고 믿었기 때문이다. 나중에 갈레노스는 서로 다른 유형의 '정신이상', 즉 광란, 조증, 우울증 그리고 어리석음은 체액이 균형을 이루지 못한 탓으로 간주했고, 결론적으로 방혈법을 사용했다.

18세기에 세계에서 가장 악명 높은 정신병원이기도 했던 런던의 '세인트 메리 오브 베들레헴' 병원은 '베들램'이라는 별명으로도 불렸는데, 그 안에서 행해지는 끔찍한 행위, 열악한 환경 그리고 참혹한 치료법으로 유명했다. 작가인 알렉산더 크루덴Alexander Cruden은 미망인에게 데이트를 신청하거나 근친상간을 비판하는 등 물의를 빚은 탓에 이 병원에 여러 번 입원했다. 참으로 대담한 인물이었다. 그는 다음과 같이 기록했다. "베들레헴의 의사가 가장 흔하게 내리는 처방은 설사와 구토, 그리고 다시 구토와 설사, 그리고 이따금 피를 뽑는 것이다." 슬프게도 분무형 탈취제가 개발되기 전의 일이다.

건국의 아버지이자 의사였던 벤자민 러시는 여러 질환에 '영웅적인 방혈 요법'(수은 편 참조)을 추천했다. 그중에는 조증에 대한 이러한 처방도 들어 있었다. "20에서 40온스의 혈액(2파인트 반)을 한꺼번에 뽑는다……. 빠르게 다량의 피를 뽑으면 사람들은 놀랄 만큼 조용해진다."

돌팔이 의학의 역사

어떤 측면에서는 옳은 말이다. 누구라도 너무 피곤하고 빈혈이 심해지면 아무 일에도 관심이 없어지고 조용해질 것이다.

고대 인도의 산스크리트 문서인 《수슈루타 삼히타》에도 피를 흘리고 나면 환자는 즐거운 느낌이 든다고 언급되어 있다. 그렇다면 누가 그것을 원하지 않겠는가? 칼 좀 갖다 달라.

어쩌면 아닐지도 모른다. 여기에는 그런 경험이 '즐겁다'고 묘사하는 사람은 거의 없는 것 같으니까.

## 부자와 유명인의 방혈

마리 앙투아네트는 방안에 가득 찬 법적인 입회인들 앞에서 출산을 한 뒤 피를 많이 흘렸다(이 장면이 인상적이라고 생각한다면, 그녀가 sns상의 수백만의 사람들 앞에서 출산을 하는 모습을 떠올려 보라). 왕비는 결국 기절했지만 방혈법의 힘으로, 혹은 적어도 그 고통 때문에 의식을 되찾았다.

훨씬 더 심각한 결과를 맞이하는 사람도 있었다. 절망적인 순간에 마지막 수단으로 적용되는 게 방혈법이기 때문이다. 1685년 영국의 찰스 2세는 면도를 하는 도중에 발작을 일으켰다. 주치의 열네 명은 그의 목숨을 살려야 한다는 압박을 심하게 받았다. 방혈법 외에도 가엾은 왕은 관장, 설사약 그리고 부항을 견뎌야 했고, 동인도산 염소의 결석도 먹어야만 했다. 마지막으로 죽기 직전에는 남아 있는 혈액이 거의 없는 지경에 이르렀으며 그의 영혼은 새똥으로 만든 찜질팩으로부터 비명을 지르며 달아나고 있었을 것이다. 30년 뒤 찰스 2세의 조카이자 왕위를 물려받은 앤 여왕도 발작을 일으킨 뒤 피를 뽑고 장 청소를 했다.
그리고 의식을 잃었다. 그녀는 의사들에
게 맡겨진 뒤 겨우 이틀을 더 살았다.

주된 증상이 고열과 통증인 지독한
감기에 시달리던 바이런 경은 방혈법을
시행하는 문제로 의사들과 계속 논쟁을
벌였다. 그는 과거의 질환에도 그 방법이
전혀 도움이 되지 않았음을 언급하면서
단호하게 거부했다. 결국 성가시게 구는
의사들에게 굴복하면서 그는 선언했다.
"와서 마음대로 하라. 저주받을 도살자들

1860년의 "정맥으로 호흡하기"

아. 뽑고 싶은 만큼 피를 뽑아가라. 단, 가능한 빨리 해치워라." 세 번의 방
혈법을 시행하는 과정에서 몇 파인트의 피를 뽑고 난 뒤 의사들은 바이런
의 병세가 악화된 것을 보고 겁이 났다. 절망에 빠진 의사들은 물집이 생기
게 해서 귓가에 거머리를 붙였다. 바이런 경은 곧 숨을 거두었고, 의사들은
피를 뽑는 것을 너무 오래 지연시킨 탓이라고 그에게 책임을 돌렸다.

조지 워싱턴도 방혈법의 또 다른 희생자가 되었다. 대통령 직에서 물러
나고 3년 뒤에, 눈 속에서 말을 타던 그는 고열로 쓰러졌다. 숨을 쉬기가
힘들었고, 심각한 후두개염인 듯 싶었다. 의사들이 공격적으로 피를 뽑았
고, 당밀과 식초와 버터를 마시게 했다(그는 이것을 마시다가 질식해서 죽을 뻔
했다). 물집을 만들고, 다시 피를 뽑고, 설사와 구토를 하게 하고, 추가로 다
시 피를 뽑았다. 하루가 지난 뒤 또 피를 뽑았다. 이 모든 과정에서 그는 5
파인트에서 9파인트 가량의 피를 뽑았고, 곧 숨을 거두었다. 독감에 비해
너무 큰 대가를 치렀다.

사혈침

FIG. 1645.—Spear-pointed
Thumb Lancet.

FIG. 1647.
Tiemann & Co.'s
Spring Lancet.

FI., 1646.—Broad-pointed
Thumb Lancet.

FIG. 1648.
Button Trigger
Spring Lancet.

부항

FIG. 1650.—Tiemann & Co.'s Patent Scarificator.

FIG. 1649.
Plain Spring Lancet.

FIG. 1653.
Tiemann & Co.'s Soft
Rubber Cupping Cup.

FIG. 1651.
Ten-Bladed Scarificator.

FIG. 1652.
Twelve-Bladed Scarificator.

FIG. 1654.
Glass and Rubber
Cup.

FIG. 1655.—Cupping Pump, Stop-cock and Cup.

**No. 1 Cupping Set.**
$13

Contains :
  1 Brass Cupping Pump.
  3 Stop-cocks.
  3 Glass Cups.
  1 Ten-bladed Scarificator.
  1 Mahogany or Black-walnut Case, lined with velvet.

**No. 1.** Without Scarificator.... $9.00

Also, Breast Pumps.

**No. 2 Cupping Set.**
$15.

Contains :
  1 Brass Cupping Pump.
  3 Stop-cocks.
  6 Glass Cups.
  1 Twelve-bladed Scarificator.
  1 Mahogany or Black-walnut Case, lined with velvet.

**No. 2.** Without Scarificator.... $10.50

방혈법에 쓰인 도구들

# 천천히
# 피를 흘려보내기

비판자들과 대적하면서도, 벤자민 러시 박사는 방혈법에 대한 확고하고 요란한 지지를 거두지 않았다. 그의 정원이 그 사실을 잘 보여주었다. 필라델피아에서 황열병이 절정을 이루었을 때, 그의 집 앞마당의 잔디는 쏟아버린 피로 엉겨 붙어 악취가 심했고 파리가 들끓었다. HG티비에서 방영되는 어떤 쇼도 그 재앙을 정리하지는 못했을 것이다. 러시의 환자들에게 닥친 큰 불행이라고 한다면, 주치의가 인간 신체 안에 있는 혈액의 양을 과대평가했다는 것이다. 약 두 배는 많게 생각했다. 그는 하루에 4파인트에서 6파인트 정도의 혈액을 뽑아내곤 했다(평균적으로 남성은 약 12파인트의 혈액을 지니고 있다). 심지어 며칠에 한 번 꼴로 그렇게 피를 뽑았다. 그의 치료를 받은 환자의 사망률이 너무 높아서 윌리엄 코벳이라는 비평가는 이렇게 비난했다. "돌팔이가 꽥꽥거리며 설사와 피뽑기를 부르짖는 시대는 참으로 불길하다." 심지어 러시의 소위 영웅적 치료법이 '자연치유력에 대한 도착증'이라고까지 말했다. 신랄하다!

방혈법은 2천년 동안 의사들에게 애호되던 치료법이었음에도 코벳처럼 그것을 비난하는 사람들은 항상 있었다. 에라시스트라투스는 혈액 손실이 환자들을 쇠약하게 만든다고 생각했다(그가 옳았다). 17세기에 라마치니라는 이탈리아 학자는 "사혈전문의사[방혈의]는 순진한 사람들을 몰살시키기 위해 델포이의 검을 손에 쥐고 있는 것 같다."라고 비판했다.

18세기와 19세기에 의사와 과학자들의 반대가 많아지면서 변화의 흐름이 시작되었다. 루이 파스퇴르와 로베르트 코흐는 염증이 감염에서 비롯되며 방혈법으로는 고칠 수 없음을 보여주었다. 1885년에 에딘버러 출

돌팔이 의학의 역사

신의 의사 존 휴즈 베넷은 통계를 이용해 방혈법 시술이 줄어들자 폐렴으로 인한 사망률도 감소했다는 것을 증명했다. 최근의 생리학과 병리학적 진전과 함께 서양 의술은 구식의 체액 이론에서 벗어나기 시작했다.

오늘날에도 방혈법 혹은 소위 사혈이라는 것이 전 세계에서 시술되고 있다. 캘리포니아주에서는 2010년에 침술사들이 시술하는 방혈을 금지했다. 그러나 그 뿌리가 13세기까지 거슬러 올라가는 페르시아-아랍 의학의 한 갈래인 '우나니'에서는 지금도 여전히 시술되고 있다. 부항, 습식 부항 요법으로 피를 뽑는 것은 여전히 아랍의 전통 의학에서 시술하고 있으며, 긍정적인 연구도 진행하고 있다(2016년 올림픽에서, 수영선수 마이클 펠프스의 몸은 그저 흡착만 할 뿐 피를 뽑지 않는 '건식 부항'을 시술한 멍으로 뒤덮여 있었다).

인간의 신체를 이해하게 된 현대의 지식으로는 방혈법이 고혈압으로 인한 증상을 완화시키거나, 때로는 심부전증에도 효과가 있음을 납득할 수 있다. 대신에 우리는 정맥을 절개할 필요 없이, 비외과적 요법인 알약들을 가지고 있다. 그러나 어떤 질환에서는 피를 직접 뽑는 것이 여전히 적합한 처방이다. 철분이 위험할 정도로 과도하게 쌓이는 것이 원인인 혈색소침착증은 신체에서 이 요소를 줄이기 위해 방혈법으로 치료한다. 정맥 절개술은 적혈구가 병리학적으로 증가하는 진성 적혈구증가증에도 적용할 수 있다. 결국 갈레노스가 주장했듯이, 너무 많은 혈액은 문제가 있다는 것이 진실임이 밝혀졌다.

가엾게도, 과거의 방혈법 시술자들이 오랜 시간 깨닫지 못한 것은 혈액은 몸 밖에 있는 것보다 몸 안에 있는 것이 가장 좋다는 사실이다.

2

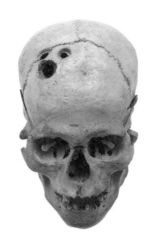

# 전두엽 절제술
## Lobotomy

고대의 구멍 난 두개골, 광기의 돌, 신경 교반기,
얼음용 송곳, 월터 프리먼의 전두엽 절제 시술 차량

케네디가문이 미국의 로열패밀리라는 사실을 의심하는 사람은 아무도 없다. 미남 미녀에, 교육을 잘 받고 서로 긴밀하게 연결되어 있으며, 돈과 혈통, 지능 그리고 미국 역사와 문화적 의식에 지울 수 없는 흔적을 남길 만큼 정치적 인맥도 대단한 이들이다. 또한 숨겨야 할 비밀도 갖고 있다.

수십 년 동안, 로즈메리 케네디는 존 F. 케네디의 형제들 사이에서 가장 베일에 가려져 있던 사람이다. 1938년에 조지 공과 엘리자베스 여왕의 궁에서 찍은 사진 속에서 그녀는 환하게 웃고 있다. 짙은 머리카락을 완벽하게 세팅하고, 하얀 장갑 그리고 몸매에 꼭 맞는 유명디자이너의 옷을 입고 있다. 영국 신문은 그녀의 미모에 대해 요란하게 떠들어댔다. 그녀에게 어울리는 자격을 갖춘 젊은이들이 그녀에게 구애하기 위해 몰려들었다. 얼핏 보기에도 그녀는 귀족 출신인 어머니와 평범해 보이는 여동생 캐슬린을 훨씬 능가하는 외모였다.

그러나 사람들 대부분은 로즈메리의 내면이 비밀스러운 세계라는 것을 알지 못했다. 그녀가 태어날 때 출산이 지연되자 어머니는 간호사의 조언에 따라 의사가 도착하기 전까지 두 시간이나 다리를 오므리고 있었다. 아기의 머리가 이미 나오고 있었는데도 말이다. 많은 이들이 로즈메리의 장애를 그런 상황 탓으로 돌린다. 결정적인 순간에 산소 공급이 부족했기 때문이라는 것이다. 그녀의 형제자매들은 운동에 소질이 있고 학업성취도도 높았다. 그러나 로즈메리는 발달이 늦었다. 어른이 된 뒤에도 그녀는 초등학교 4학년 정도의 지능에 철자가 여러 군데 틀린 단순한 필체로 편지를 썼다. 몇 장의 사진에서는 영국 대사였던 아버지 조 케네디가 그녀의 팔을 움켜쥐고 있는 것을 볼 수 있다. 로즈메리의 행동을 통제하려는 모습처럼 보인다.

부모는 그녀를 가르치기 위해 특별 지도를 받게 하는 등 끊임없이 애를 썼지만 20대 초반에 이르자 그녀는 오히려 인지능력이 점점 더 줄어들었다. 그녀는 수녀원 기숙학교에서 탈출하여 밤거리를 헤맸다. 갑작스러운 감정의 분출이 이어졌다. 때로는 고함을 지르고 주먹질을 해서(그녀는 힘이 셌다), 통제하기가 어려운 지경에 이르렀다. 케네디가처럼 사회적으로 명망

있는 보스턴의 상류층 가정에
정신적 장애가 있는 자식이 있
다는 것은 엄청난 문제였다. 그
들은 로즈메리가 조용하고, 예
측 가능하고, 좀 더…… 케네디
가 사람처럼 되기를 바랐다.

마침 새로운 신경외과 기술
이 주목과 관심을 불러일으키

캐슬린, 로즈 그리고 로즈메리 케네디. 1938년

고 있을 무렵이었다. 1941년 〈세터데이 이브닝 포스트〉 지는 가족들에게
'골칫거리'인 환자들을 도울 방법이 있다고 주장했다.

조 케네디는 해외에 체류하고 있던 부인에게는 알리지 않은 채, 월터
프리먼에게 도움을 청했다. 1941년 11월, 로즈메리 케네디는 전두엽 절제
술을 받았고, 대중의 시야에서 사라졌다.

## 개두술의 위험한 역사

가장 오래된 형태의 두개골 수술인 트레패닝(혹은 트리피닝이라고도 하는데, 둘 다 드
릴 혹은 구멍을 뚫는다는 의미인 그리스어 트리파논$^{trypanon}$에서
유래)은 두개골을 긁어내거나, 사각형으로 정수리
를 잘라내거나, 우표 같은 작은 구멍을 뚫거나, 원
형으로 구멍을 뚫는 방식으로 행해졌다. 도구는
부싯돌, 흑요석, 금속 또는 조개껍질이었다. 뇌수
술은 아니었을 것이다. 농담이 아니라 정말로 그
렇지 않았다. 뇌, 혈관 그리고 피부처럼 덮여 있

돌팔이 의학의 역사

는 뇌수막은 건드리지 못했다. 옛날 사람들도 흐물흐물한 뇌를 건드리면 나쁜 일이 일어난다는 것을 막연하게 이해하고 있었던 것 같다.

그런 시술은 왜 행해졌을까? 납득할 만한 여러 가지 이유가 있다. 두개골이 골절된 뒤 부서진 파편과 혈전을 제거하여 압력을 완화시키려는 의도였을 거라는 증거가 많다. 발견되는 두개골들이 치유의 증거를 드러내고 있다. 환자들이 살아남았다는 의미다.

한편 잘못 시술한 경우도 많았다. 간헐적 두통, 발작, 우울증, 정신질환, 그리고 사소한 머리 부상의 경우가 그랬다. 히포크라테스는 단지 어딘가에 머리를 부딪쳐서 아픈 증상에도 이 시술을 권했다. 혹시 모르니까 말이다.

르네상스시대에는 무기를 사용하는 일이 잦아지면서 머리에 심한 부상을 입고 트레패닝으로 치료를 받는 이들이 많았다. 불행하게도 18세기에 이르러 트레패닝은 위험해지기 시작했다. 소독법을 알지 못했던 유럽은 수술을 하기에는 지저분한 곳이었다. 머리에 구멍을 뚫는 시술을 받은 이들의 반 정도가 사망했으리라고 추정하기도 한다(예전에 발견된 고대의 두개골의 상태로 보면, 약 20퍼센트에 가까운 사망률을 장담할 수 있었다). 1839년에는 너무 야만적인 상황이 되자 외과의사 애슬리 쿠퍼 Astley Cooper 경은 "두개골에 구멍을 뚫고 싶은 의사는 자기 두개골도 뚫어야한다."고 주장했다.

트레패닝은 외상성 뇌 손상의 치료법으로 여전히 시행되고 있으나, 극히 드물게는 목숨을 구하기 위해서가 아니라 권태로운 삶에 활기를 불어넣기 위해 이 방법을 선택했다. 1965년에 바트 휴즈라는 네덜란드인은 두개골 천공으로 의식을 각성시킬 수 있으리라고 생각했다. 전기 드릴, 칼, 피하주사기를 사용하여 그는 작업을 진행했다. 그러고 나서 그는 증언했다. "열네 살의 나이로 돌아간 기분이다."(마치 우리가 가장 당황스러운 시절이었던 호르몬 과잉의 십대로, 영원히, 돌아가고 싶어한다는 것 같다.) 이 사건은 그가 의과대학 입시에 실패한 뒤, 그리고 《두개골 천공: 정신병의 치료》라는 책을 쓰기 전에 일어났다. 추종자들도 있었으나, 다행히도 합리적인 대부분의 사람들은 실존적인 환각의 도움을 받기 위해서 신경외과술보다는 LSD를 선호한다. 훨씬 단순하니까.

# 광기의
# 뿌리를 도려내다

로즈메리의 운명을 잘 이해하기 위해, 뇌수술의 기원으로 거슬러 가보자. 즉 사상 최초의 뇌수술, 트레패닝의 시술을 살펴보아야 한다(앞서 나온 '개두술의 위험한 역사'를 참조하라). 트레패닝은 두개골에 구멍을 뚫는 시술이다. 역사에 최초로 기록된 외과 수술이었다. 중석기시대(대략 서기8000년에서 기원전 1만 년까지)의 두개골이 그 수술의 흔적을 분명하게 보여주며 중앙아메리카, 그리스, 로마제국, 인도 그리고 중국을 비롯한 몇몇 고대 문명에서 행해진 것으로 알려져 있다.

두개골 골절에서 뼛조각을 제거하거나 압력을 낮추는 것 같은 트레패닝의 적절한 시술에서도 실패는 많았다. 좋은 소식은 사람들이 뇌를 생각과 감정이 자리 잡은 장소라고 올바르게 이론화했다는 것이고, 나쁜 소식은 교란된 사고 체계를 바로잡기 위해 소름끼치는 방법을 사용했다는 것이다. 12세기의 그리스 의사는 우울과 광기를 치료하기 위해 트레패닝을 권했다. 13세기의 그리스 외과 기록 문서에서도 간질 발작을 하는 사람에게 '체액과 공기가 빠져나가게' 하라고 권하고 있다. 수술이 풍선에서 바람을 빼는 것처럼 쉬운 일인가? 두개골에 구멍을 뚫으면 질병을 일으킨 악마가 서둘러 빠져나갈 것이라고 생각하기도 했다.

르네상스시대에는 뇌에 들어 있는 돌 때문에 광기, 백치, 치매가 발생한다는 이론이 등장했다. 돌을 제거하면, 정신의 나머지 부분이 동요하는 것을 막을 수 있을지도 모른다고 생각했다. 히에로니무스 보쉬Hieronymus Bosch의 1475년 작품 〈돌 잘라내기〉 혹은 〈광기의 돌을 축출하기〉라고 불리는 그림을 보면, 화려한 의자에 묶인 채 앉아 있는 가련한 영혼이 구경

돌팔이 의학의 역사

직접 시술할 사람을 위한 트레패닝 시범 및
도구들

꾼들을 노려보고 있고, 의사(왠지 모르지만 금속 깔때기를 쓰고)가 그의 머리
에 구멍을 내고 있다. 15~16세기에 걸쳐 많은 화가들이 이렇게 희망찬 수
술을 묘사하고 있는데, 과장된 것인지 아니면 외과 수술을 실제로 묘사한
것인지 분명하지 않다.

　그러나 삶은 예술을 모방하기 마련이라서, 1888년 스위스의 의사 고틀
리프 부르크하르트Gottlieb Burckhardt는 환자 여섯 명의 뇌를 절개했다. 수술 경
험이 전혀 없던 부르크하르트는 정신분열증과 환각이 심한 정신병자를 수
술했다. 고대의 의사와 마찬가지로, 그는 관상거(막대기 끝에 쿠키 자르는 칼
같은 게 달린 뼈 자르는 톱)를 사용해서 관자놀이 부근에 구멍을 뚫었다. 그러
나 그것은 시작일 뿐이었다. 그는 뇌의 두부를 절단하고 대뇌피질의 일부
를 제거했다. 어떤 경우에는 날카로운 숟가락을 사용했다. 그렇다. 뇌를 숟

가락으로 떠낸 것이다. 몇몇 환자는 비록 '더 조용해지고' 환각도 사라졌으나, 많은 이들이 지속적으로 신경학적 문제에 시달렸고, 뒤따른 합병증으로 사망했으며, 자살한 사람도 있었다. 당시의 정신과 의사는 다음과 같이 언급했다. "부르크하르트는 불안정한 환자들의 대뇌피질을 긁어내면 평정을 되찾을 수 있다고 제안했다."

부르크하르트의 수술은 최초의 전두엽 절제술(로보토미)이었으나, 용어 자체는 몇 십 년 뒤에야 생겨났다. 뇌 혹은 뇌를 감싸고 있는 뇌수막은 건드리지 않고 오직 두개골에 구멍만 뚫는 것이 목적이었던 트레패닝과는 달리, 새로운 외과수술의 접근 방법은 숟가락이었다. 이것은 또한 뇌와 행동 사이에 연관성이 있다는 놀라운 발견들이 축적되면서('피니어스 게이지, 머리에 구멍이 뚫린 멋진 친구'를 참조하라) 정신질환 치료를 위해 의도적으로 뇌에 손상을 입히는 정신 외과라는 새로운 분야가 시작된 계기였다.

의학계는 부르크하르트가 야만적이라고 생각했고, 그의 연구를 차가운 호러물로 받아들였다. 그는 다시는 뇌수술을 하지 않았다. 그로부터 50년이 흐른 뒤에야 또 다른 전두엽 절제술이 시도되었다.

무엇이 바뀌었는가? 전 세계 사람들의 정신적 건강이 위기에 이르렀다.


# 전두엽 절제술
(훔쳐온) 미국인의 발명


1930년대 후반부터 1940년대 초, 미국의 의사들은 좌절했다. 정신질환으로 시설에 입원한 환자들의 숫자가 점점 늘어나 40만을 넘어선 것이다. 정신과 환자들이 전국 병원 침상의 반 이상을 차지했다. 치료 효과가 좋은 약물이 없었고, 환자들은 가족들과 병원에 막대한 정서적, 물질적, 그리고 경제적 부담을 주었다. 환자들도 종종 끔찍한 환경에 처했다. 구원자가 있었을까? 술이 가득 들어 있는 주사기를 들고 통풍에 시달리는 포르투갈 신경과학자가 나타났다.

1935년 에가스 모니스<sup>Egas Moniz</sup>는 정신질환을 치료하기 위한 또 다른 신경 외과적 수술을 시도했다. 전두엽백질절단술(루코토미: 그리스어로 '백색 부분을 잘라낸다'는 의미이며, 뇌의 백질을 뜻함)이었다 처음으로 선택된 환자는 수년 동안 신경쇠약과 우울증에 시달리다 시설에 입원해 있던 여성이었다. 모니스는 통풍 때문에 손이 변형되었으므로, 외과 의사를 고용하여 환자의 정수리 가까이에서 뇌에 이르는 구멍을 뚫도록 한 후 순수한 에탄올을 주입했다. 전두엽의 일부를 죽이기 위한 것이었다(그렇다, 늘 마시는 포도주 속에 있는 알코올이다. 그러나 포도주 한 잔을 마신다고 해도 뇌세포가 죽지는 않는다. 공포에 떨지 말 것).

나중에는 수술을 할 때 루커톰이라고 불리는 메스를 사용했다. 그것은 실용적인 금속 막대로 흐물흐물한 뇌 안으로 밀어 넣으면 철사 고리가 튀어나와서 주위를 긁어내거나 쉽게 휘저을 수 있었다. 달걀을 휘저어 멋진 플랜(*역주: 달걀, 과일 등을 넣은 파이)을 만드는 거품기와는 다르고, 농익은 칸탈로프 멜론을 둥글게 떠내는 숟가락과 비슷했다. 미국 의사 제임스 왓츠<sup>James Watts</sup>는 나중에 뇌의 질감을 다음과 같이 묘사했다. "냉장고 밖에 한동안 꺼내 놓은 버터와 비슷하지요." 오, 그렇단 말이군. 이제 우리는 플랜도 칸탈로프도 버터도 먹기 힘들게 되었다.

모니스의 환자들 중 많은 사람이 원래 수용되어 있던 시설로 다시 돌아가 삶을 마쳤음에도, 그는 나중에 노벨상을 받았다. 의학계에서 뇌수술을 여전히 끔찍한 일로 받아들였음에도 모니스는 부르크하르트처럼 후퇴

하지 않았다. 계속해서 그의 이론을 펼쳐나갔다.

모니스의 복음에 귀를 기울인 의사가 있었는데, 미국의 신경과 전문의 월터 프리먼으로, 로즈메리 케네디를 수술한 장본인이었다. 프리먼은 신경외과의 제임스 왓츠와 함께 미국에서 모니스의 작업을 이어갔다. 1936년에 그들의 첫 환자가 생존했고 치료가 된 것처럼 보였다(그녀는 불안이 감소했고, 건강해 보였으나 '잔소리가 심해졌고 남편을 들들 볶았다'). 그들은 계속 나아갔다. 그러나 많은 환자들이 전혀 변화가 없거나 일시적인 개선만을 보였다. 많은 이들이 자발성을 잃었고, 환각이 지속되는 경우가 많았다.

이러한 좌절도 낙관주의자 듀오를 멈추게 하지 못했다. 여섯 번의 수술을 마친 뒤, 프리먼과 왓츠는 자신들의 성과를 대대적으로 광고했다. 〈워싱턴포스트〉 지와 〈타임〉 지에 관련 기사들이 등장했다. '재정 형편이 좋고 기대에 들뜬 의사들'이 회의에 대거 참여했다고 전해졌다. 다섯 번째 수술에서 환자는 아무런 증상의 개선도 없었고 발작과 충동적 행동을 보이는 끔찍한 실패였음에도 두 사람은 아랑곳하지 않았다.

그들은 곧 유명인사가 되었다. 프리먼은 '전두엽 절제술(로보토미)'이라는 새로운 용어를 만들었다. 모니스의 수술 '전두엽백질절단술(루코토미)'와 비슷한 이름을 다시 붙이는 것으로 프리먼은 포르투갈 의사와 거리를 두었다. 그리고 전두엽 절제술을 그 자신과 밀접하게 연관지었다. 훌륭해요, 프리먼 박사. 그는 최고의 홍보담당자이자 영업사원이기도 했는데, 미국 전역의 정신병원에 수천 통의 편지와 기사를 보내어 그 수술에 대해 강연할 수 있는 기회를 얻었다.

1938년, 프리먼과 왓츠는 수술 방식을 바꾸기로 했다. 두개골의 정수리에 톱니 모양의 구멍을 뚫는 대신 관자놀이를 통해 수술을 하기 시작했다. 모니스의 루커톰은 수술용으로 쓰기에 적합할 만큼 단단하지 않았다.

돌팔이 의학의 역사

# 피니어스 게이지, 머리에 구멍이 뚫린 멋진 친구

1848년 9월 13일, 피니어스 게이지라는 청년은 버몬
트의 철도회사에서 팀장으로 일하고 있었다. 그의
팀은 암반에 구멍을 뚫어 화약을 넣은 후 모래로 구
멍을 막고 쇠막대로 꾹꾹 눌러 다지는 작업을 했다.
그날도 게이지는 정해진 작업 절차에 따라 화약을
세팅하고 나서 모래를 넣었는데 잠시 팀원들을 살
펴보느라, 창살 모양의 쇠막대 위에서 고개를 돌렸
다. 그때 쇠막대가 갑자기 구멍의 옆면과 마찰하면
서 불꽃이 일었다. 화약에 불이 붙어서 폭발이 일
어났고, 쇠막대가 튀어 올라 그의 왼쪽 뺨을 뚫고
왼쪽 눈 뒤를 지나 정수리로 뚫고 나갔다.

쇠막대가 게이지의
두개골을 지나간 경로

기적적으로, 그는 몇 분 뒤에 의식이 돌아왔다. 몇 차례의 경련 끝에 그는 말
을 할 수 있었다. 왼쪽 눈은 안구 밖으로 돌출되었다. 25미터쯤 떨어져 있던
쇠막대에는 뇌 조직이 묻어 있었다. 지역 의사가 곧 그를 검진했고, 다음과 같
이 기록했다. "게이지 씨는 의식이 돌아왔고, 토했다. 토하려고 애쓰다가 반 컵
정도의 뇌가 밀려나왔고, 바닥에 떨어졌다."

그가 살아난 것 외에 가장 흥미로운 부분은 성격이 변했다는 것이다. 사고 전
에 그는 '조화로운 마음에…… 빈틈없고, 똑똑하고, …… 매우 활기찬 사람'이
었다. 사고를 당한 뒤에 그는, '욱하는 성질에, 불손하고, 때때로 가장 역겨운
추잡함에 빠져들었으며(이전에 그의 관행이 아니었던), 동료들을 거의 존중하지 않
으면서, 통제나 충고를 참지 못하는…… 지적인 능력이나 표현 능력은 어린아
이 같고, 동물적인 감정을 지닌 힘센 사람'으로 변했다.

사람들이 말하기를, 게이지는 이제 "게이지가 아니었다." 그는 뇌 생리학을 이
해하는 데 매우 흥미로운 사례가 되었고, 전두엽 수술의 과학적 탐구가 진전
되는 단계를 마련했다.

뇌 속에서 부러지기도 했다. 그 대신 그들은 좁은 버터 칼 형태의 도구를 사용했다. 이것이 바로 로즈메리 케네디를 수술한 도구이다. 케이트 클리 포드 라르센이 쓴 로즈메리의 전기에 의하면, '폭이 4분의 1인치 정도 되는 유연한 주걱'이 그녀의 관자놀이에 난 구멍으로 삽입되었다. "왓츠는 그녀의 뇌 깊숙이 주걱을 집어넣어 돌리고 긁어냈다." 수술이 진행되는 동안 로즈메리에게 이야기와 시구를 낭송하라고 했고 심지어 노래를 부르라고도 했다. 그러나 여러 번 절개를 하고 난 뒤, "그녀는 일관성을 잃었고, 서서히 이야기를 멈추었다."

사람들이 알고 있던 예전의 로즈메리는 사라졌다.

수술이 끝난 뒤 그녀는 걸을 수도 말을 할 수도 없었다. 평생을 병원에 수용되어 살았다. 그녀는 케네디 가족의 이름 속에서 사라졌고, 강제로 잊혔다. 그러나 이러한 '실패'조차 프리먼의 앞길을 막지 못했다. 그는 수술방법을 이제 막 개선하려는 참이었다.


# 프리먼,
# 솔로의 길을 가다


어느 날 프리먼은 부엌 서랍을 뒤지다가 얼음송곳을 발견했다. 그것을 보는 순간 완벽한 도구라는 생각이 그의 머릿속에 떠올랐다. 날카롭지만, 너무 날카롭지는 않다. 강하고 굵기도 적당하다. 모니스의 루커톰은 잘 부러졌고, 버터 칼은 외과 의사가 집도를 해야 하는 성가신 부분이 있었다. 프리드먼은 그런 복잡한 문제를 없앨 필요가 있다고 생각했다.

그래서 '얼음송곳 전두엽 절제술'이 시작되었다.

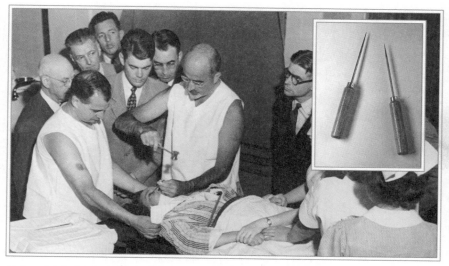

월터 프리먼이 전두엽 절제술을 행하고 있다. 사진은 그가 신뢰하던 얼음송곳

전기충격 요법으로 환자들을 무의식 상태로 만든 다음, 프리드먼은 눈꺼풀을 들어 올려 얼음송곳을 집어넣고, 망치로 살짝 두드려 안구 위를 감싸고 있는 얇은 뼈를 뚫어서 뇌 조직으로 진입했다(보통 여기에서 멈추고 그는 사진을 찍었다). 그는 얼음송곳을 왼쪽, 오른쪽, 위, 아래로 빙빙 돌리며 움직였고, 그러고 나서 다른 쪽 눈을 통해 똑같이 수술했다. 환자는 눈 주변이 너구리처럼 멍이 든 상태로 수술실을 떠났고, 더 조용히 처신하게 되기를 바랐다.

예전 파트너였던 왓츠는 자신이 이제 수술실에 필요한 존재가 아님을 알고 분노했다. 그러나 프리먼은 상관하지 않았다. 그는 이제 원하는 만큼 자유롭게 전두엽 절제술을 직접 시행할 수 있게 되었다. 전국 각지에 자신의 기적적인 치료법을 선전하면서 말이다. 그는 심지어 여행 도중에도 수술을 할 수 있도록 모든 장비를 갖춘 '로보토모빌'이라고 불리는 자동차도 마련했다. 그는 전두엽 절제술을 받은 자신의 환자들을 '전리품'이라고 불렀다. 오, 그런 오만함이라니!

그렇지만 프리먼에게 적이 없었던 것은 아니다. 많은 이들이 뇌 조직을 절개하고 휘저어서 정상으로 되돌린다는 것은 이론상 불가능하다고 생각했다. 의사들은 미국 의사 협회의 회의장에서 그를 신랄하게 공격했다. 어떤 의사는 나중에 한탄했다.

"이 수술의 결과, 좀비가 된 많은 사람을 보면 무척 괴롭다. 전 세계적으로 일어나는 전두엽 절제술이 그것으로 치료받은 사람보다 정신질환자를 더 많이 만들어냈을 것이라고 추측한다."

비록 프리먼의 방법은 냉담했지만 사기꾼은 아니었다. 그는 정말로 전두엽 절제술이 정신의학의 가장 큰 장애, 가파르게 숫자가 늘어나 가족과 사회의 부담을 가중시키는 정신질환자들의 문제를 해결할 수 있으리라고 믿었다.

그러나 수술을 받은 뒤 완전히 무능력하게 되거나 뇌출혈로 사망하는 환자들이 더 많았다. 여성 환자들의 비율이 지나치게 높았다. 뇌가 완전히 발달하지 않은 어린이들까지 전두엽 절제를 받았다. 가장 어린아이는 겨우 네 살이었다. 로즈메리 케네디처럼 '골치 아픈' 친척, 혹은 지능이 낮은 아이, 혹은 특별한 기질을 지닌 사람들이 전두엽 절제술의 대상이 되었다.

《나의 전두엽 절제》를 쓴 하워드 덜리Howard Dully는 정신적으로 건강한 열두 살 소년이었으나 계모는 그와 미성숙한 그의 행동을 경멸했다. 여섯 명의 정신과 의사가 하워드에게는 정신질환이 전혀 없다고 진단을 내렸음에도, 계모는 그가 전두엽 절제술을 받기를 원했다. 정신과 의사 네 명은 그녀야말로 치료를 받아야 할 사람이라고까지 말했다. 그러나 그녀는 프리먼이 하워드에게 전두엽 절제술을 해줄 것이라고 확신했다.

사악한 계모는 동화 속에만 있는 것이 아니라는 생각이 들 것이다.

# 오늘날의 정신 외과

프리먼은 1967년 수술 도중에 여성 환자가 뇌출혈로 사망하자 전두엽 절제술을 그만두었다. 그즈음 전두엽 절제술은 서서히 종말을 향해 가고 있었다. 왜? 상품명이 소라진$^{Thorazine}$(북유럽 신화의 천둥의 신 토르의 이름을 땄다)인 작은 알약 클로르프로마진이 탄생했기 때문이다. 소라진은 정신병 치료제로는 최초로 효험이 있는 약이었고, 비록 완벽하지는 않지만 전두엽 절제술보다 훨씬 인도적이었다.

오늘날의 신경외과 수술은 과거의 두개골 천공 수술과는 전혀 다르게 섬세하게 조절되고, 권위가 있으며, 정확한 과학이다. 정신외과는 어떠냐고? 오늘날 뇌의 복잡성과 정신질환에 대한 이해의 발전, 여러 학문 분야에 걸친 치료사와 약물투여의 축적된 경험이 정신의학을 발전시켰다. 수술은 존재하지만 거의 행해지지 않는다.

다행히도 얼음송곳은 영원히 사라졌다.

# 3

# 소작법과 수포제
## Cautery & Blistering

인두로 피부를 그을리기, 끓는 기름,
혼수상태를 불시에 깨우는 것, 스페인 파리,
고름 속으로 완두콩을 통과시키기


두통이 도무지 가시지 않는다고 가정해 보자. 무엇부터 먼저 할까?


1. 빨갛게 달궈진 다리미를 피부가 검게 그을리도록 관자놀이에 갖다댄다.

2. 이마에 끓는 기름을 떨어뜨려서 피부가 벗겨지게 한다.


돌팔이 의학의 역사

3. 번쩍이는 녹색 딱정벌레로 풀을 만들어서 두피에 수포가 생기고 진물이 줄줄 흘러내릴 때까지 바른다.

4. 이부프로펜 해열제를 먹고 조용한 방에서 한숨 자고 나면 세상이 평화롭다.

만약 4번을 골랐다면, 곤혹스러운 처방을 깨끗이 무시한 것이다. 이러한 처방을 적용하려는 생각 자체가 곤혹스럽다. 물집이 생기면, 사람들 대부분은 고름이나 진물이 터지지 않도록 피부를 건드리지 않는다. 그런데 소작술은 왜 하는 것인가? 인간 신경계의 주요 기능 중 하나는 방금 만진 뜨거운 냄비 손잡이에서 반사적으로 손을 떼는 것이다. 그러나 이러한 '치료'들은 흔히 피곤함이나 상사병에 시달리는 사람들의 기분을 치유해준다. 살을 태우거나 물집을 만들 준비가 되었나? 계속 읽어보자.

## 〉 비명이 터져 나오는 〉 과거의 기술들

타는 것처럼 뜨거운 금속이나 전기기구를 사용하여 지짐으로써 출혈을 멈추게 하거나, 살을 도려내거나, 종양을 그을려 없애거나, 상처 부위 피부를 아예 손상시켜 궤양이 생기는 것을 막는다. 이 모든 것이 과학적으로 타당하다. 그러나 지난 수천 년 동안 이러한 처치가 그렇게 말끔하게 이루어지지는 않았다. 의사들의 의도는 좋았으나, 그들의 도구는 너무 조잡해서 악몽과도 같은 방식으로 과업을 수행했다. 어떤 악몽으로? 지금부터 인간을 태웠던 역사를 잠깐 들여다 보자.

뜨거운 금속이나 전기를 이용하여 물리적으로 살을 그을릴 때 그런 처치를 소작법이라고 부른다. 즐겨 시청하는 요리 프로에서 "육즙이 빠져나가지 않도록 고기를 구우세요."라고 말하는 것을 떠올려 보라. 그것과 별로 다르지 않다. '고기' 대신 '인간'을, '육즙이 빠져나가지 않도록' 대신에 '문제를 일으키는 것은 무엇이든 태우도록'을 집어넣으면 된다. 음, 고소한 냄새가 나는 것 같다!

소작법은 어떤 식으로 이루어지는가? 당신이 주방에서 일하는 하녀인데 머리가 지끈거리는 두통이 있고, 앞선 질문에서 1번을 골랐다고 하자. 의사 혹은 약제사는 쇠막대기(기분이 좋으면, 드물게도 구리나 백금 막대기)를 벽난로나 뜨거운 석탄으로 가득 찬 난로 속으로 집어넣을 것이다. 막대기가 벌겋게 달아오르면, 그것을 당신의 관자놀이에 갖다 대고 피부를 지질 것이다. 그런데 만약 머리에 피가 흐르는 상처가 생긴다면? 의사는 열린 혈관의 끝을 지져서 봉합하고, 상처를 건조하게 만든다. 그것이 모두 잘 진행되면, 검게 그을린 하녀가 하나 남을 것이다. 당신은 살해당하는 사람처럼 비명을 지르겠지만……, 그래도 당신은 살아 있다(아직까지는)! 이제 두통을 신경 쓸 겨를이 없다. 얼굴에 입은 화상을 돌보느라 정신이 없을 것이다.

혹시 2번을 선택했나? 그렇다면 잠정적 소작법 패키지에 당첨되는 행운을 얻었다! 이 치료 기법에는 산酸이나 끓는 기름처럼 화학적 방법으로 '더 순하게' 살을 태우는 것이다. 우선 당신이 누워서 기다리는 동안 의사는 황동 플라스크에 기름을 넣고 뜨겁게 만든다. 기름이 프렌치프라이를 하기에 적당한 온도로 끓으면 그는 아주 적은 양을 좁은 관에 부어서 당신의 이마에 한 방울, 두 방울, 세 방울 떨어뜨릴 것이다. 만약 상황에 따라 부식성 물질을 사용해야 한다면, 그는 석고 붕대 밑에 타는 듯 따가운

돌팔이 의학의 역사

10세기에 서핑보드 위에서 소작법을 시술하는 광경

화학 약품을 아주 조금 넣을 것이다. 실제 소작법과는 달리 이 방법은 아주 천천히 고문당하는 느낌일 것이다. 부식성 물질이 피부를 녹이고 태우는 데 시간이 걸리기 때문이다.

두 종류의 소작법 모두 늘 그렇듯이 계획대로 진행되지 않은 게 틀림없다. 그을린 살이 쇠막대기에 달라붙으면, 쇠막대를 떼어내면서 상처는 더 커진다. 당황스럽지만 그 당시에는 요리용 스프레이 같은 게 없었다. 환자는 애초에 소작법을 시술하려던 부위보다 훨씬 더 찢어진 상처에서 피를 흘리면서 방치된다. 그리고 쇠막대가 적당한 온도로 달궈지지 않으면 모든 과정은 '고통과 쓰라림만 있을 뿐 아무 소용없는' 것이 되어버린다고 17세기 외과 의사 제임스 윤지는 주장했다. 충분히 높은 온도가 아니면, 열이 나거나 끔찍한 흉터가 남고 소작법 시술 뒤에 죽을 수도 있다. 또한 그러한 치료가 언제나 문제를 해결하는 것도 아니었다. 끓는 기름을 사용할 때, 기름이 정상적인 피부에 떨어지면, '고통, 염증 그리고 다른 끔찍한 증상'을 일으킨다고 프랑스의 유명한 외과 의사 앙브로와즈 파레는 말했다.

비명이 터져 나오는 일들이 많다고 말했던가?

## 불 치료와
## 고통스러운 다른 처방들

도대체 의사가 어떻게 환자들에게 그런 고통을 줄 수 있는지 혹시 괴물이 아닌지 의심스러울 것이다. 그러나 의학의 아버지도 그런 괴물 중 하나였다. 4세기경 히포크라테스는 고통스러운 치핵을 제거하려고 벌겋게 달군 쇠를 사용했다. 그리고 이렇게 지시했다.

"소작법을 적용할 때는 환자의 머리와 손을 잡아야 한다. 그래야······ 비명을 질러도 직장의 치료를 계속할 수 있기 때문이다."

다행스럽게도 이러한 사례에 대한 그림은 없다. 고마운 일이다. 그러고 나서 그는 항문에 렌틸콩과 채소로 찜질을 하라고 권했다. 할 수 없다. 렌틸콩 스프는 이번 주 식사 메뉴에서 빼도록 하자.

여러 세대의 의료 시술자들에게 지글거리는 뜨거운 부지깽이를 들게 한 것에 대해 히포크라테스에게 감사해야 할지도 모른다. 그의 문헌에 남아있는 유명한 경구에서는 소작법을 다른 선택의 여지가 없을 때 반드시 시도해야 하는 만병통치법이라고 칭송한다. "약이 소용없는 여러 상황에서는 칼로 치유한다. 칼이 소용없는 여러 상황에서는 불로 치유한다. 불로도 치유할 수 없을 때는 치유 불가능한 것으로 간주해야 한다."

1세기에 켈수스는 "불은 치료할 수 있는 모든 것을 치료한다."는 이론

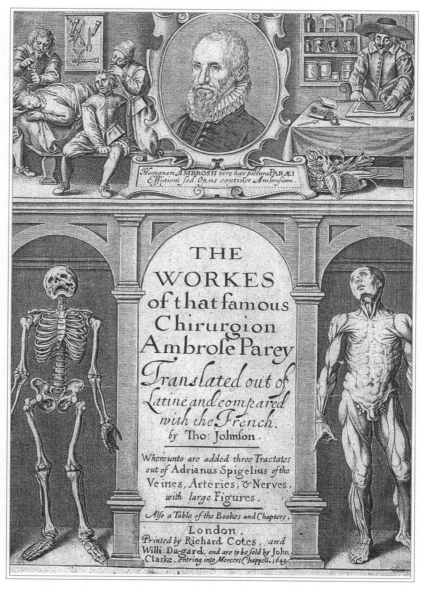

앙브로와즈 파레, 프랑스 외과 의사, 16세기에 소작법의 '끔찍한 증상들'을 문제 삼았다.

을 곧이곧대로 받아들였고, 실행에 옮겼다. 그는 이렇게 기록했다. "모든 통증은…… 고질적이 되고 나면 소작법이 아니면 치료 방법이 거의 없다." 두통이 있는 머리에는 뜨거운 쇠막대기를 갖다 대고 피부에 궤양이 생길 때까지 지져야 한다. 지독한 감기? 턱 밑, 목, 가슴 그리고 견갑골 아래를 지져야 한다. 간질? 뇌졸중? 가엾은 환자들이 쏟아내는 헛소리들을 소작 하라.

총이 발명되면서, 의사들은 새롭고도 절망적인 문제에 직면했다. 히포 크라테스가 총상에 대해서는 아는 게 전혀 없다는 사실이었다. 고대의 의 학의 아버지들은 총을 다뤄본 적이 없었으므로, 15세기에서 16세기의 의 료 시술자들은 즉흥적으로 대처해야만 했다. 그저 추측과 끓는 기름만 소 환되는 절망적인 시대가 지속되었고 마침내 앙브로와즈 파레가 등장했다.

1537년, 샤를 5세의 신성로마제국과 프랑스가 3차 전쟁에 돌입했다. 불과 스물일곱의 나이에 외과 의사 면허도 받지 못한 채 파레는 군의관으 로 참전했다. 그는 총상을 치료할 때, 히에로니무스 브룬시위그<sup>Hieronymus</sup> <sup>Brunschwig</sup>와 지오반니 다 비고<sup>Giovanni da Vigo</sup>의 저서를 참조했다. 화약 가루에 독성이 있으니 상처를 뜸질하라는 내용이었다.

그러나 파레에게 사소한 문제가 생겼다. 소작법을 시술할 때 사용하는 엘더베리 기름이 다 떨어진 것이다. 그는 대신에 임시방편으로 달걀 노른 자, 장미유, 테레빈유를 사용해서 상처를 소작한 뒤, 아침에 부상병들이 모두 죽어있을까 봐 두려워하면서 잠자리에 들었다.

아침이 되어 환자들을 살펴 보니 소작 시술을 받은 환자들은 끔찍하 게 상처가 악화되어 진물이 줄줄 흐르고 있었고, 반면에 소작을 받지 않 은 병사들은 오히려 아무런 고통 없이 회복된 상태였다. '독에 오염된 총 상' 이론이 옳은 것인지 파레는 의문스러웠다. 그는 오랜 관행이었던 소작

돌팔이 의학의 역사

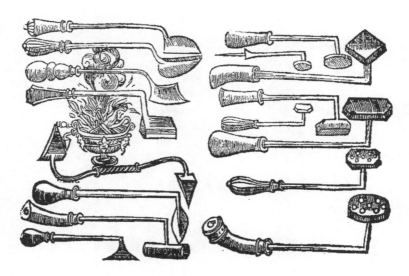

다양한 소작(고문) 도구들

술로 인해 "끔찍한 증상이 나타났고······ 심지어 그 자체가 사망의 원인이될 때도 종종 있다."라고 기록했다.

파레의 발견은 획기적인 것이었으나, 시술자들은 여전히 끓는 기름과쇠막대기를 버리지 못하고 있었다. 소작법은 미국의 남북전쟁 시기까지 이백여 년 이상 총상과 절단 수술에 적용되었다.

파레는 절단 수술 시에는 혈관을 묶는 것(혈액이 흘러나오지 못하도록)이값싸고, 빠르고 쉬운 방법이 요구되는 전시에는 더 낫다는 것을 보여주었다. 그러나 슬프게도, 고통이 없는 방법은 아니었다.

믿을 수 없을지 모르겠지만, 소작법이 너무 고통스러웠기 때문에 오히려 몇몇 사람에게는 그토록 인기가 있었다. 이제 반대 자극법이라는 당황스러운 개념을 소개하겠다.

## 성 휴버트의 열쇠

광견병에 걸린 치와와에게 물렸다
고 가정해 보자. 운이 나쁜 날이
었던 거다. 광견병은 사실상 불치
병이다. 그러나 입가에 엄청난 거
품을 물게 되기 전에, 어차피 더

열쇠가 광견병을 치료한다고?

잃을 게 없으므로, 상처에 불타는 듯 뜨거운 못을 쑤셔 넣어보면 어떨까?
그런 발상은 켈수스가 미친개에게 물린 상처를 치료하기 위해 실제로 소작법
을 처방했던 1세기로 거슬러 올라간다. 만약 정말로 광견병을 태워서 치료할
수 있다고 진지하게 믿는다면 성 휴버트의 열쇠를 복제해야 할 것이다.
그 도구는 마치 날카로운 못처럼 생겼고, 그 명칭은 사냥꾼, 수학자, 안경사,
금속공의 수호성인이었던 1세기 무렵의 벨기에 사람에게서 가져왔다(무작위로
가져왔을 것이다. 하긴 데이비드 로스도 구급대원이 되었으니……). 성 베드로에게 열쇠를
받고 나서, 성 휴버트가 광견병 치료에 그것을 사용했고, 그것으로 그가 유명
해진 것이 틀림없다. 몇 세기 뒤에 사람들 사이에서는 그 열쇠를 복제하는 게
유행이 되었다. 타는 듯이 뜨겁게 달군 성 휴버트의 열쇠로 개에게 물린 상처
를 지지면, 광견병을 막을 수 있다는 소문이 퍼졌을 것이다. 그것까지는 좋은
생각일 수도 있었으나, 광견병 치료 과정 속에는 개에게 물린 사람의 멀쩡한
이마를 절개하고, 성 휴버트의 옷에서 빼낸 실로 꿰맨 뒤 검은 천으로 상처를
덮는 것도 포함되어 있었다. 광견병을 막기 위해 열쇠를 집안에 걸어두기도 했
다. 불행하게도, 미신은 확대되어 광견병을 막기 위해 예방의 의미로 사람과
개에게 낙인을 찍는 지경에까지 이르렀다.

# 반대 자극법

저것이 아니라 이것을 태우라.

1882년에 골치 아픈 환자가 뉴욕의 카먼[A. R. Carman] 박사를 찾아왔다. 그 젊은 여성은 수 주일 동안 누워서 지냈다. 격렬한 두통, 치명적인 불면증 그리고 모든 것이 힘겹게 느껴질 때 두루뭉술하게 사용하는 유용한 이름 인 권태감 때문에 교사 일을 계속할 수 없었고, 무기력한 존재가 되었다. 물론 약국에는 정신에 생기를 불어넣고 간 기능이 활발해질 효과적인 강 장제나 환자를 약에 취한 잠속으로 끌어들이거나 오후의 몽롱함 속을 헤 매게 할 진정제 같은 치료제들이 다양하게 있었다.

그러나 카먼 박사에게 더 좋은 생각이 떠올랐다. 비슷한 환자가 척추 를 따라 오르내리며 피부에 화상을 입히는 시술을 한 뒤 기적처럼 회복된 적이 있었던 것이다.

그러면 그때의 환자는 어떻게 생각했을까? 그녀 역시 소작 치료를 받 은 뒤 놀라운 속도로 회복되어 직장으로 곧바로 돌아간 경험을 한 적이 있었다. 나중에 생각해 보면 그 상황에는 분명히 다른 요소들이 작용했을 수 있다(누군가가 당신이 하루 더 침대에 누워있으려는데 뜨거운 쇠로 지지겠다고 위 협하면, 벌떡 일어나 직장으로 달려가지 않겠는가?). 그럼에도 그 당시 의사들은 그것이 소작법에 의한 반대 자극법의 전형적 사례로 받아들였다.

유도 자극법이라고도 불리는 반대 자극법은 누군가가 무례한 말을 한 것에 대해 당신이 뺨을 한 대 때리고 곧바로 뺨을 한 대 맞는다는 의미가 아니다(실제로 그것은 이중 반대 자극이라고 불리며, 소송을 부른다). 그 이론은 실제로 문제가 있는 곳과 멀리 떨어진 곳에 아픔이나 자극의 근원을 만들 면 그곳에 불쾌한 아픔이 생기면서 원래 문제가 있던 부위가 치료가 된다는 것이다.

책에는 그런 사례들이 넘치는데, '광란증'(네가 흥분한 것으로 여겨짐)이 있는 친구는 '더 아래쪽 부위를 불로 살짝 지지는 것'으로 치료가 되었다는 식이다.

살짝? 불로 어떻게 살짝 지질 수 있나?

그러나 다른 것들을 보면 이 이론은 너무 약한 것처럼 보였다. 1875년에 찰스 에드워드 브라운 시커드<sup>Charles-Édouard Brown-Séquard</sup> 박사는 혼수상태에 빠진 '사람들을 깨우기' 위해 소작법을 사용했다(실질적으로는 효과가 없었을 것이다. 아마도 그는 이제 막 잠든 환자들을 깨웠을 수 있다). 소작법을 사용하는 반대 자극법은 우울하고 의심이 많은 늑대인간 증상을 치료하는 데도 적용되었다. '다른 아무 처방도 소용없을 때' 소작법 시술자들은 심지어 두통, 일사병 그리고 마비 증상도 치료한다고 주장했다.

소작법은 플라세보 효과가 큰 게 확실하지만 적어도 관심을 분산시키기는 했다. 1610년에 자끄 페랑은 상사병에 대해 이마를 뜨거운 쇠막대로 지지는 소작법을 처방하기도 했다. 12세기에는 붓기를 빼려면 관자놀이, 가슴, 발목, 입술 아래, 쇄골 엉덩이를 포함하여 온몸에 스무 군데 이상의 화상을 입으라고 권하는 의사도 있었다.

반대 자극법이 환자들에게는 별로 인기가 없었다는 사실은 놀랍지도 않다. 카먼 박사는 소작법에 대해 마지막으로 이렇게 기록을 남겼다. "끔찍한 시술이 아니라는 것을 소심한 사람에게 납득시키는 것이 어려울 때가 있다."

동의한다. 그러나 불이 최악의 것도 아니었다. 구식 반대 자극법이나 유도 자극법은 물집이 잡힐 정도로 끔찍했다. 진짜 물집 말이다.

# 수포제

딱정벌레 이야기

자, 이제는 당신이 두통을 치료하려고 3번을 선택했다고 가정해 보자. 아마도 누군가를 침대에서 일어나게 하려고 등에 벌겋게 달군 쇠를 얹어 놓은 것을 발견할지도 모른다. 그러고 나서 당신은 리타 베시카토리아, 혹은 스페인 파리라고 불리는 딱정벌레를 반갑게 맞이하게 될 것이다.

최음제로서의 스페인 파리의 명성은 잘 알려져 있지만, 수포제로 사용한 것은 몇 세기 전의 일이다. 그 딱정벌레는 상당히 예쁘고 약 1.5센티미터의 길이에 등은 무지갯빛을 띤 녹색이다. 그러나 만지지는 말고 보기만

---

### 상처에는 완두콩을 밀어 넣어라!

때로는 물집이나 소작법으로 문제를 해결할 수 없는 경우도 있었다. 상처에서 상태가 더 나쁜 진물이 흘러나올수록, 더 나은 방법을 써야 하겠지, 그렇지 않은가? 그래서 때로는 물집을 터뜨리거나 소작용 쇠막대를 사용해서 피부를 뗏장 벗기듯 작게 벗겨냈다. 그리고는 말린 완두콩을 그 안에 집어넣었다. 완두콩이 더 큰 자극이 되어 엄청난 양의 고름을 만들어내기를 바라면서.

때때로 완두콩은 관선, 즉 목덜미 같은 부위의 피부에 바늘로 꿰는 실을 대신하거나 보충하는 역할을 했다. 송진이 주재료인 연고를 발라서 더 자극이 되도록 만든 실을 새로운 상처에 통과시켜 긁어냈다. 마치 바이올린 활에 로진(*역주: 송진에서 테레빈유를 증류시키고 남은 수지)을 바르고 상처로 연주하는 것과 같다. 틀림없이 무시무시한 소리가 날 것이다. 울부짖음 소리는 말할 것도 없고, 짜낸 모든 고름이 흘러나올 것을 생각해 보라.

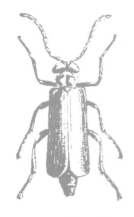

해야 한다. 그 곤충의 몸에는 칸타리딘이라는 화합물이 있어서 닿기만 해도 물집이 생긴다.

그 종은 수놈이 암놈보다 칸타리딘을 더 많이 지니고 있다. 그들은 로맨틱한 선물인 칸타리딘이 함유된 분비물로 암컷의 알을 덮어서 포식자들로부터 자손을 지켜낸다.

1800년대 초 런던의 무료 진료소에서는 딱정벌레 가루 1파운드, 왁스 1파운드, 라드(*역주: 돼지비계를 정제하여 굳힌 것) 1파운드가 들어 있는 조제법을 제안했

당신에게 봉사할
스페인 파리

다. 맛깔스럽다. 물집이 생기게 하려면 피부에 이 반죽을 발랐다. 어느 피부에? 상황에 따라 달랐다. 보통 물집이 생기게 하려는 목적은 문제가 생긴 부위 근처의 피부를 벗겨내려는 것이다. 그래서 배앓이에는 복부, 통풍에는 종아리에 물집을 만들었다. 만약 환자가 정신이 혼미하다면, 머리에 물집을 만들었다. 불행하게도 물집이 괴저를 일으키는 사람들이 있었고, 그 아래의 살은 검게 죽어버렸다.

왜 물집을 만들었을까? 1845년의 의학 교과서에서는 그 당시 주류였던 찰스 윌리엄스 이론을 설명한다. 홍역 같은 많은 질병들은 피부가 터져서 딱지가 앉으면 나을 거라고 안심할 수 있었다. 그런 면에서 발진을 증상이 아니라 치유가 이루어지는 과정으로 간주했던 것이다. 따라서 많은 치료자들은 피부를 자극하면 치료가 이루어진다고 생각했고, 이러한 이론은 고대 그리스까지 거슬러 올라가 당시 의사들에게서 비롯되었을 수 있다.

물집은 클수록 좋았다. 물집이 생기게 하는 약품, 즉 수포제는 젤리 사탕만큼 다양했다. 토하게 하는 데 쓰이는 안티몬 화합물 타타르 구토제(안

돌팔이 의학의 역사

티몬 편 참조)는 천연두에 걸렸을 때 잡히는 물집처럼 생긴 고름이 가득 찬 수포를 만들기 위해 연고로 사용하기도 했다. 효과가 좋은 것은 강한 산이 었으나 까다롭고 통제하기가 어려웠다. 끓는 물을 뿜는 것도 효과가 있었고, 끓는 기름도 마찬가지였다. 둘 다 부분적으로 표피가 벗겨지는 화상을 입혀서 고통스럽지만 제대로인 물집을 만들었다.

대부분의 사이비 치료법처럼, 수포 형성도 히스테리, 후두염, 건강염려증, 염증, 발열, 디프테리아, 뇌염, 심지어 1929년 후반 아편중독에 이르기까지 거의 모든 질병에 마지막으로 희망을 거는 치료제가 되었다. 어떻게? 때로는 물집을 절개해서 진물이 계속 흘러나오게 하거나, 혹은 18세기의 영국 약물학에 의거해 '체액을 계속 흘러나오게 하려고' 수포제 연고를 발라 연달아 물집이 생기게 했다고 한다. 때로는 '자가수포액주사요법'이라 불리는 보기 드문 처치를 하기 위해 진물을 모은다. 그리고 기이하게도 그것을 환자의 몸에 다시 주사한다.

물집은 당신 스타일이 아니라고? 현명한 선택이다. 마침내 4번으로 결정하기로 한 것 같은데, 훌륭하다.


## 오늘날의 수포제와 소작법


오늘날에도 소작법이 시술되고는 있으나, 확실히 그렇게 무시무시한 처치는 아니다. 마취를 할 수 있어서 다행이기도 하고, 한편으로 체액 이론을 폐기했으며, 이제는 질병과 대면해도 무기력한 공포를 느끼지 않기 때문이기도 하다. 외과의사들은 현대식 전기 소작기로 정확하게 시술한다.

옛날의 뜨거운 쇠막대기는 전 세계의 박물관 속에서 차갑게 식어버린 지 오래다.

사람들은 여전히 메탄올이나 캡사이신, 장뇌, 살리실산메틸로 만든 연고를 몸의 통증이나 울혈에 문질러서 주의를 돌리는 반대 자극법을 사용한다. 이러한 연고는 살짝 따갑거나 다양한 정도의 화끈함을 느끼게 한다. 그러나 정확하게 가래가 있는 기도와 어깨 통증에 작용할 만큼 충분히 흡수되지는 않는다.

현대 의학에서 물집을 만드는 시술을 하지 않는 합리적 이유가 있다. 물집으로는 질병을 몸 밖으로 '내보낼' 수 없다. 그리고 더 온화하게 주의를 분산시키는 약용 근육염 연고가 스페인 파리 연고 대신 약장에 놓여 있다. 현대의 패치나 연고는 느낌이 쾌적하다. 약이 묻어 있는 패치가 피부를 너무 넓게 덮고 있지만 않으면 된다(실제로 박하 향이 나는 연고의 독성이 스며들어 죽음에 이를 수도 있다). 그것들은 비교적 안전하며, 다행히 거품이 끓거나 진물이 뚝뚝 떨어지고, 흥건하게 젖은 물집을 보지 않아도 된다.

# 4

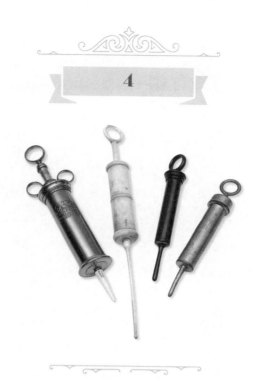

## 관장과 관장기
### Enemas & Clysters

자가중독, 프토마인 공포,
대중적으로 알려진 관장제, 직장 폭발의 완충제,
항문의 수호자


현재 이 지구상에는 8백 파운드(약 360kg) 무게의 관장 전구가 존재한다. 정말이다. 러시아 젤레즈노보스크의 온천 마을에 세워져 있는 결장세척으로 유명한 황동 조각상이 그것이다. 길이가 약 4피트에 이르는 관장 전구는 하늘을 향해 사랑스럽게 날아오르려 하는 아기 천사 셋이 등에 지고 있다. 말끔하게 항문 세척을 해줄 듯 유혹하며 천상의 엉덩이를 지구로 초대하는 자세 같다. 관장에 집착하는 우리를 향한 빛나는 금빛 헌사와 증언 아닌가!

역사가 기록된 이래로, 인간은 변통의 문제로 고심해 왔다. 의료 시술자들은 항상 변비라는 이름의 야수와 싸웠고, 그들이 휘두르는 칼은 관장인 경우가 잦았다. 물론, 변비는 아무도 원하지 않는 성가신 문제이지만 관장은 변비뿐만 아니라 모든 병을 치료할 수 있는 것으로 여겨졌다.

관장이라는 단어는 '버리다' 혹은 '내보내다'라는 의미의 그리스어 단어 enema에서 비롯되었다. 나중에 그 라틴어의 의미는 관장, 즉 '주입'과 동의어가 되었다.

17세기에는 클라이스터$^{clyster}$가 관장을 뜻하는 용어였는데, 그것은 그리스어로 '세척'이라는 단어에서 생겨난 것으로 아마 좀 더 순화시킨 단어일 것이다.

역사를 훑어보면 관장제 속에는 물, 약초 혼합물, 우유, 당밀, 테레빈유, 꿀, 맥주, 비누, 포도주 그리고 기름을 포함한 다양한 약품이 함유되어 있었다. 그것들로 무엇을 치료했나? 화려하다 싶을 정도로 다양한 질병들이었다. 결핵, 부종, 헤르니아, 맹장염, 우울증, 영양실조, 두통(모차르트의 아버지가 했다는 유명한 말이 있다. "엉덩이로 머리를 치료하다니."), 비만, 부진, 호흡기 질환, 열병, 성기능 장애, 익사, 그리고 각혈 등 모든 문제에 효과가 있다고 여겨

스페인제 화병(1600년대). 호아킨 씨의 항아리. 자신의 건강에 힘쓴 나머지, 면목 없게도 하인의 손으로 관장기를 삽입했다고 새겨져 있다.

돌팔이 의학의 역사

졌다. 질병에 시달리는 인간의 뒤쪽 동굴 어딘가에는, 그저 능숙한 솜씨로 말끔하게 씻어내기만 하면, 건강을 보장하는 어두운 장소가 있다는 것이다.

갈레노스가 관장을 하고 있다. 개가 더 즐거워 보인다!

초기에는 속이 비어 있는 조롱박, 관처럼 생긴 뼈 혹은 동물의 방광 등이 사용되었다. 어떻게 약물을 깊고 어두운 목적지로 밀어 넣을 것인가 고민한 결과 입으로 불어 넣는 일을 하는 사람들이 고용되기도 했다. 공예품이 발달한 최근 몇 세기 동안에는, 금속과 상아로 아름답게 만들어진 1피트 길이의 주사기나, 화려하게 장식된 펌프에 꽂힌 튜브, 앉으면 물줄기가 위로 분사되는 의자들이 있었다. 사람들 대부분은 유연한 관이 달린 고무주머니나 오늘날에도 볼 수 있는 고무로 만든 관장기를 사용했다.

관장용 기구만큼 관장액도 다양한 것들이 사용되었다. 유명한 사람도, 악명 높은 사람도 모두가 앞 다투어 관장을 하고 있었기 때문이다(히틀러는 카모마일 차를 마시는 게 아니라 '장세척'을 위해 사용했다. 아마도 체중 감량의 효과도 기대했던 것 같다). 그렇다면 그들은 왜 그렇게 관장에 집착한 걸까?

## 자가중독

사람들이 그렇게 관장을 하고 싶었던 이유는 자가중독이라는 개념, 즉 배설물에는 독소와 유해물질이 잔뜩 들어 있다는 이론 때문이었다. 지금은 스스로의 배설물 속에 포함된 독성에 중독되지는 않는다는 사실을 알고 있지만, 그 사실을 알아내는 데에만 수천 년이 걸렸다.

고대 이집트인들은 질병의 원인이며 배설물 속에서 발견되는 부패를 일으키는 요소를 웩듀라고 불렀다. 그래서 한 달에 사흘은 구토와 관장으로 몸을 정화했다고, 기원전 5세기에 헤로도토스가 쓴 문서에 적혀 있다. 비슷한 시기에 히포크라테스는 대장 속에 쌓인 소화되지 않은 음식이 내뿜는 유독가스가 질병의 원인이라고 생각한다고 기록하고 있다.

2세기에 갈레노스는 체액이 부패한 경우에는 그것을 배설하는 것이 도움이 된다고 생각했다. 그리고 부패를 일으키는 이러한 입자들이 공중에 떠다니면서 질병의 원인이 된다는 이론도 있다. 대장 안에서 생성된 이런 미아즈마 외에도 악취가 진동하는 늪이나 썩어가는 초목에서 뿜어내는 나쁜 공기가 질병을 옮긴다고 생각했다. 더불어 나쁜 공기 혹은 밤공기, 미아즈마가 콜레라와 흑사병 같은 여러 전염병의 원인으로 지목되었다. 이런 관념은 수 세기 동안 널리 받아들여졌다. 《제인 에어》에서는, 고아원생 절반의 목숨을 앗아간 발진티푸스가 '안개와 안개가 낳은 역병'에서 자라났다고 묘사한다.

《초원의 집》에서 잉걸스 부인은 남편에게 수박을 먹지 말라고 주의를 준다. 왜냐하면 '밤공기 속에서 자란 것'이라서, 정착민들을 쓰러뜨린 '열병과 학질'(학질은 말라리아인데, 이탈리아어의 '나쁜 공기'라는 의미가 어원이다)에 걸리게 한다는 게 그 이유였다. 하지만 남편은 수박을 먹었고 병에 걸리지 않았다.

변비가 부패의 이론적 근원이라고 하는 주장은 수긍할 만하다. 대부분의 사람들은 누구나 배설물을 역겨워한다. 물론 그 혐오스러운 물건이 자신의 체내에서 만들어지는 것도 알고는 있지만, 그것 역시 배설물이 위험

돌팔이 의학의 역사

하다는 의미를 더 굳힐 뿐이었다. 그러므로 대변이 대장 안에서 오랜 시간을 머무르고 배변 운동이 자주 일어나지 않는다면 불결한 독소가 신체 안으로 퍼져나갈지도 몰랐다. 부패를 일으키는 성분이 흡수되어 순환하게 되면 열과 고름, 정신이상, 출혈을 일으키고, 그러다 세계전쟁, 뒤이어 외계인의 침략을 초래할지도 모른다는 망상으로 이어진다.

1700년대에 요한 캄프는 모든 질병은 숙변(대장을 꽉 막고 있는 건조하고 단단한 똥)이 원인이라고 목소리를 높였다. 따라서 관장을 해서 빨리 내보낼수록, 병에 걸릴 가능성이 낮아진다고 했다.

적어도 그의 이론은 그랬다.

1800년대에는, '프토마인'에 대한 공포가 열병처럼 퍼지면서 대장 속에 악마가 숨어 있다는 믿음이 더 심각해졌다. 프토마인은 육류가 부패하면서 생기는 유독 성분인데, 그 안에 포함된 푸트레신이나 카다벨린이 악취를 풍기며, 이는 심각한 질병을 야기하는 미립자로 간주되었다. 기본적으로 장내에서 세균이 유기물을 소화할 때에도 그 부산물로 프토마인이 생성된다고 생각했다. 프토마인의 어원은 그리스어로 '쓰러진 몸'이나 '시신'을 가리키는 말이었다. 그래서 식중독을 일으키는 것도 모두 프토마인 때문이며 숙변에도 포함되어 있다고도 생각했다(자가중독이론). 이런 오해 때문에 변은 건강한 생리적 과정의 최종 산물로 생각되지 않고, 몸 안의 대변이 질병을 일으킨다는 두려움을 불러일으켰다. 만약 불결함이 질병의 근본 원인이라면(많은 경우에는 진실이다), 직장을 세척하면 모든 질병을 고칠 수 있을 것이고, 대장의 청결함은 질병을 예방할 수 있을 것이라는 결론에 이르렀다. 그러나 한 가지 작은 문제가 있어서 프토마인 이론은 틀렸다. 프토마인이 아니라 박테리아와 그 독소가 실제로 식중독을 일으키는 원인이다. 따라서 그 이론은 폐기되었다. 손을 씻는 것? 감염을 막는 효과적인 방법이다. 대장을 씻어내는 것? 큰 효과는 없다.

자가중독 이론 외에도 체액 이론이 널리 퍼져 있었다. 수 세기 동안, '관장, 방혈, 정화'가 모든 질병의 치료법이었다. 특히 검은 담즙/우울의 체액이 문제를 일으켰을 때 효과가 있으며, 주된 치료 방법은 항문 밖으로 담즙이 흘러나오게 하는 것이었다. 그러므로 건강 상태가 좋지 않을 때는 무엇이든 관장으로 치료할 수 있다고 생각했던 것이다. 이렇듯 관장을 애호하는 현상은 극에 달해서 1673년 몰리에르는 《상상병 환자》에서 그것을 풍자했다. 의사에게 부종이나 병든 폐, 만성질환을 어떻게 치료할지 물어보면, 대답은 늘 한결같았다. "관장을 하고, 피를 뽑고, 그 다음에는 설사를 하게 한다. 다시 피를 뽑고, 다시 설사를 하게 하고, 다시 관장을 한다."

당대의 의학과 너무 오래 지속된 빤한 치료에 대한 재미있고 예리한 비판을 보여주는 장면이다.

## 직장의 수호자

고대 이집트에서는 건강과 소화에 대한 관심이 매우 높았기 때문에 관장은 삶에서 없어서는 안 되는 것이었다. 기원전 1600년에서 1550년 사이에 기록된 문서에는 파라오들의 건강관리를 관장으로 담당한 '항문의 수호자'라고 불린 신하들에 대한 내용이 있다. 지금은 이런 생각들이 우습게 들리겠지만, 오늘날과 달리 고대 이집트에서는 기능이 떨어지는 소화관의 상태는 아주 중요한 문제였다.

히포크라테스도 관장을 선호했고 말라리아에서 흔히 나타나는 '고열' 혹은 간헐적 발열 증상에 시도하라고 권했다. 만약 효험이 없다면, "끓인 당나귀 우유를 마시고 배출하라."고 했다. 2세기에 갈레노스는 피를 토하는 병든 여성을 어떻게 치료했는지 묘사했다. 그녀의 몸을 문질러 주고 아편을 투여하는 한편 "날카로운 관장을 지시했다."

　중세가 되자, 처음으로 관장기와 관장제를 기술적으로 사용하는 솜씨가 나타나기 시작한다.

　방안에 사람들이 서성이고 있는데 갈레노스가 깔때기를 들고 누군가의 직장으로 약물을 쏟아 붓는 장면을 그린 15세기의 삽화가 있다.

　그 옆에 있는 개가 울부짖는 것인지 웃고 있는 것인지는 다소 분명하지 않다.

프로테스탄트가 반란을 일으킨 17세기의 혼란 속에서도, 루이 14세는 세상 위에 걸터앉아 관장을 하고 있다.

관장은 프랑스에서 15세기와 16세기의 사회생활에 꼭 필요한 것이 되었고 대대적으로 유행했다. 아마도 왕족들이 애호했기 때문일 것이다. 루이 14세는 평생 2천 번의 관장을 즐겼다는 소문이 있었다. 2천 번이라니! 프랑스에서 유행이 절정일 때는 '건강을 유지하기 위해' 많은 이들이 하루에 세 번이나 관장을 할 때도 있었다. 관장이 얼마나 일상적으로 이루어졌는지는 버건디 공작부인이 관장하는 과정을 묘사한 장면이 유명하다. 그녀는 하인에게 드레스 안으로 들어가서 관장을 하도록 했다. 왕 앞에서. 물론 그녀는 관장을 하는 동안 태연한 자세를 유지했다. 우리가 루이 14세 궁정의 일원이거나 관장을 담당하는 하인이 아니라서 정말 다행이지 않은가. 아무리 번쩍번쩍하는 관장용 주사기를 사용한다고 해도.

## 직접
## 관장하기

1800년대 후반 즈음에 사기꾼들은 사람들이 느끼는 자가중독의 두려움을 이용하여 온갖 제품을 팔았다. 알키노스 버튼 제이미스는 '철저한 대장 세척제'와 말굽 모양으로 생긴 '내장 세척용 분수'를 팔았는데, 고객들에게 창자 안에는 '독을 흡수한 격리된 병원'이 있다고 겁을 주었다. 열성적인 환자들은 해로운 물질이 올바른 방향, 즉 밖으로 그리고 아래로 나오도록, 기울어진 테이블에 몸을 묶은 채 누워 있기도 했다. 아니면 다른 방향으로 치료를 시도했던 닥터 영의 경우를 보자. 그가 개발한 '스스로 관리하는 직장 확장기'(섹스 편 참조)는 페니스처럼 생긴 짧은 막대기이며, 이것을 항문에 넣어 구멍을 확장시키는 방법이다. 삽입하는 기구의 사이

돌팔이 의학의 역사

즈를 크게 하면, 항문이 늘어나 변비와 치질을 치료할 수 있다고 선전했다. 왜냐하면 치질 통증을 가라앉히려면 두꺼운 고무 막대를 항문에 꽂는 것만 한 게 없기 때문이다.

여기서 잠깐 찰스 타이럴 박사(1843~1918)를 만나보자. 그는 변비 용품에 관한 한 돌팔이들의 왕이라고 할 수 있을 것이다. 이야기는 그 자신의 경험담에서 시작되었다. 그는 의사로서의 경력을 시작하기 전에 뉴질랜드, 남아프리카 그리고 극동을 포함한 여러 이색적인 지역을 여행했다. 그러면서 원주민들과 식사를 함께 했고 밀림 열(말라리아), 장티푸스 그리고 이질 같은 질병을 앓았다. 또한 인도에서는 총에 맞아 마비를 일으키기도 했다. 그런데 1880년에 원인을 알 수 없는 마비가 다시 찾아왔을 때 처음으로 관장의 도움을 받았다. 그는 의사들이 쓴 관장을 만병통치라고 극찬한 논문을 읽었다. 몇 년 동안 자가 치료를 한 뒤 마비에서 회복되자, 그는 직장에 관한 어떤 깨달음을 얻었다. 타이럴은 뉴욕에 위생학 연구소를 열었고, 이렇게 선언했다. "질병의 원인은 오직 하나다." 그리고 그것은 변비였다. 관장만이 구원이다! (트럼펫을 불어라!)

옛날의 자가중독 이론을 계승한 타이럴은 발작, 관절의 통증, 콜레라, 이질 등의 질병은 내장에서 올라오는 부패한 미아즈마 탓이라고 믿었기 때문에 이를 세척해서 내보내기 위한 극단적인 수단이 필요하다고 확신했다. 그 시절의 관장용 주머니 대부분은 고무주머니에 들어 있는 액체를 튜브와 노즐을 통해 중력을 이용하여 비스듬히 누워있는 환자에게 주입하는 구조였다.

치질은 치료되었나? 아니.

그러나 타이럴의 'J. B. L. 폭포'는 달랐다. J. B. L.은 '기쁨joy, 아름다움beauty, 삶life'을 상징했으며, 5쿼트의 액체를 담을 수 있는 커다란 고무 병으로 '내장 속을 목욕'시켜 줄 수 있다고 약속했다. 노즐이 중심에서 밖으로 돌출되어 있어서, 건강을 되찾고자 하는 사람은 노즐 위로 앉는 자세를 취하면서 몸속으로 집어넣을 수 있었다. 몸무게로 액체가 담겨 있는 고무 병을 누르면, 원하는 횟수만큼 내장 속으로 물이 분출될 것이

폭발적 관장을 통해 얻는
'기쁨, 아름다움, 삶'

다. 그는 일주일에 4번까지 폭포를 이용할 것을 추천했고 사용해 보고 만족한 고객들의 말을 인용하면서 자신의 상품을 홍보하기를 즐겼다. 어떤 남자의 아내는 집에 불이 났을 때 관장용 폭포를 챙겼다. 오직 그것만 구해낸 것이다. 다행히도 그들에게는 자녀들이 없었다. 또 다른 신사는 딸에게 결혼 선물로 관장용 폭포를 주었다. 얼마나 다정하고 얼마나 역겨운지.

20세기 후반에, 독일 태생인 의사 막스 게르손은 해독 치료 운동을 벌여서 짭짤한 수익을 올렸다. 처음 의사가 되었을 때, 그는 채소를 기본으로 한 섭식으로 편두통을 고쳤고, 지병이던 성가신 피부 결핵이 치유되었다고 주장했다. 그는 몸 안의 환경을 오염시키는 물질이 문제라고 여겼다. 1920년대에 그는 채소 주스, 비타민, 췌장의 효소, 커피 그리고 피마자기름 관장제와 더불어 오존 가스 직장 요법으로 암도 고칠 수 있다고 제안했다. 왜 커피 관장을 했을까? 간을 해독하는 데 도움이 된다고 했다(실제로

는 그렇지 않다).

게르손은 결국 원인 불명의 불가사의한 상황에서 죽어갔다. 그의 딸은 아버지가 비소 중독이었다고 설명했다. 그렇다고 해도 게르손 연구소는 여전히 커피 관장의 효과를 기꺼이 확신하는 사람들이 많다고 선전한다. 이봐 친구, 거기를 커피 한 잔으로 가득 채워줄까? 스타벅스 메뉴에 그게 있다면 말이야.

## 오늘날의 관장

자가중독이라는 관념이 완전히 사라지기는 어렵다. 사람들은 지금도 과학적 근거도 없이, '해독'이라는 이름 아래 강도 높은 장 세척을 받고 있다. 확실히 관장이 변비에 도움을 줄 수 있어서(완전히 치유할 수는 없지만) 의료계에서 주류로 받아들여지고 있으며, 어디에서나 허용된다. 직장과 대장 하부는 액체와 약을 흡수하는 기능이 있기에 좌약도 개발되었다. 그러나 관장을 행하는 합법적 이유는 달라졌다.

질병의 원인이 보다 정확하게 밝혀진 지금, 체액 이론에 기반을 둔 의학 그리고 '방혈, 설사, 그리고 관장'은 비과학적이라고 간주하게 되었다. 프토마인에 의한 자가중독설도 대중의 의식에서 멀어졌다. 사람들 대부분이 식중독은 살모넬라와 대장균 같은 병원균들로 발생한다는 것을 인식했기 때문이다.

1912년에 아서 크램프 박사는 미국의사협회 기관지에 타이럴과 그의 폭포 관장기에 대한 기사를 자세히 썼다. 타이럴의 의사면허는 거의 합법적이지 않으며, 의사가 아니라 특허 약품 제조업체 혹은 그 무렵 죽은 사람이 작성한 것이었다. 타이럴은 위생학 연구소를 창설할 때 스스로 의사라고 말했는데, 몇 년이 지난 뒤 50대에 접어들어 정체가 의심스러운 '절충학연구소'라는 곳에서 의학박사 학위를 받았다.

그리고 1919년에는 미국의사협회 기관지에 월터 알바레즈 박사가 자가 중독에 대해 모든 것을 단번에 폭로하는 논문을 실었다. 그는 고혈압, 자궁종양, 신장 질환을 무시하고 모든 질병의 원인이 오로지 변비임을 강조하는 의사들을 꾸짖었다. 알바레즈는 창자의 내벽이란 독소의 공격에 무방비 상태로 열려있는 문이 아니며 대장균도 해롭지 않고 오히려 유익하다고 지적했다. 의사는 '환자들을 공포로 끌어들이기' 전에 이성에 귀를 기울여야 하며, '결장을 짧게 잘라낼 준비가 되어 있는 외과의사들'을 멀리해야 한다고 했다.

그렇다고 해도 독소를 제거하고 창자를 '세척'할 수 있다는 관념은, 입소문과 체험담 그리고 뛰어난 마케팅 덕분에 수십억 달러의 산업으로 건재함을 과시하고 있다. 결장은 인류 역사상 어느 때보다도 더 크게 의식되고 있다고 말할 수 있을 것이다.

게르손의 발상인 암을 고치기 위한 커피 관장은 화학요법을 받은 환자들의 수명이 더 길었다는 국립보건원의 연구 결과에도 불구하고, 여전히 대안 치료사들이 활발하게 시도하는 치료요법이다. 커피 관장을 지지하는 사람들은 사라지지 않을 것이다.

그러나 제발, 히포크라테스를 사랑한다면, 뜨거운 커피는 사용하지 말라.

THE RAIN BATH.

# 수치료와 냉수 요법
## Hydropathy & the Cold Water Cure

강인한 오스트리아인, 수치료 시설,
냉수에 흠뻑 젖는 놀라운 방법들

1807년 빈센츠 프리스니츠가 겨우 여덟 살이었을 때 아버지가 눈이 멀었다. 불행이 잇따라 4년 뒤에는 그의 형이 죽었고, 빈센츠는 홀로 가족과 농장을 돌봐야 하는 가장이 되었다. 오스트리아 쪽 알프스 산기슭에 있는 농장이었다.

프리스니츠가 열여덟 살 무렵, 어느 날 그는 귀리를 잔뜩 실은 마차를 몰고 이웃 농장으로 가고 있었다. 말이 갑자기 놀라서 펄쩍 뛰었다. 그는 마차에서 내려 말을 진정시키려 했으나 말은 뒷다리로 그를 걷어차서 앞니를 부러뜨리고, 마차 앞으로 내던진 뒤 쓰러진 그를 밟고 지나갔다. 늑골이 여러 군데 부러진 소년은 고통 때문에 정신을 잃었고, 심각한 내상을 입었다.

빈센츠 프리스니츠, 거친 오스트리아사람처럼 차려입은 모습

프리스니츠가 깨어났을 때 왕진을 왔던 의사는 그가 가망이 없다고 선언했다. 신중했던 의사는 운이 좋다면 살아날 수도 있지만 평생 건강하지 못할 것이라고 말했다.

그러나 빈센츠 프리스니츠는 뼛속 깊이 오스트리아의 거친 산사람이었다. 그는 쉽게 포기하지 않았다. 의사가 가고 난 뒤 그는 당장 늑골 주위에 감아 놓은 뜨거운 압박 붕대를 풀어버렸다. 그것이 오히려 고통을 가중시켰기 때문이다. 프리스니츠는 침대에서 일어나, 배를 나무 의자에 기대고 깊이 숨을 쉬었다……. 그리고 배로 의자를 밀었다(여기서 잠깐 숨을 몰아서 멈추었다).

이 방법은 상당히 효과가 있었다. 이 청소년은 말 그대로 늑골을 제자리로 돌려놓았고, 내장 기관에 가해지는 끔찍한 압박에서 해방되었다.

거친 산사람에서 환자가 되어 침대에 누운 채 회복을 기다리는 동안, 프리스니츠는 어느 날 오후 숲에서 본 장면을 떠올렸다. 사슴 한 마리가

돌팔이 의학의 역사

여러 번 차가운 샘물로 와서 상처를 씻고 돌아가던 모습이었다. 자신의 상태에도 같은 원리를 적용하여, 그는 냉수에 담가두었던 아마포로 상처 부위를 여러 번 압박하는 치료를 시작했다. 뜨거운 찜질을 권했던 의사의 처방과는 완전히 반대되는 방법이었다. 또한 많은 양의 냉수를 마시기 시작했고, 정기적으로 붕대를 갈았다.

그 결과 현대의 독자들은 이미 예상했겠지만, 프리스니츠는 상처가 감염되는 것을 막았고, 열을 뿌리 뽑았으며, 사고가 난 지 며칠 뒤에는 자리에서 일어나 농장일을 감독할 수 있을 정도로 회복되었다.

비록 프리스니츠 자신은 아직 깨닫지 못했지만, 그는 바로 '냉수 요법'을 발견한 것이었다. 19세기 초반의 의학계를 휩쓸고, 그에게 부와 명성을 가져다 준 치료법이었다.

## 어떤 병이든 찬물로 치료하라!

오늘날에는 프리스니츠의 의학적 결론을 대부분 상식으로 받아들일 것이다. 많은 양의 물을 마신다? 옳다. 정기적으로 붕대를 갈아준다? 옳다. 상처를 씻어낸다? 옳다. 그러나 프리스니츠의 시대에는, 이러한 것들 중 어느 것도 상식이 아니었다.

프리스니츠는 1826년에 자기 집을 개조하여 〈그라펜부르크 물 치료소〉라는 요양소를 열었다. 죽음의 문턱에서 돌아온 소년, 차가운 물로 병과 부상을 치유할 수 있는 치료사에 대한 뉴스가 오스트리아 알프스 전역으로 빠르게 퍼져나갔다.

꾹 짜서 꽁꽁 싸맨다.

프리스니츠의 인기와 치유 성공률은 현저하게 놀라운 것이었다. 그것은 무엇보다도 우리에게 19세기 초 유럽의 형편없는 위생 상태에 대해 알려준다. 그 시절에는 단지 목욕을 더 자주하라고 충고하기만 해도 용한 의사가 될 수 있었다. 곧 프리스니츠의 그라펜부르크 물 치료소 앞에는 유럽의 왕족들까지 줄을 서게 되었다.

유럽 전역에서 그를 모방하는 이들이 나타났다. 영국에서는 〈수치료 연구소〉라는 이름이 붙은 수많은 물 치료소가 영업을 시작했다. 토마스 칼라일, 찰스 디킨스, 알프레드 테니슨 같은 빅토리아 시대의 유명인사들이 주목했고 찬사를 보냈다.

수치료 연구소마다 목욕을 자주 하고 물을 많이 마시는 것은 공통이었으나, 조금씩 차이가 있었으며 각자 특정한 기술이 있었다. 목욕과 수분 공급이라는 개념은 건전하지만 다른 많은 돌팔이 요법들이 그렇듯이 물

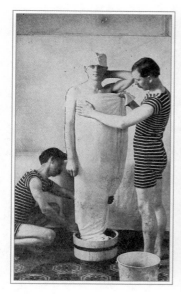
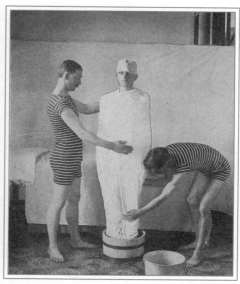

세 남자와 욕조

치료 역시 균형이 무너지면 좋은 발상도 불편하고 위험해진다. 19세기 수치료 연구소에서 행하던 요법들은 다음과 같다.

**젖은 홑이불** 아마도 고열에 시달리는 증상에서 영감을 받은 것 같은데, 환자를 냉수에 적신 홑이불로 단단하게 싸매어 눕혀 놓는다. 홑이불이 마르면, 꽉 동여맨 환자의 몸에서 땀이 나기 시작할 것이다. 그러면 홑이불을 벗기고 환자를 차가운 물이 담긴 욕조에 담갔다가, 꼼꼼하게 물기를 닦아낸다. 이러한 냉-온-냉 요법은 환자

를 깨어있게 하기에 좋은 방법이지만, 만약 감기에 걸렸거나 열이 나서 아프다면, 결코 좋은 방법은 아닐 것이다.

**젖은 옷**: 환자에게 차가운 물에 적신 헐렁한 잠옷을 입혀서 연구소 안을 걸어 다니게 한다. '젖은 티셔츠 룩'이 처음 패션으로 소개된 것이다(다행스럽게도 빅토리아시대의 예절 기준에 맞게, 여성용 건물과 남성용 건물이 분리되어 있었다). 환자들은 젖은 옷을 입고 자야 하는 경우도 이따금 있었다. 부풀어 오른 것처럼 보이는 이 옷은 코르셋과 페티코트로 몸을 옥죄던 시절 '블루머'라는 새로운 여성 패션이 되었다(그 명칭은, 엘리자베스 스미스와 엘리자베스 캐디 스탠튼이 소개한 거리에서 입는 젖은 드레스를 열정적으로 자주 소개했던 언론인 아멜리아 블루머의 이름을 딴 것이다). 젖은 드레스를 입는 유일한 장점은 코르셋의 으스러지는 옥죄임으로부터 풀려나온 몸이 누리는 활기찬 휴식이었다. 춥고 축축한데? 그것은 자유롭게 출렁이는 드레스를 즐기려면 극복해야 할 사소한 장애물일 따름이었다.

**냉수 샤워**: 오늘날의 독자들에게는 익숙한 일이지만, 19세기의 수치료 환자에게는 매우 충격적이었다. "내 생각에 지난 1월엔가 목욕했으니, 아직 한동안은 안 해도 괜찮을 거야."라고 말하던 시대였음을 상기해야 한다. 정확하게는 샤워를 하는 문화가 아니었다. 어떤 수치료 연구소에서는 차가운 강물을 끌어와 환자들에게 적어도 머리 위 3미터 높이에서 뛰어들게 했다. 사람들을 말 그대로 땅바닥에 때려눕히는 것과 같았다. 겨울에는(물 치료 시설은 겨울에도 운영했으므로) 환자들은 고드름이 떨어지는 것을 조심해야 했다. 수치료 연구소에서 차가운 샤워를 하면서 살아남은 것은 그야말로 대단한 성취였다.

돌팔이 의학의 역사

## 찰스 다윈

찰스 다윈은 물 치료를 열광적으로 받아들였다. 그 과학자는 평생 동안 원인을 알 수 없고 진단도 내릴 수 없는 괴이한 증상이 연이어 나타나는 질병에 시달렸다. 그 결과 다윈은 수치료를 비롯하여 새로운 의학적 발견을 시도해 보면서 많은 시간을 보냈다. (주: 여러 해 동안 이 문제가 의학사학자들을 곤란하게 만든 끝에, 여러 전문가들은 이제 다윈이 크론병을 앓았다고 결론을 내렸다.)

다윈은 수치료 연구서에서 자신이 받은 치료에 대해 기록을 남겼다. "나는 수치료가 나에게 미치는 확실한 영향이 어떻게 작용하는지 그 방식을 도저히 이해할 수 없다. 뇌를 완전히 둔화시켜서, 집을 떠난 이후로 단 한 가지 종에 대해서도 생각한 적이 없다."

종의 진화에 사로잡혀 있던 사람이 할 수 있는 최고의 찬사다.

**냉수 관장**: 따로 설명이 필요 없다.


# 식사도 배설도
# 몇 주간 욕실에서

수치료 연구소에서 환자들이 받는 치료가 다 기분좋은 것만은 아니었지만 적어도 그것은 자발적인 것이었다. 스스로의 의지로 입소하고 퇴소할 수 있었으니까. 그러나 이렇게 단순한 선택과 이동의 자유가 18세기와 19

세기 초 정신병원에 있던 환자들로서는 누릴 수 없는 사치였다. 그들에게
는 두려움을 심어준다거나 행동을 교정할 목적으로 반복적으로 차가운
물을 끼얹거나 욕조에서 거의 빠져죽을 지경에 이르게 했다.

19세기 중반으로 시간이 흘러가면서, 정신병원 의사들이 비교적 계몽
적인 관점을 지니게 되었고, 그들은 징벌이 아닌 방식으로 수치료를 하기
시작했다. 적어도 스스로는 그렇게 합리화했다. 정신병원 의사들은 환자
들을 안정시키기 위해 다양한 수치료 방법을 사용하기 시작했다. '충격'을
줘서 뇌에서 광기를 없애거나 혹은 비정상적인 흥분을 가라앉히려는 것이
었다. 그러나 환자들에게는 아마도 다음에 나오는 수치료 방법들이 혹독
한 징벌처럼 느껴졌을 것이다.

**냉수 퍼붓기**: '미국 정신의학의 아버지' 벤자민 러시 박사가 추천한다. 냉수를
퍼붓는 것은 '정상이 아닌 환자들을 통제'하기 위해서다. 환자들의 외투 소
매 속으로 차가운 물줄기를 쏟아 붓는다.

**끝나지 않는 뜨거운 목욕**: 뜨거운 욕조에서 나갈 수 없게 한다고 상상해 보라.
환자는 섭씨 35도에서 44도의 온도를 유지하기 위해 온수가 계속 흘러들어
오는 욕조 속에 누워 있어야 했다. 욕조 수면에는 시트가 덮여 있고 환자가
머리를 내밀 수 있도록 구멍이 하나 뚫려 있었다. 환자는 몇 시간에서 몇 주
동안 꼼짝없이 욕조에만 있어야 했다. 어떤 스웨덴 간호사는 이렇게 회상했
다. "환자들은 한번 욕조에 들어가면 그곳에서 몇 주 동안이나 살아야 했다.
잠도 욕조에서 잤다. 우리는 욕조 안에 있는 환자들에게 음식을 먹였고, 유
리컵을 기울여 물을 마시도록 도왔다. …… 물론 그들은 물속에서 소변과
대변을 보아야 했다. …… 이런 치료법으로 정말로 고요해지는 환자들이 있

돌팔이 의학의 역사

었다. 그럴 만도 하다! 완전히 녹초가 되어 버리니까."

**관수욕**: 지금 막 머릿속에 떠올랐을 그것과는 완전히 다른 종류의 관수욕이다. 이것은 차가운 물줄기를 구속복을 입은 환자의 머리 위로 끊임없이 떨어지게 하는 것이다. 굉장한 공포를 자아내는 것이며 실신, 구토, 체력 탈진, 그리고 쇼크를 유발한다.

**골반 관수법**: 고압의 물줄기를 성기를 겨냥해 분사했다. 바로 위에 열거되어 있는 '관수욕'보다는 훨씬 쾌적한 대안이다. '골반 관수법'은 19세기에 만연했던 히스테리 같은 모든 형태의 '여성 장애'를 치

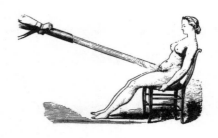

료하기 위해 썼다. 물론 목적은 오르가즘의 행복감을 느끼게 하는 것이다. 그 당시에는 골반 관수법과 관련된 이들이 아무도 그렇게 말하지 않았지만. 1843년의 어떤 문서에서 프랑스 의사는 골반 관수법이 여성 환자들 사이에서 인기가 있음을 다음과 같이 기록했다. "차가운 것에 대한 유기체의 반응, 그로 인해 피부가 홍조를 띠는 것, 마음의 평정을 되찾는 것(주: 오르가즘을 가장 완곡하게 표현한 말), 그 모든 것이 많은 이들에게 매우 만족스러운 감각을 가져다주기 때문에 반드시 주의해야 할 사항은 정해진 시간을 초과하지 않는 것이다. 보통은 4분에서 5분이 적당하다."

**흠뻑 젖는 것**: 2014년에 루게릭병 환자들을 위한 모금에 성공했던 아이스 버킷 챌린지를 떠올려보라. 이 방법은 자발적이지 않고, 대의명분도 없고, 지겹

도록 반복되는 아이스 버킷 챌린지라고 보면 된다.

**물방울 기계**: 환자의 머리 위에 놓인 양동이에서 환자의 이마 특정 부위에 천천히 끊임없이 물방울이 떨어지는 것이다. 그렇다. 이것은 '중국식 물고문'이라고 불리는 바로 그 기술과 똑같다(그러나 공정하게 말하자면, 그 기술은 15세기 혹은 16세기쯤에 이탈리아인이 고안한 것으로 추정된다).

## 하루에 8잔? 식전에 30잔까지 시도해 보라!

냉수를 열심히 마시는 것은 수치료 연구소의 대표적인 치료법 중 하나다. '하루에 물 여덟 잔'을 마시라는 현대 의학의 충고는 수치료 요법에 기원을 둔 것이다. 물론 양은 적당하게 조절했다. 어떤 물 연구소에서는 환자 한 사람이 아침 식사 전에 서른 잔의 물을 마셨다는 기록이 있다!

당연하겠지만 어떤 돌팔이들은 물을 마시는 것 같은 유익한 발상도 지나치게 밀어붙이기 마련이다. 페리둔 뱃맨겔리지Fereydoon Batmanghelidj 박사를 검색창에 입력해 보라. 1992년에 출간된 유명한 책《당신의 몸은 많은 물을 필요로 한다》의 저자이다. 뱃맨겔리지는 탈수가 '다수의 고통스러운 퇴행성 질환, 천식, 알레르기, 고혈압, 과체중 그리고 우울증을 비롯한 몇몇 정서적 문제'의 원인이라고 주장했다. 치료법은? 물을 마시는 것이다. 많은 양의 물을.

뱃맨겔리지는 직접 경험한 설득력 있는 근거를 이야기했다. 그가 이란에서 정치범으로 복역할 때 교도관들로부터 동료 수감자들을 치료하라는 지시를 자주 받았다. 가능한 의료 기구가 없었으므로 그가 사용할 수 있는 유일한 것에 의지할 수밖에 없었다. 바로 물이었다.

그러나 의사로서 그의 과학은 정도를 벗어났다. 책에서 그는 물이 '수력-전기' 에너지를 생산해서 뇌와 신체에 에너지를 공급하는 주요 원천이라고 주장한다. 전혀 근거 없는 이야기다. 게다가 다른 의사들이 그의 의사 자격을 확인하려 하자, 이해하기 힘들 정도로 터무니없이 광범위한 의학 연구 경험이 있다고 억지를 부렸다. 그의 책에 실려 있는 물과 그것으로 고칠 수 있는 온갖 질병의 관계는 과학적 근거가 전혀 없는 것이다.

그럼에도 뱃맨겔리지의 책은 1990년대에 베스트셀러가 되었고, 오늘날에도 여전히 인기를 얻으며 팔리고 있다.

뱃맨겔리지의 영향으로 밀레니엄 산소 냉각기가 등장했는데, 당신의 물에 산소를 공급한다는 과장된 선전 문구와 함께 2000년대 초에 나타났다. 그 장치는 보통의 흐르는 수돗물 속에 들어 있는 것보다 산소 농도를 6배 더 높일 수 있다고 선전했다. 이렇게 산소 농도가 높을 때의 이점은 '감염성 박테리아, 미생물, 바이러스와 싸우는 신체의 능력을 향상하기 위해' 혈액 세포에 더 많은 산소를 공급하는 것이다. 산소를 농축하고 있는 물은 '배설물과 몸에 남아 있는 독소들'을 정화한다고 설명한다. 제조사는 오늘날 공기 중의 산소 농도가 "고대보다 훨씬 낮다"는 해괴한 주장까지 한다(현재의 21%에 비해 1만 년 전에는 산소 함량이 38%였다는 것).

경악할 일이라고? 그렇지 않다. 지구 대기 속에 있는 산소 용량은 1만 년 전이나 지금이나 거의 비슷하다. 그리고 우리의 인체는 아무리 유익하다고 해도 물속에서 산소를 추출할 수 없다. 사람은 물고기가 아니다. 더 많은 산소를 원한다면, 간단한 방법이 있다. 깊이 호흡하라.

## 생수가 몸에 좋다?

2015년도에 150억 달러 규모였던 21세기 생수 산업의 경향 또한 19세기 의학에 근원을 두고 있다. 1800년대 후반에 미국인들은 전국에 500군데 이상 존재하는 샘물에서 나오는 생수를 마셨다. 그 목적은 다양한 질병을 치유하고자 하는 것이었지만, 특히 요즘은 스트레스라 부르고 그 당시에는 신경 피로라 통칭하던 증상이었다.

자연적으로 샘물 속에 존재하는 무기물이 치유효과가 좋고 도시의 수돗물보다 음용수로 훨씬 더 낫다는 믿음이 널리 퍼져 나가면서 생수는 점점 더 인기를 얻게 되었다. (19세기 후반 도시의 일반적인 청결 상태를 고려해보면, 옳은 관점이었을 것이다.) 의사들은 환자들에게 질병의 '비활성 단계' 동안, 하루에 두 잔에서 네 잔 정도의 생수를 마시라고 권했다.

그러나 생수에 관한 의학적 주장은 사실상 과학적 근거에 기반을 둔 것은 아니다. 또한 미국 의학 협회는 생수 제조업자들을 비난하는 보고서를 1918년에 발표했다. "시골뜨기 정치인과 낭만적인 할머니들의 증언만이 근거가 되는 생수의 효과를 의학적 전문가들은 수용하지 않을 것이다." 그 결과 병에 든 생수의 유행은 수그러들었으나, 1970년에서 1980년 사이의 흥청망청 폭음하던 시기를 거치면서 미국인들이 집단적으로 숙취에 시달리던 1980년대에 다시 시장에 등장했다. 밤늦은 시각의 독한 술 대신 생수 한 병을 마시는 것이 인기 높은 대안이 되었다. 그런 관행은 현재까지도 지속되고 있다.

돌팔이 의학의 역사

# 오늘날의
# 물 치료

물 치료의 많은 방식이 오늘날에도 남아 있다. 규칙적으로 목욕하는
것도 수치료에서 처음 도입한 것으로, 21세기 미국인들은 거의 모두 하루
에 한 번 목욕이나 샤워를 할 것이다. (목욕 습관이 얼마나 변화했는지 알아보려
면, 1835년 보스턴 도덕 개혁가가 보낸 편지에서 발췌한 내용을 보면 된다. "나는 지난
겨울에 3주마다 한 번씩 따뜻한 목욕을 하는 습관을 들였다. 1년 내내 계속하기에는 너
무 빈번한 것일까?") 제약이 없는 옷차림도 적용되었다. 현대의 스파와 체육
관, 운동 클럽 대부분에서 이용할 수 있는 수치료 요법은 19세기 수치료
연구소에서 그대로 물려받은 것이다.

매일 충분한 물을 마시는 것도 현대의학에서 보편적으로 받아들이고
있다. 비록 마셔야 할 물의 양이 정확히 어느 정도인지에 대해서는 논쟁이
활발하지만.

돌팔이들이 물 치료에 개입하긴 했지만, 원래의 수치료 요법이 엉터리
는 아니었다. 역사적으로 볼 때 개인위생에 반드시 필요한 변화를 가져오
기에 적절한 시기에 나타났다. 물을 많이 마시고, 운동을 하고, 규칙적으
로 목욕을 하면서 사람들은 몇몇 질병을 예방할 수 있었고, 건강한 삶을
영위하게 되었다.

하루에 몇 잔의 물을 마셨는지 헤아리고 있다면, 당신은 19세기의 의
학적 호기심에 동참하고 있는 것이다. 친구의 불타는 뇌를 식히도록 도와
준다면서 차가운 물 한 양동이를 쏟아붓지만 않으면 된다.

**6**

# 외과수술
## Surgery

석궁 수술법, 속도의 필요성, 300퍼센트의 사망률,
수술실 극장, 고름으로 뒤덮인 겉옷

독자들은 대부분 수술을 받아본 경험이 있을 것이다. 아니라고? 기다
려 보라. 언젠가는 받게 될 것이다. 한때는 극단적인 질병을 구하기 위해
행했던 마지막 수단이었지만 이제는 흔한 일이 되었다. 때로는 긴급하지도
않다. 모두들 당연히 수술을 할 때는 감염도 고통도 없을 것이고 외과 의

사들은 숙련돼 있다고 여긴다(실제로 외과 의사들이란……, 쯧쯧). 그러나 고름투성이였던 옛날에는, 수술이 그렇게 깔끔하고 정확한 것이 아니었다.

석궁을 쏘아서 환자의 목에 박힌 화살을 뽑아내려는 장면…… 흠, 그 당시에는 묘책이라고 생각했던 것 같다.

수술은 생명을 지키기 위한 궁극적 장벽인 신체 그 자체를 뚫고 체내에 침입하는 것이다. 피부를 자르고, 안구를 찌르고, 뼈를 깎아내고, 혈관을 단단히 묶는 것은 자연현상에도, 그리고 병이나 외상에 의한 자연사에도 반하는 행위다. 어느 정도 신과 비슷하지 않은가? 흠, 대답은 정신분석가들에게 맡기자.

고대 이후로 의사들은 골절을 고치고, 외상성 부상을 치유하고, 병든 사지를 잘라내기 위해 수술이라는 방법을 선택했다. 두통과 발작을 진정시키려 두개골에 구멍을 뚫고, 절단 부위를 뜨거운 쇠막대로 지지고, 심지어 몸에 맞은 화살을 뽑아내기도 했다. 그렇다. 선사시대부터 총이 출현하기 전까지, 화살에 맞은 상처가 주된 문제였다. 화살 제거는 골치 아픈 과제였고, 의사들은 화살을 제거하는 묘책으로 석궁을 사용하기로 결정하기도 했다. 중세의 삽화를 보면 목에 박힌 화살을 석궁에 묶어서 뽑아내는 동안 기둥을 끌어안고 있는 가엾은 영혼의 모습을 묘사하고 있다. 지금부터 현대의 외과 수술이 서서히 시작되는 시기에 초점을 맞출 것이다. 발견, 좌절, 그리

17세기 독일의 외과 수술 도구이거나, 혹은 악마의 가위.
어느 쪽이든 마음대로 생각하라.

고 독창성(때때로 자존심) 같은 것들이 모두 충돌하던 16세기 초였다. 핏자국과 피비린내로 얼룩진 수술실의 역사에 우리를 경악하게 하는 몇 군데 정류장들이 있다. 현대라는 렌즈를 통해 보면 수술의 연대기 속에는 비과학적인 관행과 돌팔이들로 가득 차 있다. 손을 깨끗이 씻고, 들여다보자.

## "시간을 재주세요!" 하루에 2백 건의 절단수술을 집도한 군의관

절단은 아마도 수천 년 동안 행해진 가장 흔한 외과 수술이었을 것이다. 다리가 상처를 입어 썩어갈 때, 비록 치사율이 60퍼센트 이상이기는 하지만, 생존할 유일한 희망이었기 때문이다(1870년 프로이센 프랑스 전쟁 동안 절단 수술로 인한 사망률은 무려 76퍼센트에 달했다).

19세기까지는, 확실한 마취 방법이 없었다. 깨어 있는 상태로 악몽을 꾸어야 하는 환자의 고통을 줄여주려면 절단 수술이 최대한 빨리 끝나야 했다. 속도를 내기 위해, 모든 것들을 동일한 수준으로 잘라내버리는, 토막치기 혹은 단두대 절단이라고 일컫는 수술이 이루어졌다. 그런 용어가 충분히 끔찍하지 않다는 듯이, 1차세계대전에서 프랑스 외과의사들은 절단술을 '소시지 썰기'라고 불렀다. 커다란 소시지를 반으로 자르는 것과 비슷한 과정이라는 의미였다.

끔찍하겠지만, 만약 당신이 당시의 심한 부상을 입은 병사였다면 소시지 자르듯 빠른 속도로 절단 수술을 받고 싶었을 것이다. 16세기에서 19세기에 이르기까지 다리 절단술은 전형적으로 다음과 같이 이루어졌다. 몸을 움직일 수 없도록(그리고 아마도 마음이 바뀌어 비틀거리며 달아나는 것을 막으

돌팔이 의학의 역사

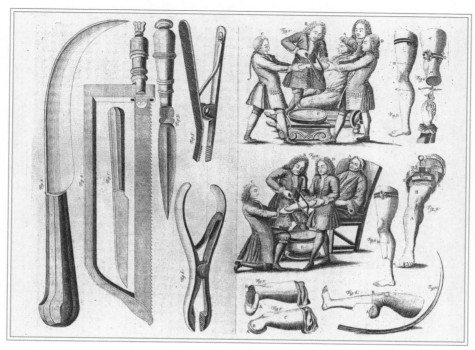

절단용 도구와 사용 방법

려고) 환자는 묶이고 여러 사람에게 제압된 채, 주요 동맥의 출혈을 막기 위해 다리에 지혈대를 찼다. 외과의사는 구부러진 칼날을 사용하여 뼈 둘레의 근육과 피부를 잘라냈다. 가장 이상적인 것은 한 번에 베어내는 것이고, 그리고 나서 뼈를 톱질했다. 잘려서 드러난 혈관은(뜨거운 다리미, 끓는 기름, 또는 황산염 같은 것으로 화학적으로) 지졌고, 살은 그대로 놔두거나 봉합했다.

이 모든 과정을 유튜브에서 뮤직비디오를 시청하는 것보다 짧은 시간 안에 끝냈다. 18세기의 스코틀랜드 의사인 벤저민 벨은 단 6초 만에 허벅지를 절단할 수 있었다. 프랑스 의사 도미니크 장 라레는 상대적으로 느렸다. 그러나 그를 옹호하자면, 나폴레옹 전쟁 때 그는 24시간 동안 2백 건

1793년의 절단. 환자는 몸을 움직일 수 없도록 밧줄에 묶이고 사람들에게 제압당해 있다.

의 절단술을 시행했다. 7분마다 한 건씩 수술한 셈이다.

　확실히, 속도는 환자가 참을 수 없는 고통 속에서 보내야 하는 시간을 줄여주었다. 그러나 서툴고 엉성한 결과에 이를 수도 있다. 뼈가 튀어나와 있는 경우가 종종 있는데, 절단선보다 뒤에서 살을 잘라냈기 때문이었다. 잘라낸 살이 누더기처럼 너덜너덜해지면 아무는 시간도 오래 걸린다. 수술의 빠른 속도와 수술 부위를 충분히 살펴볼 수 없는 불편한 자세로 인해 실수로 다른 곳을 자르는 경우도 있었다. 또한 외과의사의 솜씨가 아무리 빨라도, 환자는 늘 피비린내 나는 비명을 지를 수밖에 없었다.

　환자 말고 다른 사람들이 비명을 지르는 경우도 있었다.

　이제 '웨스트엔드에서 가장 빠른 칼'이라 불리던 로버트 리스턴Robert Liston을 소개할 것이다.

돌팔이 의학의 역사

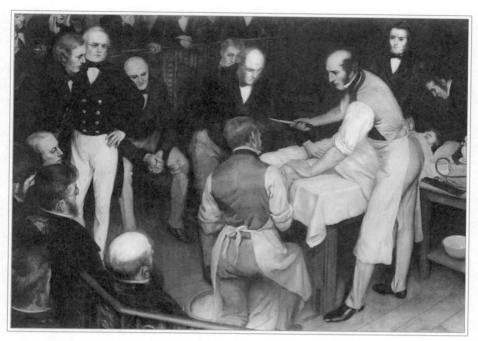

수술실 극장의 로버트 리스턴

　리스턴은 영웅적 인물이었다. 의사인 동시에 1840년대 스코틀랜드의 수술실이라는 극장에서 연기하는 배우에 가까웠다. 그가 절단 수술을 시행할 때는 관람객들과 학생들이 지켜보곤 했다. 리스턴은 이따금 치아로 칼을 물고 관람객들을 향해 소리쳤다. "여러분, 나의 수술 시간을 재시오!"

　관람객들이 그가 수술하는 시간을 쟀다. 리스턴은 빨랐다(그는 보통 처음 칼을 댄 지 3분 안에 상처 봉합까지 마쳤다). 속도가 너무 빨라서 실수로 환자의 고환을 잘라낸 적도 있었다. 공짜 거세였다! 한번은 실수로 조수(환자의 다리가 제대로 놓여 있도록 붙잡는 역할을 하던 사람)의 손가락을 잘랐다. 수술 도중에 그가 휘두르는 칼에 코트가 베일 정도로 가까이 서 있던 구경꾼 하나는 공포에 질려 쓰러져 죽었다. 불행히도 그날은 환자도 죽었다. 가엾은 조수는 손가락이 잘린 자리에 괴저가 발생해서 죽었다. 따라서 리스턴은 단 한 번의 수술로 300퍼센트의 사망률을 자랑하는 외과의사가 되었다.

리스턴의 현란한 수술실 분위기가 특별한 것은 아니었다. 현대적 수술이 출현하는 동시에, 관람객들이 수술 중인 록스타들을 구경하기 위해 몰려들었다. 런던과 파리에서는 브로드웨이 공연에 버금가는 수술들이 과장되게 시행됐다. 가장 인기 있는 의사들은 비싼 티켓을 판매했고, 열 명에서 백 명에 이르는 관람객들이 모였으며, 유명인들이 수술 전에 공연도 했다. 외과 의사는 수술하기 전과 도중에 박수와 환호를 받았다. 동시대인인 오노레 드 발자크Honoré de Balzac는 말했다. "외과 의사는 배우들만큼 영예를 누린다." 유명한 의사들의 생각은 분명히 다르겠지만, 오늘날 이러한 허세 취향은 상상하기 힘들다.

## 외과의사의 자존심
### 손도 씻지 않는 의사의 위생

모두들 실생활에서나 TV로 현대의 수술실을 흘낏 본 적이 있을 것이다. 철저하게 살균한 반짝이고 예리한 장비들, 한 번만 써도 소각하도록 되어 있는 마스크와 장갑들도. 그러나 극장처럼 관람할 수 있던 19세기의 수술실은 역겨웠고, 사람들 역시 그런 것을 선호했다.

1800년대 초기부터 중반에 이르기까지 셀 수 없이 많은 수술이 시행된 수술실 침상은 혈액과 고름으로 거의 검은색이 될 지경이었다. 수술용 장갑은 착용하지 않았다. 아니, 아직 만들어지지도 않았다. 도구들은 기껏해야 물로 헹굴 따름이었다. 외과의사들은 손도 거의 씻지 않았다. 수술복은 어땠을까? 핏자국이 몇 겹으로 굳어서 뻣뻣해진 것이 '유능한 외과의사'의 상징이었다.

심지어 외과의사 자신도 병원과 의과대학에 도사리고 있는 위험을 피해갈 수 없었다. 제이콥 콜레치카<sup>Jakob Kolletschka</sup> 교수는 1847년 사체를 해부하다가 손가락을 잘려 패혈증으로 사망했다. 1840년 비엔나 종합병원의 의대생들은 사체를 해부한 뒤 손도 씻지 않고 곧바로 산부인과 병동으로 오곤 해서 임산부 세 명 중 한 명은 산욕열로 사망하게 만들었다. 이와 대조적으로 산파 문하생들이 운영하는 병동의 사망률은 3퍼센트 정도였다. 의대생들이 병동을 옮겨 다닐 때 그들의 손에 묻은 박테리아 때문에 사망률이 가공할 정도로 치솟았다. 이 사실을 알아차린 의사 이그나츠 제멜바이스<sup>Ignaz Semmelweis</sup>는 병원 직원들에게 간단하지만 놀라운 지시를 내렸다. 비누와 염소 용액으로 손을 씻으라는 것. 그러자 사망률이 급격히 줄어들었다. 하지만 불행하게도 아무도 그의 말을 귀 기울여 듣지 않았다.

19세기에 조셉 리스터<sup>Joseph Lister</sup>는 미생물학자인 루이 파스퇴르<sup>Louis Pasteur</sup>의 병균 이론을 바탕으로 소독이라는 개념을 도입하여 외과 수술의 혁명을 일으켰다. 많은 이들이 박테리아라는 개념을 비웃었다. 에든버러 대학의 교수는 코웃음을 쳤다. "그 작은 짐승들이 어디에 있는지…… 한 번이라도 본 사람 있나?" 또 다른 외과의사는 주장했다. "리스터의 치료법이 근거로 했다는 파스퇴르의 이론은 오류라고 볼 만한 충분한 이유가 있다." 그러나 석탄산 같은 화학적 소독약과 일반적인 무균 청결을 적용했을 경우 사망률이 낮아진다는 리스터의 이론과 사실이 20세기에 들어서면서 점점 신뢰를 얻기 시작했다. 사람들은 구강세정제에 그의 이름을 붙였다. 바로 리스테린이다.

20대 대통령이었던 제임스 가필드<sup>James Garfield</sup>의 경우, 주치의가 리스터의 영향을 받지 않았다. 가필드가 가벼운 총상을 입었을 때 의사들은 손

# 기억될 만한 쇄석술

브랜즈비 쿠퍼Bransby Cooper는 매우 유명하고 존경받는 외과 의사 애슐리 쿠퍼Astley Cooper 경의 조카였다. 조카는 그리 훌륭한 외과의사는 아니었으나,

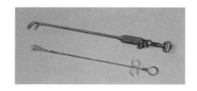

삼촌의 추천 덕에 런던에 있는 가이 병원에서 일하게 되었다.

쇄석술이란 방광 결석을 제거하는 수술이었다. 보통은 5분 안에 끝나는데 환자는 사타구니를 벌린 상태로 눕고, 두 무릎을 끈으로 묶은 후 목 뒤에서 끌어당겨 묶었다(그러니까 현대에는 여성들이 병원에서 출산할 때 쇄석술의 자세를 취한다). 외과의사는 항문과 음낭(회음이라고 불리는 부위) 사이를 자른 뒤 방광으로 접근하여 돌을 꺼내고, 환자가 비명을 지르며 피비린내 나는 지옥을 경험하는 동안 봉합을 끝낸다.

브랜즈비 쿠퍼는 정확한 절차대로 수술을 하지 못했다. 그는 방광을 찾아낼 수 없었다. 그래서 돌도 찾을 수 없었다. 손에 쥐고 있는 온갖 수술 도구를 다 사용하던 그는 마침내 손가락을 집어넣어 휘저었다.

그때까지 환자는 계속 고함을 질렀다. "오! 그만 두세요! 제발, 그냥 내버려 두세요!" 그러나 아무 소용없었다. 쿠퍼는 환자의 회음이 너무 깊다고 투덜거리고 나서 조수에게 소리쳤다. "자네, 손가락이 긴가?" 마침내 돌을 찾아냈으나, 이미 55분이

수술실 극장의 로버트 리스턴

돌팔이 의학의 역사

라는 긴 시간이 지난 뒤였다. 다음날 환자는 사망했다. 틀림없이 밑에 뚫린 분화구 크기의 구멍 때문이었을 것이다.

〈랜싯〉 지를 창간한 토마스 웨이클리Thomas Wakley가 쿠퍼의 무능력을 공개적으로 폭로하자, 쿠퍼는 명예훼손으로 2000파운드를 물어내라고 그를 고소했다. 쿠퍼는 결국 승소했으나, 100파운드에 불과한 보상금만 받았다.

역사상 최초의 과실치사 재판이었을 것이다. 하지만 마지막이 아닌 것만은 확실하다.

과 도구를 씻지 않은 채 상처 부위를 검사했다. 상처가 낫기를 기다리는 동안 고름이 생기기 시작했고, 의사들은 여전히 씻지 않은 손으로 상처를 살펴보았다. 몇 달 뒤, 1881년 가필드는 감염의 합병증으로 사망했다.

얼마 후 대중에게 공개되던 수술실과 더러운 바닥이 사라졌다. 청결과 손 씻기, 외과 수술용 장갑이 관례가 되었다. 이제는 외과 수술이 최후의 수단이 아니라 질병과 싸울 때 예리하게 휘두르는 전술적 책략이 되고 있다.

## 우선, 해롭지 않아야 합니다……. 오, 걱정마세요!

외과 수술에 있어서 어떤 혁신은 소름 끼치지만 뛰어나다. 기원전 500년경 인도의 《수슈루타 삼히타》에서는 다음과 같이 권했다. "커다란 검은 개미들을 상처의 주변에 풀어놓고 나서, 개미가 턱으로 꽉 물면 머리에서 몸을 잘라내면 된다." 상상해 보라. 곤충의 아래턱이 상처를 봉합하는 자연의 스테이플인 것이다. 천재적이지 않은가?

그러나 외과 의학의 역사책들 속에 그와 비슷한 천재적인 이야기가 그리 많은 것은 아니다. 말더듬이가 전형적 사례다. 19세기에 독일의 외과의사인 요한 프리드리히 디펜바흐<sup>Johann Friedrich Dieffenbach</sup>는 말더듬증상을 치료하기 위해 혀뿌리에 가까운 삼각형 쐐기를 잘라내곤 했다. 이 외에도 혀의 '크기를 줄이려' 설소대를 자르는 의사들도 있었지만 이런 시술 중 어떤 것도 효과가 없었다.

1831년, 프레스톤이라는 의사는 뇌졸중을 일으킨 환자의 경동맥을 묶으면 치유 효과가 있으리라는 발상을 했다. 하지만 문제가 하나 있었다. 뇌졸중은 뇌혈관이 막혀서 뇌에 혈액 공급이 부족해서 일어나는 경우였다. 그런데 환자를 구하려고 혈류를 멈춘다는 것은 가뭄을 해소해야 할 판에 비구름을 쫓아내는 것과 같았던 것이다. 어쨌든 환자는 살아났다. 프레스톤은 또한 뇌졸중, 간질, 정신이상 등의 치료를 위해 양쪽 경동맥 모두를 묶으라고 권했다. 다행히 아무도 그의 충고를 받아들이지 않았다.

소화의 최종 산물인 변이 독을 함유하고 있다는 자가중독('관장과 관장기' 참조)에 대한 두려움이 커지면서, 20세기가 되자 많은 이들이 변비를 치료하려고 무수히 많은 장치와 설사약을 시도했다. 영국의 외과의사인 윌리엄 아버스넛 레인<sup>William Arbuthnot Lane</sup> 경은 한 걸음 더 나아가 결장을 완전히 잘라냈다. 그는 천여 건의 결장 절제술을 시행했는데, 주로 여성들이 대상이었다. 확실히, 결장의 느린 운동은 여성의 어리석음, 두통, 그리고 짜증 같은 정신적 결함의 원인이었다. 다행히 결장을 잘라내도 생존할 수는 있지만, 설사를 계속하는 것 같은 부작용이 있었다. 몸에 있는 장기들 대부분과 마찬가지로 결장도 그대로 내버려 두는 게 낫다.

레인은 또한 위치가 잘못된 장기들을 제자리로 돌려놓는 시술을 지지했다. 그렇다. 잘못 읽은 게 아니다. 20세기 초에는 많은 이들이 복부와 전

돌팔이 의학의 역사

신에서 느껴지는 원인 모를 불
편함이 장기가 '아래로 내려앉
거나, 혹은 위치가 잘못된' 탓이
라고 믿었다. 아마도 신장은 항
상 위치가 잘못되었다는 의심을
산 장기일 것이다. 레인은 신장
이 아래로 내려앉은 신장하수

요도 탐색기 약1870년경

증으로 인해 자살, 살인 성향, 우울, 복부 통증, 두통 그리고 비뇨기질환의
많은 신체적 증상이 초래된다고 주장했다. 한쪽 신장을 제거하는 수술이
너무 많은 환자들을 죽음에 이르게 했으므로, 외과의사들은 대신에 신장
고정술을 시도했다. 봉합실과 때로는 고무줄과 거즈 뭉치를 사용하여 신
장을 묶어 제자리로 돌려놓는 것이다. 그러나 1920년경, 이 수술은 서서
히 외과의사들에게 외면당했다. 그들은 '신장하수증의 가장 심각한 합병
증은 신장고정술'이라고 했으며, 비뇨기과의사들은 심지어 '신장을 고정시
키는 일에 광적인 희열'을 느끼는 것 같다고 주장했다(비뇨기과 의사들이 신
장을 치료하는 일을 하기는 하지만, 광적인 희열은 과장된 표현이다).

외과 의사들이 지나치게 건드리는 부위는 단지 신장뿐만이 아니었다.
목구멍 뒤쪽에 자리 잡은 분비샘인 편도선도 어린 시절의 감염을 막기 위
한 노력으로 너무 많이 제거 수술을 한다. 의도는 좋지만 겨냥이 잘못되었
다. 물론 편도선 절제술은 수면 무호흡증과 재발성 편도선염의 경우에 요
즘도 시행되는 치료법이다. 그러나 어디까지나 최후의 선택이다. 1934년의
충격적인 연구 결과에 의하면, 뉴욕에서 천 명 중에 육백 명 이상의 어린
이가 편도선 절제술을 받았다. 그것은 결코 안전한 수술이 아니다. 수술
중에 많은 어린이들이 목숨을 잃는다. 수술이 끝나면 아이스크림을 먹을

수 있다는 약속이 무색할 지경이다.

그리고 불필요한 수술에 대한 논의는 남성의 아랫도리를 손보려는 시도에 대한 이야기를 하면서 완성될 것이다. 보건 전문가이자 씨리얼 발명가인 존 하비 켈로그John Harvey Kellogg는 자위를 하고 싶은 불순한 충동을 가라앉히기 위해 성기를 붕대로 감거나 철망을 씌우거나 손을 묶는 방법을 써도 소용이 없다면 포경 수술을 하라고 추천했다. 수술은 마취를 하지 않고 했는데, 수술에 수반되는 잠깐의 고통은 정신에 유익할 것이라고 간주되었다. 특히 처벌이라는 의미와 연관된다면. 그런데 포경 수술한 남자라면 누구라도 알겠지만, 자위를 막아주지는 못한다.

## 메스의 유혹은
## 계속 된다

대중들은 언제나 신속하게 베고 잘라내어 모든 것을 고칠 수 있다는 약속에 넘어가곤 했다. 어떤 이들은 환자가 되는 것을 너무 좋아한 나머지 가짜 증상으로 수술대 위에 눕기도 하고, 다른 이들은 유령처럼 완벽한 신체를 찾아서 계속 수술실로 돌아왔다. 그러나 과거와는 달리 외과 의사들과 병원은 청결, 수준 높은 훈련, 낮은 사망률에 관해서 철저하게 감독을 받고 있다. 수술 후에도 수술의 경과와 과학적 검증이 철저하게 이루어진다. 또한 마취 기술의 발달 덕분에, 칼질과 톱질을 2분 안에 서둘러 마치도록 요구받지 않는다. 참으로 다행이다.

7

# 마취
**Anesthesia**

질식, 마취용 해면, 클로로포름, 웃음 가스, 동물 실험,
에테르 파티, 유독한 방귀


고통을 정복하기란 쉽지 않은 기술이다. '감각의 부재'라는 그리스어
단어에서 비롯된 마취<sup>Anesthesia</sup>는 인류가 처음 머리에 구멍을 뚫는 수술을
감행하던 시절 이후로 찾아 헤매던 기술이다. 고대 중국에서는 해시시를
사용했다. 이집트인들은 아편을 선호했다. 디오스코리데스<sup>Dioscorides</sup>는 치명

적인 맨드레이크를 포도주와 함께 마시라고 추천했다. 중세에는 '마취용 해면' 제조법이 있었다. 해면을 맨드레이크, 사리풀 독, 독미나리즙, 아편 등에 적신 뒤 햇볕에 말리는 것이었다. 그리고 뜨거운 물에 담갔다가 짠 다음 축축한 상태로 환자의 코에 갖다 대고 숨을 들이마시게 했다.

그렇지만 이와 같이 알코올이나 다른 물질을 사용할 때의 문제점은 유독할 정도로 너무 많은 양이 필요하다는 것이다. 수술을 받다가 깨어나지 못할 수도 있었다. 그래서 다른 방법들이 개발되었다. 고대 중국에서는 궁형(거세) 전에 잠이 들게 하려고 뇌진탕을 유발할 정도로 세게 머리를 후려쳤다는 이야기가 전해 내려온다. 아직도 가야 할 길이 한참 멀었다.

오늘날처럼 고통 없는 의료 수술의 시대에 이르기까지는 많은 시행착오와 더불어 상당수의 동물 실험이 있었다. 마취에 관한 연대기의 몇몇 장은 약물 중독자나 반사회적 경계선 인격장애인 사람들의 기여도가 컸다. 다음에 수술에서 깨어날 기회가 있다면 과거의 어린이 교살자들, 해면 흡입자들, 에테르 장난꾼들에게 감사해야 한다는 사실을 기억하라. 그들 몇몇에 대해 소개할 것이다.

## 이산화탄소가 의식을 잃게 한다

헨리 힐 히크먼 Henry Hill Hickman 은 강아지 살해범이었다. 현대 마취학의 아버지 중 하나로 꼽히는 이 영국인 의사는, 19세기 초에 '생명을 일시 정지'시킬 수 있다는 자신의 이론을 실험했다. 그는 흡입제로 탄산가스(지금은 이산화탄소로 알려진)를 사용하여 다음과 같이 실험을 기록했다.

나는 생후 한 달이 지난 강아지를 데려왔다. …… 그리고 공기가 들어갈 수 없도록 유리 덮개를 씌웠다. 1분이 지난 뒤 강아지는 매우 괴로워하는 듯 보였고, 12분이 지나자 호흡이 어려워졌다. 17분 뒤에는 움직임이 완전히 멈췄고, 18분에 나는 귀 하나를 떼어냈다. …… 그 동물은 최소한의 고통도 느끼지 않는 것처럼 보였다.

잠시, 실험 대상이 된 동물을 위해 묵념을 올리자.

오, 가엾은 강아지를 생각하면 울음이 터져 나오는구나!

그렇다, 히크먼은 강아지들을 질식하게 만들었고, 때로는 죽음에 이르게 했다. 그러나 마취를 하기 위해 질식 상태를 이용한 것이 그가 처음이 아니었다. 아시리아 사람들은 할례를 하기 전에 아이들의 목을 졸라 무의식 상태로 만들곤 했다고 주장하는 이들도 있다. 실제로 17세기까지 이탈리아에서 행해지던 관습이기도 하다(포경수술 전에 목을 조른다고? 안 돼, 안 돼, 절대로 안 돼!). 진실을 말하자면 효과가 있었다! 산소 부족으로 완전히 의식을 잃게 되면 귀나 아랫도리를 잘라도 고통을 느낄 수 없다.

그러나 문제는 죽을 수도 있다는 것이었다. 히크먼은 영리하게도 자신의 방법을 보고할 때 긍정적 결과만을 집어넣었다. 그러나 의학계에서는 그런 꼼수를 꿰

헨리 힐 히크먼. 유리 덮개 아래 무의식 상태이거나 이미 죽었을 강아지가 보인다.

뚫어 보았다. 그의 실험은 무시당하거나 신랄한 비판을 받았다. '외과 수술적 속임수'라는 제목으로 〈랜싯〉에 실린 비평에서는 "이를 뽑기 위해서, 혹은 수술하는 동안 고통을 느끼지 않기 위해서 바로 직전에 목을 매거나, 물에 빠지거나, 질식하는 방법을 추천한다면 세상이 그를 경멸하면서 비웃을 것이다."라고 주장했다. 그 저자는 또한 히크먼의 논문을 '돌팔이의 휴지 조각' 그리고 '속임수'라고 부르면서, 자신의 비평에 "나는 말하자면, 안티돌팔이주의자다." 라고 서명했다.

신랄하다. 이렇게 마구잡이로 비판을 받은 뒤 히크먼은 무감각해지기 위해 이산화탄소를 투여하지는 않았을까? 그러나 히크먼의 발상이 인기를 얻지 못한 것은 좋은 일이었다. 결국, 마취제로 이산화탄소를 사용하는 것은 올가미를 마취제로 사용하는 것과 마찬가지다. 질식해서 죽음에 이를 수 있다는 것은 돌이킬 수 없는 부작용이다.


## 클로로포름
### 돌연사하는 환자가 속출하다


에딘버러의 제임스 영 심슨James Young Simpson은 마취에 있어서 19세기의 또 다른 선구자였다. 그러니까 어떻게 되는지 알아보기 위해 아무 물질이나 들이마셔 보는 사람을 선구자라고 한다면 말이다. 쓰레기 더미 아래서 클로로포름 한 병을 확보한 뒤(전에는 아마도 시도해 볼 가치가 없다고 생각했는지) 그와 동료들은 가슴 깊이 들이마시기 시작했다. 클로로포름에서는 느글느글한 단내가 났고, 곧 귀에서 윙윙거리는 소리가 나면서 팔다리가 무거워졌고 현기증을 느꼈다. 그들은 킬킬거리기 시작했고('흥분의 바로 전 단계'라고 심슨은 설명했다), 마구 지껄이다가 마침내 쿵, 하고 쓰러졌다. 무의식 상태가 되어 모두 쓰러졌고, 그러는 와중에서 냄새를 맡고 있던 식당은 엉망이 되었다.

다시 깨어난 그들은 클로로포름이 대단한 물질이라고 판단했다. 그래서 여러 번 흡입하여 이전처럼 흥분 상태가 되었다가 의식이 사라졌다가 무사히 깨어나지는지 확인해 보았다. 심슨의 조카도 실험에 참여했고, "나는 천사다! 오, 나는 천사야!"라고 소리친 뒤 의식을 잃었다.

클로로포름의 분자구조는 단순하다. 메탄(천연가스의 주요 성분)의 수소 원자 세 개를 염소 원자 세 개로 대체하면, 클로로포름을 만들 수 있다. 심슨은 곧 수술용 마취제로 클로로포름을 추천하기 시작했으나 그것은 19세기 중반 다른 의미로 인기를 얻었다. 파티를 즐기고 싶은 사람들이 클로로포름에 손을 댔고 나중에 에테르도 흡입하게 된 것이다.

고통을 마비시키는 다른 약물들과 마찬가지로, 오래지 않아 사람들은 상태가 편안해지는 것과 치유를 혼동하기 시작했다. 아마도 사람들은 머리가 멍해지고 무감각해지면 그것이 효과가 좋다고 받아들였을 것이다. 클로로포름은 깁슨의 린시드 리코리체, 클로로포름 로젠지, 비 브랜드 화이트 파인, 타르 코프 시럽과 같은 여러 약품의 성분으로 등장하기 시작했다. 이 약들은 모두 인후와 폐에 관련된 질병에 효과가 있다거나(사실 클로로포름은 매우 자극적인데), 결핵을 고친다는(전혀 아니다) 주장을 했다. 다른 엉터리 처방들은 구토, 설사, 불면증, 통증의 치유에 도움이 된다고 장담했다. 나중에 언급된 증상들에 대해서는 진정제로서의 효과가 있기는 하지만, 클로로포름은 결코 치료제가 아니다. 오히려 치명적인 약품이다.

우선 클로로포름을 '흡입하다가 돌연 사망'하는 경우가 너무 많았다. 건강한 환자들이 원인을 알 수 없는 심장 부정맥과 호흡기 그리고 심부전으로 사망했다. 클로로포름은 또한 간과 신장의 중독을 초래하고 암을 유발할 수 있다. 20세기에 들어서는 그 위험성 때문에 외면되었고, 이제는 살인 추리물에서 독살(비록 불완전하지만)의 흔적으로 애용되고 있다.

## 기체 연구소의 마취 가스 실험

18세기 영국에서는 약효가 있는 새로운 기체를 발견하고자 하는 열풍이 불었다. 1700년대 후반 브리스톨에는 의료용 공기로 질병을 치료하려는 압축공기 연구소가 문을 열었는데, 설립자는 미심쩍은 여러 가지 요법들을 시도하곤 했다. 1798년에 험프리 데이비가 연구소에 합류하여 호흡기 생리학과 마취에 관한 획기적 발전에 공헌했는데, 그는 어떤 가스가 안전한지 알아내기 위해 무시무시한 방법을 사용했다. 직접 흡입해 보는 방법이었다(마취학의 선구자들에게 일정한 패턴이 있음을 감지할 수 있을 것이다).

예를 들어 일산화탄소를 마셨을 때, 그는 기록했다. "나는 가라앉아 영혼이 소멸하는 것 같았다." 그러나 다행히 죽지는 않았다. 수소가스를 마셨을 때 "옆에 있던 사람이…… 내 뺨이 보라색이 되었다고 알려 주었다." 용감한 사람이다. 그러나 1800년에 그는 웃음 가스라고 알려진 아산화질소가 치통을 없애준다는 사실을 알았다. 또한 구토를 유발한다는 것도 발견했는데, 그가 딱 8분 만에 포도주 한 병을 완전히 마시고 나서, 5쿼트의 웃음 가스를 흡입했을 때 그 즉시 토해냈기 때문이다.

그렇다면 압축공기 연구소는 어떻게 되었을까? 그들이 실험했던 어떤 기체도 실제로 결핵을 비롯한 폐 질환을 치유할 수 없다는 것을 발견한

이 그림의 원래 제목은 '잔소리하는 아내에 대한 처방'이었다. 여성의 권리가 갈 길이 멀었던 시절

뒤 문을 닫았다. 데이비의 연구는 오랫동안 잊힌 뒤였다. 압축공기 연구소가 어떤 병도 치료하지 못한 것이 한 가지 이유이고, 데이비의 호기심이 최면성 물질 연구에서 좀 더 활기찬 신경생리학 연구로 옮겨간 것이 다른 한 가지 이유였다.

아산화질소를 의료용 목적으로 사용하는 것은 당분간 보류되었다. 그러나 19세기 파티에서 수십 년 동안 오락용 약품으로 소모되었다. 1844년에 이르러서야 미국 치과의사 호레이스 웰즈가 데이비의 관찰 결과를 이어받아, 이전에는 인정받지 못한 그 기체의 마취성 특성을 연구했다. 웰즈는 아산화질소를 흡입하고 직접 자신의 치아를 뽑았는데, 고통이 없음을 발견하고, 그 사실을 공개했다. 그는 호흡 장치를 제작하여 존 콜린스 워렌(매사추세츠 종합병원과 〈뉴잉글랜드 의학과 수술 저널〉창립자)이라는 외과 의사에게 절단 수술을 할 때 그 가스를 사용해 보라고 권했다. 환자가 거절하자, 군중 속에 있던 의과 대학생이 자원하여 이를 뽑도록 했다. 가스는 효과가

시계방향, 좌측 하단부터
- 보일의 장치, 마취가 되어가는 정도를 통제하기 훨씬 쉽다. (1917)
- 정커 흡입기, 우선 고무 풀무를 사용하여 용액 위로 공기를 뿜어 올린다. (1867)
- 마취 마스크 (1900년대 초)
- 옹브레단 흡입기, 액체 에테르를 빨아들이기 위한 금속 구가 달려 있다. (1907)
- 또 다른 마스크, 병에 든 클로로포름.

돌팔이 의학의 역사

없었다. 아마도 웰즈의 새로운 장치가 작동에 실패한 것 같았고, 학생은 통증을 고스란히 느껴야 했다.

가엾은 웰즈는 당황해서 충격을 받았고, 결국 실험을 반복하다가 클로로포름에 중독되고 말았다. 그는 정신적으로 불안정해져서, 매춘부들에게 황산을 던진 뒤 악명 높은 뉴욕의 감옥에서 자살했다.

1860년대 후반에, 치과의사들은 아산화질소를 사용하는 또 다른 실험을 했다. 다른 전문 의료진들은 문제가 많은 에테르와 클로로포름 대신 그것을 사용했다. 만약 아산화질소가 오늘날까지 진정제로 사용되고 있음을 안다면, 웰즈는 무덤 속에서나마 더 편히 쉴 수 있을 것이다.


## 속임수가 아니라고? 자, 놀아보자!

윌리엄 모튼<sup>William Morton</sup>은 실패로 돌아간 호레이스 웰즈의 실험을 지켜보았던 보스턴의 치과의사였다. 모튼은 같은 실수를 반복하지 않았다. 아산화질소 대신 그는 에테르 흡입을 연구했다. '달콤한 황산염'이라는 별명을 가진 디에틸에테르는 에틸에테르, 또는 그냥 에테르라고도 불린다. 16세기에 처음으로 에탄올에 황산염을 첨가하여 합성시켰다. 그것은 18세기에 호흡기 감염, 방광 결석 그리고 괴혈병의 치료제로 사용되었다(효과는 없었다). 그리고 마침내 1840년에 마취제로 사용되기 시작했다.

모튼은 치아를 뽑기 전에 환자의 잇몸에 그 용액을 몇 방울 떨어뜨렸고, 부분 마취가 이루어지는 것을 발견했다. 다음 단계는? 자택의 금붕어 수조에 그 용액을 떨어뜨리기 시작했다. 그의 아내 엘리자베스는 달가워하지 않았으나, 모튼은 멈추지 않았다. 그는 스파니엘 종 애완견인 니그에게 눈독을 들였다. 엘리자베스가 완강히 거절했으나, 모튼은 결국 작은 니그를 마취시켰다. 모튼 가정의 결혼 생활은 그리 행복하지 않았을 것 같다.

모튼의 에테르 흡입기를 복제한 것

　1846년 10월 16일, 모튼은 자신의 발견을 대중에게 공개했다. 웰즈가 아산화질소로 시도했다가 실패한 수술을 기획했던 워렌 박사와 함께였다. 매사추세츠 종합병원에서 공개적으로 수술이 이루어졌고, 워렌이 에테르 마취를 써서 환자의 목에 있는 종양을 제거하는 동안 모튼이 감독했다. 수술이 끝나자, 환자는 아무 고통 없이 깨어났다. 워렌 박사가 선언했다. "신사들이여, 이것은 속임수가 아닙니다!"

　매사추세츠 종합병원에서 이루어진 외과 수술 장면은 곧 '에테르 돔'이라는 애칭으로 불렸고, 역사적인 그 날을 '에테르 데이'라고 이름 붙였다. 그런데 불행히도 모튼은 자신의 발견으로 돈을 버는 돌팔이의 길로 접어들었다. 에테르에 색을 넣고 첨가제를 넣어 냄새를 없앴다. 그리고 그리스 신화의 강 레테의 이름을 따서 '레테온'이라는 이름을 붙인 뒤, 술꾼들에게 망각과 건망증을 제공했다. 그는 레테온을 세상에 운명적으로 소개한 지 한 달 만에 특허를 얻었다. 그러나 그의 특허품은 사실 에테르일 뿐이었다. 미국과 외국의 의학계는 쉽게 생성된 물질로 인류에 공헌하는 물질을 발견했다고 고집하는 모튼을 조롱했다. 모튼의 명예는 다시는 회복되지 못했다.

　　　　　　　　　　　　　　　　　　　　돌팔이 의학의 역사

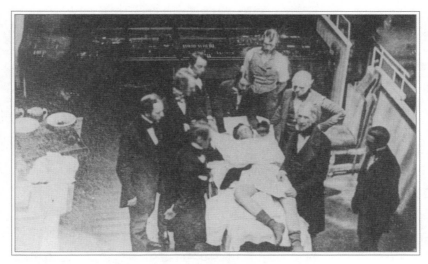
모튼과 워렌이 에테르로 시도한 첫 수술을 재현한 장면

그러나 에테르의 명성은 계속 입지를 굳혔다. 모튼이 최초로 성공적인 시범을 보이고 얼마 지나지 않아, 올리버 웬델 홈즈가 모튼에게 보내는 사적인 편지에서 '마취'라는 용어를 사용했다. 에테르는 곧 외과 수술에서 광범위하게 마취제로 사용되었는데, 세 가지 문제를 제외하고는 효과가 훌륭했다. 우선 인화성이 높았고, 메스꺼움과 구토를 일으켰으며, 폐를 자극했다(한 세기 전에는 의사들이 폐에 생긴 염증을 치료하는 데 사용했던 것을 생각하면 흥미로운 일이다). 또한 지독한 냄새가 환자들에게 배어서 사라지지 않았다.

또한 에테르는 또 다른 명성도 쌓아갔다. 유희를 위해 남용되는 약, 그리고 돌팔이들의 약이라는 평판이었다.

에테르는 배앓이와 설사를 치료할 용도로 약장의 상비약이 되었다. 에테르 1에 알코올 3이 함유된 '호프만 드롭스'는 위경련 같은 가벼운 질환을 치료할 수 있다고 했지만 중독성 있는 만병통치약이 되기 쉬웠다.

설상가상으로 에테르의 남용이 사회적으로 용인되었다. 19세기 중반에는, 에테르에 취해 헤롱거리거나 술에 취해 고주망태가 되는 파티가 흔했다. 참가자들은 에테르를 들이마시고 아찔한 현기증을 느끼거나, 취하거나, 때로는 의식을 잃었다. 파티에 참가한 의사들 가운데 크로포드 롱Crawford Long은 저열한 사람이었다. 에테르를 흡입한 뒤, 그는 이렇게 허세를 부렸다. "이것을 해보고 싶어서 안달이 난 여자애들 몇 명이 제퍼슨에 있어요. 알다시피, 그들 앞으로 이것을 가져가서 달콤한 키스 몇 번을 하는 것보다 더 즐거운 일은 없을 겁니다."

더러운 놈.

역겨운 남자들과 헤롱거리다가 끝나는 일이 전부가 아니었다. 유흥에 에테르를 사용한 사람들은 간혹 멍이 들거나 부상을 입은 채 깨어나곤 했다. 몇몇은 죽었다. 어떤 신사는 불운하게도 에테르를 흡입하면서 담배를 피웠는데, 옆에 있던 사람이 다음과 같이 기록했다. "그걸 흡입한 뒤 그는 파이프에 불을 붙이려고 애썼는데, 그러자 불꽃이 숨에 옮겨 붙었고 입안으로 빨려 들어갔다."

아일랜드 의사인 켈리 박사는 에테르가 알코올중독을 치료할 수 있다는 생각을 했다. 하나의 중독성 물질이 다른 물질로 바뀌는 것이라면 확실한 방법이다. 환자들은 '켈리 박사의 처방'을 알코올이 아닌 대체물로 투여받았다. 그것은 '깨끗한 양심을 지닌 채 취할 수 있는 액체'였다. 물론 그랬겠지. 하지만 많은 마을에서 말 그대로 에테르 악취가 나기 시작했다(톡 쏘고 달콤하지만 불쾌한 용매 냄새가 난다). 마침내 영국 정부는 에테르를 독성 물질로 분류하고 1891년에 판매를 규제하기 시작했다.

잘된 일이었다. 중독성이 있고, 인화 물질이며 때로는 사망에 이르게 하는 것 말고도, 에테르는 심각한 트림, 딸꾹질, 독성이 있는 방귀를 유발했다.

돌팔이 의학의 역사

# 오늘날의
# 마취

　오늘날 사람들은 대부분이 인생의 어느 시점에서는 마취를 경험하게 될 것이다. 치과에서 치아를 뽑거나 혹은 외과 수술을 받거나. 마취의 역사는 수많은 끔찍한 실험과 때로는 불행할 결말을 수반했다. 클로로포름과 에테르 마취제는 병원의 약장에서 사라졌고, 그 대신 더 안전한 약들, 예를 들어 프로포폴(약물의 색 때문에 '우유주사'라고도 불리는)과 같은 수면-진정 유도제, 펜타닐과 같은 오피오이드, 미다졸람 같은 벤조디아제핀, 그리고 다른 많은 약품들로 대체되었다. 마취제는 점점 더 구체적으로 구분하여 사용된다. 노보카인 같은 국소 신경 차단제는 치과 치료 과정에서의 고통을 없애준다. 척추 및 경막외마취는 전신마취로 인한 호흡 문제나 심장의 위험성 같은 것을 최소한으로 줄인다. 오늘날에는 안전성이 높아지기는 했으나, 전신마취는 여전히 약물 특유의 위험성을 지니고 있고 사망에 이를 수도 있다. 수술을 해서 병이 더 심각해질 수도 있는 것이다.

　나자로(*역주: 예수에 의해 죽음에서 되살아난 성서 속 인물)의 행복한 결말처럼 사람의 몸을 단기적인 혼수상태에 빠지게 하는 일은 아무 약물로나 되는 일이 아니다. 또한 공식적으로, 웃는 가스/클로로포름/에테르 파티가 끝난 것도 다행한 일이다. 사람들은 그것 말고 헤롱거릴 다른 합법적(혹은 불법적) 방법을 찾아야 할 것이다.

# 남성의 건강편

옥스퍼드 영어사전은 남성성을 "힘과 에너지 그리고 강한 성적 충동을 지닌" 것으로 정의한다. 메리엄-웹스터에서는 남성성을 단순히 '남자다움'이라고 정의하고 끝낸다. 고대 그리스와 로마의 도움을 받자면, 그 시대에는 자기 통제, 자신감, 정치적 관심, 성적인 분방함이 수반된 근육질의 건장함이었고, 그리고 여러 시대를 전해져 내려오면서는 약간 변형이 되어 남성적 이상을 창조할 수 있는 높은 수준의 에너지로 정의했다.

물론 남자다운 이상적인 남성성을 달성하는 것은 복잡한 문제들과 잠재적 위험들로 가득 차 있다. 이 세상 모든 곳에 있는 남자들은 스스로를 의심하는 성가신 질문들에 시달리고 있다. 이번 대회에서 지면 어떡하지? 이 직장에 취직이 안 되면 어떡하지? 수염이 안 자라면 어떡하지? 머리가 벗겨지면 어떡하지? 그게 안 서면 어떡하지?

이러한 고민들이 서구 역사를 통틀어 남자들로 하여금 밤잠을 못 이루게 했다. 또한 돌팔이 의사들이 금전적 이득을 취할 수 있었던 것도 이런 두려움 덕분이다.

사례A: "남성적 기관을 완벽하게 개발"(발기부전을 치료하기 위한 초기의 진공 흡입 장치)한다는 광고는 대담하게도, "성적으로 취약한 남자는 결혼에 적합하지 않다. 약한 남자들은 스스로를 미워하게 된다."라고 명시하고 있다. 다음에 나오는 내용은 약한 남성들이 자신을 조금 덜 미워하게 되는 몇 가지 돌팔이 같은 방법들이다.

## 넉사이티드 아이언

(*역주: 마전자가 함유된 철분제)

야구의 거인 타이 콥, 복싱 챔피언 잭 뎀시 그리고 교황 베네딕토 15세의 공통점은 무엇일까? 세 사람 모두 '넉사이티드 아이언'의 광고에 출연하여 세간의 이목을 끌었다는 점이다. '넉사이티드 아이언'은 활력과 남성성

여러분, 교황이 보증하는 넉사이티드 아이언입니다.

을 추구하는 영원한 남성이 되려면 혈류 속의 철분 함량을 높여서 "신체적 혹은 정신적 생명력"을 회복해야 한다고 주장했다. 그 제품 속에는 황산화제일철(철분)과 향긋한 계피 기름이 조금 들어 있기는 하지만, 마전자(스트리키닌)와 많이 복용하면 독이 되는 신경독도 함유되어 있었다. 소름 끼친다('스트리키닌' 참조).

## 스티븐슨의 고환 지지대

'스티븐슨의 고환 지지대'는 1876년에 등장했다. 페니스를 다리에 복잡하고 불편하게 묶는 방식을 고안하여 남성들의 자위 성향을 억제하는 데 도움을 주는 장치였다. 당연히 큰 효과는 없었으므로, 나중에 출시된 제품에는 불행히도 발기가 되었을 때 페니스를 찌르는 뾰족한 작은 돌기가 부착되어 있었다.

## 자가 치유 스트링어 장치

자가 치유 스트링어라는 수상쩍은 이름이 붙은 장치는 발기를 지속시키기 위한 가능한 모든 방법을 하나로 묶어 놓았다. 제조회사는 "네 가지 기능을 하나에 넣었습니다. 진공 흡입, 습열, 진동, 그리고 전기"라고 광고했다. 이 장치는 뜨거운 물, 유도 코일, 전류, 진공, 그리고 심지어 바셀린을 겉에 바를 수 있는 전극도 결합시킬 수 있었으며, '전립선 마사지'라는 부가적인 이점을 얻기 위해 직장에 몇 인치 삽입하는 것도 가능했다. 제조회

사는 소비자들에게 그것이 "세상이 시작된 이래 가장 놀라운 발견"이라고 장담했다.

## 보윈 장치

자위를 억제하려는 의도로 만들어졌기에, 보윈 장치는 성행위에서 지배자 역할을 하는 여성의 섹스토이로는 알맞지 않은 것처럼 보인다. 그것은 기본적으로 음모에 가는 사슬로 연결된 페니스 덮개였다. 페니스가 발기할수록 가는 사슬이 음모를 잡아당긴다. 아얏.

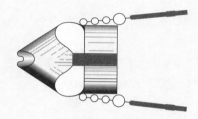

보윈 장치는 영광스럽게도 끔찍함으로는 최고다.

## 첫 번째 페니스 링

1200년경에 중국에서 최초로 페니스에 부착하는 링이 발명되었다. 그중에서 가장 창의적인 것은 염소의 눈꺼풀로 만든 링이었는데, 일부러 눈썹을 남겨두어 성적 쾌감을 증가시켰다.

상상은 잠깐 멈추고. 몇 백 년 뒤에는 중국인들이 상아로 만든 링으로 바꿨는데, 남성과 염소 모두에게 명백하게 나은 선택이었다.

## 전립선 난로

오하이오의 전열기 제조회사는 직장 내분비선을 따뜻하게 해주는 '써멀레이드'Thermalaid라는 명칭의 장치를 만들었다. 전류가 흐르고, 작은 전구로 온도를 조절하며, 단단한 고무로 외부 전체를 덮은 그 장치는 '복부에 있는 뇌를 자극하기' 위한 것이었다.

"직장 확장기를 사용해서 직장 내부를 지속적으로 따뜻하게 하면, 모세혈관이 완만하게 자극되어 국소 신경 상태가 개선되는 결과를 가져온다."

온도를 조절하는 전구는 필연적으로 당황스러운 만남에 이르게 된다. "안녕, 자기야. 나 집에 왔어. 늦게까지 불을 켜 놓았네. 아니 그런데 지금 뭐 하고 있는 거야?"

## 렉토 로터

(*역주: 오른쪽으로 도는 회전자)

이 흉측하게 생긴 장치는 직장 안으로 밀어 넣어져, 전립선과 결장을 윤활하게 하고 "직장 부위의 근육을 마사지한다." 광고문구는 소비자들에게 환자 자신이 '가정에서 사적으로' 사용할 수 있다고 안심시킨다. 공공장소에서 렉토 로터를 사용하는 난감함을 피할 수 있다고 장담하는 것이다. 로터의 크기는 "효과가 충분할 만큼 크고, 15세 이상 누구나 사용할 수 있을 만큼 작다."고 광고하고 있다. 모든 종류의 골치 아픈 문제를 떠올리게 만들지 않는가?

## 대머리에 뿌리는 스프레이

1990년대에 이따금 애인 집에 가서 자야 한다면, 아마도 늦은 밤 홈쇼핑 방송에서 광고하는 대머리와 숱이 적은 머리를 감춰주는 '스프레이 온 헤어'에 눈길이 갈 것이다. GLH('풍성해 보이는 머리카락'을 영어 약자로 표시한 것)라는 상품명을 지닌 이 제품은 그 이름만큼이나 우스꽝스럽다(단돈 39달러 92센트!). 그러나 이 광고 방송은 옆과 뒤에만 숱이 남아 있고 이마는 점점 벗겨져 가는 불운한 청년들의 경우에는 유튜브에서 찾아볼 만한 가치가 있다. 광고에서는 GLH를 사용하면 "머리카락이 돋아나기 시작한다"고 장담한다. 스프레이 온 헤어는 오늘날에도 여전히 수요가 있다.

## 근육 자극기

아무것도 하지 않고 근육이 탄력있게 되기를 바라는가? 전기 근육 자극기EMS는 전기로 충격을 줘서 근육이 비자발적으로 수축하게 만들고 그래서 '움직이게' 한다. 그러나 경영자들의 피트니스 제품인 경영자의 서류 가방 모델은 또 다른 비자발적 반응인 심장 부정맥을 일으켰다. 1996년에 FDA는 기계를 폐기하라는 명령을 내렸다.

## 수염 생성기

아마도 역사상 얼굴에 수염이 자라지 않
는 남자들이 살기 가장 힘들던 때는 영국의
빅토리아시대였을 것이다(혹은 2000년대의
포틀랜드, 오레곤이거나). 가슴까지 내려오는
턱수염, 덥수룩한 구레나룻, 정교하게 다듬
은 콧수염이 유행하던 시절이었다.

도움을 주기 위해, 모데비 교수의 수염 생
성기라 불리는 맞춤형 치료법에 대한 광고
가 런던의 신문에 실렸다. 광고에서는 수염
이 거의 없는 사람, 심지어 '17세 이하의 청
년'이라 해도 4주에서 6주만 사용하면 턱수
염이 풍성해진다고 주장했다(성분에 대한 언

급은 없음).

소년이 남성이 되어가는 모습을 당신의 눈
으로 지켜보라.

4부

# 동물들
## ANIMALS

소름 끼치는 벌레들, 시체들, 인체의 치유력

# 1

# 거머리들
## Leeches

거머리 펜던트, 메르세데스 벤츠 로고 모양의 물린 자국,
거머리 파이트 클럽, 술 취한 육식 벌레,
엉덩이가 사라지는 곤경에 처하다

1850년 런던의 한 의사가 인후통에 시달리는 여성 환자에게 왕진을
갔다. 분명히 부어 오른 편도선이 원인이었다. 증상을 완화시키기 위해서
는 편도선에 고인 피를 빼내 부은 것을 가라앉게 해야 할 것이었다. 해결
책은 분명했다. …… 거머리.

휴대용 도자기 단지에서 의사는 길이가 3인치쯤 되는 가늘고 꿈틀거리는 짙은 색 거머리 한 마리를 꺼낸다. 배가 고픈지 그것은 신경질적으로 몸을 비튼다. 의사는 비단실이 꿰어져 있는 바늘로 거머리의 꼬리를 뚫은 뒤, 꿈틀거리는 거머리 펜던트를 투명한 유리관 속으로 밀어 넣는다. 그리고 거머리의 배고픈 입이 부어오른 편도선 쪽으로 향하게 한다. 거머리는 이빨이 난 작은 턱으로 부어 오른 조직을 가라앉히지만, 환자는 물렸다는 느낌조차 없다. 결국 거머리가 최대한 공격해도 거의 아무런 해를 끼치지 않는다. 살며시 물리는 것은 유익한 일이다.

꿈틀대는 것 때문에 간지러운 느낌이 있다. 거머리는 피로 몸이 가득 찰 때까지 점점 더 부풀어 오른다. 이제 안심하고 묶여 있는 실을 잡아당겨 떼어내면 된다. 환자는 한두 시간 동안 입안에서 짠맛이 나는 피가 흐르는 것을 느낀다.

이런 장면은 역사 속에서 매우 흔하게 일어났다. 알고 보면 거머리는 매우 오랜 시간 동안 허락받고 인류의 피를 빨아 먹었다.

## 거머리 요법의 기원

거머리요법이나 방혈은 모두 혈액과 염증으로 신체에 생긴 '울혈'을 완화시키려는 동일한 목적을 위한 것이었다. '나쁜' 피를 뽑아서 내보내면 몸 안에 내재된 어떤 문제든 해결할 수 있다고 믿었다. 그래서 거머리 요법은 성병, 뇌염, 간질, 히스테리, 내장기관 질환 그리고 결핵을 포함한 많은 질병에 적용되었다.

그러면 우리 삶 속으로 거머리를 데려온 책임은 누구에게 있는 것일까? 우선 기원전 1500년 경까지 거슬러 올라가 보면 이집트인의 무덤 속 문서에 최초의 기록이 남아 있는데, 열병과 고창증(*역주: 소의 배가 부어오르는 병)을 치유하기 위해 거머리를 사용했다고 한다. 호머의 일리아드에서는 아스클레피오스의 아들인 포달레이리우스가 치유자로 소개되는데, 거머리라는 별명으로 불렸다. 고대 중국에서는 후이 왕(?~기원전 430년)이 우연히 샐러드 속에 들어 있던 거머리 한 마리를 삼킨 뒤, 놀랍게도 위장병이 나아졌음을 깨닫고 이후로 거머리 치료를 하게 되었다는 이야기가 전해진다.

19세기의 거머리 단지

그러나 거머리 요법은 실제로는 기원전 4세기 무렵 히포크라테스의 이론과 서기 2세기 무렵 갈레노스의 이론을 그 근거로 삼고 있다. 두 의사는 모두 방혈이 체액의 균형을 잡아준다고 확고히 믿었다. 건강과 질병의 근원을 이렇게 뚜렷한 신체적 요소로 생각한 믿음은 거의 2세기 동안 서양 의학 이론을 주도했다.

히포크라테스와 갈레노스 이후로, 악령을 물리치는 것(라오디게아의 데미슨, 시리아)부터 난청의 치료(트랄레스의 알렉산더)까지 거머리를 온갖 질병에 사용했다는 증거를 많이 찾아볼 수 있다. 중세의 어느 의사는 심지어 거머리 요법이 "청각을 예민하게 하고, 눈물을 멈추게 한다. …… 그리고 음악과 같은 목소리로 만들어준다."라고 주장했다. 단지 꿈틀거리는 흡혈벌레를 몸에 붙이기만 하면 누구나 비욘세가 될 수 있다는 얘기다.

그런데, 만약 거머리 요법을 쓰든 방혈법을 쓰든 같은 효과가 있다면, 왜 랜싯 대신 굳이 가느다란 벌레로 피를 뽑아내려 했을까?

## 거머리 대
## 랜싯

우선 동물 자체에 대해 생각해 보자. 히루도 메디키날리스라는 라틴어 이름의 의료용 거머리는 흡혈 생물이다. 그 동물의 침에는 혈액이 응고되지 않고 계속 흐를 수 있게 하는 혈액 희석제(히루딘)가 함유되어 있다. 그러면 소화는 어떻게 하는가? 이 생물은 위를 열 개나 지니고 있어서 하나나 둘 혹은 세 개의 위를 가진 포유류를 부끄럽게 만든다. 또한 엄청난 이빨을 갖고 있다. 턱이 세 개인데, 턱마다 백 개의 이빨이 있다. 300개의 이빨에 물리면 메르세데스 벤츠의 로고 형태인 자국이 남는다.

랜싯, 방혈침, 칼날이 달린 난절기와는 달리, 거머리에게 물리면 상대적으로 덜 고통스럽다. 거머리의 침 덕분이다. 특별한 화학적 혼합물인 거머리의 침 속에는 사려 깊게도, 물렸다는 것을 의식할 수 없게끔 숙주를 편안하게 만드는 마취제가 들어 있다. 흡혈이 끝난 뒤에야 비로소 숙주가 간지러움을 느끼고 긁기 때문에 야생의 상태에서 유용하다. 《수슈루타 삼

돌팔이 의학의 역사

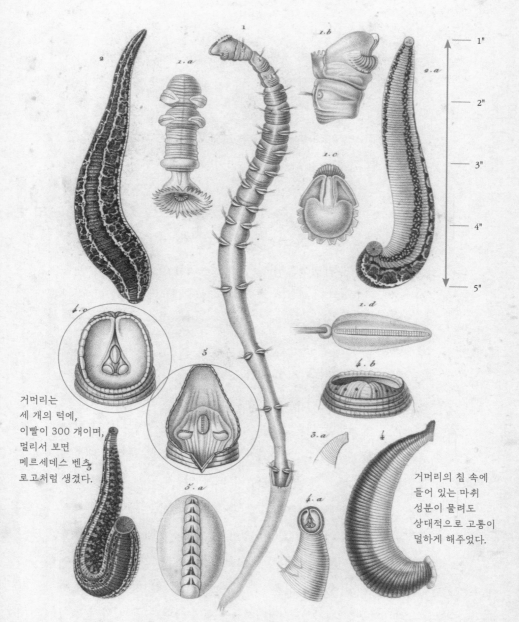

거머리는
세 개의 턱에,
이빨이 300 개이며,
멀리서 보면
메르세데스 벤츠
로고처럼 생겼다.

거머리의 침 속에
들어 있는 마취
성분이 물려도
상대적으로 고통이
덜하게 해주었다.

1. Clymene *amphistoma*, *Sav*. 2. Sanguisuga *officinalis*, *Sav*. 3. Sang. *medicinalis*, *Lin*.
4. Bdella *nilotica*, *Sav*. 5. Bouche de l'Hæmopis *sanguisorba*, *Lin*.

거머리 해부

히타》에는 '정신의 지체가 있는 이들'과 '극히 소심한 사람들'에게 정기적으로 방혈을 실행하는 대신 '더 온건한' 요법인 거머리를 이용하도록 논의하고 있다.

거머리는 또한 더 정확한 부위를 겨냥하여 피를 뽑을 수 있다. 방혈은 상박 부위에서 이루어지는 경우가 많지만, 더 범위가 좁으면서 정확해지려면 작고 깔끔하게 피를 뽑을 필요가 있다. 거머리 요법을 실행하는 사람들은 문제가 생긴 부위에 가장 근접해서 피를 뽑아야 한다고 생각하기 때문에 두통에는 관자놀이에서, 현기증은 귀 뒤에서, 무기력증은 뒤통수에서, 위장 질환은 배 위에서, 간질에는 비장 위치에서 피를 뽑는다. 생리통에는 허벅지 위쪽, 외음부 그리고 때로는 자궁경부에서 직접 피를 뽑는다. 실제로 거머리 요법 의자는 앉는 부위에 구멍을 뚫어 항문에 거머리를 갖다 댈 수 있게 했다.

아마 듣기만 해도 불편해져서 다리가 꼬일 것이다.

끝나려면 아직 멀었다! 더 끔찍한 이야기로 넘어가보자. 거머리들은 랜싯이 갈 수 없는 곳, 즉 몸 안으로 갈 수 있다. 때때로 항문에서 방혈하는 것만으로는 부족할 때가 있다. 특히 장염이나 전립선 같은 문제는 내부에서 조치를 취해야만 한다. 한 가지 작은 문제가 있는데……, 벌레들을 항문에 밀어 넣으면 바로 빠져나와버리는 것이었다. 영리한 의사 하나가 실에 꿴 거머리를 잡고 집어넣기 쉽도록 홈이 파인 금속막대를 만들어서 좋은 효과를 보았다. 화려하고 멋진 가죽 손잡이가 달린 것이었다. 1833년에 오스본 박사가 거머리 치료 과정을 기술했다. 거머리들을 항문 깊숙이 밀어 넣은 뒤에 "기구는 제거하고, 거머리들은 피투성이가 될 때까지 남아서 분투하도록 한다." 이런 상황에서는 '분투하다'가 적절한 표현인 것 같다. 가엾은 거머리들. 가엾은 환자.

생리 주기를 자극하거나 생리통을 치료하려고 질 안에 거머리를 사용하기도 했으나, 그것은 특별히 '결혼한 여성에 제한하여' 그리고 '뛰어난 간호사에게 치료법을 숙지시켜서' 적용했다고 기록되어 있다. 간호사가 이러한 일을 하고 후한 대가를 받았기를 진정으로 바란다.

## ﹛ 거머리를<br>﹛ 최대한 활용하기

최상의 조건에서 거머리 요법을 시술하려면 우선 털을 미는 것이 좋겠다. 거머리들은 말끔하고 산뜻하게 제모한 피부를 선호한다. 그루터기가 있으면 안 된다! 1804년 런던에서 거머리 전문가 윌킨슨 씨는 "거머리들이 잘라낸 머리카락의 뾰족한 끝을 매우 싫어한다는 사실을 발견했다."고 단언했다. 그렇다면 흙탕물 속을 헤치며 갈 때는 털이 많은 꺼끌꺼끌한 다리가 유리하다는 사실을 기억하자. 그러나 아무리 매끈한 피부라고 해도, 그 앙증맞은 생물들 또한 때때로 달래줄 필요가 있는 법이다. 〈랜싯〉 지에 따르면, 흑맥주나 희석된 포도주에 담갔다가 꺼내면, 거머리들이 더 힘차게 깨물었다고 한다. 피부에는 우유나 설탕물을 바르면 좋고, 가장 좋은 것은 신선한 혈액을 살짝 묻혀두는 것이었다. 심지어 칼끝으로 살짝 베어두는 요령을 부릴 수도 있었다. 이 방법은 오늘날에도 여전히 사용된다.

15분쯤 지나면 혈액으로 배를 채운 거머리들이 환자에게서 떨어져 나온다. 때로는 시술자가 제거해야 할 때도 있었다. 식용 소금을 거머리의 머리에 조금 뿌리는 것이 좋다. 그냥 잡아당겨서 떼어내면 피부에 상처를 입힐 수 있기 때문이다. 거머리가 식곤증으로 잠든 것 같으면 손가락으로 물

방울을 튕기면 깨어난다.

거머리를 떼어내고 난 뒤에는 물린 자리에서 피가 계속 흐르도록 따뜻한 아마포로 감싸주어 환자의 혈관을 확장시켰다. 환자를 온수 욕조에 몸을 담그도록 해서 혈액이 더 흘러나오도록 하는 방법을 권하는 이들도 있었다.

1816년에 제임스 롤린스 존슨 박사는 《의료용 거머리 요법》이라는 책을 출간했다. 앞서 언급한 거머리 사용법 외에도 그는 거머리 자체를 정밀하게 연구했다. 그는 거머리들끼리 서로 잡아먹는지 관찰하기 위해 실험을 했다(서로 잡아먹었다). 소금을 뿌린 채로, 또 뿌리지 않은 채로 냉동시켜서 죽는지 관찰했다(눈과 소금이 같이 있는 경우가 가장 좋지 않았다). 그는 덩치 좋은 말거머리와 약용 거머리를 싸우게 했다(말거머리가 이겼다). 그는 또한 탄산과 수은, 가스 펌프, 올리브유로 거머리들을 괴롭혔으며, 거머리들의 "생명이 매우 끈질기다"라는 사실에 놀랐다(저자들은 세심하게 고른 다음과 같은 문장에 이르렀을 때 읽기를 멈췄다. "암수 한 몸이므로 거머리 한 마리만으로도 수태할 수 있다." 그 광경은…… 상상하지 말라. 그냥 하지 말라고!).

앞서 언급한 것처럼, 거머리들은 몸의 외부에 붙이기도 하지만 내부로 들여보내기도 했다. 이런 사실은 당연히 다음과 같은 질문으로 이어지기 마련이다. 어떻게 밖으로 나오게 하지? 1822년에 열성적 전문의였던 필립 크램튼이 해답을 내놓았다. 가엾은 벌레에게 실을 꿰는 것. 이러한 거머리들을 편도선 부은 곳으로 흘려보냈더니 "실에 꿴 것이 열감을 증가시켜 거머리들이 더 적극적으로 물게 만든다. 실제로 활력이 별로 없는 거머리들을 자극하곤 했다."라고 기록했다.

그리고 걱정할 필요가 없는 것이 만약 거머리들을 삼킨다고 해도, 위산에 의해 소화가 될 것이다. 그러나 이 사실을 모르고 있던 중세의 의사들은 염소 소변으로 입안을 헹구거나, 소작기로 거머리를 유인하거나, 환자들을 목마르게 만들어 거머리가 신선한 물을 찾아 기어 나오도록 해야 한다고 권했다. 목적이 수단을 조금도 정당화하지 못하는 것은 그런 방법들이 효과가 없었기 때문이다. 생각해 보라, 무엇으로도 염소 소변 마시는 일을 정당화할 수는 없다.

재활용의 문제도 있었다. 거머리들이 배를 채운 뒤 언제나 버려지는 것은 아니었다. 먹은 피를 토해내도록 하기만 하면 50번까지도 다시 사용할 수 있었다. 거머리의 입에 소금을 조금 묻히면 된다(거머리에게 그렇게 하는 것은 사람에게 염산을 묻히는 것과 비슷할 것이다). 거머리들은 전성기의 오지 오스본처럼 게워낼 것이다. 다른 의사들은 거머리를 식초(산으로 가득 찬 욕조다!)에 넣어 피를 토하게 했다고 한다. 이런 방식으로 거머리들은 일주일에 두 번씩 3년은 사용할 수 있었다.

거머리를 돌보고 유지하는 일도 쉽지는 않다. 윌킨슨 씨는 "요약하자면, 이 변덕스럽고 다소 짜증스러운 생물을 관리하는 것은 꼼꼼하면서도 인내심이 많이 요구된다."라고 설명했다.

윌킨슨 씨는 거머리를 물어뜯고 싶은 것 같다.


## 여러 단점과 벌레들의 몰락

거머리 요법에는 단점이 있었다. 고전적 메르세데스 벤츠 로고 모양의 물린 자국은 결코 명예로운 상징이 아니었다. 거머리요법이 유행하던 시절이 있었음에도(19세기에는 드레스에 거머리 무늬로 수를 놓았다) 사람들은 물린 자국이 노출되지 않도록 숨겼다.

거머리를 전반적으로 '재활용'했다는 사실을 기억하는가? '일회용 거머리'와 다른 의료 기구들이 소개되기 전에는 거머리의 치료 효과보다 여러 번 사용해서 일어나는 문제가 더 컸다. 1827년의 기록에는 매독 환자에게 사용되었던 거머리로 어린이 환자를 치료했는데, 매독이 전염된 사례가 적혀 있다.

거머리의 또 다른 한계는 고작 테이블스푼 하나 분량의 피만 빨아낼 수 있다는 사실이다. 피를 계속 흐르게 하기 위해 꼬리를 잘라내어 삼킨 피가 그냥 흘러나오게 하는 방식도 있다. 거머리를 시시포스처럼 끝없이 일하게 하는 방식이다. 거머리들은 먹고 또 먹지만, 결코 배가 부르지 않는다. 엉덩이가 완전히 사라졌으니까. 그러고 나서 죽는다. 그런 삶이라니!

어떤 환자들은 거머리 요법에 지나치게 열광해서 죽기도 했다. 1819년에 두 살 된 여아가 거머리에게 한 번 물렸을 뿐인데 과다출혈로 사망한 일이 있었다. 거머리의 침에 들어 있는 피를 희석시키는 성분이 출혈을 지속시키기 때문에 환자들은 거머리 요법을 마친 뒤에서도 피가 멎지 않을 수가 있었다. 또는 한 번의 치료로 충분하지 않은 경우도 많았다. 깜짝 놀랄 정도의 횟수일 수도 있었다. 19세기 낙천적인 의사였던 프랑수아-조셉-빅토르 브루사이스François-Joseph-Victor Broussais는 한 번에 50마리의 거머리를 쓰기도 했다. 또 다른 의사는 임질 치료를 하려고 어떤 가엾은 환자의 고환에 130마리의 거머리를 붙이기도 했다. 아마도 안전한 성병 캠페인으로는 최고의 효과를 거둘 만한 일일 것이다.

뿐만 아니라 물린 상처가 치명적인 전염병 같은 위험에 오염될 가능성도 있었다. 19세기의 의학 문헌들에는 물린 상처 자체가 문제의 초점이 되는 사례들로 넘친다.

돌팔이 의학의 역사

## 신선한 거머리 양식!

그렇다면 거머리는 어디서 구했을
까? 19세기에 들어서면서, 영국의
빈민층 어린이들은 늪과 강물 속
으로 걸어 들어가 다리에 달라붙
는 거머리들을 모아 팔아서 용돈
을 마련했다. 그러나 머지않아 거
머리들은 자취를 감추었고, 심지
어 덩어리 간을 미끼로 해서 낚으
려 해도 잡기가 힘들었다.

1830년대에 이르러 영국의 거머리 수요는 사상 최고치를 기록했다. 터키, 인
도, 이집트, 호주에서도 거머리를 수입했다. 프랑스에서 영국으로 한 해에 거
머리 4천2백만 마리가 수입되었다. 미국도 거머리를 선호했지만, 토종인 마크
로브델라 데코라 종은 깨무는 자국이 작아서 피가 덜 뽑혔기 때문에 히루도
메디시날리스 종을 수입했다.

그 많은 수요를 충족시키기 위해 곧 거머리 양식, 즉 거머리 농장이 등장했다.
이러한 거머리 농장에서는 소, 당나귀 그리고 노쇠한 말들을 연못이나 늪지로
몰아넣었고, 거머리들을 유인하려고 칼로 벤 상처를 만들기도 했다. 1863년,
영국 의학저널은 "거머리 양식은 목불인견의 혐오 사업이다."라고 비판했다.
오늘날의 거머리 양식은 정화한 물과 과학적 사육으로 말끔하게 관리되고 있
다. 가난에 찌든 어린이나 노쇠한 말들은 전혀 눈에 띄지 않는다.

랜싯과 달리 거머리들은 유지와 관리가 어렵다. 그들은 식성이 까다롭고 예측하기도 어렵다. 원하는 부위를 거머리가 정확하게 물게 하는 것도 쉽지 않아서 부위에 따라 거머리를 넣는 맞춤형 유리관이 사용되었다. 성가신 일이었다.

19세기 중반에 이르자 '영웅적 방혈 요법'을 맹렬히 비난하는 의사들이 점점 늘어나기 시작했다. 생리학, 병리학 그리고 통계학이라고 불리던 것에 대한 철저한 이해 덕분이었다. 실증적 의학의 창시자 중 한 사람인 피에르 루이스는 모호한 이론보다는 사실을 확고하게 옹호하는 사람이었다. 그는 방혈법이 효과적이라는 믿을 만한 증거를 찾지 못했다. 존 휴즈 베넷 같은 다른 의사들도 그 뒤를 따랐다.

그래도 20세기 초까지는 아무 질병에나 방혈법과 거머리 요법을 적용하여 피를 짜내는 일들이 횡행했다.


## 현대 의학의 거머리 요법

많은 이들이 거머리가 여전히 합법적인 이유로 사용되고 있다는 사실을 들으면 깜짝 놀란다(항생제의 훌륭한 효능 덕분에, 이제는 아무도 거머리가 인후에 서식하는 연쇄상구균을 흡입하기를 원하지 않을 것이다).

우선 1884년 존 베리 하이크래프트가 히루딘을 발견했다. 히루딘은 거머리의 침에 함유된 주단백질로 혈액의 응고를 막는 성질이 있다. 그렇지만 거머리의 구강 분비물을 방울뱀의 독처럼 짜내는 것은 불가능하다. 그래서 오늘날 과학자들은 히루딘을 인공적으로 합성하여 항응혈제와 응고

방지제로 사용하고 있다.

적절한 상황에 거머리들이 물어서 나쁜 피를 제거하고 피가 응고하는 것을 막을 수 있다면 유익할 것이다. 손가락, 귀, 그리고 코끝같이 섬세하고 좁은 부위를 재건하는 수술이 끝난 뒤, 거머리들은 울혈이 생긴 조직의 압력을 완만하게 낮춰줄 수 있다. 그렇게 해서 혈액의 흐름을 원활하게 만들면 피부 조직이 살아날 확률을 높일 수 있다. 살과 피부의 모든 부분을, 혈관과 신경과 함께 새로운 부위에 대고 봉합하는 유리피판 재건술(생명을 구하기 위해 암을 제거한 뒤 머리나 목을 재건하는 수술 같은 것)에서는 거머리들은 부어 오른 조직에 섬세한 혈액 공급이 차단되지 않도록 막는 역할을 해왔다.

몇몇 사례에서, 거머리들은 유익하다! 고맙다고 말하기 위해 가느다란 생물을 덥석 껴안고 싶을 지경이다.

# 식인풍습과 시체의학
## Cannibalism & Corpse Medicine

진짜 뱀파이어, 검투사의 생간, 그리 청렴하지 않은 교황,
피로 만든 마말레이드, 해골의 이끼, 그리고 미라 처방전

1758년에 스물세 살인 제임스 화이트와 스물한 살인 월터 화이트는 런던의 케닝턴공원에서 교수형을 당할 예정이었다. 교수형은 사람들이 범죄를 저지르지 않도록 일깨우는 훌륭한 방법이었고, 덤으로 흥미를 자극하는 오락이기도 했다. 당시의 처형 관례대로 범죄자들은 수레에 태워져 교

돌팔이 의학의 역사

수대로 끌려갔을 것이다. 그들의 목에는 공원에 설치된 높은 기둥에서 내려뜨린 굵은 밧줄이 감겼을 것이다. 단호한 명령과 함께 수레가 잡아 당겨지면 한때 범죄자였던 이들은 생명이 사라진 시체가 될 때까지 바람에 이리저리 방향을 바꾸면서 흔들리게 될 것이다.

시체가 매달려 있는 동안, 1758년 봄 〈젠틀맨즈 매거진〉에는 다음과 같은 기사가 실렸다. "9개월쯤 된 아이가 처형인의 손에 닿았다. 처형인은 죽은 사람을 만졌던 손으로 아이의 얼굴을 아홉 번쯤 쓰다듬었다." 아이는 피부의 낭종으로 시달리는 중이었다(종기 같은 것). 그래서 처형된 사람들과의 접촉으로 피부병을 치유할 수 있기를 바랐던 것이다.

이런 생각은 기괴하지만, 고대 그리스와 로마 이래로, 사람들이 의료용으로 시체의 일부를 사용하는 것은 흔한 일이었다. 그리고 중세를 거쳐서 계속 내려오다가 20세기 직전에야 없어졌다(휠!). 단지 만지는 것뿐만 아니라 먹거나 마시거나 또는 다른 용도로 찾는 이들도 있었다. 그것은 카니발리즘 혹은 식인풍습 혹은 시체의학이라고 불렸다. 마음에 드는 이름을 선택하면 된다.

역사를 훑어보면 사람들은 젊음, 활력, 힘 같은 것을 애타게 찾아 헤맸다. 그리고 의학계의 대표자라고 할 수 있는 의사들은 시체의 일부를 먹는 것이 건강 유지에 도움이 된다는 결론에 이르렀다. 갈레노스의 체액 이론에 의하면 너무 많은 혈액도 좋지 않지만 너무 적으면 피를 마셔서 조절할 것을 권했다. 히포크라테스는 불순한 것이나 질병과 싸우기 위해 오염된 무엇인가를 사용하는 것이 효과가 있다고 언급했다. 예를 들어 '식용 시체' 또는 '폭력으로 오염된 혈액'(즉 범죄자의 혈액) 같은 것이다. 그리고 나중에 파라켈수스는 인체 일부가 포함된 치료약에는 그 속에 그 사람의 '혼'이나 에센스가 들어 있어 치유력이 있다고 생각했다. 단순히 마법 같은 것이라는 생각도 작용했다. 17세기에 로버트 플러드는 다음과 같이 기록했다. "죽은 사람의 손이 물사마귀에 닿으면, 물사마귀가 사라질 것이다." 플랑드르의 과학자이자 의사인 얀 바티스트 반 헬몬트는 인간의 시체가 '눈에 보이지 않는 활기'를 지니고 있다고 믿었다. 특히 폭력적인 죽음을 맞은 사람의 시체일 경우 생명력이 피와 몸속에 어떻게든 남아 있다고 믿었다. 다른 말로 하면 오래도록 병을 앓거나 쇠약했던 신체는 생명력이 소진되었으리라는 것이다. 그런 까닭으로 죽을 때가 되기도 전에 생을 마쳐야 했던 범죄자들이 그토록 많은 이들이 찾는 상품이 된 것이다.

이러한 논의를 하면서 대부분 마지못해 사용하고 먹어야 했던 신체와 혈액에 초점을 맞출 것이다. 물론 소변을 처방하는 것, 성인을 위한 모유에 대한 논문, 배설물 찜질, 땀으로 만든 영약, 그리고 태반으로 만든 알약처럼 물의를 빚은 사례도 많다. 그러나 이렇게 '배출되는 성분'은 제공자에게 유해하지 않을 수 있다.

혈액 역시 먹어도 유해하지 않다. 지난 세기에 사람들은 많은 생명을 구하기 위해 적극적으로 헌혈을 했다. 그러나 과거의 혈액은 그다지 위생적이지도 이타적이지도 않았다. 피투성이의 난장판이었다.


## 혈액으로 만든 잼과 뱀파이어의 간식


뱀파이어라고 하면 으레 빛나는 송곳니와 치명적인 매력을 소유한 흡혈귀로 상상하기 쉽지만 실제로 피를 마시는 인간들은 전혀 매력적이지 않았다. 1세기에 대 플리니우스는 "검투사들의 피를 뇌전증 환자들이 마시면 마치 생명을 한 모금 들이키는 것과 같다."라고 썼다. 우수한 근육질의 인간을 건강의 상징으로 보는 그릇된 열망의 완벽한 사례이다. 하필이면 왜 피일까? 명확하지는 않지만, 학자들이 연달아 "그것이 효과가 있다는 말을 들었기 때문에 효과가 있다."라고 주장하면 사람들은 그 말을 믿는다. 아, 소문의 힘이라니! 더욱이 간질 발작은 주기적으로 일어나는 것은 아니다. 누군가가 어떤

대 플리니우스는 우선 검투사 두 명의 피를 마시고, 아침에 자신을 부르라고 했다.

약을 복용한 뒤 몇 달 동안 발작이 일어나지 않았다면 약이 효과가 있었다고 믿기 쉬운 것이다.

혈액은 체액 가운데 가장 고귀한 것이며, 불로장생의 영약을 만드는 재료라고 생각되었다. 15세기의 이탈리아 학자 마르실리오 피치노Marsilio Ficino는 젊은 혈액으로 노인의 활기를 되찾게 할 수 있다고 믿었다. 노인들은 젊은이의 "왼쪽 팔에 있는 거의 열리지 않는 혈관에서 1온스나 2온스의 피를 거머리처럼 빨아야 한다……."라고 썼다. 오, 만약에 피를 마시는 게 불쾌하다면? 그런 경우 피치노는 조언했다. "우선 설탕을 넣고 조리거나, 설탕을 섞어서 서서히 중탕해서 마셔라."

마음대로 처분할 수 있는 검투사 시체를 찾지 못한 사람들은 더 많은 자원을 써야만 했다. 에드워드 브라운이라는 영국인은 1668년 겨울 비엔나에서 몇 건의 사형 집행을 목격했다. 참수가 이루어진 뒤, "어떤 남자가

재빨리 손에 단지를 들고 달려가 피를 받아 담았다. 단지가 가득 차고도 여전히 [시체의] 목에서 피가 뿜어 나오자, 그 자리에서 받아 마셨다." 다른 이들은 간질을 치료하기 위해 피에 손수건을 적셨다.

이런 이야기는 일일이 열거할 수도 없을 정도이다.

그러나 "현실은 소설보다 더 기구하다"라는 옛 속담도 있지만, 사실이라고는 생각할 수 없을 정도로 모진 이야기도 있다. 1492년 교황 이노켄티우스 8세가 임종을 맞이하는 순간이었다. 그는 성자와는 거리가 멀었다. 부도덕한 정치가였을 뿐 아니라 이탈리아 국가와의 잦은 갈등으로 교황의 재정을 고갈시켰고, 16명의 사생아를 낳았으며, 마녀재판과 노예제도에도 손을 댔다. 이야기의 시작부터 벌써 불쾌한 인간이다. 전하는 소문에 의하면, 죽음을 피하려는 최후의 수단으로 그의 주치의는 금화를 주고 세 명의 어린 소년을 샀다고 한다. 그들은 엄청난 양의 피를 흘렸고, 병든 교황은 그 피를 마셨다. 소년들은 죽었고, 교황도 죽었다. 그리고 주치의는 지독한 악명에 시달렸다(어떤 이들은 그 소문이 의사에 대한 반유대주의적 선동으로 퍼진 것이라고 주장하기도 한다). 엄청난 권력과 의심스러운 도덕성을 지녔던 이노켄티우스 8세가 살아 남고 싶은 마음이 절박한 나머지 젊은이 몇 명의 목숨을 사는 것을 허락했을까? 그럴 수 있다.

인간의 혈액을 그저 마시기만 한 것은 아니다. 말려서 빻아 가루로 만들어 음식이나 연고와 섞거나 코로 흡입하기도 했다. 이탈리아 의사인 레오나르도 피오라반티는 혈액으로 만든 제품은 "죽은 사람도 일어나게 할 만큼 몸에 좋다."고 믿었다. 그는 1588년에 죽었다. 그러니 아마도 그에게는 효과가 없었나 보다. 플리니우스는 이집트의 왕이 기생충에 의한 감염을 치료하려 시도했던 방법을 기록했다. 상피병이라 불리는 거대한 부종이 증상이었는데, 인간의 혈액 속에서 목욕을 했다. 혈액은 피부 감염, 열병,

그리고 머리카락을 자라게 하는 데도 사용되곤 했다. 유럽의 어떤 지역에서는 혈액을 조리하여 끈적한 잼을 만들었다. 그렇다. 혈액으로 만든 잼. 어떻게 휘저어야 할지 고민스러운가? 1679년 프란체스코회 약국의 레시피는 다음과 같이 설명한다.

1. 혈액을 꾸덕꾸덕하게 말린다.
2. 얇게 잘라서 물기가 있는 부분은 버린다.
3. 그것을 화로 위에 얹어서 칼로 저어 반죽을 만든다.
4. 미세한 체로 걸러서 유리 단지에 넣고 밀봉한다.

혈액 잼을 토스트나 스콘에 발라먹어야 하는지에 대해서는 언급하지 않고 있다. 그러나 어디서 혈액을 얻어야 하는지 말해준다. '울긋불긋한 붉은 안색'을 지닌 사람이 좋다. 실제로 붉은 머리카락을 지닌 희생자들의 혈액이 특히 수요가 많았다. 위즐리(*역주: 해리포터의 친구인 머리카락이 붉은색 소년) 애호가들이여, 멀리 보라. 제발 부탁한다.

## 건강을 위해 인간을 먹다
벌꿀 절임 미라

가엾은 빨강 머리들. 붉은 머리 사체들의 또 다른 레시피는 1600년대 독일 의사도 적어두었다. "붉은 머리에, 교수형을 당했거나, 수레에 부딪혔거나, 칼에 찔려 죽어서 신체가 온전하고, 반점이 없는 스물네 살 가량의 사체를 선택하라." 그 다음에 살을 잘게 썰고 몰약과 알로에 같은 약초를 뿌리고 포도주에 담가 으깨야 한다. 그러고 나서 그늘진 곳에서 말리면 '비린내가 나지 않는' 훈제된 고기가 완성될 것이다. 소고기 육포를 떠올리고 있다면, 맞다. 바로 그것이다. 비록 그 육포를 먹는 것으로 이야기가 끝나는 것은 아니지만 말이다. 다음 단계는 건조된 살에서 붉은색 팅크를 얻어 회복되고 있는 상처에 바르거나 다양한 질병의 치료에 쓰일 것이다.

이것이 우리에게 식인풍습, 즉 인간을 먹는 풍습을 갖게 했다. 검투사들이 쓰러지면, 사람들은 달려와 1파인트 정도의 피를 마셨다. 그들은 또한 신선한 생간을 먹기도 했는데, 간질을 치료하기 위해서였다. 간은 용기가 머무는 자리, 유용한 혈액이 풍부한 기관으로 간주되었다. 청교도 에드워드 테일러<sup>Edward Taylor</sup>(1729년에 죽었다)는 하버드대 출신의 저명한 시인이지만 그의 《의약품 해설서》는 잘 알려지지 않았다. 그 책에서 그는 살아 있는 사람을 위해 죽은 인간의 신체를 이용할 수 있는 다양한 치료법을 설명하고 있다. 뼈의 골수는 경련에 좋다. 쓸개는 '난청을 완화'시키며, 말린 심장은 간질을 치유한다. 목록은 길게 계속된다.

그러니까 설탕에 절인 인육이 존재했을 가능성도 있다. 16세기 중국의 약학자 이시진의 기록에는 '꿀에 절인 인육', 혹은 연화시킨 인육에 대한 전설이 있다고 했다. 그는 아랍의 관습에는 인간의 몸을 꿀에 절여 미라를 만든다는 소문이 있다고 썼다. 미라를 만들 때는 자원한 노인의 몸이어야 했다. 그렇지 않으면 약으로 쓸 수 없기 때문이다. 자원한 이는 아무것도 먹지 않고 단지 꿀만 먹어야 했다. 배설물과 땀과 소변이 꿀이 될 때까지(결코 가능하지 않은 일이지만, 전설이라니까, 뭐). 그리고 죽고 나면(누구나 결국 죽게 되니까), 시체는 꿀로 가득 찬 관에 넣어져 묻힐 것이다. 정확하게 100년

# 인간의 지방으로 만든 연고

시체는 혈액 음료수나 치료용 효과만을 위한
것은 아니었다. 사형 집행인들은 처형된 범
죄자들의 인육과 지방으로 상당한 돈벌이를
했다. 약제사들은 특히 인간의 기름, 가엾은
죄인의 지방, 교수형 집행인의 연고라고도 불
리던 '인간의 지방에서 짠 기름'을 선호했다.

17~18세기에 인간 지방을 담기
위해 사용했던 약제사의 용기

그것은 상처를 아물게 하고, 통증을 완화시키며, 암과 사랑의 묘약, 통풍과 류
머티즘 치유를 위해 사용되었다. 독일의 한 오래된 운문에는 이런 대목이 나
온다. "인간의 지방을 녹인 것은 다리를 절룩거리는 증상에 효험이 좋다. 그것
으로 문지르면 다시 제대로 걸을 수 있다." 지방은 또한 종종 광견병과 동의어
인 공수병(마시는 물에 대한 공포증)의 치료약으로 선전되었다. '인간의 기름'은 화
장품으로 사용하기도 했는데, 특히 천연두 자국이 있는 경우에 그러했다. 또
한 훌륭한 항염증 연고로 간주되었다. 죽음을 다루는 직업인 사형 집행인들은
인간의 피부가 임산부에게 도움이 된다고 권하기도 했다. 저승사자의 도우미
로 일하는 그들은 약사로서 신뢰받고 있으며, 아무도 그들이 조합한 제품의
순수성을 의심하지 않았다. 어떤 여성들은 배에 그을린 피부를 두르고 있으면
순산할 수 있다고 믿었다. 또한 갑상선종이나 갑상선 비대증을 막기 위해 목에
피부를 두르기도 했다. 1700년대에 어떤 사형 집행인의 아내는 한 여성의 부
러진 손을 치료하기 위해 인간의 지방을 사용했다. 식민지 시대 미국에서, 의
학적 식인풍습에 대해 지나치게 다양한 접근을 했
던 의사인 에드워드 테일러는 인간의 피부가 '히스
테리'를 치료할 수 있다고 믿었다.

무슨 말을 할 수 있을까? 그저 소름이 돋을 뿐이다. 이
런 글을 읽으려면 무딘 피부가 필요하다. 인간 기름은
그냥 단어에 불과한가? 이제 멈추는 게 낫겠다.

인간 지방이 들어 있는 앰플

뒤에 방부 처리된 달콤한 시체를 한 조각 두 조각 먹는 것이다. 꿀에 절인 사람을 먹고 싶지 않을 사람이 누가 있을까? 굳이 대답할 필요는 없다.

꿀은 뛰어난 항균제이자 방부제이고, 수 세기 동안 여러 문명에서 의료용 목적으로 사용되었다. 그런 성질과 시체 의학을 결합하여 일종의 병적인 제과 센스를 발휘하게 만들었다. 물론 '연화시킨 인육'이 존재했다는 증거는 없으나, 의학에서의 카니발리즘 역사를 살펴보면, 한 가지 궁금한 점이 있다.

## 두개골의 다양한 용도

살해당한 젊은이의 뇌를 구해서, 세포막, 동맥, 정맥, 신경을 모두 넣고⋯⋯ 막사발에 갈아서 옥수수죽처럼 걸쭉하게 만든다. 그것을 완전히 덮을 정도로 포도주 주정을 충분히 넣은 다음⋯⋯ 말똥 속에서 반년 정도 삭힌다.
- 존 프렌치 《증류의 기술(1651)》. '인간 뇌로 만드는 에센스'의 레시피

따뜻하게 썩어가는 말똥 더미 속에서 발효시켜 뇌가 함유된 포도주 한 병을 만드는 레시피는 뇌와 두개골을 이용해서 간질 치료를 하려는 시도들 중 하나에 불과하다. 의학적 식인풍습의 많은 논리는 '비슷한 것으로 비슷한 것을 치료한다'는 동종요법에서 비롯되었기 때문에 머리 자체에 문제가 있다고 간주되는 질병을 치료할 때 뇌와 두개골을 가장 중요하게 여겼다.

특히 두개골이 중요하다고 생각하는 이들이 많았다. 플랑드르의 의사

돌팔이 의학의 역사

인 얀 밥티스트 판 헬몬트는 죽음 이
후 "뇌의 모든 부분이 두개골로 흡수
되고 용해된다." 그래서 "같은 효험을
지닌다."라고 설명했다.

죽은 사람의 뇌로 만든 알약을 사
용했다는 기록이 남아 있는 고대 그
리스인부터 두개골 분말을 복용했다
고 전해지는 덴마크의 크리스티안 4
세까지 '간질'이라고도 알려진 뇌전증
치료법은 뇌 그 자체를 이용한 것이
었다. 의사들이 간질 증상을 뇌의
문제 때문이라고 정확하게 추정했

17세기의 코피를 멎게 하는 처방.
두개골에서 이끼를 긁어내어 콧구멍에
채워 넣는다.

다는 점을 고려해 보면 치료법이 어느 정도 일리는 있다. 분말 상태로 만
들어 먹는 것 말고도 두개골을 생강 뿌리처럼 깎거나 혹은 물을 담아 마
시는 그릇으로 사용하기도 했다. 성 테오둘과 성 세바스티안의 두개골을
보석으로 장식하고 은으로 감싸 만든 성배로 포도주를 마신다면 발작과
열병을 치료할 수 있을지도 모른다.

17세기부터 19세기 전반에 걸쳐 영국과 유럽 전역의 약국에서는 팔려
고 매달아 놓은 두개골을 쉽게 볼 수 있었다. 누군가의 섬뜩한 약장 속에
는 반드시 두개골 이끼가 들어 있었다. 두개골에서 자라는 초록빛을 띤 솜
털 같은 이끼는 오랜 세월 동안 두개골의 에센스에 닿았을 것이다. 코피가
날 때 이끼를 콧구멍에 채워 넣으면 피를 멈추게 한다는 소문이 돌았다.
그렇지만 휴지를 뭉쳐서 막아도 마찬가지 아니겠는가.

스스로 화학을 연구하기도 한 17세기 영국의 찰스 2세(방혈법 참조)는 조너선 고다드<sup>Jonathan Goddard</sup>라는 화학자로부터 특별한 처방전을 구입했다. '두개골의 정수' 혹은 '고다드의 물약'으로 알려져 있던 이 신비의 영약은, 찰스 2세가 처방전을 구입한 뒤 '왕의 물약'으로 명성을 얻었다. 제조법은 유리 용기에 두개골 조각을 담아 조리는 방식이었다. 복잡한 처리 과정을 거치고 나면 추출된 증류액을 만병통치약으로 사용할 수 있었다. 무엇보다도 통풍, 심부전, 부종, 간질의 특효약으로 사용되었다. 1686년 슬픔에 잠긴 앤 도머라는 여성은 불안하고 안절부절못하고 위축될 때 '왕의 물약과 초콜릿'을 먹었다는 기록을 남겼다. 고맙지만 그냥 초콜릿만 먹는 게 나을 것 같다.

1700년대에 인간 두개골의 정수는 기절, 갑작스러운 뇌졸중, 신경성 발작에 널리 적용되었다. 왕의 물약은 빅토리아 시대까지 사용되었으나, 그 무렵부터는 약학 사전에서 사라졌다. 결국 그 약은 예전의 명성을 지켜나가기 힘들 정도로 중요한 한 가지가 빠져 있었다. 찰스 2세가 임종을 맞아 치료를 위해 왕의 물약을 마셨지만 사망하고 만 것이다.


## 쓸쓸한 맛이 나는 미라의 머리

아주 먼 옛날의 사체에 대해 말하자면, 수백 년 전부터 유럽의 약물학에서 언급하는 한 품목 중에 '무미아'라 불리는 성분이었다. 바로 미라다. 실제로 진짜 이집트의 미라에서 온 성분인지 아닌지는 물건에 따라 다르고, 시기에 따라 다르며, 어떤 경우에는 어원에 따라 다르다. 지금부터 논의해 보자.

돌팔이 의학의 역사

고대 아랍의 약용 성분은 '무미야'라 불리는 광물성 피치(*역주: 석유, 석탄에서 얻는 검고 끈적한 물질. 배의 갑판, 지붕 등에 방수재로 씀)였다. 왁스를 가리키는 페르시아어의 뭄$^{mūm}$에서 온 단어였다. 그것은 끈적끈적하고, 석유에서 나오는 검은색 반고체 물질로 찜질제나 해독제로 썼다. 11세기 무렵, 사람들은 이러한 광물성 피치가 다른 원료에서 나온다고 오인하기 시작했다. 고대 이집트인들의 방부 처리된 시체의 머리와 몸의 공간에서 발견되는 검은 물질이라고 생각한 것이다. 뭄미아 혹은 무미아라고 불리던 그것은 곧 방부 처리된 시체 전체나 혹은 그것으로 만드는 모든 제품과 동의어가 되었다.

미라의 두개골에서 나온 광물질들의 맛은 어떠했을까? 1747년 런던의 어느 약학 사전에서는 그것을 '쏩쏩한 신맛'이라고 표현했다. 정말 다행이다. 만약 그것이 보스턴 크림 도넛 맛이었다면…… 생각하기도 싫다.

미라에서 얻은 무미아는 15세기에서 16세기 사이의 유럽에서 최고의 인기를 누리면서 엄청난 수요를 자랑했다. 파라켈수스에 의해 '최고의 처방'으로 알려졌기 때문이기도 했다. 파라켈수스와 추종자들은 신체의 정수는 최고 수준의 물리적 형태로 증류될 수 있으며, 이렇게 정제된 '진수'는 거

18세기에 약국에서 사용하던 단지

의 모든 것을 치유할 수 있다고 믿었다. 그렇지만 사실이 아니다. 이 물질의 효능을 입증할 어떤 생물학적인 근거도 없기 때문이다. 하지만 파라켈수스파의 의학적 카니발리즘은 갑자기 권위를 얻었고, 무미아는 주류에서 받아들이는 관행이 되었다. 의사들은 궤양, 종양, 각혈, 타박상, 통풍, 페스트, 중독, 백선, 편두통을 치료할 수 있다고 주장했다. 핸드폰을 변기에 빠뜨렸다고? 아마도 무미아가 그것도 고칠 수 있을 것이다.

미라 성분이 함유된 찜질제는 뱀에게 물렸을 때, 매독성 질환, 두통, 황달, 관절 통증, 그리고 뇌전증을 치료하는 데 사용되었다. 1585년, 프랑스 왕실의 외과 주치의였던 앙브루아즈 파레는 타박상을 치유할 때 미라가 '의사들 대부분에게 처음이자 마지막 약'이라고 단언했다.

미라에 대한 수요는 치솟았고 때로는 불법 거래도 이루어졌다. 카이로에 있는 무덤들은 도굴되었고, 사체들을 끓여서 위에 뜨는 기름기를 걷어 가져갔다. 미라의 머리는 황금과 맞먹었다. 영국에서는 미라를 수입할 때 세금까지 내야 했다. 수백 파운드의 미라 조각들이 런던의 약제상에게 팔렸다. 몇몇 사람들은 미라를 방부 처리하는 데 사용된 성분들, 즉 연고, 알로에, 몰약, 사프란 같은 것들이 신비함과 풍요로움을 더해준다고 생각했다.

도굴이 잇따르면서 나중에는 미라를 구하기 어려워지자 걸인, 나환자, 전염병 희생자의 사체를 미라로 위조해 파는 사람들이 나타나기 시작했다. 그들의 사체를 끌어 모아 알로에, 몰약, 역청을 채운 뒤 굽거나 용광로 옆에서 말려 피치에 담갔다. 구매자들은 "윤기 나는 검은색이어야 하고 뼈와 흙으로 채워져 있지 않으며, 좋은 냄새가 나는 것을 선택하라."라는 충고를 들었을 뿐, 미라에 대해서는 아는 바가 거의 없었다. 미라를 찾는 사람들이 많아지자, 불운하게도 아프리카의 사막에서 모래 폭풍을 만나서 목숨을 잃은 여행자들도 상품에 포함되었다. '아랍의 미라'라고 불리던 이러한 시체들은 건조한 환경에 의해 자연적으로 방부처리 된 것이다.

다행스럽게도 미라 거래는 18세기 후반에 시들해졌다. 현대 의사들에게는 파라켈수스의 이론이 받아들여지지 않았고, 무미아 제품들은 사라졌다. 의학 지식이 발전하면서 인간 사체의 마법적 요소는 합리적인 해부학의 사실들로 대체되었다. 미라가 아무 효과도 없다는 사실과 동시에 혐오감도 한몫 했을 것이다.

## 오늘날의 인체 이용

1845년 4월로 영국에서의 '사형 집행인의 쓰다듬기'는 막을 내렸다. 그 당시에는 몰랐겠지만, 몇몇 운 좋은 여성들이 마지막으로 사형대의 시체에 자신의 종기를 문질렀다(그때까지는 합법이었다). 그 장면은 "바라보기 힘들 정도로 역겹다."고 묘사되었다.

시체를 먹고, 뇌를 요리하고, 피를 빨아먹는 것 모두 오늘날에는 상상하기 힘든 일이다. 그러나 다른 사람 신체의 일부분을 의료용 목적으로 사용하는 것은 널리 용인되고 있다. 장기기증 그리고 장기 이식은 현실로 나타난 기적이다. 수혈은 일상적으로 이루어진다. 그리고 다른 사람의 신체를 이용할 때 초점이 되는 부위는 점점 더 작아진다. 예를 들어, 줄기세포, 골수, 난자와 정자 같은 것이다. 대리모라는 형식으로 타인의 자궁을 빌리기도 한다. 그러나 여전히 많은 사람들이 모유 은행이라는 발상에는 몸서리를 친다. 우리는 모순된 사회에 살고 있다.

중국에서 밀수입되는, 체력을 급격히 향상시키고 온갖 질병을 치유한다는 '태반 알약'에 대한 끔찍한 기사들이 이따금 신문에 실린다. 이식용 장기를 밀매매하는 암시장 이야기도 무성하다. 다행히도 미국의 법은 장기기증은 고인의 뜻을 존중해서 누군가의 의심스러운 약장 안에 들어가지 않도록 금지하고 있다.

그러나 인간이 병을 치료하기 위해, 말 그대로, 스스로를 살펴보는 것은 그다지 놀랄 일은 아니다. 건강을 되찾고자 하는 필사적 탐구는 때때로 인류로부터 최고의 것, 혹은 최악의 것을 초래한다.

# 동물에게서 얻은 약들
## Animal-Derived Medicines

뱀 기름 연고, 황소의 뇌,
염소의 고환을 이식한 남자들

1893년, 존 필립 소사의 밴드가 밤마다 연주했고, 첫 번째 전기 주방이 선보였고, 팹스트 블루 리본(*역주: Pabst Blue Ribbin 미국 맥주 브랜드)이 처음 등장한 시카고 컬럼비아의 시끌벅적한 박람회에서 클락 스탠리<sup>Clark Stanley</sup>는 사람들에게 강렬한 인상을 남겼다.

개척시대의 복장으로 요란하게 차려입은 스탠리는 수많은 군중 앞에서 무대에 올라 발치에 내려놓은 자루를 향해 손을 뻗었다. 그는 방울뱀을 꺼내 관객들에게 꿈틀거리는 독사의 몸을 보여주고 나서 능숙한 솜씨로 칼로 뱀을 찔러 길게 가른 뒤 뒤쪽에서 끓고 있던 물에 집어던졌다. 뱀의 지방이 수면 위로 떠오르자 스탠리는 그것을 걷어내고 미리 준비한 리니먼트(*역주: 도포제) 병에 넣고 섞은 뒤 '클라크 스탠리의 뱀 기름 리니먼트'라는 이름으로 사람들에게 약을 팔았다.

박람회에서 스탠리의 시범을 본 관중들이 아마도 실제로 뱀 기름이 들어간 제품을 산 유일한 고객들이었을 것이다. 이후로 해마다 수천 명이 그 제품을 샀지만. 24년 뒤에 연방 수사관들이 발견한 바에 따르면 스탠리의 리니먼트에 뱀 성분은 전혀 함유되어 있지 않았다.

공식적인 조사 결과 드러난 성분은 광물성 기름, 쇠고기 지방, 붉은 고추, 테레빈유 등이었다. 방울뱀에게는 반가운 소식이겠지만, 세계 최초의 뱀 기름 판매자인 스탠리에게 기만당한 많은 고객들로서는 실망스러운 일이었다. 1897년에 스탠리는 자서전을 출간하는데, 그 내용의 일부는 자화자찬, 일부는 카우보이의 시, 일부는 뱀 기름의 판매를 촉진하는 광고였다. 《미국 카우보이의 삶과 모험》에서 그는 서부 끝까지 가서 살면서 호피족 인디언들에게 위대하고 신비한 치유 효과를 지닌 뱀 기름에 대해 배웠다고 주장했다.

자칭 '방울뱀의 왕'인 스탠리는 실로 교묘하게 상품의 탄생 비화를 소개했지만 진실은 훨씬 복잡하다.

1800년대 중국에서 미국 서부로 중국인 이민이 밀려들자, 미국인들은 중국의 전통 의학에 대해 혐오와 호기심을 동시에 느꼈다. 뱀 기름은 인기가 좋았고, 불법도 아니었으며, 중국인 노동자들이 통증과 감염을 줄이고,

돌팔이 의학의 역사

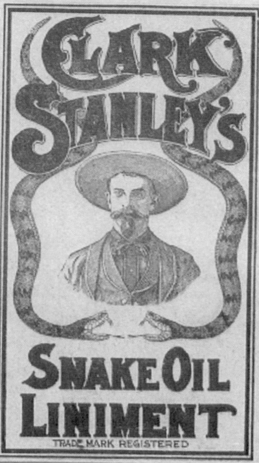

SNAKE
OIL
LINIMENT

THE
STRONGEST AND
BEST LINIMENT
KNOWN FOR PAIN
AND LAMENESS.

USED EXTERNAL
ONLY

FOR

RHEUMATISM
NEURALGIA
SCIATICA
LAME BACK
LUMBAGO
CONTRACTED
CORDS
TOOTHACHE
SPRAINS
SWELLINGS
ETC.

—FOR—
FROST BITES
CHILL BLAINS
BRUISES
SORE THROAT
BITES OF
ANIMALS
INSECTS AND
REPTILES.

GOOD FOR
MAN AND BEAST

IT GIVES
IMMEDIATE
RELIEF.

IS GOOD
FOR
EVERYTHING
A LINIMENT
OUGHT
TO BE
GOOD FOR

Manufactured by
CLARK STANLEY
Snake Oil Liniment
Company
Providence, R. I.

CLARK STANLEY'S

SNAKE OIL
LINIMENT

TRADE MARK REGISTERED

# Clark Stanley's Snake Oil Liniment

Is for sale by all druggists. If your druggist fails to have it tell him he can get it for you from any wholesale druggists or it will be sent to you to any part of the United States or Canada upon the receipt of fifty cents in stamps by addressing the

## Clark Stanley Snake Oil Liniment Co.

PROVIDENCE, R. I.

관절염과 활액낭염을 치료하기 위해 국소적으로 사용한 약이었다. 오메가 3 지방산이 높게 함유된 중국의 물뱀 지방으로 만드는 중국식 뱀 기름은 실제로 소염 효과가 있었다.

그러나 중국의 물뱀은 모두 중국에 살고 있다는 게 문제였다. 그래서 뱀 기름을 다 쓰고 나면 직접 태평양을 건너가야 한다. 그렇지 않으면? 어디서든 뱀을 찾아야 한다. 만약 록키산맥 서쪽이라면, 그 동네 뱀은 꼬리에서 방울 소리가 날 게 틀림없다.

불행히도 방울뱀에게는 지방산이 거의 없었다. 중국산 물뱀의 1/3 정도밖에 안 되었다. 따라서 방울뱀으로 만드는 뱀 기름은 거의 효과가 없었다.

스탠리의 뱀 기름 리니먼트는 심지어 아무 효과도 없었다. 뱀 기름이 한 방울도 함유되어 있지 않았기 때문이다. 하지만 그게 중요한 것이 아니었다. '방울뱀의 왕'은 자기 홍보의 달인이었고(매사추세츠에서 기자가 그를 찾아갔을 때 사무실은 뱀으로 가득 차서 여기저기에서 기어 다니고 있었고, 심지어 그는 팔에도 뱀을 두르고 있었다), 그래서 이십여 년 동안 상당한 재산을 모으면서 성공적으로 사업을 해나갔다.

1906년 순수 식품 의약품법이 시행되면서 많은 돌팔이 동료들의 사업이 기울기 시작할 때도, 그의 회사는 11년 동안이나 잘 운영되었다. 연방 수사관들은 스탠리에게 주의를 기울이지 못하다가 1917년 뱀 기름 리니먼트의 탁송 화물을 압수하여 내용물을 분석했고, 문제의 보고서를 발표했다.

스탠리는 자신의 상품에 '잘못된 표기'를 해서 순수 식품 의약품법을 위반했으므로 20달러에 달하는 벌금을 부과 받았다.

그는 어깨를 으쓱하면서 벌금을 냈고, 부자들의 역사 속 한 페이지에서 빠져나왔다.

# 황소의
# 뇌 속 광기

가까이 있는 동물을 잡아 내장을 빼내고 그것을 만능약이라고 선전한 수상한 업자들이 스탠리가 처음은 아니었다. 지난 수천 년 동안 합법적 혹은 불법적으로 의학적 목적을 위해 사람들은 동물을 좁은 우리에 가둔 채 실험 대상으로 삼고, 도살하고, 고문해 왔다. 동물을 이용해서 의약품을 만들기 위한 이런 과정은 '동물원 요법'이라고 불리지만, 동물원과는 전혀 상관없다.

확실히 동물실험을 통해 매우 의미 있고 결정적인 발견을 하는 경우가 종종 있다. 초파리는 토머스 헌트 모건$^{Thomas\ Hunt\ Morgan}$의 초기 유전학 연구에 결정적 역할을 했고, 이반 파블로프$^{Ivan\ Pavlov}$는 자신의 개를 실험 대상으로 감각 자극과 신체 기능의 관계를 입증했으며, 에드워드 제너$^{Edward\ Jenner}$는 소에게서 천연두 백신을 최초로 개발했다(그리고 재빨리 라틴어로 '소'를 의미하는 단어인 바카$^{vacca}$에서 백신이라는 용어를 만들었다). 또한 치료 과정에서도 동물의 힘을 빌었다. 예를 들어, 거머리들은 오랜 세월 동안 의료기구로 중요한 위치를 차지했고, 달팽이 추출물은 오래 전부터 화상 치료에 효험을 나타냈고, 거미줄은 상처를 묶는 데 사용할 수 있었으며, 구더기에게 부패한 조직을 먹임으로써 상처를 깨끗하게 치료하는 데 이용했다.

그리고 소들 덕분에 인류는 천연두를 예방할 수 있었지만 수천 마리의 소는 돌팔이 때문에 목숨을 잃었다. 예를 들어 르네상스의 정신이상에 대한 처방을 보자.

> 빵 한 덩어리를 구워서 속을 파내고 그 자리에 황소의 뇌를 채워 넣는다. 이 빵을 환자의 머리에 묶어라. 정신이상이 치유된다.

그렇다. 황소는 단지 정신질환이 있는 사람의 머리에 뇌를 올려놓기 위해 도살당한 것이다.

여기에 등장하는 공감 주술(차분한 황소의 뇌를 사람의 병든 뇌 가까이 갖다 놓는 방식)은 많은 동물을 죽음으로 몰고 갔으나, 치료하고자 했던 사람에게는 전혀 효과를 나타내지 못했다.

그럼에도 사람들은 수 세기 동안 공감 주술의 힘에 대한 굳건한 믿음을 유지해 왔다. 만약 동물이 강하다면 그 힘을 사람에게 넘겨줄 수 있을 것이다. 만약 동물이 현명하다면 그 지혜를 사람에게 넘겨줄 수 있을 것이다.

만약 그 동물에게 남성성이 넘친다면 그 남성성을 사람에게 넘겨줄 수 있을 것이다. 그렇다면 남성성이 넘치는 동물에게 가장 남성적인 부분이 무엇인가?

물론 고환일 것이다.

## 두 가지
## 실험 이야기

"당신은 성적으로 펑크 난 타이어인 채로 계속 살아가길 원하십니까?"

1930년대의 광고는 질문했다. 만약 그렇지 않다면 존 로뮬러스 브린클리 '박사'를 찾아가라. 그는 발기불능이라는 남성의 해묵은 문제에 대해 입이 딱 벌어지는 특별한 해결책을 제공했다. 이성이나 논리라고는 없는 브린클리는 난처한 지경에 빠진 많은 남성들이 활력을 되찾기 위해 필요한 것은 오직 하나, 새로운 고환 한 쌍이라고 설득했다. 정확히 말해서, 염소 고환이었다.

그 미국인 돌팔이 브린클리는 러시아에서 태어나 20세기 초에 프랑스와 이집트에서 의사로 활동한 세르게 보로노프의 뒤를 이었다. 의사 경력 초기부터 보로노프는 호르몬 활동이 쇠퇴하면서 노화가 가속화된다는 사실을 확신했다. 만약 호르몬 분비를 늘릴 수 있거나 노화된 분비선을 재생할 수 있다면 노화를 되돌릴 수 있을 것이다.

비교적 젊은 나이였던 서른세 살에 보로노프는 노화 과정을 막을 수 있는지 관찰하기 위해 자신을 실험 대상으로 삼는 결단을 내려서 개와 기니피그의 고환을 거세하여 곱게 갈아서 자신에게 주사했다. 효과는 없었다.

비록 완전한 성공을 거두지는 못했지만, 그 실험으로 인해 보로노프는 자신의 원리가 어느 정도 옳다고 믿었다. 그래서 1923년 초에 그는 유인원 종족에게 관심을 돌려서, 74세 노인의 노화된 음낭에 개코원숭이의 고환을 이식했다.

정확하게 말하자면, 보로노프는 실제로는 노인의 음낭에 개코원숭이의 고환 전체를 이식한 것은 아니었다. 인간의 신체에 이물질을 이식하는 수술은 반드시 거부 반응이 일어나기 마련이라서, 의사는 좀 더 절제된 전략을 찾아냈다. 그는 가로 2센티미터 세로 0.5센티미터의 개코원숭이 고환이 '미끄러지도록' 이식했다. 그는 얇고 미끄러운 판은 인간의 세포 조직에 흡수될 수 있다고 생각했고, 재생 과정이 시작될 것이라고 믿었다. 흡수될 것이라는 예상은 옳았고, 재생 과정은…… 거의 일어나지 않았다. 개코원 숭이 세포는 죽었고, 의학적 결과는 존재하지 않았다. 그러나 플라세보 효 과는 강력했다.

보로노프가 그 수술이 성공했다고 주장하자, 1923년 런던의 국제 외 과의 회의에 참석한 700여 명의 의사들은 그의 새로운 외과 수술 기법에 대해, "오……." 그리고 "아……." 라는 반응과 더불어 완전히 엉뚱한 보로 노프의 주장에 놀라는 분위기였다. 그는 성공적인 이식수술이 성욕의 증 가(수 세기 동안 돌팔이들이 우려먹은 영원한 주제인 남성의 노화 문제)와 더불어 활력 증가, 시력 향상, 수명 연장으로 이어진다고 공언했다.

한편 광란의 20년대가 도래했고, 부유층들의 전 지구적 분위기는 고 삐 풀린 낙관주의였고 기꺼이 새로운 개념을 실험하고자 했다. 원숭이 분 비샘 수술의 문화적 발판을 찾아내기에 딱 알맞은 시기와 자리였다. 아니 그보다는 원숭이 고환 이식에 적합한 시기와 자리가 있다면 바로 1920년 대였다. 원숭이 분비샘 이식은 부유층들 사이에서 큰 인기를 끌었고, 보로 노프는 엄청나게 부유하고 유명한 외과 의사가 되었다. 값비싼 파리 호텔 의 한 층 전체를 빌려서 머물렀고, 많은 하인과 비서들이 그를 수행했다.

어떤 의사는 기록했다.

"유행의 첨단을 걷는 저녁 파티나 스스럼없이 담화를 나누는 자리에 서, 혹은 의료계 엘리트들이 모인 자리에서 그들은 '원숭이 분비샘'이라는 단어를 속삭이면서 활기를 띠었다." 보로노프는 어디서든 10년 동안 오백 명에서 천 명 사이의 남성들에게 한 건당 5만 달러의 수술을 시행했다. 대 부분은 그가 알제리에 설립한 특별한 전문병원에서였다(그런데 원숭이 고환 은 이탈리아의 리베라 지방에 있는 보로노프의 '원숭이 농장'에서 얻었다). 몇몇 유명

## 비버의 고환과 향유고래의 용연향

중세의 의학 조제실에서 비버의 고환과 용연향보다 더 귀한 품목은 없었을 것이다. 비버는 암컷과 수컷 모두 향낭이라고 하는 냄새샘이 있으며 해리향(*역주:비버의 사타구니에서 나오는 분비물)이라는 노란색 액체를 분비한다. 비버들은 영역 표시를 할 때 해리향을 사용한다. 인간들은 어떤가 하면 언제부턴가 해리향이 질병

비버가 이제 막 고환을 던지려 하고 있다.

치료에 큰 도움이 된다고 확신했다. 또한 해리향이 비버의 고환 안에 있을 것이라고 믿었다. (중요한 정보: 그것은 사실이 아니다.)

인간들이 너무나 비버의 고환을 빼앗으려 하는 바람에, 중세에는 도망치느라 지친 비버가 인간을 보면 자신의 고환을 물어뜯어 던졌다는 농담이 퍼졌을 정도이다. 이야기 속의 비버는 부러울 정도로 거친 행동을 하지만 완전히 헛소리다.

향유고래의 창자에서 배설되는 물질인 용연향은 해리향과 마찬가지로 향수제조업자와 의사들에게 자주 이용되었다. 무게 당 가치가 금과 대략 맞먹는 이 희귀한 물질은 중세에는 두통, 감기, 심장병, 간질을 치료하는 만병통치약으로 여겨졌다. 용연향 덩어리만 있으면 흑사병을 예방할 수도 있다는 얘기까지 있었다(구입할 경제적 여유만 있다면).

인사들이 수술을 받았는데, 그중에는 해롤드 파울러 맥코믹 국제 하비스트 컴퍼니 회장이 포함되어 있었다. 그는 이 수술로 훨씬 젊은 새 아내인 폴란드 오페라 가수 간나 월스카만큼 젊어지기를 바랐다.

수술을 받은 또 다른 유명인은 중년이 시작되면서 경기에서 지고 있던 미들급 복싱 챔피언 프랭크 클라우스였다.

높은 인기를 얻었음에도, 1920년대 후반에 이르러서는 남성성을 '향상'시키는 원숭이 분비샘 수술이 완전히 실패임이 명백하게 드러났다. 보로노프는 서서히 잊혀져 1951년에 사망했을 때는 신문에 부고조차 실리지 않았다.

그러나 인간은 망각의 동물이다. 원숭이 분비샘이 유행에서 사라진 지 불과 몇 년 지나지 않아 새로운 돌팔이가 나타나 또 다른 생물체의 회춘 능력을 광고했다. 바로 염소였다.

여기서 존 로뮬러스 브린클리로 돌아간다. 브린클리는 미국 의학협회가 허가한 의대에 등록하는 대신 등록금이 더 싸고 엉터리 과정인 캔자스시의 에클레틱 메디컬(*역주: 다층적 의학이라는 의미) 대학을 선택했다. 브린클리는 명성과 돈을 찾아다녔고, 그 대답이 염소의 우렁찬 울음소리로 도착했다.

그는 남성의 음낭에 성적인 능력이 넘치는 염소의 고환을 이식하면 남성적 활력과 젊음을 분명히 회복할 수 있을 것이라고 확신했다. 물

침팬지를 칭송하는 보로노프

## 원숭이 분비샘

원숭이 분비샘은 1920년대에 문화적으로 깊은 각인을 남겨서, 그 결과 풍자 소설(미하일 불가코프의 《개의 심장》), 유명한 칵테일, 그리고 〈코코넛대소동〉이라는 영화 속에서 마르크스 형제의 노래가 만들어졌다.

> 당신의 손을 잡을게요
> 정글 밴드에게로 가요
> 춤을 추기에 너무 늙었다면
> 가서 원숭이 분비샘을 구해오세요

유명한 칵테일 전문가 해리 맥켈론이 만든 원숭이 분비샘 칵테일의 레시피는 다음과 같은 재료로 만든다.

진 1½ 온스, 오렌지 주스 1½ 온스, 석류 시럽 1 티스푼, 압생트 1 티스푼

흔들고, 걸러서, 서빙한다.

론 그렇지 않았다. 인체는 이식된 조직에 거부반응을 보였으나, 플라세보 효과의 결과는 다시 한 번 깜짝 놀랄 정도였다. 의사 면허도 없는 외과의사에게 실제로 영원한 손상을 입은 환자는 어떻게 할 것인가? 그 부분은 편리하게도 비밀로 묻혔다.

1930년대에 브린클리는 해외에까지 돌아다니면서 자신의 염소 쇼를 선보였다. 그의 주장은 미국 의학협회 회장에 의하면 '헛소리'에 불과했다. 법정에서 그의 수술이 어떤 효과가 있었는지를 질문받자, 브린클리는 대답

했다. "설명할 수 없습니
다……. 모릅니다." (돈을
내고 당신의 음낭을 자르도
록 허락한 사람으로부터 결
코 듣고 싶지 않은 대답이다.)

멈추지 않는 야망에
도 불구하고(브린클리는
캔자스 주지사 선거에서 거
의 승리할 뻔했고, 멕시코 국
경에서는 라디오 방송국을

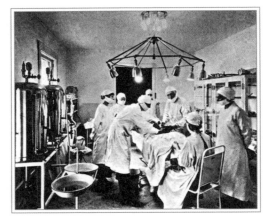

"간호사, 염소 고환을 건네주시오." 브린클리가 수술하고
있다.

개설해서 성공을 거두기도 했다), 브린클리는 돌풍처럼 불어 닥친 몇 건의 소송
끝에 1942년 파산했다.

## 상대적으로
## 문명화된 근대

근대 초기에 서구 의학이 발달하면서 정교한 치료를 위해 동물을 도
살하는 일은 점점 줄어들었고, 그 대신 동물을 우리에 가둬두고 의학 연
구의 대상으로 삼는 것에 만족하게 되었다. 훨씬 문명화된 방식이다.

하지만 모든 약품에서 동물들이 제외된 것은 아니다. 확실히, 헌신적이
고 엄격한 채식주의자라면 종종 진퇴양난에 처하게 된다. 우리가 조상들
보다 그다지 우월하지는 않다는 것을 깨닫기 위해 지금부터 중세풍의 21
세기 치료법 몇 개를 살펴볼 것이다.

돌팔이 의학의 역사

**당뇨병**: 갓 도살된 돼지의 췌장 분비물을 추출하여 팔의 정맥에 주사한다. (인슐린)

**안구 건조증**: 양의 피부샘에서 추출한 기름을 점안한다. (라놀린)

**일반적 질환**: 다양한 약품 성분을 가루로 만든다. 소나 돼지의 뼈, 인대, 힘줄을 삶아서 그 혼합물로 캡슐을 만든다. 캡슐에 가루약을 채워 넣고, 환자에게 그것을 삼키도록 한다. (젤라틴)

**갱년기 안면 홍조증**: 임신한 암말의 오줌을 마셔라. (프레마린)

**혈전 예방**: 도살된 돼지의 창자 장막이나 도살된 소의 폐에서 점액을 추출해 주사한다. (헤파린)


따라서, 실제로 우리는 조상들과 완전히 다른 게 아니라서, 동물로부터 얻은 몇 가지 현대의 치유법은 돌팔이들을 다루는 미래의 책에서 비난의 대상이 될 수도 있을 것이다. 중세의 우리 조상들은 거미줄과 달팽이점액의 효용을 발견했다. 그러나 황소의 뇌를 정신질환자의 머리에 묶는것은? 아무 소용 없다. 미래에는 암말의 오줌을 채취하는 것에 대해서도 같은 느낌이 들지도 모른다.

# 섹스
## Sex

고대 그리스의 난잡한 파티, 골반 마사지 처방,
직장 확장기, 오르곤 에너지 집적기,
다산을 보장하는 엉덩이 때리기

마빈 게이의 〈섹슈얼 힐링〉이라는 노래를 기억하는지? 게이 씨는 섹스가 치유의 힘이 있다는 고대의 가르침을 정감 있게 표현했다. 단지 번식을 위해, 혹은 사랑을 표현하거나 지루한 일요일 오후를 보내기 위한 것이 아니라 신체의 진정한 치유 말이다. 대중에게 이러한 멋진 메시지를 전파하기 위해 그의 음악적 천재성이 필요했으나, 실제로 그 개념은 수천 년 전 과거에도 있었다.

히스테리에서 치질에 이르는 모든 병에 대해 수천 년 동안 성행위가 치료제로 처방되었다. 그리고 대체로 종종 같은 질병에 대해 금욕을 치료제로 처방하기도 했다. 사람들은 자기들이 무슨 말을 하는지도 모른다. 정치적 행동과 성적인 진단에 대한 편견에서 분명한 정보를 얻기는 어렵지만 우리는 차츰차츰 나아지고 있다.

19세기는 의학이 개인의 침실로 진입한 절정의 시기였다. 겉으로는 무척 점잖은 체하던 빅토리아시대 사람들은 여성의 자위를 부추기는(의사들에 의해) 동시에 남성의 자위를 비난했다. 의사들은 언제나 성이라고 하는 극히 개인적인 행위의 취급 방법에 대해 고심해 왔지만, 사실 그것은 아주 먼 고대 그리스에서도 마찬가지였다.

## '300'과 함께하는 히스테리 치료

멜람푸스는 고대 그리스 신화에 가끔 등장하는 유명한 의사였다. 어느날, 아르고스의 통치자가 멜람푸스를 불렀다. 그 도시에는 사소한 문제가 있었다. 도시의 처녀들이 모두 남근을 기리는 종교의식을 거부하고 미쳐서 산으로 달아나버린 것이다. 멜람푸스가 말했다. "걱정하지 마세요." 그러고 나서 그는 산비탈을 방황하는 처녀 무리를 뒤쫓아 가서 그들을 헬레보레(*역주: 미나리아재비과의 독초. 커다란 녹색·흰색·보라색의 꽃이 핌)로 진정시키고, 그리스의 건장한 젊은 청년들과 섹스를 하도록 부추겼다. (남성들이 떼를 지어 나와 흥청망청하는 영화 '300'을 기억하는가? 그렇다. 멜람푸스는 기본적으로 그런 용모의 남성들과 섹스하면 몸이 회복되리라고 말했던 것이다.)

신화에 의하면, 멜람푸스의 현명한 충고는 받아들여졌고, 실제로 효과도 있었다고 한다. 여성들은 몇몇 건장한 그리스 전사들과 어울린 뒤에 그들의 광기가 사라졌음을 알게 되었다. 그들은 산에서 돌아와 아르고스에서 일상생활을 다시 영위했다.

이 이야기가 정말로 말하고 싶은 것은 무엇일까? 이것은 서구 문명이 부딪힌 해묵은(남성이 만들어낸) 문제인 '여성의 히스테리'를 최초로 기록한 사례일 것이다. 멜람푸스가 처녀들을 치유한 것은 섹스의 결핍에서 여성의 광기가 비롯된다는 설의 원본이다. 그런데 멜람푸스가 다산의 신인 디오니소스 숭배를 다른 그리스인에게 소개한 것도 우연은 아닐 것이다. 불안하고, 초조하고, 우울하며 혹은 어떤 식으로든 만족하지 못하는가? 토요일 밤에 잠시 술에 취해 흥청망청하면 기분이 한결 나아질 것이다.

히스테리라는 용어는 19세기에 만들어졌으나, 히포크라테스는 훨씬 전에 이 증상에 대해 자세히 기술했다. 기본적으로 모든 여성의 건강 문제는 '방황하는 자궁'에서 비롯되는 것으로 보고, 그는 섹스를 통해 여성들은 질병을 치료할 수 있다고 단언했다. 성행위로 만족한 자궁은 방황을 멈추고 병도 낫는다고 한다. 임신을 한다면 보너스를 얻는 것이지만, 결혼을 해야만 한다. 처녀들, 과부들, 그리고 독신 여성들은 스스로 알아서 해야 한다.

히포크라테스는 또한 섹스를 하면 여성의 산도가 넓어져 더 청결하고 건강한 몸이 될 것이라고 생각했다. 그것은 옳은 추측이었다. 최근의 연구를 살펴 보면 원래 산도가 넓거나 혹은 출산 경험으로 넓어지면 월경 경련으로 인한 통증이 줄어드는 것으로 나타났기 때문이다.

돌팔이 의학의 역사

일반적으로, 히포크라테스는 여성이 결혼해서 적극적인 성생활을 즐기면 건강을 유지할 수 있다고 주장했다. 반면에 많은 의사들, 즉 그리스의 소라누스와 로마의 갈레노스는 여성이 금욕하면 건강하다고 주장했다. 물론 그들은 모두 남성 의사들이었다.

그 후 천 년이 흐른 뒤에야 비로소 여성들은 자신의 성적인 건강에 대해 스스로 결론을 내릴 수 있게 되었다(실제로 의술을 행하는 것은 훨씬 덜 걸렸다). 그러나 11세기 이탈리아에서 살레르모의 트로타가 등장한다. 중세

## 다산을 위한 엉덩이 때리기

베르길리우스에 따르면, 로마의 루페르쿠스(*역주: 다산과 풍요의 신) 축제 기간에는 기본적으로 공공연한 향락이 펼쳐졌으며, 벌거벗은 남성들은 거리를 헤매다가 마주치는 여성 누구에게나 엉덩이를 때렸다고 한다. 로마인들은 또한 새 신부의 엉덩이를 심벌즈의 리듬에 맞춰 때리는 것이 다산을 보장하는 확실한 방법이라고 믿었다. 이러한 믿음은 셰익스피어의 희곡에서도 이어졌다. 희곡 〈율리우스 카이사르〉는 루페르쿠스 축제의 와중에서 시작되는데, 카이사르가 마르쿠스 안토니우스에게 자신의 아내 칼푸르니아가 임신할 수 있도록 그녀의 엉덩이에 "손을 대라"('때리라'고 읽는다)고 지시한다.

"괘념치 말고, 안토니우스, 마음껏 칼푸르니아에게 손을 대라. 우리의 원로들이 말하기를, 불임자는 이렇게 신성한 추격에 감화되면, 불임의 저주를 떨쳐버리게 된다."

남자가 후손을 얻고자 여성의 엉덩이를 때리고 있다.

유럽 최초의 여성 의사이다. 트로타는 또한 성과 관련된 질병을 여성 환자가 남성 의사와 상의하기에는 지나치게 사적인 부분이라는 사실을 처음으로 지적했을 것이다. 그녀는 금욕을 질병의 원인으로 보았으며, 결혼 생활의 테두리 안에서 적극적인 성생활을 하라고 충고했다. 그녀는 필요하다면 성욕을 달래기 위해 사향 기름과 박하를 권하기도 했다. 사향 기름과 박하가 취향에 맞지 않는다면? 걱정하지 말라. 빅토리아시대의 사람들은 당신의 취향에 맞는 것을 권해줄 것이다.

# 빅토리아시대의
# '하복부 마사지'

여성의 히스테리에 대해 가장 주목한 것은 빅토리아시대일 것이다. 그 무렵 여성들은 피로, 불안 그리고 약한 우울증을 포함하는 일반적인 증상으로 진단을 받곤 했다. 19세기 후반에 이르러 이런 추세는 더욱 뚜렷해져서 물 치료사인 러셀 트롤 박사가 미국 여성의 75퍼센트가 히스테리에 시달리고 있다는 대담한 선언을 할 지경이었다. 그리고 그 치료를 위해서는 '히스테리 발작'을 유도하기에 충분한 활력을 주는 '골반 마사지'를 하는 것이었다. 빅토리아시대의 사람들은 비유적인 표현의 달인들이었다. 어떤 역사가에 의하면, 사실 여성들은 오르가슴을 유도하기 위해 남자의사들(!)이 행하는 외음부 마사지를 처방받기도 했다.

자, 당신은 아마도 이것이 성적 저의가 담긴 프로이트 식 축축한 꿈처럼 대규모 망상의 일부일지도 모른다고 생각할 것이다. 그러나 여기에는 뜻밖의 결말이 있다. 의사들은 '골반 마사지'에 성적인 의미가 전혀 없다고

돌팔이 의학의 역사

생각했다. 사실 그들은 그런 치료를 무척 성가시게 여겼다. 의사들은 정확한 기술을 배우기 어렵고 너무 많은 시간을 소모해야 한다고 불평했다. 일부 기진맥진한 의사들은 골반 마사지가 성공적으로 수행되기까지 1시간씩이나 걸리는 데다, 이로 인해 '손목 통증'이 발생했다고 보고했다.

가엾은 빅토리아시대의 의사들이 여성 환자의 외음부를 열심히 마사지하는 것을 동정한 나머지, 그들을 구하기 위해 중요한 장치가 발명되었다. 바로 전기 바이브레이터이다.

웃을 일이 아니었다. 이 장치는 무게가 40파운드나 나가고, 습식 전지 배터리로 작동되며, '비브라토즈'라 불리는 작은 부속품들이 달려 있다. 19세기 후반에 조셉 모티머 그랜빌 박사가 발명한 바이브레이터는 오르가슴을 얻는 시간

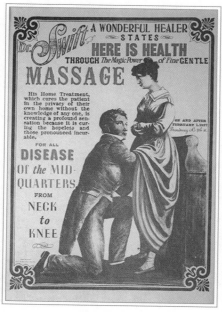

오르가슴! 건강의 열쇠. "음, 의사 선생님, 그건 좀…… 더 앞으로요."

을 한 시간에서 약 5분으
로 줄였기 때문에 의사들
에게 인기를 얻었다.

증기로 작동하는 바이브레이터

　그러나 의사들은 큰
그림에서 자신들이 제외
되고 있다는 사실을 거의
알아차리지 못했다. 바이
브레이터가 원격 휴대용이 되자마자, 그즈음 급성장 중이던 주방 산업이
가정용 바이브레이터의 제조와 판매라는 잠재력 높은 시장에 뛰어들었다.

　오래 지나지 않아 20세기 초의 현대 여성은 시어즈 카탈로그에서 개인
용 바이브레이터를 몇 달러에 주문할 수 있게 되었다. 돈을 주고 옷을 벗
게 하는 의사들보다 훨씬 나았고, 얼마 지나지 않아 의사들은 골반 마사
지를 중단했다.

　바이브레이터는 엄청난 인기를 끌었고, 현대 가정에 소개되는 다섯 번
째 가전제품이 되었다. 잠깐 생각해 보라. 전자제품이 생겨나면서 이웃들
을 따라잡으려면 전기 주전자, 재봉틀, 선풍기, 토스터 그리고⋯⋯ 바이브
레이터가 필요했다.

배터리로 작동하는
그랜빌의
바이브레이터(왼쪽).
이 기묘한 기계에
그녀를 연결해서
다음에 어떤 일이
일어나는지 보라.

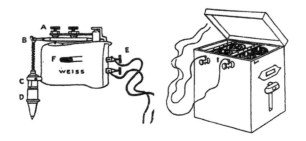

돌팔이 의학의 역사

시어즈와 같은 일반적인 쇼핑 카탈로그뿐만 아니라 모든 주요 여성 잡지에 실렸던 광고에는 멋진 시대의 과장법이 담겨 있다. "오랜 세월 동안의 비밀이 진동 속에서 밝혀졌다. 위대한 과학자들은 우리의 건강뿐 아니라 생명력조차 이 놀라운 힘에 빚지고 있다고 말한다. 진동은 삶과 활력, 힘과 아름다움을 증진시킨다. …… 당신의 신체를 진동시키고 건강하게 돌보라. 당신은 병에 걸릴 권리가 없다."

20세기의 전진과 더불어 진단 가능한 질환으로서의 여성 히스테리의 개념은 사라졌다. 정신분석의 기법이 발달하면서 여기저기 두루뭉술하게 갖다 붙이던 히스테리 진단은 줄어들었다. 그 대신 뇌전증, 조현병, 성격장애, 전환장애 및 우울증과 불안증의 진단이 높아졌다.

바이브레이터를 은밀한 눈짓을 주고받으며 엄격하게 의료 기기로만 사용하려던 책략은 1920년대에 초기 포르노 영화에서 그것이 의료 목적이 아닌 쓰임새로 노출되는 바람에 실패했다. 바이브레이터가 단순한 의료 기기라는 생각은 자연스럽게 사라졌다. 상황은 정리되었다. 바이브레이터는 섹스 장난감이라는 인식이 완전히 굳어졌다.

## 약장에 들어 있는 다른 섹스 토이들

물론 바이브레이터가 시장에 출시된 유일한 섹스 장난감은 아니었다. 1890년대의 의학저널에는 영 박사의 '이상적인 직장 확장기' 광고가 갑자기 나타났다. 고무로 만들어져서, 지름이 1.5인치에서 4인치까지 늘어나는 네 종류가 한 세트인 이 확장기는 건강 보조기구를 가장한 빅토리아시대의 버트 플러그(\*역주: 직장과 항문에 사용하는 섹스 장난감)로 팔려나갔다. 광고에서는 직장 확장기가 만성 변비와 치핵(치질)에 특히 유용하다고 주장했다. 이를테면 다음과 같다. "만약 쉽게 개선되지 않는 만성 변비환자에게 이 확장기를 처방한다면 비슷한 증상의 다른 환자들에게도 필수적이라는 것을 발견하게 될 것입니다." 그리고 '전문가에게는' 개당 2.50달러의 가격이었다.

영 박사의 '이상적인 직장 확장기'

다양한 크기의 직장 확장기로 당신은 서서히 넓힐 수 있다, …… 건강함을

는 19세기 후반부터 1940년대까지 판매되었다. 1940년대 무렵 뉴욕 남부 지방검사는 오해의 소지가 있는 설명서를 첨부했다는 혐의로 선적된 이 기구들을 모조리 압수했다. 직장 확장기를 단순히 변비 치료를 위한 것이라고 광고하는 데 만족하지 않고, 보통 돌팔이들이 그러하듯이, 제조회사는 상품의 포장지에 일련의 엉터리 의학적 주장을 끝없이 추가했다. 심지어 모든 질병 중에서도 지독한 입 냄새와 입안의 나쁜 맛까지 치료한다고 장담했다. 설명서에는 대담하게도 "확장기 사용을 잊지 마세요. …… 아무리 자주 사용해도 전혀 문제가 없습니다."라고 적혀 있었다.

FDA는 확장기가 변비와 치핵을 영구적으로 치료한다는 것은 사실이 아니라고 이의를 제기했다. 실제로 치질이 발병했을 때 오히려 확장기는 결코 사용하고 싶지 않은 물건이다. FDA는 또한 그것을 너무 자주 또는 너무 오래 사용하면 건강에 위험하다고 선언했다. 선적된 물건은 압수 폐기되었고, 영 박사의 '이상적 직장 확장기'는 생산을 중단했다. 하지만 걱

돌팔이 의학의 역사

정할 것 없다. 원하는 사람은 인터넷으로 복제품을 구할 수 있을 테니까.

## 오르곤 에너지
## 집적기

직장 확장기가 사라진 뒤 얼마 지나지 않아 한 심리학자가 나타나 성
에너지에 대한 매혹적인 철학으로 서양 문화에 영향을 미쳤다. 후기 프로
이트 정신분석학자들이 일으킨 제2의 물결의 일원인 빌헬름 라이히 박사
였다. 그는 '오르곤'이라는 보편적인 생명의 힘에 관한 복잡한 이론을 발전
시켰다. 침술가들은 보편적 생명의 힘을 '기'라고 하고, 스타워즈의 열성
팬들은 '포스'라고 부를지도 모른다. 라이히는 살아 있는 모든 물질에 오르
곤이 존재하며 오르곤의 흐름이 막히거나 충분한 양이 공급되지 못할 때
의 결과가 바로 질병이라고 주장했다.

오르곤 에너지를 축적하고 나눌 수 있는 가장 좋은 방법은? 섹스다. 라
이히는 성의 해방을 노동 계급의 혁명과 묶어서 강력하게 주장했다. 그는
리비도가 삶을 긍정적으로 생각하게 하는 핵심적인 힘이며 국가에 의해
끊임없이 억압되어 왔다고 보았다.

라이히는 보수주의자들에게 인기가 없었음이 확실하다.

그러나 그는 2차 세계대전 이후에 미국에서 반문화운동이 일어나면서
큰 인기를 끌었다. 비트 제네레이션이라고 불리는 젊은 세대들은 그의 견
해를 받아들였고, 특히 그의 상자를 환영했다. 정식 명칭은 '오르곤 축적
기'이며 라이히의 오르곤 연구소가 만들어서 판매하였다(대금은 기부금 형식
으로 받고 있었다). 오르곤 상자는 기본적으로 텅 빈 커다란 상자인데 한번

들어가면 그 속에서 몇 시간 동안 서 있거나 앉아 있을 수 있다. 유기체와 비유기체를 번갈아 층층이 쌓아서 이 구조 덕분에 상자 안에 오르곤 에너지가 축적된다는 이론이었다. 우울함이 느껴지는가? 기운이 떨어지는가? 그러면 오르곤 상자 속에 들어가 몇 시간만 앉아서 오르곤을 보충하고 나면, 다시 건강해질 것이다. 또한 오르곤 레벨을 높이는 이 상자는 성적 에너지를 축적하는 데도 효과가 있었다고 한다. 인간에게서 나오는 오르곤이 벽에 부딪혀 체내에 축적되는 동안 성욕도 높아진다고 하는 구조이다. 물론 상자 안에 네 시간이나 앉아 있다가 섹스를 하면 틀림없이 굉장할 것이다.

실질적으로는 사람이 들어갈 수 있는 크고 빈 상자일 뿐인데, 짧은 기

자, 흥분할 때까지 이 상자 안에 앉아 있으세요.

돌팔이 의학의 역사

간 동안이지만, 놀랍게도 오르곤 상자는 큰 인기를 얻었다. 심지어 알버트 아인슈타인은 한번 들어가 앉아 보려고도 했다.

그러나 그는 잠깐 상자 내부를 들여다보더니, 라이히의 이론을 대략 훑어보았을 때와 마찬가지로, 금세 흥미를 잃었다. 그러나 '네이키드 런치'의 작가 윌리엄 S. 버로우는 골수 추종자였다. 그는 자신의 전용 오르곤 상자를 만들었고(기술적으로는 규정에 어긋났지만, 버로우는 규정을 따르는 사람이 아닌 게 분명해서) 그리고 그 속에 들어가 '약물중독자의 메스꺼움'(즉, 헤로인 금단 증상)을 줄여보려고 했다. 그런 목적으로는 오르곤 상자가 매우 효과가 좋았다.

버로우는 심지어 너바나의 보컬, 커트 코베인에게 오르곤 상자를 추천하기도 했다. 상자 안에서 웃으면서 손을 흔드는 코베인의 사진이 오늘날까지 인터넷에 돌아다니고 있다. 1993년에 그는 말하기를, 상자 안에 들어가기 전에 버로우에게 그 속에 있는 거미를 죽여달라고 부탁했다고 한다.

결국, 오르곤 상자가 건강에 좋다는 라이히의 주장은 FDA의 눈에 띄어 분노를 자아냈다. 그래서 오르곤 물질이 퍼져 나가는 것을 금지하는 연방정부의 명령을 받았다.

그러나 라이히는 자신의 연구와 제품을 계속해서 주 경계를 넘나들며 유통시킨 죄목으로 감옥에 갔고, 그의 오르곤 연구 상당 부분이 폐기되었다. 오늘날 오르곤 상자에 앉으려면 직접 만들어야 한다(걱정할 것 없다. 인터넷에 설명서가 있으니까). 빌헬름 라이히가 직접 만든 빈티지 오르곤 상자는 거의 찾아볼 수 없지만, 만약 언젠가 뉴잉글랜드 여행을 가게 된다면 메인 주, 랭글리에 있는 라이히 박물관에서 찾을 수 있다.

# 존 하비 켈로그, 자위행위와 싸우는 남자

존 하비 켈로그는 미시건 주의 배틀 크릭에 요양소를 세워서 건강한 생활 방식을 주창했던 의사이다. 이름이 낯익은가? 그가 동생 윌과 함께 켈로그 콘 플레이크(원래는 그래눌라라 불렸던)를 만들었기 때문이다. 건강한 섭식과 체중 관리에 대한 켈로그의 발상은 설득력이 있었다. 운동을 많이 하고, 과도한 열량 섭취를 피하고, 채식하면서 알코올과 담배를 끊는 것이었다. 켈로그가 격렬하게 금해야 한다고 주장했던 또 다른 것이 무엇일까? 바로 자위행위였다. 그는 자위행위를 혐오했고, 신체와 정신, 영혼에 해를 끼치는 가장 건강하지 못한 것이라고 생각했다. 1877년에 출간된 책 《노인과 청년을 위한 평범한 사실》에서 켈로그는 '자기 학대'와 '음란'이라고 부르는 그 악행에 대해 상세하게 논의했다.

콘플레이크를 만든 사람이 했을 법한 말이지만, 다이어트 또한 자위행위 습관을 고치는 중요한 방법이다. 그는, "돼지고기, 정제된 밀가루로 만든 빵, 기름진 파이와 케이크, 조미료를 먹는 사람, 차와 커피를 마시는 사람, 담배 피우는 사람은 마음속이 맑을 리가 없다."라고 썼다. 또한 과식도 금지했다. "과식은 순결에 치명적이다."라고 하면서, 모든 향신료와 피클을 부도덕한 것으로 취급했다. 명백히 피클이 없는 세상은 성적 자극과도 거리가 멀어 보인다.

켈로그보다 먼저 이러한 주장을 했던 실베스터 그레이엄은 흰 빵에는 영양소가 부족하다고 주장하며 첨가물이 없는 통밀빵을 추천했다. 그것은 곧 1829년에 크래커로 만들어졌고, 통밀과 섬유질이 풍부한 음식을 먹는 그레이엄 다이어트 채식을 실천하는 '그레이엄 사람들'이 먹었다. 오, 그리고 술도 금지였다. 그러한 크래커를 먹는 것은 자위행위를 하고자 하는 욕구에 맞서는 계획의 일부이기도 했다. 그리고 그레이엄 크래커는 사람들이 캠프파이어를 할 때 구운 마시멜로나 초콜릿과 함께 먹는 설탕이 함유된 과자들과는 다르다. 만약 그레이엄과 켈로그가 원래의 크래커에 뭔가를 더 얹은 요즘 크래커들을 먹었더라면, 죽음을 유발하는 오르가슴을 느꼈을지도 모른다.

# 섹스는
# 건강에 좋다

오르곤 상자가 없어도 의사들은 건강한 성생활에서 의학적으로 의미 있는 유익함을 누릴 수 있음을 밝혀냈다. 오르곤 수준을 높이기 위해 오르곤 상자 속에 몇 시간이고 앉아 있을 필요가 없다. 규칙적인 성생활은 면역체계를 향상시킬 수 있고, 혈압을 낮추며, 수면의 질을 높이고, 스트레스 수준도 낮게 만든다.

그러니 당신의 파트너를 끌어안고, 마빈 게이를 크게 틀어 놓고, 침대로 가라.

**5**

# 단식
## Fasting

단식하는 성자, 굶주림 하이츠, "브루클린 수수께끼",
맛있는 공기의 맛, 흔한 세척의 치명적 과거

  1908년은 '단식전문가' 린다 해저드<sup>Linda Hazzard</sup>의 삶에 중요한 해였다. 그녀가 처음으로 쓴《질병 치유를 위한 단식》을 출간한 해이며, 이 책에서 그녀는 단식이 모든 질병의 만병통치약이라고 주장하고 있다. 또한 그녀의 환자 중에 첫 번째 사망자가 나온 해이기도 하다.

돌팔이 의학의 역사

해저드는 모든 질병의 근 원은 독소이며 단식을 통해 제거되어야 한다고 주장했다. 워싱턴주 올랄라에 있는 그녀 의 요양소는 지역주민들에게 얼마 안 가 '굶주림 하이츠'라

린다 해저드가 그녀가 속했던 곳으로 가고 있다.

는 별명으로 불리기 시작했다. 네 시간 동안 행하는 관장, 주먹으로 치는 마사지, 그리고 날마다 아주 적은 양의 토마토, 아스파라거스 그리고 오렌 지 주스만 마시는 식이요법을 진행했기 때문이었다. 최근 구프(*역주: 배우 기네스 팰트로가 운영하는 웰빙 웹사이트)에서 영향을 받아 명사들 사이에서 유행하는 단식 같지만, 실제로는 몸에 나쁜 극단적인 섭식 전략이며, 그것 으로 인해 많은 사람들이 죽었다. 그러니 꿈도 꾸지 마시라.

그녀의 돌봄 아래 처음으로 목숨을 잃은 환자는 데이지 해글런드라는 노르웨이 이민자였다. 그녀는 서른여섯 살에 굶주림과 관련된 여러 합병 증으로 목숨을 잃었다. (사소한 역사적 사실: 해저드의 치료를 받던 데이지의 아들 이바르 해글런드는 살아 남아, 지금도 시애틀에서 해물 레스토랑 체인을 경영하고 있다. 그러니 이바르 레스토랑에 갈 일이 있으면, 굶어 죽지 않은 것을 축하하면서 성대한 식 사를 주문하라.)

불행하게도 4년 뒤 영국의 부유한 여성인 클레어 윌리엄슨이 사망한 뒤에야 비로소 해저드는 법에 의해 처벌을 받았다. 윌리엄슨이 사망할 당 시 몸무게가 얼마였을까?

50파운드(약 23킬로그램).

그녀는 성인 여성이었다.

클레어의 여동생 도라 역시 그 무렵 해저드의 감독 아래 있었다. 그녀

또한 몸무게가 50파운드 가까이 떨어졌다. 앉아 있기조차 고통스러웠다. 언니의 죽음 이후 도라는 가족에게 도움을 청하는 전보를 몰래 보냈다. 도라는 요양원에서 구조되었고 해저드는 과실치사 혐의로 체포되었다.

도라 윌리엄슨, 50파운드까지 몸무게가 떨어졌다.

다음 재판에서는 해저드가 클레어 윌리엄슨의 유언장을 위조했고 동시에 약 6천 달러에 달하는 두 자매의 보석까지 갈취한 사실이 드러났다. 그것뿐만이 아니었다. 두 사람 외에도 최소한 14명의 환자가 해저드의 돌봄을 받다가 죽었는데, 그들은 정신적 신체적으로 극도로 허약해진 상태에서 소유물을 모두 넘긴다고 서명하도록 종용받았고, 또는 유언장이 날조된 것이었다.

해저드는 유죄 판결을 받았고, 2년 이상 20년 이하의 징역형을 선고받아 감옥에 갔다. 그리고 2년 뒤에 가석방되었다. 심지어 그녀는 워싱턴 주지사로부터 사면까지 받았다. 비록 또다시 의료 행위를 하는 것은 금지되었지만, 그녀는 올랄라에서 〈건강학교〉를 열었고 1938년에 스스로 단식 치료를 시도하다가 굶어 죽을 때까지 단식이라는 복음을 계속 전파했다. 적어도 자신이 설교한 것을 실천하기는 한 것이다.

## 영양실조의 기적
'웨일스의 단식 소녀'의 비극

해저드의 방법은 위험하기도 하고 극단적이기도 했지만, 단식요법은 수천 년 전부터 행해져 오던 것으로 타당성이 있다고 여겨지기도 했다.

고대 그리스에서 피타고라스는 정기적인 단식이 몸에 좋다고 주장했다. 르네상스시대의 파라켈수스는 단식을 '몸속의 의사'라고 부르기도 했다. 그리고 익히 들었던 "감기에 걸리면 많이 먹고, 열이 나면 굶어라."는 격언의 근원을 따라가 보면, 영어 사전편찬자인 존 위달이 1574년에 편찬한 사전에서 다음과 같은 글을 발견할 수 있다. "단식은 열병을 치유하는 훌륭한 처방이다."

파라켈수스의 주장은 한편 타당한 것이었다. 단식이 몸에 좋은 경우가 있다. 역사 속의 종교 지도자들 또한 단식이 영혼에 좋다는 것을 인지하고 있었다. 단식은 정신 수련으로, 종교적 의례를 준비하는 방법으로, 혹은 황홀한 비전과 꿈을 불러들이는 수단으로 전 세계에서 독립적으로 등장했다. 신의 계시를 찾고 있는가? 어떤 문화를 막론하고 단식은 그곳에 이르는 매우 좋은 방법이다.

영적 깨달음과 의학적 치유를 결합한 단식에 대한 최초의 기록을 보면 성녀 리드비나가 나온다. 리드비나가 살았던 14세기 말에 네덜란드 사람들은 겨울이 되면 초창기의 아이스 스케이팅 방식으로 네덜란드의 얼어붙은 빙하를 따라 얼음을 지쳤다. 열다섯 살 때, 리드비나는 스케이트를 타다가 호되게 넘어졌다. 정말로 심각한 부상을 입은 탓에 그녀는 결국 완전히 회복되지 않았고, 점점 더 악화되어 몸을 꼼짝도 할 수 없게 되었다(오늘날의 관점으로 리드비나의 증상은 다발성 경화증의 초기 사례였던 것 같다).

치유를 목적으로 시작되었다가 곧 종교적 색채로 미화되면서, 리드비나는 강경한 단식을 시작했다. 오로지 사과, 대추, 희석한 포도주, 바다 소금을 넣은 강물로 버티다가 결국에는 숨만 쉬었다. 그녀는 치료사, 성스러운 여성으로 명성을 얻게 되었고, 네덜란드 관리들은 아무것도 먹지 않는

## '브루클린의 수수께끼'

'브루클린의 수수께끼'라고 불리는 몰리 팬처
는 브루클린 하이츠 신학대학 졸업이 불
과 몇 달 남지 않은 1864년 열여섯 무렵
소화불량이라는 진단을 받았다. 팬처는
소화불량 증상 외에도 자주 실신했고, 심장
이 허약해서 학교를 그만둘 수밖에 없었다.

상황은 더 악화되었다. 1년 뒤, 몰리는 말에서 떨어져서 의식을 잃었고, 늑골
서너 개가 부러졌다. 그 후로 1년 남짓 지났을 때 몰리는 마차에 드레스 자락
이 걸려서, 한 블록쯤 끌려가는 사고를 당했다. 다시 한 번 의식을 잃었고, 늑
골 서너 개가 골절되었다.

몰리는 결국 완전히 회복되지 않았다. 그녀는 치유되기를 기다리면서 침대에
누워 지냈다. 약혼은 깨졌고 기이한 증상들이 연이어 나타나기 시작했다. 시각,
촉각, 미각, 후각과 같은 대부분의 감각을 잃게 되었다. 질병 때문인지 혹은 회
복을 위한 시도였는지, 몰리는 먹는 것을 멈추었다. 보도된 바에 의하면, 그녀
는 16년 동안 아무 음식도 먹지 않고 지냈다고 한다. 옆에서 지켜본 사람들에
의하면, 그녀의 배가 '움푹 꺼져서, 손을 대면 척추가 만져질' 정도였다고 한다.
반듯하게 누워 팔로 머리를 받치고, 다리는 몸 아래에서 꼬여 있는 상태에서,
눈을 감고, 몰리는 사람의 마음과 멀리 있는 글을 읽을 수 있고, 예언을 할 수
있다고 주장했다. 영적인 운동에 사로잡혀 있던 나라에서, 그녀는 커다란 반
향을 불러 일으켰다. 1866년과 1875년 사이에, '브루클린의 수수께끼'가 지닌
놀라운 영적 능력에 대한 이야기가 언론에서 여러 번 다루어졌다. 그리고 몰
리 팬처의 경우는 의학계와 사회에서 자주 논란이 되었다.

1880년대 후반부터 1890년대 초반의 어느 지점에서, 몰리는 다시 음식을 먹
기 시작했다. 그리고 그녀의 이상한 증상들은 사라지기 시작했다. (기아를 역전시
키는 것이야말로 정말 훌륭한 치유다.) 몰리는 다른 사건 없이 1916년까지 생존했다.

다는 그녀의 주장을 증명
해주기 위해 주위에 경비병
을 세워 두었다. 그들은 그
녀가 아무것도 먹지 않는
다는 사실을 확인했다(심지
어 경비를 서다가 그녀를 강간했
다는 기록도 있다). 리드비나
의 병이 진행되면서 신체의

성녀 리드비나의 아이스 스케이팅 사고

여러 부분이 기능을 잃었고, 그것들은 곧 보존되어 종교적 우상으로 이용
되었다. 그녀의 소장도 포함하여.

　　성녀 리드비나 이후에도 수 세기 동안 단식은 사람들을 사로잡았고,
빅토리아 시대에는 세속에까지 퍼져 '단식하는 소녀들'이 유행했다. 브룩
클린의 몰리 팬처('브루클린의 수수께끼' 참조)의 경우처럼, 웨일즈 지방의 사
라 제이콥스는 순식간에 세계적인 뉴스가 되었다. 원래 치유를 목적으로
단식을 하다가 두 사람 모두 하룻밤 사이에 유명인사가 되었다. ('관심받기
위한 굶기'라는 말을 들어본 적 있는가?) 몰리는 다시 섭식을 시작했고 점차 회
복된 반면에 사라는 그렇게 운이 좋지 못했다. 웨일즈의 농민들이 기적으
로 여겼던 사라의 경우는 언론의 관심을 끌었고, 24시간 감시하는 사람들
에게 지역 간호사들은 사라가 정말로 아무것도 먹지 않는다는 사실을 확
인해 주었다. 그러나 그녀는 비밀리에 먹고 있었음이 틀림없었다. 왜냐하
면 삼엄한 24시간 감시가 시작되고 나흘 뒤 사라는 의식을 잃었고, 곧 기
아로 사망했다. 그녀의 부모는 과실치사로 체포되어 감옥에 갔다.

　　이런 끔찍한 이야기를 듣고 나면, 다들 교훈을 얻었으리라고 생각할 것
이다. 그러나 단식을 내세우는 돌팔이 이야기는 이제 막 시작되었다.

# 공기와
# 햇빛 한 접시

　19세기 말 대서양 양쪽 연안의 일부 의사들이 '자연건강법'이라 불리는 관행을 옹호하면서 단식이 유행했다. 실행하는 사람마다 조금씩 차이가 있으나, 건강을 위한 행동으로 권장되는 것은 균형 잡힌 식사, 신선한 공기를 쐬면서 운동을 많이 하는 것, 햇빛을 받는 것 그리고 물을 많이 마시는 것이다. 지금까지는 모두 옳은 말씀이다. 그렇지 않은가? 그러나 자연건강법 운동에는 아플 때 의사가 처방한 약을 먹지 말고 단식으로 스스로 치유하라는 권고도 포함되어 있다.

　19세기 후반에 미국에서 의사로 활동한 에드워드 듀이 박사는 치유를 위한 단식 운동의 선구자였다. 전 세계에 그의 방식을 전파한 책 《아침 식사를 하지 마라》The No-Breakfast Plan에서 건강에 대한 견해를 설명했다. 그 책은 두 가지 기본 원칙으로 건강을 얻을 수 있다고 요약했다. 아침을 먹지 말고(제목에서 충분히 설명하지 못했을까 봐?), 아플 때는 먹지 마라. 만약 배고프지 않다면.

　웬일인지 듀이는 단순한 그 두 가지 사항을 책 한 권에 펼쳐 놓았는데, 대부분 그가 치료했다고 주장하는 수백 명에 이르는 사람들의 증언만으로 채워져 있었다. 듀이는 또한 젊은 의사들을 자신의 방법으로 가르쳤다. 그 가운데 하나가 미네소타에서 온 린다 해저드라는 여성이었다.

　해저드는 1904년에 듀이가 죽었을 때 그에 대해 글을 썼는데, 자신의 멘토가 관장의 유익함을 너무 늦게 깨달았다고 비판했다. 또한 그가 '개인적 식생활의 오류'로 인해 마비가 왔고 그래서 죽음에 이르게 되었다고 비난했다. 듀이는 자신이 내세운 아침 식사를 먹지 않는 전략은 엄격하게 지켰지만, 일상에서 허용된 두 끼 식사에서는 '식품의 가치, 식품의 적합성, [그리고] 식품의 조합'을 무시했다는 것이다. 그 결과 "육류와 생선, 달걀과 우유, 빵과 페이스트리, 게다가 상대적

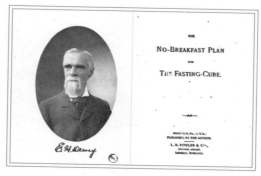

아침을 먹지 않는 것에 대한 책

으로 적은 양의 채소가 곁들여졌다. 이렇게 대부분 녹말 위주로 식사가 구성되었다. 혈관 경화와 고혈압, 그리고 궁극적으로 마비가 진행된 것이 당연하지 않은가!"라고 해저드는 경악했다. 해저드가 '굶주림 하이츠'에서 펼친 의학 철학의 기초를 제공한 것이다.

자연건강법 운동은 훗날 20세기에 허버트 셸턴 박사가 주창한 '자연치유법'과 물 단식법으로 4만 명 이상을 치유했다고 주장하여 유명해진 '셸턴 박사의 건강학교'에 통합되었다.

셸턴 박사는 자신을 형성한 교육 경험에 대해 다음과 같이 썼다. "나는 하드녹스대학에서 대학원에 다녔지만, 학위를 받기 전에 학교를 떠났다. 텍사스의 그린빌에서 일반적인 세뇌 과정을 거쳤고, 열여섯 살에 모든 정치적, 종교적, 의학적 그리고 사회적 체계에 반항했다."

셸턴은 버나르 맥파든이 설립한 가짜 대학에 진학해서 '생리학적 치유학 박사'(그런 학위에 대해 들어본 적이 있는가?)를 취득했다. 그의 첫 번째 책인 《자연치유의 기초》는 1920년에 출간되었고, 자신의 견해를 옹호하며 쏟아낸 저작물의 시작에 불과했다. 그의 견해 가운데 저지방, 고섬유질 식품, 물을 많이 마시고 바깥 활동을 많이 하는 것 등은 장점이 있다. 그러나 다

## 위험한 디톡스 다이어트

느슨한 단식으로 독소를 몸 밖으로 내보내려는 디톡스는 오늘날 유행하는 다이어트 방식이다. 전형적인 디톡스에서는, 며칠 동안 음식 섭취를 중지하고, 그 대신 주스 그리고/또는 물 그리고/또는 체력을 유지할 수 있는 특별한 보조제를 먹는다. 리버 클린즈, 텐 데이 그린 스무디 클린즈, 콜론 클린즈, 블루프린트 클린즈, 슬렌데라 가르시니아 캄보지아 등등이 이런 종류의 다양한 보조제이다.

그러나 가장 악명 높은 클린즈는 스탠리 버로우스가 개발한 마스터 클린즈로, 열흘 동안 해독용 차와 함께 레몬 물, 메이플 시럽, 카옌 후추의 혼합물만을 마신다.

마스터 클린즈의 단기적 부작용으로는 메스꺼움, 탈수, 현기증, 피로 등이 있다. 장기적 부작용에는⋯⋯, 사망이 포함된다. 실제로 1980년대에 버로우스의 환자 한 명이 사망하는 일이 일어났다. 리 스와첸바그라는 암 환자가 버로우스에게 의학적 조언을 구했다. 버로우스는 특정한 색깔의 빛에 노출된 채 강도가 센 마사지를 받는 것이 포함된 30일 간의 해독 과정을 권했다.

스와첸바그는 버로우스의 조언을 받아들여 한 달에 걸친 해독 과정에 착수했다.

그러면서 그의 건강은 지속적으로 악화되었고 구토와 심한 경련에 시달렸다. 해독 치료를 마치기도 전에 그는 사망했다. 버로우스가 해독 과정에 (별도의 비용을 받고) 추가한 강도 높은 복부 마사지가 유발한 심각한 복부 출혈로 고통받다가 일어난 일이었다.

버로우스는 과실치사 혐의(그리고 무면허 의료 행위)로 유죄 판결을 받았다. 또 다른 '마스터 클린즈' 과정을 경험하지 않으려면 반드시 기억해야 할 일이다.

메이요 클리닉에서는 과일과 야채, 통곡물, 그리고 기름기 적은 단백질원에 기초한 건강한 섭식을 오래 지속하는 것이 디톡스 다이어트보다 더 낫다고 추천한다.

단식이 완전히 해롭다고 말하는 것은 아니다. 최근의 동물 연구로 밝혀진 바로는 짧은 간격의 간헐적 단식이 노화를 늦추고, 뇌졸중으로 인한 손상을 막아주고, 인지적 능력이 쇠퇴하는 속도도 낮춘다고 한다. 그러나 단식 기간이 길어지면 언제나 그렇듯이, 매우 위험하다.

고춧가루를 좀 치는 것으로 당신 자신의 마스터 클린즈를 시도하라.

른 발상들은 그렇지 않았다.


안내용 책자 중 하나에 나온 설명:

자연 건강법은 약 복용과 수혈, 방사선 치료, 섭식 보조제 그리고 질병을 '치유'하거나 완화 목적으로 행할 수 있는 시술을 일절 허용하지 않습니다. 이러한 치료법은 생명 유지와 관련된 과정과 조직을 방해하거나 파괴하기도 하기 때문입니다. 약이나 치료로는 병이 낫지 않습니다. 몸의 치유는 약을 먹거나 '치료' 행위와는 무관한 곳에서 일어나는 것입니다.


또한 같은 안내용 책자에서 자연치유법이 단식에 접근하는 방식에 대한 설명:

단식이란 모든 음료와 음식을 일절 입에 대지 않고 증류수만 마시는 것입니다. 단식하는 동안 신체의 회복력은 집중되고, 모든 에너지는 신경계의 재충전, 체내에 쌓인 독소의 배출, 그리고 조직의 회복과 재생에 쓰입니다. 각 유기체의 조직 내에 저장된 영양분은 신진대사를 유지하고 재생하는 일에 사용됩니다. 이러한 저장분이 고갈될 때까지 건강한 조직의 파괴나 '기아'는 일어나지 않습니다.

셸턴은 20세기 중반에 텍사스의 산 안토니오에서 건강학교를 운영하면서 상당한 인기를 얻었고, 미국 채식주의자 당(단일한 쟁점을 내세우는 정당 중에서도 상당히 극단적인 정당)의 대표직을 맡기도 했다. 또한 그는 무면허 의료 행위로 인해 여러 번 체포되었다(셸턴 '박사'의 생리학적 치유학 학위는 결코 유효하지 않았다).

1942년 셸턴은 한 환자가 굶어 죽은 뒤 과실치사 혐의로 기소됐으나 사건은 취하됐다.

1978년 셸턴은 또 다른 환자가 건강학교에서 사망하여 과실치사 혐의로 다시 기소되었다. 이번에는 그가 졌다. 이어진 판결로 그는 파산했고 건강학교는 문을 닫았다. 덕분에 더 많은 희생자를 내지 않을 수 있었다.

그러나 자연건강법 운동을 앞세우는 돌팔이들은 쉽게 사라지지 않았다. 셸턴이 몰락한 뒤 새로운 유행이 신선한 공기와 햇빛의 힘을 왜곡하는 가면을 덮어쓰고 기승을 부렸다. 인도의 전통의학인 아유르베다에 근원을 둔 듯한 기 수련이라는 것인데, 살아 있는 모든 것 안에서 발견되는 생명의 힘인 프라나를 배양하면 인간의 생명을 예외적으로 연장할 수 있다는 믿음이었다. 어떤 기 수련자들은 태양이 프라나를 근본적으로 생성하는 것으로 본다. 그래서 일광욕으로 먹는 것, 물을 마시는 것까지 대체할 수 있다고 주장한다. 흥미로운 실험을 해보자. 집에서 키우는 식물에게 물을 전혀 주지 않는 것이다. 어떤 일이 일어나는지 지켜보자.

기 수련은 20세기 후반의 극단적 대안 건강 운동을 발판으로 성립되었고, 카리스마 넘치는 사기꾼 윌리 브룩스가 금전적 이득을 얻기 위해 이용했다. 미국 기 수련 연구소의 설립자 윌리 브룩스는 1980년에 TV쇼 〈놀라운 일!〉That's Incredible!에 그의 미치광이 같은 생각을 처음으로 소개했다. 그는 숨을 쉴 수 있는 신선한 공기나 충분한 햇빛이 없을 때만 음식을 먹는다고 주장했다. 또한 인간이 자연상태에 있을 때는 다른 영양분이 필요 없다고도 주장했다.

1983년 목격자에 의하면, 세븐일레븐에서 나오는 브룩스의 팔에는 트윈키, 슬러피 그리고 뜨거운 핫도그가 전부였을 뿐, 다른 영양분이 아무것도 없긴 했다.

브룩스의 건강철학은 더욱 진화했고, 이윽고 그는 자신이 말한 건강한 빛과 공기, 그리고 정크 푸드로 이루어진 식단을 정당화하기 위해 사이비 철학 같은 허튼소리를 내뱉기 시작했다. 맥도날드의 퍼블 쿼터 파운더 치즈버거에 영적으로 감동 받은 브룩스는 그 버거가 특별한 '기본 주파수'를 지니고 있어서 기 수련에 유용하다고 주장했다. 또한 다이어트 코크로 흘려 넣으면 좋다고 하는데 아스파탐으로 만들어진 청량음료는 '빛의 음료'이기 때문이다.

아직도 혼란스러운가? 걱정할 것 없다. 10만 달러에서 10억 달러 정도를 지불하면 브룩스로부터 음식 없이 사는 방법을 직접 전수받을 수 있을 테니까. 기 수련에는 연 수입에 따른 요금제도가 있는 것 같고 1만 달러부터 수강생을 받고 있다.

브룩스 같은 사기꾼들의 목록을 작성하는 것만으로 책 한 권을 채울 수 있다. 그리고 이런 돌팔이들이 매우 위험한 이유가 있다. 단식의 경우에는 신경외과 수술과 달리, 누구나 할 수 있다는 것이 문제이다. 무자격 비의료 전문가들이 의견과 조언을 제공한다. 존경할 만한 작가들조차 그 감언이설에 넘어가고 만다.

단식의 열렬한 추종자 중 한 사람이 바로 《정글》의 저자이자 귀가 얇은 환자이기도 한 업턴 싱클레어이다. 그는 20세기의 다양한 돌팔이 요법들을 지지했다(전자치료 참조). 1911년 싱클레어의 책 《단식치료》는 그가 음식을 먹지 않으면서 개인적으로 실험한 것을 상세하게 서술한 것이다. 단순히 자신의 경험만 묘사하는 것에 그치지 않고, 싱클레어는 언론인으로서 단식이 치유에 도움이 되는지 아닌지 의학적 견해를 묻는 수백 명의 사람들에게 일반적인 조언을 한다. 그는 "브라이트 병(신장염), 간경화증, 류머티즘 그리고 암 같은 정말로 절망적인 병에는 긴 단식을 권한다." (오늘날의 의사들은 싱클레어의 오지랖에 가까운 의학적 충고에 강하게 이의를 제기할 것이다. 최근에 암에 걸린 쥐에게 단식이 미치는 영향에 대한 몇 가지 유망한 연구 결과가 있었다. 그러나 사람을 대상으로 한 연구는 여전히 충분하지 않다.)

싱클레어는 책 서문에서 단식하는 환자들을 '책임지고 돌볼 수 있는' 두 곳을 추천하고 있다. 시카고에 있는 버나르 맥파든의 요양소, 그리고 주소 한 군데를 더 적어 넣었다.

린다 해저드 박사, 시애틀, 워싱턴주

어느 시대에나 사람들은 폭음, 폭식하고 싶은 유혹과 싸우고 완벽한 스타일을 얻기 위해 분투해 왔다. 어떤 방식으로 지방과 싸울지는 시대나 사회적 관습에 따라 변화했다. 돌팔이의 역사에는 사람들이 시도해보았거나 비웃고 넘긴 많은 체중감량 전략들이 가득하다. '문질러서 제거해라, 쏟아내서 제거해라, 알약을 삼켜라, 오직 양배추만 먹어라'와 같은 방식들은 과거와 현재에도 있었고, 그리고 의심의 여지 없이 미래에도 있을 것이다. 그러니 긴장을 풀고, 몰래 컵케이크라도 먹으면서, 읽어보자.

## 촌충

촌충 다이어트의 유행은 1800년대에 시작되었다. 발상은 당신이 촌충의 알을 먹으면, 알에서 깬 기생충이 당신을 위해 음식을 대신 먹어준다는 것이었다. 우편으로 주문한 기생충 알들은 죽어 있는 경우가 잦았다(혹은 알이 들어 있지 않았다). 실제 촌충 감염은 두통, 뇌염, 발작, 치매를 일으킬 수 있기 때문에 오히려 다행스러운 일이었다. 촌충은 30피트 길이까지 자라고, 수십 년 동안 산다. 즉 몸속에서 촌충들이 번식한다는 의미다. (그렇다. 당신은 촌충 난교파티의 숙주가 된다!) 따

라서, 절대, 그럴 가치가, 없다.

## 땀 흘리기

19세기에, 찰스 굿이어가 가황고무를 발견하자, 가학피학성 변태성욕자 버전의 스팽스(*역주: 미국의 보정속옷 브랜드)는 땀을 흘려서 지방을 제거할 수 있음을 약속하면서 고무 코르셋과 속옷을 만들었다. 비슷한 시기에 다른 방식들도 등장했는데, 예를 들어 증기 목욕, 건조한 열기 그리고 광선 치료(63도

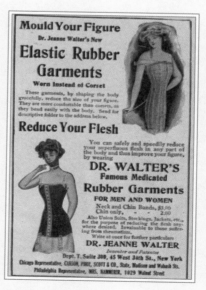

코르셋으로 지방 연소!

정도로 무겁게 하는 치유법) 같은 것들이다. 모두 땀을 흘리게 해서 체중을 상당히 줄인다. 그러나 훌륭한 레슬러나 체중감량의 달인들인 이종 격투기 선수라면 누구나 알겠지만, 땀을 흘려 체중을 줄이는 것은 일시적인 효과일 뿐이다. 체중은 엄청난 갈증과 함께 다시 돌아오기 마련이다.

## 갑상선 추출물

갑상선 추출물을 통해 신진대사를 증가시키는 방식이 19세기와 20세기에 매우 인기를 얻었다. 갑상선 추출물이 신진대사를 원활히 하는 데 도움을 주기 때문에 돼지와 소의 분비샘을 가루로 만든 것이 마치 '뉴먼 박사의 비만치료제'처럼 가짜 특효약으로 통용되었다. 물론 체중은 줄어들 수 있으나, 과도한 호르몬으로 인해 갑상선 기능 항진증에 걸릴 수 있다. 심장 두근거림, 땀, 불룩해지는 눈, 탈모 설사 등의 증상이 생긴다.

갑상선 호르몬이 생성되려면 요오드 성분이 반드시 필요하기 때문에 특허를 보유한 몇몇 약품 제조자들은 요오드를 함유한 처방이 신진대사를 원활하게 만든다고 선전했다. 정말 효과가 있을까? 꼭 그런 것은 아니다. '알란의 지방 제거제'같은 제품에는 바다에서 흔히 발견되는 해조류이고 요오드가 풍부하게 들어 있는 블래더랙이 들어 있다. 좋은 발상이지만 만약 갑상선이 잘 기능하고 있다면 이런 제품이 신진대사에 영향을 미칠 수는 없다.

## 디니트로페놀

1934년 무렵 디니트로페놀이라는 화합물이 체중감량용 약품으로 시장에 등장했다. 장점: 신진대사를 빠르게 증진했다. 단점: 폭발물 제작에 사용되었고, 암을 유발하며, 체온이 급격히 상승하여 '말 그대로 쪄 죽이는' 것이라서 매우 치명적인 위험이 있었다. 아차상도 험악하다. 죽지 않으면, 발진이 생기고, 미각을 잃고, 눈이 먼다. 야호! 치명적이고 부작용이 끔찍해서, 4년 만에 시장에서 사라졌다.

## 암페타민

암페타민, 벤제드린, 덱세드린으로도 알려진 1-페닐프로판-2-아민은 1929년에 합성되었다. 처음에는 비염약으로 해서, 그 다음에는 가벼운 우울증 치료제로 시판되었다. 제2차 세계대전에 참전했던 군인들에게는 기분을 고조시키고 경각심을 북돋우기 위해 그 약을 나눠주었지만, 식욕부진과 체중감량이라는 뜻밖의 부작용이 나타났다. 1960년대 후반까지 해마다 40억 정이 생산되었다(처방전 없이 구할 수 있었다).

그 약은 또한 '어머니의 작은 도우미들'이라고 불렸고, 주부들을 생기발랄하고 날씬하게 만들었다. 하지만 이 약은 불행히도 사용자들을 급격히 중독에 빠뜨리면서 환각(예를 들어 말을 하는 사악한 양변기 같은 것)을 경험하게 하는 '암페타민 정신질환'을 유발했다.

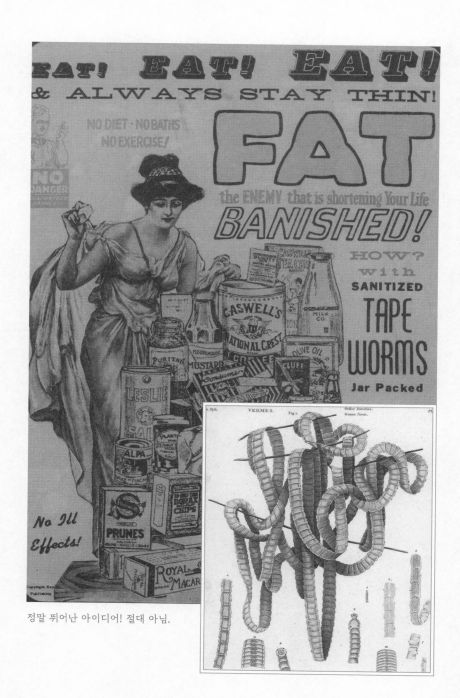

정말 뛰어난 아이디어! 절대 아님.

1970년, 암페타민은 마침내 엄격한 규제를 받게 되었고, 수많은 말하는 양변기들이 입을 다물었다.

## 오래 씹는 것

뭘 먹느냐가 아니라 얼마나 많이 씹는가를 중요시하는 다이어트가 유행한 적이 있었다. '위대한 씹는 사람'으로 불리는 호레이스 플레처 Horace Fletcher(1914년 몰)는 음식물이 완전히 액체가 되어 전혀 맛을 느끼지 못하게 될 정도로 지나치게 많이 씹는 방법을 권장했다. 입안에 남은 섬유질은 모두 뱉어냈다. 플레처의 주장을 따르면, 훨씬 적게 먹을 수 있을 것이고(씹느라) 대신에 사회생활도 빈곤해졌을 것이다(음식물을 씹으면서 이야기하는 것은 예의에 어긋나기 때문에, 플레처는 같이 식사하기에 지루한 사람이었다고 한다). 만약 당신도 '엄청 오래 씹는 사람'이라면, 플레처처럼 비스킷 같은 대변을 볼 것이고, 냄새도 없을 것이다. 그래서 사람들에게 보여줄 수도 있을 것이다. 그게 바로 플레처가 한 짓이다.

# 5부

# 신비한
힘들
## MYSTERIOUS
## POWERS

파동, 빛 그리고 전기

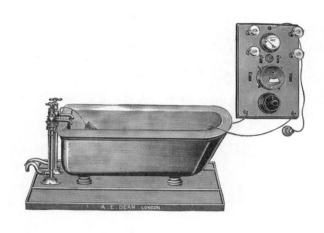

# 전기
## Electricity

춤추는 시체들, 전기 코르셋,
풀버마허, 직류 목욕, 마가렛 대처의 영원한 아름다움

1803년 1월 어느 날 런던, 아내와 아이들을 살해한 혐의로 조지 포스터는 교수형을 받았다. '숨이 끊어질 때까지' 목매다는 것 외에도 포스터는 시신을 부검한다는 선고를 받았다. 죽은 뒤의 삶에도 이르지 못하게 하는 형벌이었는데, 몸이 분해되면 심판의 날 부활할 수 없다는 일반적인 믿음 때문이었다. 그러나 포스터의 시신이 교수대에서 무덤으로 가는 도중 놀라운 사건이 기다리고 있었다. 새로운 과학 분야인 갈바니즘(직류전기요법), 즉 전기를 사용해서 근육을 자극하는 일을 대중 앞에서 시연했기 때문이다.

뉴게이트 형무소의 짙은 그림자 속에서, 포스터의 시신은 죽음에 관심이 깊고 극적인 언행을 좋아하는 이탈리아 의사 조반니 알디니<sup>Giovanni Aldini</sup>에게 제공되었다. 그는 군중들 앞에 가엾은 포스터의 시신을 단 위에 올려놓은 뒤 전류를 흘려보냈다.

뉴게이트 형무소 연표에 어떤 일이 벌어졌는지 기록되어 있다.

처음에 얼굴로 전류를 흘려보내자 죽은 범죄자의 턱이 떨리기 시작했고, 연결된 근육들이 끔찍하게 뒤틀렸고, 한쪽 눈은 실제로 떠졌다. 뒤이어 전류

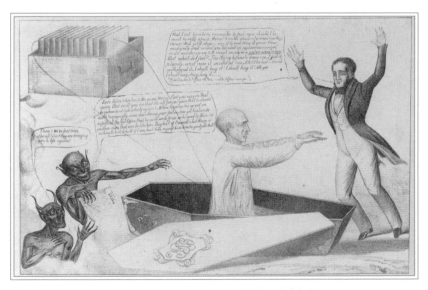

이건 기적이야! 전기의 힘으로 지옥에 있는 악마의 손아귀를 벗어났어!

돌팔이 의학의 역사

를 흘려보낸 오른손이 올라와 주먹을 쥐었고, 다리와 허벅지가 움직였다.

막 교수형을 당한 포스터의 시신이 갑자기 얼굴을 찡그리고 팔다리를 마구 흔드는 광경을 보고 구경하던 사람들은 포스터가 죽음에서 되살아났다고 믿을 정도로 큰 반향을 일으켰다. 이러한 가능성에 대한 진지한 우려가 이미 그의 판결에 포함되어 있었다. 알디니에 의해 죄수가 정말로 살아날 경우에 대비해서, 사형 집행관들은 신속하게 다시 교수형을 할 준비를 하고 대기하고 있었다.

## 번개에서 실험실까지

초기 인류가 번개의 힘에 경외심을 품은 이래로 사람들은 전기의 경이롭고 신비한 힘에 매료되었다. 사람들은 또한 호박을 문지르면, 머리카락이나 가벼운 물체들을 끌어당긴다는 사실을 알아차렸다. 오늘날 우리가 마찰 전기라고 부르는 것을 목격한 것인데, 그것은 물질이 다른 물질과 접촉하면 전하를 얻게 되는 현상이다. 대부분의 정전기는 마찰 전기다. 건조기를 돌렸을 때 그 속에서 옷들이 서로 달라붙는 것을 보게 되면 그것이 바로 마찰 전기 효과를 목격한 것이다. 1600년에 엘리자베스 1세 여왕의 궁정에서 일하던 윌리엄 길버트가 이런 반응을 자기력과 구별했고(의류 건조기도 없던 시절이었다), 호박이라는 의미인 일렉트론<sup>elektron</sup>이라는 그리스어를 빌려와 전기(일렉트리시티)라는 단어를 만들었다.

18세기에 접어들어 본격적으로 전기에 대해 과학적 연구를 하기 시작했다. 라이든 병(*역주: 일종의 축전기)이 발명되어 전하를 저장하는 문제가 해결되었다. 그리고 1752년에 필라델피아의 폭풍우 치는 하늘에 연을 날리는 벤저민 프랭클린<sup>Benjamin Franklin</sup>의 이미지를 잊을 수 있는 사람이 있을까? 프랭

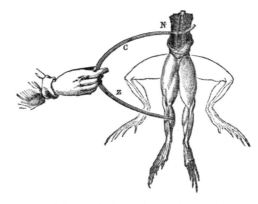

개구리 다리 전기 충격 키트를 설명하는 이케아 풍의 안내서에서 발췌.

클린의 뒤를 이어 이탈리아의 물리학자인 알렉산드로 볼타<sup>Alessandro Volta</sup>는 처음으로 전기 배터리를 발명했고, 루이지 갈바니<sup>Luigi Galvani</sup>(알디니의 삼촌)는 죽은 개구리를 전기 스파크로 충격을 주면 다리 근육이 뒤틀리는 것을 발견했다. 그 특별한 실험에는 폭풍이 치는 동안 죽은 개구리 다리 한 무더기를 금속 난간에 매달아 놓는 일도 포함되어 있었다. 갈바니는 확실히 이웃들에게 좋은 인상을 주지 못했을 것이다.

알디니가 뉴게이트에서 조지 포스터의 시체로 소름 끼치고 충격적이며 비윤리적인 광경을 군중들 앞에서 펼쳐 보여주었을 때, 그는 또한 매우 현실적이고, 매우 중요하며, 매우 새로운 과학적 돌파구를 시연한 것이었다. 인류는 역사상 처음으로 전기의 힘으로 시신을 조종할 수 있었다.

개구리와 범죄자의 시신을 자극하는 것과 더불어 의료 종사자들은 전기의 치료적 특성에 환호하며 갈바니즘을 받아들였다. 갈바니와 동시대 사람인 크리스찬 고틀리브 크라젠슈타인<sup>Christian Gottlieb Kratzenstein</sup>은 류머티즘, 악성 열병, 전염병을 앓고 있는 환자들에게 전기 충격을 가함으로써 전기를 의학적으로 사용할 수 있는지 실험하기 시작했다. 크라젠슈타인은 전

돌팔이 의학의 역사

기 충격을 가하면 맥박이 증가하는 것을 관찰했는데, 그는 이것이 어떤 질병의 치료 과정에는 도움을 줄 수 있을 것이라고 믿었다. 또한 전기가 환자들을 다소 피곤하게 한다는 것을 알게 되었다. 크라젠슈타인은 이러한 효과가 '부유하고, 슬픔에 차 있고, 걱정이 많아서 밤에 쉽게 잠들지 못하는 사람들'에게 도움이 될 수 있다고 제안했다.

다음에 잠이 안 올 때는 손가락을 콘센트에 꽂아 보라. 농담이다, 절대로 그렇게 하면 안 된다.

프랑스에서는 의사들이 마비가 온 병사들에게 전기를 실험해보기 시작했다. 예를 들어 1747년 12월 26일, 어떤 의사가 오전에 두 시간 동안 마비된 팔에 전기 충격을 가했고, 오후에 두 시간에서 세 시간쯤 다시 똑같이 했다. 이런 치료를 한 달(!) 내내 견디고 난 뒤 환자는 성공적으로 마비를 치유했다. 다른 실험들은 덜 결정적이었으나, 이따금씩 일어나는 성공 사례와 신비한 전기 치료 과정에 대한 일반적인 열광으로 인해 어떤 프랑스 의사가 "마을에 있는 모든 사람들이 전기 치료를 원하고 있다."라고 말하는 상황이 되었다.

돌팔이들이 몰려들어 그 욕구를 채워주기까지는 그리 오랜 시간이 걸리지 않았다.


## 전기 브러시, 코르셋, 벨트
### 전기를 띠지 않는 전자제품


전기에 대한 대중의 열정은 미국에서도 대유행이었다. 전기라는 복음이 퍼져 나가는 데 한몫을 할 다양한 장치들이 특허를 받았다. 전기 브러시(대머리를 위해!), 전기 코르셋(체중 감량!), 전기 벨트(발기부전!) 같은 것들이었다. 아이폰이 출시될 때마다 애플 매장 바깥으로 장사진이 생기는 것과 마찬가지로, 사람들은 자신에게 전류를 흐르게 할 장치를 얻으려고 서두르다가 발에 걸려 넘어질 정도였다. 신기술은 열광을 불러일으키고,

놀라운 성공! 아름다운 브러시!

열광은 돌팔이들이 번성할 비옥한 토대를 만든다.

1880년, 스콧 박사라는 이가 전기 헤어브러시를 도입했는데, 이것은 미국에서 순식간에 큰 인기를 끌었다. 스콧 박사의 전기 헤어브러시 손잡이에는 자석이 박혀 있었지만, 짐작하듯이, 실제로 전원이 들어오는 것은 아니었다. 그것은 아주 약한 자력밖에 발생하지 않는 브러시였다. 하지만 마케팅의 천재였던 스콧은 전기라는 유행에 편승하여 자기도 거의 이해하지 못하는 현상을 이용하여 상당한 재산을 모았다.

전국의 신문을 광고로 도배한 스콧 박사는 그의 전기 브러시가 탈모와 두통이라는 문제를 치료할 수 있을 뿐만 아니라, 다리를 저는 것, 마비, 변비 등의 병도 치료할 수 있다고 주장했다. 여기서부터 말이 안 되기 시작한다.

스콧은 판매 증가를 보장하면서 동시에 가족들 사이에 사소한 분쟁의 빌미가 되는 경고를 부착해서 브러시를 판매했다. "절대로 다른 사람과 같이 사용하지 마십시오. 브러시가 치료효과를 발휘하기 위해서는 항상 같

돌팔이 의학의 역사

은 사람이 사용해야 합니다."

나중에 스콧은 코르셋을 비롯하여 전기를 띠지 않는 전자제품의 라인 업을 확장했다. 그의 헤어브러시와 마찬가지로 스콧의 '전기' 코르셋도 약 간의 자성을 띨 뿐이었다. '침입할 수 없는'unbreakble이라고 광고한 전기 코 르셋은 믿을 수 없을 만큼 많은 온갖 종류의 질병을 치료할 수 있다고 했 다(그러면 사람의 몸은 어떻게 코르셋 속으로 밀어넣느냐는 생각이 떠올라 의아하게 된다). 또한 '계속 착용하고 있을 때', 자연의 법칙이 요구하는 양만큼 오딕 힘(*역주: 19세기 중반 폰 레이첸바흐Von Reichenbachr가 가정한 생명 에너지 또는 생명 력. 노르웨이 신 오딘의 이름에서 유래)을 공급하기 때문에 '극도로 살이 찌거 나 마른 모든 경우에 있어서 균형을 맞추는 도움'이 된다고 했다.

전기 치유의 유익함은 여성들에게만 돌아간 것이 아니었다. 남성에게 는 전기 벨트가 있었다.

여기서 풀버마허가 등장한다.

19세기 후반의 부유한 멋쟁이 남자라면 풀버마허 제품을 가지고 있어 야 한다. '풀버마허'는 독일의 뛰어난 데스메탈 밴드 이름이기도 하지만, 세 기가 바뀔 무렵 등장한 풀버마허 전기 벨트는 전기 벨트 중 최고 명품의 약칭이기도 했다. 벨트는 하루에 8시간에서 12시간 동안 착용하도록 정해 져 있었고, 그동안 '미약하고 연속적인 전류'가 흐르게 했다. 벨트 외에도 풀버마허 갈바닉 회사(샌프란시스코의 갈바닉 공장에 본사를 둔)는 신체의 거의 모든 부분에 부착할 수 있는 다양한 전기 체인을 생산했다.

전기 벨트 착용의 열기는 소설 속에도 영향을 미쳤다. 구스타브 플로 베르의 소설《보바리 부인》에서, 호메이스라는 인물은 다음과 같이 묘사 된다. "풀버마허 수력전기 체인에 열광하고 있다. 직접 착용하고 있었고,

밤이 되어 그가 플란넬 조끼를 벗으면, 호메이스 부인은 숨겨져 있던 황금빛 나선이 눈부셔 말문이 막힌 채 서 있었다. 그리고 스키타이 사람보다 더 많은 붕대를 감고 동방박사보다 더 빛나는 그 남자에 대한 자신의 열정이 격렬해지는 것을 느꼈다."

아연과 구리로 만들어서 사용하기 전에 식초에 담그는 풀버마허 벨트는 실제로 인체에서 미약한 전류를 끌어내어 약한 전류가 흘렀다

허리에 전기 좀 감아요!

(그러니까 '갈바닉, 즉 전류를 생성하는' 이라는 표현은 매우 정확하다). 이러한 전류로 인해 벨트를 착용한 사람은 벨트나 체인이 제대로 작동한다고 안심했다.

제품에 대한 믿음은 풀버마허 회사에서 나오는 공격적일 정도로 자신감에 찬 홍보물 때문이기도 했다. 회사는 '전기는 생명'이라는 광고물을 저명한 의사들의 장황한 지지의 말들로 채우곤 했다. 유일한 문제는 실제로는 어떠한 지지도 받지 못했다는 것이었다. 모두 다 꾸며낸 것들이었다.

물론 전기 벨트는 만병통치라고 광고했지만 신장, 위, 간, 대장 그리고 특히 소화불량에 잘 든다고 했다. 전기 벨트의 특수 모델에는 페니스 연결부가 포함되어 있었고, 이것은 갈바닉 전류의 마법으로 자극을 받아

돌팔이 의학의 역사

활동이 가능할 수 있었다.

19세기 후반에 남성들은 일생 동안 정액의 공급량은 한정되어 있고 그것을 평생 나누어서 써야 한다고 생각했기 때문에 제조업자는 이러한 불안감을 부추겼다. 따라서 젊은 시절의 과도한 자위행위가 발기부전의 원인이라고 비난

전기 벨트를 착용하기 위한 섬세한 준비

했다. 다행히, 늙어서 지친 성기에 가벼운 전류를 흘려보내는 것으로 예전의 영광스러운 시절을 회복하는 데 큰 도움이 될 수 있었다.

## 전기와 물을 섞어라
토론토에 개설된 전기 스파

만약 전기 코르셋이나 벨트에서 기대했던 결과를 얻지 못했다면 전류 욕조에 몸을 담가볼 수도 있을 것이다. 지금이야 물과 전기의 접촉은 위험하다고 생각하지만, 19세기에는 전기 열풍으로 인해 '갈바닉' 욕탕이 발달했다. 그러한 목욕탕이기도 한 '치유전기연구소'는 제니 키드 트라우트<sup>Jennie Kidd Trout</sup>에 의해 개설되었다. 그녀는 캐나다에서 최초로 의료 면허를 취득한 여성으로, 나중에 그녀를 기념하는 캐나다 우표가 발행되기도 했다. 1875년 토론토에 트라우트가 개설한 연구소에는 목욕탕 6개가 있었다. 환자들은 금속으로 도금된 욕조 속 따뜻한 물에 몸의 일부나 전체를 담그게 된다. 그러고 나서 환자들은 배터리에 연결된 전극(다행히도 물에 잠기지 않은)을 손으로 잡아서, 낮은 수준의 전류가 물로 흐르게 했다. 기본적으로는 더운물이 담긴 욕조였지만, 바깥이 아 니라 물속으로 전기가 흘렀다.

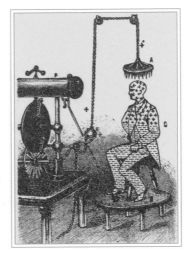

러시아의 전기 샤워. 진지해 보인다.

가난한 사람들을 위한 무료 진료소를 운영했던 트라우트는 지적이며 선한 의도를 지닌 의사였음을 주목할 필요가 있다. 또한 자신의 치료법에 대한 의학적 주장을 거짓으로 광고하지 않았다. 그 시대의 많은 다른 의사들과 마찬가지로 그녀는 전기 목욕 치료가 환자들에게 도움이 된다고 진심으로 믿었다. 전류는 장기와 순환계를 자극할 것이고, 따뜻한 물에서 나오는 열도 '모공을 열어서' 독소를 씻어내는 데 도움이 되는 땀이 나게 할 것이다. 이처럼 전기 목욕탕은 류머티즘, 통풍, 좌골신경통 등 다양한 만성 질환의 회복을 돕는다고 광고되었다.

전기 목욕탕은 더 이상은 주류 치료법에 속하지 않지만 여전히 암암리에 의료용으로 사용되고 있다. 최근 1989년에 〈베니티 페어〉 지에서 영국의 마거릿 대처 총리가 건강과 미용을 위해 정기적으로 전기 목욕을 한다고 보도하면서 사소한 화제를 불러일으켰다. 총리는 '어떤 인도 여성'을 찾아갔는데, 그녀는 '세계에서 가장 영향력 있는 여성'들만을 치유한다고 했다. 대처는 0.3암페어의 전류가 흐르는 물속에 몸을 담그는 특별한 목욕 치료에 600파운드 이상을 지불했다.

영국의 타블로이드 신문들은 "인도의 구루가 그녀의 스위치를 켠다- 매기의 비밀스러운 목욕 시간" 그리고 "수상의 놀라운 비밀에 스위치가 켜지다"와 같은 헤드라인을 써내면서 열광했다.

돌팔이 의학의 역사

'스위치가 켜진 수상'

전기 목욕이 효과가 있었을까? 적어도 600파운드의 기대는 충족시켜야 할 것이다. 비록 여기에서 다룰 과학적 인과관계는 없지만, 임기가 끝날 무렵 나이가 들수록 젊어 보이는 대처의 능력에 대해 타블로이드 신문들의 추측이 끊이지 않았다. 그것은 아마 전기 목욕 아니면 복지국가를 무너뜨리고 공적 연금을 민영화시킴으로써 생성된 자연스러운 활력 덕분일지 모른다.

## 오늘날의 전기

전기 욕조, 벨트, 코르셋은 대부분 사라졌지만, 20세기에는 심장의 전기 활동을 측정하는 심전도$^{EKG}$를 포함하여, 합법적 전기 장치가 다양하게 생산되었다. 전기는 또한 정형외과 의사들이 뼈를 치료하는 과정에서 도움이 되었고, 심장 전문의들은 심장 박동기를 조절하는 데 사용했다. 그리고 무엇보다도 제세동기가 있다. 제세동기는 수년 동안 심장에 활력을 주는 전기 충격으로 수많은 생명을 구했다.

그래서 의학계는 전기와 평화롭게 공존하게 되었다. 여전히 유행을 선도하던 풀버마허를 그리워하는 이가 있다. 상상해 보라, 지난 시대 뉴욕의 심각한 사업가들을 찍은 옛 사진 속 고루한 양복 속 어딘가에서 조용히

## 건강의 신전

돌팔이들은 눈에 보이지 않는 마법 같은 전기로 생
성되는 강력한 플라세보 효과를 잘 이용했다. 아마
도 스코틀랜드 '의사'인 제임스 그레이엄만큼 교묘
한 사기꾼은 없을 것이다. 그는 부유한 고객들을
설득하여 자신의 말도 안 되는 계획을 지지하도록
만들었다. 그러한 투기적인 사업 중 하나는 1780년
런던의 아델피에 세워진 '건강과 휘멘(*역주: 결혼의
신)의 신전'이었다. 그곳에서는 거의 옷을 입지 않

한밤의 고급 데이트

은 여신들이 아폴로를 향해 시를 읊는 장면과 '세계에서 가장 크고 우아한 의
료용 전기 장치'를 경험하는 과정이 포함되었다. 그러나 속아서는 안 된다. 그
기계는 단지 전시품에 불과했다. 그레이엄은 환자들에게 실제로 기계를 사용
하지 않았다. 그 대신 분위기를 조성했다. "약의 가장 순수하고 섬세하면서 온
화한 부분이 완전히 녹아들어가 있는 천상의 불이 한껏 밀려와 전체 시스템으
로 조용히 퍼져나간다. 이것이…… 혈액과 신경계로 부드럽게 흘러들어 간다.
전류를 띤 액체 혹은 재생의 힘을 지닌 에테르의 에센스와 함께."
그레이엄은 또한 불임으로 고생하는 부부들을 위해 천상의 침대를 마련했다.
길이가 12피트, 너비가 9피트인 이 침대는 40개의 색유리 기둥이 지탱하고 있
고 커다란 진홍색 술들로 장식되어 있었다. 유리관을 통해 향기가 뿜어져 나
오고, 멀리서는 아름다운 선율의 음악이 흘러나왔다. 침대 밑에는 '천상의 불'
을 제공하기 위한 자철석들이 있었고, 그 옆에는 충전된 진공관이 있어서 이
따금 탁탁 소리를 내기도 했지만, 분명히 에로틱한 분위기를 조성하고 있었다.
50파운드를 기꺼이 지불한 커플들이 침대를 사용할 수 있었고, '즉각 착상'을
보장받았다.
거의 옷을 걸치지 않은 여신들과 그레이엄의 과감한 시도에도 불구하고, 신전
은 2년 뒤 파산했다.

웅웅거리고 있을 전기 벨트를.

어쨌든 뉴게이트 형무소의 교수대 아래서 춤추는 시체들을 떠올리는 것보다는 훨씬 유쾌할 것이다.

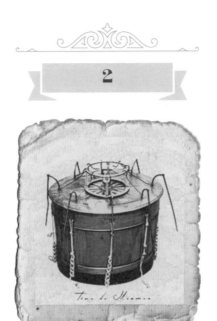

# 2

# 동물 자기
## Animal Magnetism

프란츠 메스머, 헬 신부, 우주적 자기 유동체,
위대한 연출법, 크리스천 사이언스의 기원

　당신이 1788년에 프랑스에 살고 있는 부유한 귀족 여성인데, 늘 일상
이 지루하고 막연한 불안감과 불만족감에 시달리고 있다고 상상해 보자.
그러던 중 당신의 친구들이 흥미로운 독일 의사와 그의 기이한 동물 자기
이론에 대해 이야기하는 것을 들었다. 지난 주에는 어느 집의 응접실이나

거실 어디서나 온통 그 이야기뿐이었다. 당신은 직접 그 이상한 독일 의사를 만나 봐야겠다고 결심하고, 쾌적하게 잘 꾸며진 프란츠 메스머<sup>Franz Mesmer</sup>의 집 응접실에 도착한다.

넓은 살롱에 스테인드글라스 창문으로 빛이 스며들고 있다. 사방의 벽은 모두 거울로 장식되어 있다. 실내에는 오렌지꽃 향기가 감돌고 있다. 멀리서 나직한 노랫소리와 가볍게 하프 뜯는 소리가 들려온다.

방 한가운데에는 지름이 약 4피트, 깊이가 1피트쯤 되는 커다란 타원형 통이 놓여 있는 게 보인다. 통 안에는 '자화된 물'이 가득 차 있고 포도주 병이 잔뜩 들어 있다. 조수가 들어와 통에 물을 더 부어 포도주병의 윗부분까지 채운다. 그런 다음 '바케'라고 불리는 구멍 난 얇은 철판으로 통을 덮고 구멍마다 긴 쇠막대기를 꽂는다. 손님들은 당신처럼 대부분 상류층 여성들이다. 죄수는 그들의 몸에서 아픈 부위, 즉 다리, 팔, 등, 그리고 목 같은 부분을 쇠막대기에 대고 누르도록 한다. 자화된 물이 지닌 치유력을 끌어들이려는 것이다.

당신은 옆사람과 다리가 닿도록 바케 주위에 바짝 붙어 앉으라고 권유받는다. 그래야 '자기 유동체가 쉽게 흐를 수 있다'는 것이다.

모든 사람이 제자리에 앉으면, '자화를 돕는 사람'이 나타나서 참가자들의 무릎, 척추 그리고 심지어 젖가슴까지 부드럽게 만지기 시작한다. 그러는 내내 눈을 똑바로 응시한다. 이렇게 만짐으로써 '우주적 유동체'를 당신들의 체내로 유도하고 있는 것이다. 자화를 돕는 이들은 다들 젊고 잘생겼다. 당신은 당황스럽고 약간은 분개했다.

당신 옆에 있던 이들은 히스테리를 부리면서 웃거나, 흐느끼기 시작했고, 어떤 이들은 비명을 질렀고, 방 밖으로 달아나기도 했다. 기절한 이들도 있었다. 당신은 분명히 (한순간이지만) 권태와 불안이 치유되는 것을 느졌다.

그 방 전체가 집단착란 상태에 빠질 무렵, 마침내 위대한 예언자, 프란츠 메스머가 응접실로 들어선다. 40대 중반의 매력적인 남자인 그는 황금색 꽃이 수놓인 길고 하얀 가운을 입고 있다. 그는 '자화'된 커다란 막대기를 손에 들고 있다. 메스머는 한 여성에서 다른 여성에게로 천천히 움직이면서 막대기로 그녀들을 쓰다듬어 침착해지도록 한다. 당신은 동료 참가자들이 차례로 긴장을 푸는 모습을 지켜본다.

메스머가 당신에게 다가오면서 자화된 막대기를 뻗는 순간, 당신은 더는 이런 상황을 받아들일 수 없어서 재빨리 방 밖으로 달아난다. 다시 오후의 햇빛 속을 걸으면서, 기억을 되돌려보던 당신은 비록 이제까지 본 중에 가장 이해할 수 없는 광경들이었으나, 당신이 몰입해서 즐겼음을 인정할 수밖에 없다. 그리고 당신은 다음 번 하우스파티에 초대되어 가면 대화를 나눌 충격적인 새로운 주제를 갖게 되었다.

이제 막 무슨 일이 일어났던 것일까? 설명하려면 시간을 거슬러 올라가 헬 신부를 소개해야 한다.

## 헬 신부와 동물 자기의 탄생

프란츠 프리드리히 안톤 메스머는 1770년대에 비엔나에서 의료 활동을 하던 젊은 의사였다. 우연히 예수회 신부 맥시밀리언 헬을 만나면서 그의 인생이 바뀌었다. 우리는 그냥 헬 신부라고 부르는 게 편한 맥시밀리언 헬은 자화된 자철석 판으로 의학 실험을 하는 중이었다. 헬은 류머티즘 같은 질병의 고통을 덜어주기 위한 방안으로 옷을 벗은 환자들의 맨몸에 자철석 판을 갖다 댔다.

메스머는 신부의 시범을 보고 마음이 온통 사로잡혔다. 그는 헬의 자기 이론을 응용하고 왜곡해서 유쾌하고 기이한 자신만의 이론을 정립했다. 모든 질병은 중력에 민감한 우주적 자기 유동체가 몸 안에서 균형을 잃어서 생긴 결과라는 것이다. 메스머는 처음에 이러한 불균형을 자석의 힘으로 바로잡을 수 있다고 믿었다. 그러다 곧 자기 유동체를 재편성하는 진정한 능력이 자신에게 있다고 확신하게 되었다.

이러한 우주적 자기 유동체를 '동물 자기'라고 부르면서, 메스머는 자신의 손을 환자에게 얹고 염력을 모으면, 자기 유동체를 조절하여 병을 치료할 수 있다고 믿었다.

외부의 힘에 영향을 받는 신비하고 우주적인 유동체가 인체 안에 있다는 생각은 새로운 것은 아니었다. 사실 점성술이나 연금술 같은 오컬트 (*역주: 과학적으로 해명할 수 없는 신비적, 초차연적인 현상. 또는, 그러한 현상을 일으키는 기술) 사상과 상통하는 것이라고 하겠다. 16세기에, 파라켈수스는 인체 시스템이 행성의 운동에 영향을 받을 수 있다고 했다. 1766년 메스머는 비엔나대학에서 발표한 논문에서 파라켈수스의 이론을 발전시켜 다음과 같이 썼다.

태양, 달, 항성은 궤도를 움직이면서 서로 영향을 미친다. 지구에도 영향을 미쳐서 바다에서 조수를 만들 뿐만 아니라 대기의 흐름과 역류를 만들고 방향을 결정한다. 그리고 미묘하고 이동성 있는 유동체를 매개로 모든 유기체에 비슷한 방식으로 영향을 준다. 그것은 온 우주에 퍼져 있어서 모든 것들은 상호작용하며, 조화롭게 연결된다.

메스머는 자신이 '신경 유동체', 혹은 '동물 자기'라고 부르는 이것을 의사가 조절할 수 있다고 주장한다. 전기나 중력처럼 신기하고 새로운 과학적 발견의 시대에, 메스머의 자기 유동체라는 복음은 언제든지 환영받았다.

## 메스머의
## 마법의 손길

메스머는 자기도 실험을 하고 싶다고 헬 신부에게 비슷한 자석판을 만들어 달라고 설득한 뒤 곧바로 비엔나에서 환자를 치료하기 시작했다. 히스테리에서 비롯된 경련에 시달리던 젊은 여성인 프란치스카 외스테를린 Franziska Oesterlin을 치료하면서 그는 금세 성공을 거두었다. 경련이 일어났을 때 메스머는 자석 판을 그녀의 배와 다리에 갖다 댔다. 외스테를린은 '미묘한 물질의 고통스러운 흐름'이 온몸을 돌아다니는 느낌이 있었다고 진술하면서, 서서히 경련이 가라앉더니 멈추었다고 전했다.

메스머는 이후 2년 동안 경련이 일어날 때마다 외스테를린을 치료했다. 그러면서 자신의 손길 그 자체에 힘이 있고 자석판은 부속품일 따름이라는 결론을 내렸다. 단순히 외스테를린의 몸을 따라 손을 이동하거나, 아주 먼 거리에서도 손을 움직여 자기 유동체가 흘러가기를 원하는 방향으로 유도하기만 해도 비슷한 결과를 낼 수 있다는 것을 깨달았다.

외스테를린이 치유되었음을 선언한 뒤 메스머는 자신의 새롭고 신기한 발견에 대해 유럽의 학계에 글을 써서 보냈다. 그것은 매우 간단하고 기괴한 이론이었다. 건강하기 위해서는 동물 자기가 온몸으로 끊이지 않고 흘

돌팔이 의학의 역사

러야 한다고 했다. 만약 자기 유동체가 차단되면 그 결과 반드시 질병이 온다. 막힌 것을 제거하고 무엇이든 자력을 띤 것으로 동물 자기를 조작하면 건강을 회복할 수 있을 것이다.

메스머는 비엔나에 있는 친구에게 쓴 편지에서 이와 같은 사실을 분명히 했다.

나는 자기력이 전기 흐름과 거의 같은 것이며, 매개물을 통해 같은 방식으로 전파될 수도 있다는 것을 관찰했다. 강철만이 매개물이 되는 게 아니다. 종이, 빵, 양모, 실크, 돌, 가죽, 유리, 나무, 사람, 개⋯⋯. 요컨대 내가 만진 모든 것들이 자성을 띠게 되었다. 병든 사람들에게 자철석과 같은 효과를 낼 정도였다.

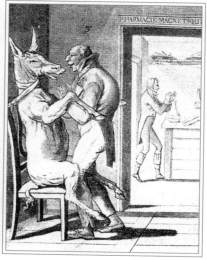

물론 풍자가들은 살판났다: 여기, 당나귀가 동물 자기를 전파하려 열심히 일하고 있는 중.

가죽과 개에게 자성을 띠게 하는 일은 잠시 멈추고, 메스머는 세간의 이목을 끄는 특별한 환자를 맡게 되었다. 어려서부터 맹인이었던 마리아 테레지아 폰 파라디는 어린 피아노 영재였다. 그는 어린 소녀의 동물 자기를 조정하려는 시도를 했고, 명백히 그녀의 실명을 치료하는 데 진전을 보이기는 했으나, 피아니스트의 보호자들이 갑자기 그를 해고했다. 여러 가지 이유가 있었다는 기록이 있지만, 의사와 환자의 관계가 너무 가까워졌다는 설이 있고, 그것은 치료과정의 친밀한 접촉을 고려해 보면 그리 놀라운 일도 아니다. 어쨌든 메스머는 비엔나를 떠나야 했다.

## 융화 협회

고향 오스트리아에서 일어난 스캔들에도 불구하고, 메스머는 프랑스에서 훨씬 개화된 청중을 만났다. 세련됨 그리고 남다른 자신감이 어우러진 그의 매력은 프랑스 사람들에게 자연스러운 공감을 불러 일으켰다.

1778년, 그가 파리에서 자기력 치료소를 열고 파리의 상류층을 상대로 자기요법을 시작하자, 뜻밖에 엄청난 인기를 누리게 되었다. 2/3는 연극, 1/3은 치유였다. (음, 90퍼센트 이상은 연극, 10퍼센트는 치유라고 할 수도 있었다.)

드라마틱하고 성적인 연출은 욕구불만 환자들에게는 안성맞춤이

자기 유동체가 잘 흐를 수 있도록 움직임을 멈추지 않음.

돌팔이 의학의 역사

었다.

메스머의 쇼는 엄청난 성공을 거두었고 그는 곧 큰 부자가 되었다. 동서고금의 수많은 돌팔이들과 마찬가지로 메스머 역시 은행 잔고가 늘어날수록 의술의 발전에 공헌하고자 했던 도덕적 동기는 희미해지기만 했다.

그러나 메스머는 뻔뻔하기 짝이 없는 인간이었다. 그는 곧 마리 앙투아네트 여왕에게 직접 편지를 써서 자신에게 성 한 채와 상당한 금액의 연금을 왕실 금고에서 하사해 달라고 부탁했다. 자기에게는 그만한 가치가 있다고 착각한 것 같다.

폐하의 기준으로는, 선량한 목적을 위해 40~50만 프랑은 문제가 되지 않을 것입니다. 중요한 것은 폐하의 신민들이 누리는 복지와 행복입니다. 제 발견은 군주로부터 후한 보상을 받아 마땅한 가치가 있습니다.

이윽고 왕비의 조언자가 답장을 했다. 왕이 지명한 의사들 앞에서 메스머가 자신의 발견을 성공적으로 증명할 수 있다면 2만 프랑의 연금을

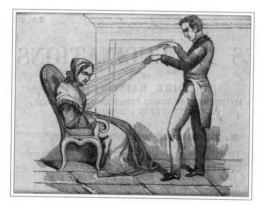

실물 크기의 인형(프랑스 자기 설명서, 1846)

주겠다는 제의였다. 메스머는 동의하지 않았고, 갑자기 돈에는 초월한 듯한 발언을 하더니 파리를 떠나(추가 조사를 피하고 싶었던 것) 벨기에의 온천 도시로 달아났다. 열성적인 몇몇 추종자들이 뒤를 따랐고, 그중에 베르가세라는

# 미국인의 혁명
## 자기치유에서 치유신앙으로

1862년의 일이다. 마흔두 살이던 메리 패터슨은 인생의 대부분을 병마에 시달리며 몸져누운 채 지냈던 터라 쇠약하고 수척했다. 병을 고치고 싶은 마음이 절박했던 그녀는 아픈 몸을 이끌고 절룩거리며 메인 주의 포틀랜드에 있는 피니어스 파크허스트 퀸비<sup>Phineas Parkhurst Quimby</sup>의 사무실 계단을 올라갔다.

메리 베이커 에디
(결혼전 성은 패터슨)

몇 년 전에 퀸비는 샤를 푸앙<sup>Charles Poyen</sup>이라는 프랑스인으로부터 동물 자기에 대한 강의를 들었다. 그는 그 이론에 완전히 빠져들었다. 마치 피시(*역주: 미국의 록 밴드)의 쇼를 처음 보고 모든 것을 포기한 채 그 밴드를 따라 전국을 순회하는 1990년대의 청소년처럼, 퀸비는 사업을 모두 접고 메스머리즘(*역주: 메스머의 이름을 딴 최면기법)의 열성 팬으로 변했다. 그는 푸앙을 따라다니면서 배울 수 있는 모든 것을 배웠다.

퀸비의 자기력 치유 방식은 의사와 환자 사이에 친밀한 관계를 구축한 후, 긍정적인 사고를 통해 정신 건강이 향상되도록 격려하는 것이었다. 그는 환자들의 눈을 응시하면서 건강 문제에 대해 논의하는 동안 환자의 손과 팔을 마사지했다. 환자들은 그런 치료를 기분나빠하지 않았고 오히려 의사에게 하소연을 하고 나면 많은 환자들이 '치유'되었다.

퀸비는 자신이 익힌 최면 치유 기법의 순수한 신봉자처럼 보였다. 비록 메스머는 돈과 명성을 좇다가 도덕성을 버렸지만, 퀸비는 최면 치유 과정에서 신뢰를 얻고 수많은 아픈 사람들을 돕고자 노력했다.

환자들 중에는 1862년 그날 그의 사무실 계단을 올라간 가엾은 여인도 포함되었다.

그녀 자신을 비롯해, 모두를 놀라게 하는 일이 일어났다. 큄비가 그녀의 눈을 응시하면서 손을 마사지만 했을 뿐인데도 불과 일주일 만에 패터슨의 증상이 극적으로 좋아졌다. 이제 큄비에게는 기본적으로 환자가 한 명 이상이었다. 골수 추종자가 생긴 것이다.

새롭게 활력을 찾은 패터슨은 큄비로부터 배울 수 있는 모든 것을 배웠다. 그러고 나서 동물 자기 개념의 요소를 도입한 그녀만의 의학 체계를 발전시켰다. 나중에 결혼하고 나서는 역사 속에 기억될 이름으로 바꿨다. 바로 메리 베이커 에디<sup>Mary Baker Eddy</sup>이다. 오, 그녀가 발전시킨 작은 의학 체계는 무엇이었을까? 그것은 바로 크리스천 사이언스의 시초였다. 미국에서 만들어진 가장 큰 규모의 치유신앙이며, 2017년 전 세계에 약 40만 명의 회원을 거느린 채 여전히 세력을 확대해가고 있다.

메리는 큄비와 메스머의 자기 치유 이론을 수정해서 종교적 요소를 덧붙였다. 즉 모든 질병은 일종의 착각이며, 그것은 신과의 교감으로 치유될 수 있다는 것이다. 21세기에도 변형된 형태로나마 동물 자기는 여전히 신봉되고 있다.

사람이 자신의 이름으로 후원금 계좌를 열었다. 한 사람당 100루이도르 (*역주: 대혁명 때까지 통용된 화폐 단위. 20프랑) 단위로 후원금을 내면, 그들 지도자의 비밀을 전수받게 되는 것이었다. 메스머는 자신이 돈을 멸시한다고 선언한 것조차 잊은 듯 기쁘게 동의했으며, 메스머의 복음을 전파하고 싶어 하는 후원자들로부터 14만 프랑을 받아 챙겼다.

돈을 손에 쥐자 메스머는 당당하게 파리로 돌아왔다. 그동안 그의 후원자들은 프랑스 전역에 '융화협회'를 열었고, 그곳에서 자기력을 이용해 질병을 치유한다고 광고했다.

그러나 비교적 엄격한 프랑스 과학 아카데미의 주목을 피한 것은 아니었다. 그들은 1784년 이러한 의학적 대유행을 조사할 작정이었다. 심지어 멀리 미국을 방문하여 고위 관리인 벤자민 프랭클린을 조사하기도 했다. 그들의 실망스러운 결론은 자기 유도체란 존재하지 않는다는 것이었다. 메스머는 환자들에게 강력한 플라세보 효과를 만들어내기 위해 암시와 상상의 힘을 이용한 사기꾼이라는 비난을 받았다.

메스머는 프랑스를 영원히 떠나 세상 사람들에게 잊힌 채 유럽을 떠돌다가 1815년 오스트리아에서 사망했다. 그러나 그의 유산은 여전히 남아있다. 오늘날 메리엄 웹스터 사전은 '최면을 걸다' 혹은 '마법을 걸다'를 메스머의 이름을 따서 정의하고 있다.(*역주: 메스머라이즈$^{mesmerize}$)

그러나 자기요법은 여기서 끝난 게 아니었다. 메스머는 사실 이완과 통증 완화를 위한 기초를 닦은 것에 불과했다. 그것을 설명하기 전에 인도의 벵갈로 자리를 옮겨 더 큰 문제를 다루고 있던 어떤 의사의 이야기를 해야 한다.

## 최면
자력의 현대적 업그레이드

영국인인 제임스 에스다일$^{James\ Esdaile}$은 벵갈에서 의사로 일하고 있었다. 그는 커다란 음낭 종양을 제거하는 수술을 하는 동안 어떻게 하면 환자가 고통을 느끼지 않을 수 있을지 고민했다. 당시 벵갈에서는 회충 감염으로 인한 필라리아병이 대유행이었다. 문제는 종양의 엄청난 크기였다(음낭 종양이 너무 커서 환자를 옮기려면 밧줄과 도르래를 사용해야 할 정도였다). 의학계는 해결 방안을 찾으려고 분투하고 있었다.

돌팔이 의학의 역사

파리에서 수천 마일 떨어진 곳에서 일어난 문제였으나, 환자들에게 최면을 걸어 치료중에도 통증을 느끼지 않게 한다는 프란츠 메스머에 관한 소문은 멀리 떨어진 식민지의 외딴 병원까지 흘러 들어 왔다.

에스다일은 메스머의 방법에 대해 자세히 읽고 나서 동물 자기를 스스로 실행해 보기로 결심했다. 그는 즉흥적으로 현지 인도인들의 관습인 요가 호흡과 쓰다듬기 같은 요소를 포함하는 독특한 최면기법을 만들었다. 환자가 무아지경 상태에 빠진 뒤 수술용 메스를 사용했고, 다행히도 음낭 종양을 제거했다. 흥미로운 부분은, 최면이 효과가 있었다는 사실이다.

아마도 에스다일은 자신이 메스머의 방법을 따르고 있다고 생각했겠지만(최면이라는 단어가 그때 막 영국에서 사용되기 시작했다), 그는 외과수술의 마취에 최면을 효과적으로 사용한 선구자였다. 최면은 미국의 남북전쟁 때 클로로포름이 발견되어 그 효험을 발휘하기 이전에 잠깐 번성했던 방법이다. 외과의사들이 운이 좋으면 자기 환자의 50퍼센트를 살릴 수 있던 시절에, 에스다일은 인도에서 6년 동안 근무하면서 자신이 수술한 수천 명의 환자 가운데 오직 열여섯 명만을 잃었을 뿐이었다.

그러나 서구 의학에서 최면술을 본격적으로 도입한 것은 스코틀랜드 의사인 제임스 브래이드James Braid가 여러 차례의 시도 끝에 최면술을 주류 의료 행위로 승격시켰을 때였다. 많은 동시대의 의사들처럼, 브래이드도 1841년 동물 자기의 공개 시범을 직접 목격하면서 최면기법과 처음 접했다. 브래이드는 자기 눈앞에서 벌어지는 장면을 보고 놀랐고, 다음 주에도 한 번 더 같은 시범을 보러 찾아갔다. 독특한 현상이라고 생각하면서도, '방사된 기체'라느니 '자기 유도체'를 조작한다느니 하는 설명은 납득할 수 없었다. 브래이드는 스스로 수수께끼를 풀기로 했다.

두 번의 동물 자기 시범을 지켜보면서, 브래이드는 환자가 눈을 감고 있음을 알아차렸다. 그는 환자가 오래 집중해서 응시하도록 유도된 탓에 신경 근육이 피로해져서 어떻게든 잠들게 된 것이라는 결론을 내렸다. 그는 다음날, 저녁 식사에 초대한 손님을 대상으로 실험을 해보았다. 눈을 깜빡이지 않고 가능한 오랫동안 포도주병의 윗부분을 응시하도록 요청했다. 손님은 즉시 잠이 들었다(그리고 다시는 브래이드의 저녁 식사 초대에 응하지 않았다).

부인과 하인에게 같은 실험을 반복해서 비슷한 성공을 거둔 뒤로, 브래이드는 집에서 저녁 식사 테이블 위에 발을 올려 놓아도 아무도 그에게 소리를 지르는 사람이 없는 짧은 순간을 누렸다. 그리고 중요한 결론에 도달했다. 그가 '신경 수면'이라고 별명을 붙인 최면 상태는 생리학적으로 그리고 심리학적으로 설명할 수 있는 현상이었다.

브래이드는 그 후 18년의 생애 동안 최면을 연구했고, 그것을 척추 만곡, 청각 장애 그리고 뇌전증을 비롯한 다양한 치료에 적용했다. 그는 자신의 치유법이 효과가 있다고 주장했고, 점차 의학계에서도 받아들여졌다. 학술지에 실린 브래이드의 연구 결과물들이 일관성이 있었기 때문이다. 그는 최면이 이따금, 예를 들어 통증, 일과성 열감, 피로 그리고 많은 정신 질환 치료에 의학적으로 사용될 수 있는 근거를 마련했다.

브래이드는 역사 속에서 그러한 요법의 대중적인 이름을 '최면'으로 기억하게 만든 공로가 있다. 브래이드 덕분에 오늘날 사람들은 '동물 자기 전문가'가 아니라 최면 치료사를 찾는다.

감사해야 할 일이 아닌가?

# 빛
## Light

푸른 유리, 켈로그의 빛 목욕, 스펙트로 크롬 연구소,
우주 치료국

　　19세기 중반 무렵의 일이다. 어거스터스 플레젠튼<sup>Augustus J. Pleasanton</sup> 준장
은 필라델피아에 사는 존경할 만한 시민이었다. 어느 날 그는 우연히 하늘
을 보면서 골똘한 생각에 빠져 시간 가는 줄 몰랐다. "오랜 시간 동안 나는
하늘의 푸른빛에 대해 생각했다. 영원하면서 사방으로 퍼져 있는 빛…….

그것은 이 행성에 살고 있는 유기체와 지속적이고 밀접한 관계가 있는 것이 틀림없었다."

플레젠튼은 자신의 생각을 실험해 보기로 마음먹고, 1860년 자신의 땅에 푸른색 유리판으로 온실을 지었다. 그리고 그곳에 포도 넝쿨을 심었다. 포도 넝쿨은 놀라운 속도로 자랐다. 아마도 온실 안에 심었기 때문일 것이고 푸른색 유리판과는 아무 상관이 없었을 것이다. 그러나 플레젠튼은 용기를 얻었고, 이웃들은 그의 포도를 부러워했다.

1869년 플레젠튼은 돼지를 바라보고 있다가 혼자 생각했다. 돼지에게 푸른빛을 쐬면 어떨까? 그래서 이 용감한 발명가는 새끼 돼지 몇 마리는 투명한 유리로 만든 양돈장에 넣고, 다른 새끼 돼지 몇 마리는 푸른 유리로 만든 양돈장에 넣었다. 그러자 보라, 푸른빛을 받은 돼지들이 더 빨리 자라고 더 건강했다.

플레젠튼은 여기서 확신을 얻었다. 그는 관심을 보이는 사람이 있으면 누구에게나 푸른빛의 복음을 큰 소리로 선포할 준비가 되어 있었다. 그는 곧이어 인류의 미래에 대한 예견을 하게 되었다. 푸른빛의 힘을 이용하게 되면, 인류는 완벽하게 건강한 거인이 되고, 가축들도 그에 걸맞게 성장하리라는 것.

> 허약한 젊은이, 병에 걸린 성인, 그리고 노쇠한 팔순 노인들에게 엄청난 생명력이 주입될 수 있겠지! 다양한 종의 가축들이 얼마나 빨리 늘어날 것이며, 개체의 크기는 얼마나 증가할 것인가!

그의 열정은 금세 퍼져나갔다. 플레젠튼이 자신의 견해를 정리한 책자를 출간하여 온 나라에 뿌리자, 푸른 유리창으로 스며드는 빛으로 병을

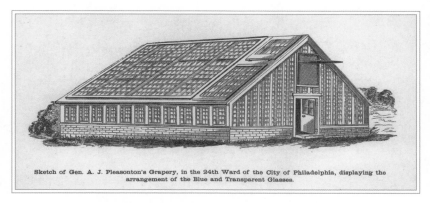

Sketch of Gen. A. J. Pleasonton's Grapery, in the 24th Ward of the City of Philadelphia, displaying the arrangement of the Blue and Transparent Glasses.

플레젠튼의 멋진 (푸른) 온실

치유하고 상처가 완화되었다는 경험담이 빗발치기 시작했다.

플레젠튼이 받은 편지 중에는 미숙아이면서 몸이 마비된 상태로 태어난 아기를 오랜 기간 푸른 유리창 아래 놓아 두었더니 움직일 수 있게 되었다는 내용도 있었다. 또 커다란 종양이 있는 아기에게 매일 한 시간씩 푸른빛을 쬐었더니 종양이 사라졌다는 증언도 있었다. 대부분 그런 식이었다.

플레젠튼은 푸른빛에 대한 자신의 발견에 대해 책을 썼는데, 본문은 환자들의 경험담으로 가득했다. 남는 페이지에는 전기와 전자기에 대한 자신의 괴이한 이론을 잔뜩 늘어 놓았다. 플레젠튼의 책에서 가장 멋진 부분이자 오늘날의 수집가들에게도 주목을 받는 것은 그가 책을 푸른 종이에 푸른 잉크로 인쇄한 것이다. 그 이유는 '보통 책들이 인쇄용으로 쓰는 하얀 종이가 밤에 가스등 불빛을 반사하여 독자들이 눈부심을 느끼는데 그것을 덜어주기 위해서'였다. 독자를 위한 배려였으나, 세월이 흘러 이제는 학자들이 빛바랜 푸른 잉크를 읽기 위해 고투해야 하는 불행한 선택이 되었다.

1876년에 출간된《햇빛의 푸른 광선과 하늘의 푸른빛이 미치는 영향》은 2년 동안 푸른색을 주류 유행으로 만들었다. 푸른 유리가 통풍부터 마비까지 모든 것을 치료할 수 있다고 주장한 플레젠튼의 두 번째 책이 이듬해 나왔고, 전국의 유리제조업자들은 저자에게 개인적으로 감사를 표하기 위해 줄지어 몰려 왔다.

뉴욕에서 샌프란시스코까지, 단독주택 소유자들은 푸른 유리로 일광욕실을 덧붙여 짓기 시작하거나 적어도 집안 여기저기에 푸른 창유리 몇 개씩은 달기 시작했다. 수치료 연구소에서도 푸른빛을 원하는 대중의 요구에 굴복하여 푸른빛 일광욕실을 짓기 시작했다. 이러한 유행은 곧 유럽으로 퍼져나갔고, 영국에서는 '광선 목욕'이 인기를 끌었다. 안경사들이 푸른색 안경을 만들기 시작했다. 1877년, 〈사이언티픽 아메리칸〉의 한 기자는 이렇게 썼다.

요즘은 거리를 걷다가 주택의 창문에 하늘색 유리창이 달려 있는 것을 보는 것은 매우 흔한 일이 되었다. 햇빛이 쨍쨍한 날, 쇠약한 노인 혹은 다른 환자가 투명한 햇살을 쬐면서, 희망에 가득 차 있는 것을 볼 수 있다. 비록 푸르스름한 빛이 도는 얼굴이지만.

그러나 바로 그 기사가 푸른색 광풍이 종말을 맞았음을 알리는 시작이었다. 그 기사를 시작으로 잡지사는 연속 기획기사를 속속 올리면서 처음으로, 그리고 유일하게 그 열풍을 정확하게 해석했다. 〈사이언티픽 아메리칸〉 지는 실제로 아무것도 없는 것보다 푸른 유리가 있으면 오히려 푸른빛에 덜 노출된다는 과학적 사실을 폭로했다. 정말로 푸른빛을 흡수하고 싶다면 그냥 실외에 서 있는 게 훨씬 많은 양을 흡수하기 때문에 차라리 투명한 유리 아래 있는 게 낫다. 실제로 플레젠튼이 했던 모든 것, 그리고 다른 사람들이 했던 모든 것은 햇빛을 약간 차단하는 것이었다. 문제가 된 기사가 나간 뒤 일주일이 지나서 〈사이언티픽 아메리칸〉지는 또다시 푸른빛이 만들어낸 것으로 추정되는 치유 효과는 이미 연구된 결과인 건강에 유익한 짧은 일광욕과 확신에 찬 플라세포 효과의 조합일 것이라고 선언했다.

플레젠튼은 반박을 시도했지만, 끝은 이미 와 있었다. 1878년, 일반적인 대중의 마음은 떠났고, 푸른 유리 광풍은 등장했을 때와 마찬가지로 빠르게 사그라들었다. 비록 푸른빛에 대한 집착은 사라졌으나, 빛을 이용해 치유를 얻으려는 시도는 쉽게 끝나지 않았다. 19세기 후반과 20세기 초의 의료 사기꾼들은 '빛의 치유 효과'로 다양한 변주를 지속했다.

## 인공 태양
실내로 옮겨간 광선 치료

1879년 토마스 에디슨Thomas Edison은 눈부시게 밝은 백열전구를 세상에 처음 선보였다. 에디슨이 전구를 최초로 발명한 사람은 아니었지만, 상업적으로 이용 가능한 전구를 발명한 사람으로는 그가 최초이다. 값싸게 생산할 수 있고, 수명이 천이백 시간이나 되었다. 에디슨은 거기서 그치지 않았다. 전기 배전 시스템을 개발하여 중앙발전기에서 배선을 통해 각 가정에 전기를 보냄으로써 어떻게 지역사회 전체를 밝힐 수 있는지 시범을 보였다. 그는 사용량을 측정하기 위해 최초의 전기 계량기까지 만들었다. 그것을 다 만들어 놓고 에디슨은 "촛불은 부자들이나 켤 수 있도록 전기를 싸게 만들겠다."고 장담했다.

에디슨의 연구 덕분에 의사들은 집중된 빛이 질병에 미치는 영향에 대한 실험을 시작할 수 있게 되었다. 몇몇 빛 치료의 합법적 적용이 뒤이어 개발되었다. 특히 닐스 라이버그 핀센Niels Ryberg Finsen은 결핵성 피부병이 집중된 복사광에 민감하다는 것을 입증하여 1903년에 노벨의학상을 받았다.

그러나 돌팔이들도 재빨리 움직였다.

1890년대 존 하비 켈로그는 미시건 주의 배틀 크릭에 있는 자신의 요양소에서 시행하기 위해 '빛 목욕'(아침 식사 시리얼에 이어)을 개발했다. 1893년 신문 기사에서는 이렇게 소개하고 있다.

머리를 제외한 전체 몸을 감싸는 상자와 16개의 촛불 밝기 혹은 110볼트 밝기인 50개의 전등이 필요하다. 전등은 몸을 둘러싸고 개별 스위치가 있어서 몸의 특정한 부위를 쪼일 수 있게 되어 있다. 빛은 환자를 쾌활하게 만들어주고 해수욕을 했을 때처럼 갈색 피부를 만들어준다.

기본적으로 빛 목욕은 강한 조명이 켜진 사우나에 앉아 있는 것과 같았다. 켈로그는 빛 목욕이 장티푸스, 성홍열, 당뇨병을 치료할 수 있고 비만, 괴혈병, 변비 치료에는 도움을 준다고 믿었다. 1910년대 빛 요법《학생과 의료 종사자를 위한 실제적인 광선요법 지침서》에서 그는 빛 목욕의 이점에 대해 다음과 같이 썼다.

일주일에 두세 번은 땀이 쏟아질 때까지 오래 전등욕을 시행해야 한다…….
아크등으로 몸 전체 표면을 태우면 환자의 활력은 크게 향상될 것이다.

돌팔이 의학의 역사

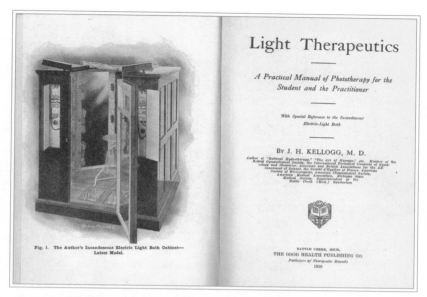

Fig. 1.   The Author's Incandescent Electric Light Bath Cabinet—
Latest Model.

# Light Therapeutics

*A Practical Manual of Phototherapy for the
Student and the Practitioner*

*With Special Reference to the Incandescent
Electric-Light Bath*

By J. H. KELLOGG, M. D.

*Author of "Rational Hydrotherapy," "The Art of Massage," etc. Member of the
British Gynæcological Society, the International Periodical Congress of Gynæ-
cology and Obstetrics, American and British Associations for the Ad-
vancement of Science, the Société d'Hygiène of France, American
Society of Microscopists, American Climatological Society,
American Medical Association, Michigan State
Medical Society. Superintendent of the
Battle Creek (Mich.) Sanitarium.*

BATTLE CREEK, MICH.
THE GOOD HEALTH PUBLISHING CO.
*Publishers of Therapeutic Manuals*
1910

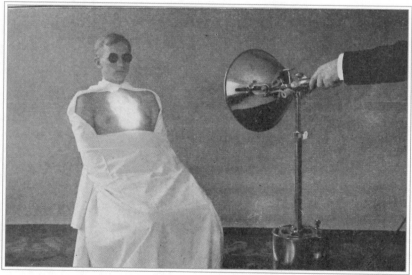

"심장에 짧은 시간 쬐면 마취로 인한 실신이나 아편중독, 심부전 등의 경우에 유용하다." 빛 치료 기구에서 가슴 위로 아크등 빛을 비춘다.

요컨대, 켈로그는 땀을 흘리는 게 건강에 유익하다는 것을 알게 된 것이다. 영국의 에드워드 왕이 함부르크에서 여러 번 빛 목욕을 한 뒤 통풍이 확실히 나았다는 소문을 들은 켈로그는 몇몇 '유럽의 국왕과 귀족들'이 빛 목욕을 치료법으로 적용하고 있다고 주장했다. 켈로그의 말대로, 에드워드는 이후에 버킹엄 궁과 윈저 궁에 빛 욕조를 설치했다. 자, 당신이 두 곳

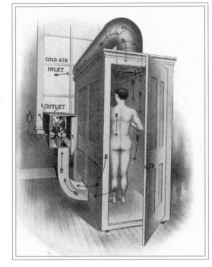

나체가 허용되는 조명 상자

중 한 곳을 방문하게 되면 관광가이드에게 질문할 거리가 생겼다.

## 진단이 없으면 약도 없고, 문제도 없다?

딘샤 가디알리[Dinshah P. Ghadiali]는 인도의 봄베이에서 무대 감독을 하면서 처음으로 색 치료에 대해 읽었다. 책 내용에 고무되어 그는 점액성 대장염을 앓고 있는 친구의 조카를 돕기 위해 달려갔다. 보라색 피클 병, 등유 램프, 푸른색 유리 용기에 담긴 우유가 수반되었다. 아이의 병이 나은 후, 가디알리는 자신이 해야 할 일을 찾았다고 생각했다. 그는 1911년에 미국으로 이민을 갔고, 색 치료의 복음을 전파하면서 상당한 재산을 모았다.

가디알리는 전구 치료와 푸른 유리 요법을 접목시켜 〈스펙트로 크롬

연구소〉라는 것을 설립했다. 100달러를 선불로 내면 스펙트로 크롬 치유법의 집중 과정에 등록할 수 있고, '조율된 색 파동에 의한 인간 방사성의 회복과 무선 발산의 평형'에 관한 모든 것을 가디알리에게 직접 배울 수 있었다. 그는 타고난 천재로서 고향 인도에서는 불과 열한 살의 나이에 대학에서 수학을 가르쳤다. (가디알리는 자기애에 빠져서 서명란에 다음과 같은 길고 긴 직함을 덧붙였다. 의학박사, 공학석사, 카이로프락틱 의사, 박사학위, 법학박사, 자연치료사, 눈박사, 피지컬 테라피 박사, 메디컬 박사 등등)

그의 치료의 기본 전제는 인간의 체내의 모든 원소는 일곱 가지 색깔 중 하나로 표현된다는 것이다. 인간은 주로 산소와 수소, 질소 그리고 탄소로 이루어져 있다. 그것들은 각각 파랑, 빨강, 초록 그리고 노랑에 상응한다. 몸이 안 좋은 느낌이 드는가? 당신의 색채 가운데 하나가 제 기능을 하지 못하고 있는 것이다. 질병을 치료하려면, 희미해진 색을 증폭시키거나 너무 밝은 색을 은은하게 만들어야 한다.

이러한 조치를 취하려고 가디알리는 스펙트로-크롬이라는 장치를 발명했는데, 기본적으로 커다란 상자이고 그 안에 1000와트 전구가 들어 있었다. 상자 안의 창틀에 색유리를 끼워넣고, 몸이 필요로 하는 색의 광선을 흡수하게 할 수 있다. (그러나 푸른 유리 열풍과 마찬가지로, 그 빛을 가리게 되는 효과가 있어서 사용자는 선택한 색을 실제로는 덜 흡수하게 된다.) '이지 베이크 오븐'Easy-Bake Oven의 변태적 버전처럼, 스펙트로 크롬은 달이 특정한 형태가 되면 상자 앞에서 나체로 서 있어야 했다. 전기로 작동되는 전등이 달린 상자에 달의 주기가 미치는 영향은 여전히……

색채들

알쏭달쏭하다.

특정 부상이나 질병에 어떤 색을 사용해야 할지 확실하지 않은가?

걱정할 것 없다. 스펙트로 크롬은 이 복잡한 의사결정 과정의 방향을 알려주는 데 도움이 될 특별한 도표를 가지고 있다. 노란색 빛은 음식의 소화를 돕는다. 녹색 빛은 뇌하수체를 자극하고, 붉은 빛은 헤모글로빈을 만들고, 파란색은 빛은 활력을 증가시키고, 레몬 빛은 뼈를 회복시킨다 등 등.

무슨 이유인지 스펙트로 크롬은 히트를 쳤다. 1946년까지 가디알리는 거의 11,000대의 장치를 팔았고, 백만 달러 이상을 벌었다. 비침습적이고 비의약적인 절차를 선전했던 켈로그처럼 "진찰도 없고, 약도 없고, 수술도 없다."는 가디알리의 약속은 의료 기관을 불신하던 청중의 심금을 울렸다. 그러나 의학계는 그것을 달가워하지 않았다.

1925년, 성공한 세일즈맨 가디알리는 19세의 비서를 '부도덕한' 업무를 목적으로 다른 주로 보냈다는 이유로 체포되었다. 그것이 그가 처음이자 마지막으로 법을 어긴 것은 아니었다. AMA와 FDA의 집중적이고 면밀한 조사 아래, 가디알리는 계속해서 법적인 문제를 겪었다. 그러나 그의 기민한 마음은 항상 자신의 제품을 팔 수 있는 새로운 방법을 찾았다. 가디알리의 홍보자료는 이제 '치료' 능력을 광고하는 대신, 스펙트로 크롬으로 '정상화' 된다는 것을 광고했다.

환자들은 '치료'를 받는 게 아니라 '인간 방사선의 회복과 무선 발산의 평형'을 회복시킨다고 한 것이다.

광고 문구가 바뀌는 바람에 정부 당국은 가디알리를 허위광고나 과대 광고를 이유로 기소하기가 어려워졌다. 만약 사람들이 몸을 정상화시킨답 시고 스펙트로 크롬에 돈을 낭비하겠다면 자유국가에서는 말릴 방법이 없다.

가디알리는 1966년에 죽었다. 그래도 그의 주장은 살아 남았다. 가디알리의 상속인들이 관리하고 비영리 단체로 등록되어 있는 뉴저지주 말라가의 〈딘샤건강협회〉는 오늘날에도 다양한 빛 요법 서적과 관련 제품들을 판매하고 있다.

---

## 써지컬 레이와 우주치료국

가디알리가 비서를 주 경계선 너머로 보냈을 즈음에, 색유리가 다시 돌아왔다. 폰 실링의 써지컬 레이가 시장에서 인기를 끌고 있을 때였다. 손거울과 비슷하며 두꺼운 색유리인 써지컬 레이는 통증이 있거나 상처를 입은 부위에 특정한 색의 빛을 집중해서 쬘 수 있게 하는 것이다.

비슷한 원리를 따르는 책 《색 치료의 일곱 가지 열쇠: 시술을 위한 완벽한 개요》는 우주 치료국(들어본 적 있는지?)의 롤런드 헌트가 1940년에 썼다. 헌트는 색 치료의 장점을 강조하기 위해 시 나부랭이도 썼다.

> 신선한 이슬 같은 새로운 차가움이 나의 연설에 울려 퍼졌네, 오 푸른 빛.
>
> 그리고 그것을 진실로 만들어라.
>
> 그리고 그것을 진실로 만들어라.

헌트가 그토록 필사적으로 진실성을 추구했던 주장은 세룰레오(Ceruleo)라고 명명된 푸른색 물이 이질, 콜레라, 그리고 림프선 페스트를 치료할 수 있다는 생각이었다. 그 증거로, 헌트는 봄베이에서 수천 명의 사람들이 세룰레오를 마셔서 페스트에서 나았다고 독자들을 설득했다.

## 바이올렛 레이

전기요법과 광선요법을 결합한 지점에 니콜라 테슬라가 발명하고 1893년 컬럼비아 세계박람회에서 처음 선보인 '바이올렛 레이'가 있었다. 이 장치는 치료 매체로 고전압과 고주파(그래도 낮은 전류)의 전류를 몸에 흘려보냈다. 유리 전극에 전원이 공급되면, 매혹적이면서도 신비한 보랏빛을 발산하는데, 그 자체로 강력한 플라세보 효과(멋지니까!)가 있다. 이 장치들은 다양한 미국 회사에서 제조되었고 '뇌 안개(역자 주;머리속에 안개가 낀 듯 혼란스럽고 흐릿해지는 신경 문제)'를 포함한 수많은 상태에 적용된다고 광고했는데, 치유 방식은 다음과 같다:

> 1번 장치로 이마와 눈 위를 쬔다. 또한 피부에 직접 닿는 강한 전류로 머리와 목 뒷부분을 치료한다. 척추를 치료하고 전극을 손에 쥔다. 약 4분 동안 오존을 흡입하는 것도 중요하다.

수많은 소송과 FDA의 개입 이후, 바이올렛 레이 제조업체들은 결국 1950년대 초에 생산을 중단해야 했다. 오늘날 바이올렛 레이 장치들은 사후에 숭배의 위치에 올랐던 니콜라 테슬라 덕분에 수집가들이 많이 찾으며, 또한 바이올렛 레이에 짙은 보라색 불이 켜지면 매우 멋지기 때문이기도 하다. 한편, BDSM 커뮤니티는 '보랏빛 지팡이'라고 불리는 새로운 장치를 채택했다. 바이올렛 레이와 기본적으로 같은 것이지만 완전히 다른 목적으로 사용된다.

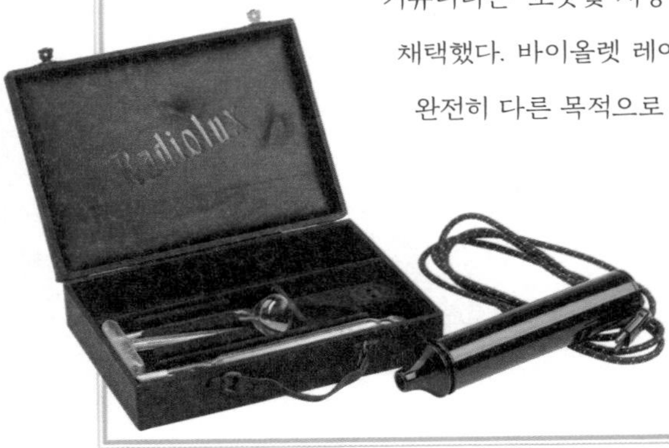


보라색 광선 세트, 1930년경

# 빛 요법의
# 발전

오늘날, 우리는 햇빛을 받으면 몸에서 비타민 D가 생성된다는 것을 알고 있다. 현대의 의사들은 빛 요법을 계절적 정서 장애, 우울증, 시차증, 건선증, 신생아 황달을 포함한 다양한 질병 치료에 사용하고 있다.

어린이들이 간호사와 함께 '광선 치료'를 받고 있다. 1938년, 런던.

19세기에 불었던 푸른빛 열풍이 남긴 진정한 혜택은 정말 단순한 것이었다. 바로 현대적 일광욕실의 발명이었다. 그로 인해 실제로 사람들이 집에 편안하게 앉아서 햇볕을 즐길 수 있게 되었다.

그러기 위해서는 푸른 유리창만 꼭 필요한 것은 아니다.

# 4

# 라디오닉스
## Radionics

니클백, 다이너마이저, 오실로클라스트,
"열성적이고 격정적인 왜소한 유대인 의사",
비밀스러운 기니피그, 장거리 치유법

무선통신의 구조를 이해하기란 간단하지 않다. 전기나 와이파이처럼, 사람들 대부분은 전파가 작동한다는 것을 아는 데 만족할 뿐이지 그것이 어떤 방식으로 작동하는지 관심을 두지 않는다. 라디오를 켜고, 다이얼을 돌려 주파수를 맞추면 마술처럼 갑자기 노래가 들린다. 아마도 보스톤의

돌팔이 의학의 역사

〈느낌보다 더〉일지도 모른다. 라디오에서 항상 자주 나오는 노래다. 이런 일에는 위안이 되는 무엇인가가 있다.

20세기 초에 라디오는 반짝이는 새로운 기술 문명이었다. 오늘날의 자율주행자동차나 아이폰의 최신기종처럼 매혹적이고 설레는 존재였다. 1895년 이탈리아의 발명가 굴리엘모 마르코니<sup>Guglielmo Marconi</sup>가 사상 최초로 무선통신기를 개발하여 상업적으로도 크게 성공하자, 전파의 기술혁신이 진행되었다. 사람들은 열광했지만 정확하게 어떤 방식으로 작동하는지는 이해할 수 없었기에 시장은 여건이 무르익었다. 이 신비한 에너지를 이용한다고 선전하는 의학적 치료를 반기는 청중을 찾기란 아주 쉬웠다. 앨버트 에이브럼스<sup>Albert Abrams</sup> 박사는 전파로 질병을 진단하고 치유할 수 있다고 주장하여 한몫을 챙겼다.

## 인간의 몸이 발산하는 주파수를 조절하다

1863년 샌프란시스코에서 태어난 앨버트 에이브럼스는 불과 19세라는 젊은 나이에 독일에서 의학박사 학위를 받고, 1893년 고향으로 돌아와 쿠퍼 칼리지에서 병리학 교수로 재직했다. 40대에는 신경과 의사로서 확고한 명성을 쌓았고 뛰어난 경력을 쌓아가고 있었다. 그러나 서서히 균열이 드러나기 시작했다.

야간 수업 사기 사건으로 교수직을 잃은 에이브럼스는 점점 사기꾼이 되어 갔다. 신경을 자극하기 위해 척추를 두드리는 것이 장기를 자극하여 질병을 치료할 수 있다는 의심스러운 치료법을 개발하기도 했다. 그는 이 치료법으로 모든 질병을 치료할 수 있다고 선전하고 다녔다.

하지만 그의 치료법으로 가장 주목을 받은 것은 라디오닉스<sup>radionics</sup>(역주: 전자 심령 현상 연구, 전자 장치를 이용한 심령 감응 연구)였다. 1916년, 에이브럼스는《진단과 치료의 새로운 개념》이라는 책을 출간하여 자신의 이론을 세계에 소개했다. 어떤 이론이었을까? 짧게 요약하면, 건강한 사람들은 건강한 파동을 발산하고, 병든 사람들은 병든 파동을 발산한다는 것이었다. 에이브럼스 같은 라디오닉스 전문의라면 복잡하고 조작이 어려운 장치를 사용하여 병든 파동을 감지할 수 있다는 것이다. 그리고 병든 파동을 건강한 파동으로 바꿈으로써 질병을 치료할 수 있다고 주장했다.

마치 여행 중에 라디오 채널을 이리저리 돌리는 것과 같다. 운명의 장난으로 당신은 갑자기 '니켈백'의 노래를 듣고 있는 자신을 발견할지도 모른다. 그것과 마찬가지로 인간의 몸은 병에 걸리면 독특한 주파수가 된다. 다행히도, 그것은 쉽게 고칠 수 있다. 당신이 재빨리 라디오 다이얼을 다시 돌릴 수 있는 것처럼, 당신이 소름 끼쳐 하면서 '니켈백'의 노래를 꺼버릴 수 있는 것처럼, 의사도 제대로 된 기계로 당신의 몸을 건강한 주파수로 재조정할 수 있다.

이제 길게 설명하겠다. (자, 잠시 멈추고 심호흡을 하라.) 인간의 몸은 원자로 이루어져 있고, 원자는 다시 전자로 이루어져 있다. 전자가 진동하면 방사선이 발생하는데, 라디오닉스 전문가는 그것을 'ERA' 또는 '에이브럼스의 전자 반응'이라고 불렀다. 개인이 건강하면 전자는 '정상적인' 속도로 진동한다. 그러나 개인이 건강하지 않다면, 그 사람의 전자는 '비정상적인' 속도로 진동한다. 그래서 의사가 환자를 치료하려면, 건강에 좋지 않은 진동을 감지한 다음 병에 걸린 전자가 생성한 진동 주파수와 같은 진동수를 다시 환자에게 전송해야 했다. 이것은 다시 환자를 중화시켜서 전자가 정

'니켈백'이 〈포토그라프〉를 연주하는 중

상적인 진동 속도로 돌아갈 수 있게 할 것이다.

'니켈백' 노래가 흘러나오는 상황으로 돌아가서 적용해 보면, 그것은 라디오 스피커에 아이팟을 연동시켜서, '니켈백' 노래 중 하나를 흘러나오게 한 다음, 그것을 지우는 것과 같다.

이 방법은 효과가 있는 것 같다.

## 다이너마이저로 진단 내리기

그렇다면 라디오닉스의 시술자들은 그 비정상적인 진동을 어떻게 감지했을까?

예상할 수 없을 정도로 터무니없는 방법이었다. 당신이 방금 보수적인 방식을 선호하는 의사로부터 심각한 질병에 걸렸다는 진단을 받았다고 가정해 보자. 상황에 대처하는 전략적 메커니즘으로, 당신은 두 번째 의견을 구하고 싶어질 것이다. 그리고 에이브럼스 박사는 무엇이든 치료할 수 있다는 소문을 들었다. 당연히 그를 한번 찾아가 보지 않겠는가?

완전히 엉터리 기계를 조작하면서 의사처럼 보이는 앨버트 에이브럼스

그의 사무실로 전화했더니 당신은 모발 샘플을 가져오라는 지시를 받는다.

무슨 영문인지 알 수 없어 갸우뚱하면서, 당신은 머리카락을 뽑아서 에이브럼스의 샌프란시스코 연구소로 향한다.

그곳에 도착하자 접수계원이 머리 샘플을 서쪽을 마주 보고 수집했느냐고 묻는다.

그녀는 이것이 진단을 내릴 때 중요한 요소라고 주장한다. 어느 쪽을 향했는지 기억나지 않아 마지못해 석양을 마주보며 다시 머리카락을 몇 가닥 뽑는다.

마침내 만족한 접수원은 에이브럼스의 연구실로 당신을 데려가서 머리카락 샘플을 이상하게 생긴 의료기계에 넣으라고 한다. 그녀는 그 기계를 다이너마이저라고 부른다. 방을 휘젓고 다니는 자신감 넘치는 에이브럼

돌팔이 의학의 역사

스 박사가 행동을 시작한다. 불빛이 어두워지면서, 다이너마이저와 당신을 여러 전선들로 연결한다. 그가 장담하건대 다양한 전선들이 당신의 '진동 패턴'을 감지할 것이라고 한다. 기계가 정확하게 작동해야 하기 때문에 다시 한 번 서쪽을 향해 서라는 지시를 받는다.

그러고 나서 에이브럼스는 다이너마이저를 라디오클라스트라 불리는 기계를 비롯해서 다른 기계들과 연결시킨다. 라디오클라스트의 특징적 외형은 그저 다이얼이 여러 개 달려 있다는 것뿐이다. 의사는 다이얼들이 당신에게서 '옴 진동수'를 파악할 것이며, 그것으로 당신이 앓는 정확한 질병을 찾아내는 데 도움이 된다고 장담한다.

그러고 나서 그는 당신에게 셔츠의 단추를 풀고 속옷을 끌어올리라고 지시한다.

그렇게 하는 동안 에이브럼스는 책상에서 유리 막대를 꺼내 그것으로 당신의 복부를 부드럽게 쓰다듬기 시작한다. 당신은 그가 정확하게 무엇을 알아내기 위해 그렇게 하는 것인지 묻는다. 의사는 그가 '공명하는 것' 혹은 '공명하지 않는 것'의 영역을 찾고 있다고 말한다.

그런 모든 이야기들이 매우 인상적으로 들려서 당신은 속으로 혼자 생각해 본다. 만약 그가 '공명하는 것', 그리고 '옴진동수'에 관해 이렇게 온갖 부산을 떠는 걸 보니 그게 정말로 효과가 있는 것이겠군. 그렇지 않은가?

시간이 없어서 에이브럼스의 진료실에 못 간다고? 걱정 마시라. 나중에는 라디오닉스가 개량되어 환자가 꼭 그 자리에 있어야 할 필요도 없게 되었다. 숙련된 의료 시술자는 머리카락이나 혈액(혹은 필체)의 샘플을 다이너마이저에 집어넣고 질병을 탐색할 수 있다.

전자 반응은 변덕스럽기로 악명 높았다. 샘플을 채취할 때 환자는 서쪽을 향해 서야 했다. 또 불빛을 어둡게 하고, 방 안에 오렌지색이나 붉은색으로 된 물건이 없어야 했다. 편리하게도, 의심스러운 마음이 들면 진동에 영향을 미치게 된다고 했다.

라디오닉스는 질병을 감지할 수 있을 뿐만 아니라, 사람의 성별, 임신 단계, 나이, 거주 지역, 나아가 종교도 감지할 수 있다고 했다. 에이브럼스는 1922년에, 다양한 기독교 종파에 따라 복부에 공명하는 영역이 따로 있다는 도표를 출간하기도 했다.

더구나 에이브럼스는 죽은 사람의 필체 샘플을 보면 사인도 밝혀낼 수 있다고 주장했다. 다이너마이저는 새뮤얼 피피스<sup>Samuel Pepys</sup>와 새뮤얼 존슨<sup>Samuel Johnson</sup>, 헨리 워즈워스 롱펠로우<sup>Henry Wadsworth Longfellow</sup>, 오스카 와일드<sup>Oscar Wilde</sup>, 에드거 앨런 포<sup>Edgar Allan Poe</sup>의 서명을 보고 사망 원인을 모두 매독으로 판독했다.

다이너마이저는 대담하게도 수많은 문학사의 대가들이 성병 때문에 죽었다고 선언했다. 당신이 어이가 없어서 자기도 모르게 절레절레 머리를 흔들고 있다고 해도, 당신을 비난하지 않는다. 심지어 라디오닉스의 원격 진단을 받으려면 200달러의 현금을 선불로 받았다.


## 치유라는 거짓말과 컬트의 부상

자, 이제 당신은 진단을 받았다. 다이너마이저 덕분에 매독에 걸렸다는 걸 방금 알았을 것이다. 다음에 해야 할 일은? 여기서 등장하는 것이 오실로클라스트이다. 그 기계는 당신의 병을 고쳐주는 장치이다(그리고 그것은 레슬마니아에 있는 누군가의 이름이어야만 한다). 매독을 치유하려면, 에이브럼스로부터 오실로클라스트를 임대해야 한다. 선불로 200달러 또는 250달러를 지불하면 되고(교류가 아니라 직류를 위해 유선 연결된 경우 가격이 더 비싸다), 매달 5달러를 영구적으로 지불한다. 결국 의사는 더 낮은 단계 돌팔이들의 렌탈료로 매달 1,500달러의 순이익을 얻는다.

오실로클라스트 기계는 환자에게 전파를 보내 병을 고치는 구조였다. 이러한 전파는 감염이나 질병을 제거하는 것으로 보이는 특정 주파수에 맞춰져 있었다. 에이브럼스 박사는 "특정한 질병에 효과가 있는 약물은 그 질병과 동일한 진동수를 지녀야 한다. 그래야 치유가 된다."고 말했다. 혹은 그는 그렇게 믿고 있었다. 더 나아가 오실로클라스트 기계는 같은 '진동수', 즉 같은 무선 주파수로 조절하여 질병을 치료하는 것이다.

그러나 임대해간 오실로클라스트는 임대한 사람이 동의해야 하는 특별한 조건을 가지고 있었다. 기계는 '용접 밀폐'되어 열 수가 없었다. 장치

열 살짜리 소년이 여덟 살짜리 소년을 속이기 위해 만든 오실로클라스트나 혹은 어떤 기계

를 열면 장치의 기능이 중단된다(그리고 오실로클라스트의 경이로운 효과가 완전히 사라진다).

기계가 열리지 않은 진짜 이유는 별다른 목적 없이 배선된 전기부품이 함께 뒤섞여 있는 것 외에는 아무것도 들어있지 않았기 때문이다. 어떤 물리학자는 신성한 라디오닉스의 서약을 어기고, 그것은 "열 살짜리 소년이 여덟 살짜리 소년을 속이기 위해 만들어 낼 만한 장치였다."라고 썼다.

소비자들이 장난감을 가지고 놀고 있었다는 것이 중요한 게 아니었다. 에이브럼스는 오실로클라스트와 다이너마이저로 금광을 발굴한 셈이었다. 그 기계들의 대중적 인기는 주로 에이브럼스와 그의 추종자들이 교묘하게 사용한 심리적인 속임수에서 비롯되었다.

거의 종교에 가까운 의학적 의례를 통해 사람들에게 자기가 암에 걸렸다고 믿게 만든다. 그런 다음 오실로클라스트로 치료를 해주겠다고 제안한다. 환자는 곧 걸리지도 않았던 암이 낫는다. 행복해진 환자는 친구들에게 소문을 퍼뜨릴 것이다. "나는 사실은 죽을병에 걸렸었어. 하지만 다행히도, 라디오닉스라고 불리는 새로운 치료법에 대한 이야기를 들었지. 나는 그 장치를 몸에 장착하고 골칫덩어리 암이 사라졌어!"

그것은 아주 솔깃한 얘기였고, 입소문만큼 강력한 마케팅도 없다.

작가인 업턴 싱클레어가 신봉자가 되자, 라디오닉스는 전국적인 주목을 받게 되었다. 고기 도축 과정을 보여주는 《정글》이라는 고전소설의 저자 싱클레어는 전자심령학에 대한 기사를 쓸 때 이미 유명인사였다. 그는 1922년 6월 피어슨의 잡지에 〈경이로운 집〉이라는 제목의 기사를 써서 라디오닉스에 대한 신뢰도를 높였다. 이 글에서 싱클레어는 에이브럼스와 그의 방식을 찬양하고 홍보한다.

돌팔이 의학의 역사

샌프란시스코로 가서 조사해 보기로 했다. 하루나 이틀을 보낼 계획이었지만, 거기서 무언가를 발견한 덕분에 두어 주 동안이나 머물게 되었다. 급한 일이 생겨서 집으로 돌아가지 않았다면 몇 달, 심지어 몇 년이 지났을지도 모른다. …… 열성적이고 격정적인 작은 유대인 의사 에이브럼스는 인류 역사상 가장 위대한 천재이거나 아니면 가장 위대한 미치광이일 것이다. 하지만 그에게 그의 연구를 검증하거나 완성할 수 있는 새로운 아이디어를 제시하면, 그는 고양이처럼 달려든다. 인간의 영혼에 대해 니체가 말한 구절, '먹이를 쫓는 사자처럼 지식에 굶주린' 사람의 화신이다.

그가 시도하지 않을 실험은 없다. …… 에이브럼스의 클리닉에서 일주일을 보낸 뒤 세 가지 무서운 질병인 결핵, 매독, 암에 대한 공포감이 모두 사라졌다고, 나는 문자 그대로 진실을 말한다.

싱클레어의 기사는 미국 전역과 영국의 잡지에서 다양한 후속 기사로 이어졌다. 그러나 대서양 양쪽에 라디오닉스의 인기가 높아지면서 회의론자들의 비판적인 시선의 대상이 되기 시작했다. 회의론자들은 미국 의학협회를 좋아한다.

## 라디오닉스의
## 신호가 끊기다

미국 의학협회는 건강한 수컷 기니피그의 혈액을 라디오닉스 치료사에게 보내 검사를 의뢰하면서, 그 샘플이 '미스 벨'에게서 채취한 것이라는 그럴 듯한 이야기를 꾸며냈다. 테스트 결과는 벨 양의 왼쪽 전두엽 정맥동이 감염되었고, 왼쪽 나팔관이 연쇄상구균에 감염되었으며, 그것 말고도 암('6옴 진동수'의 암)에 걸렸다는 것이다.

미국의 과학 월간지인 〈사이언티픽 아메리칸〉도 뒤이어 1년 동안 라디오닉스 이론에 대해 조사를 시작했다. 그 잡지는 1923년 10월에서 1924년 9월 사이에 매달 새로운 기사를 실었다. 그 결과,

조사위원회는 에이브럼스가 주장하는 전자의 반응과 일반적인 전자 치료로 대표되는 이론은 입증할 수 없다는 것을 발견했다. 게다가 사실에 근거한 믿음도 전혀 아니다. 우리 의견으로는 소위 전자 감응 치유라는 것은 가치가 없는 것이다.

권위 있는 출판사의 비판에 이어, 1924년 영국의 한 위원회는 그러한 치료가 "과학적으로 근거가 없고 윤리적으로 정당하지 않다"는 평가를 했다. 언론 또한 메이요 클리닉을 방문했던 한 노인의 사례를 신문에 실었다. 그 가엾은 사람은 라디오닉스에 경도되어 오실로클라스트를 사용한 뒤 "완전히 치유되었다."라는 말을 들은 지 한 달 뒤에 사망했다. 그러자 싱클레어는 재빨리 에이브럼스를 옹호하는 글을 썼다.

그는 이 시대 아니 다른 모든 시대를 통틀어 가장 혁명적인 발견을 했다. 그가 모든 주요 질병의 진단과 치료의 위대한 비밀을 발견했다는 사실에 내가 얻고자 한 어떤 평판이라도 걸겠다.

다행히 싱클레어는 사회 정의를 묻는 걸작을 썼기에 다소 불편한 감정은 있지만 그가 뻔뻔스러운 돌팔이에게 열렬한 지지를 보낸 것을 눈감아

돌팔이 의학의 역사

줄 수 있다. 싱클레어가 열심히 두둔해주었지만, 라디오닉스는 〈사이언티픽 아메리칸〉 보고서로 인해 신뢰가 땅에 떨어졌다. 그러나 설립자는 이미 세상을 떠난 뒤여서, 그러한 몰락을 목격하지 못했다.

에이브럼스는 라디오닉스가 엄청난 성공을 거둔 직후 예순 살에 폐렴으로 사망했다. 그는 매우 부유했으니 1924년 당시 2백만 달러 상당의 부동산을 소유하고 있었다. 이것은 속임수에 잘 넘어가는 인류에 대한 슬픈 코멘터리일 것이다. 에이브럼스가 남긴 기이한 후기에서, 그는 다이너마이저로 사람이 사망하는 날짜까지 예측할 수 있다고 주장했다. 에이브럼스는 자신이 1924년 1월에 죽을 것이라고 예언했다. 정확한 날짜였다.


## 라디오닉스의 미래

에이브럼스가 사망한 뒤 그를 모방하는 다른 돌팔이들이 속속 등장하면서 '전파에 의한 치유' 시장을 차지하기 위해 경쟁했다. 그러나 아무도 캘리포니아 할리우드의 루스 B. 드론만큼 성공한 사람은 없었다. 그녀는 독자적인 라디오닉스 기계를 만들었는데, 세계 어디에 있는 사람이든 치유가 가능한 기계였다.

드론의 돌팔이 의료를 기꺼이 받아들이는 사람들이 많았기에 그녀는 3만 5천 명에 달하는 환자를 치료했다. 그리고 기계도 널리 팔렸는데, 특히 대체의료에 종사하는 시술자들이 구매했다. 심지어 그녀의 설명도 듣지 않고 치료를 의뢰하는 환자도 있었다고 한다.

1950년대 초 영화배우 타이론 파워 Tyrone Power 와 그의 아내는 이탈리아에서 교통사고를 당했다. 그러자 드론은 원격 치료가 가능한 파동장치(모델 300번, 궁금한 사람들을 위해)를 사용하여 그들에게 치유 전파를 보냈다. 에이브럼스의 다이너마이저와 마찬가지로, 그녀의 기계도 환자의 샘플이 필요했는데, 드론은 이미 자신의 '보관소'에 준비해 두었다고 주장하는 파워 부부의 혈액을 사용했다. (뭐? 어떻게? 뭘?)

타이론 부부는 자동차 사고의 부상에서 회복되어 미국으로 돌아왔다. 집에서는 라디오닉스 서비스에 대한 청구서가 그들을 기다리고 있었다고 한다.

라디오닉스에는 언제나 신비스러운 요소가 있었다. 이 이론에는 과학적 근거가 없음에도, 몇몇 숭배자는 늘 있어 왔다. 오늘날에도 미국 전역에는 라디오닉스 치료사들이 흩어져 있다. 이제는 초점이 사람들의 생각을 증폭시켜서 우주의 보편적 의식에 연결시키는 것인데, 라디오닉스를 사용하면 당신의 의지로 세상에 영향을 끼칠 수 있다는 것이다. 건강을 증진시키거나 애인을 찾거나 좋은 주식 정보를 받고 돈을 벌기 위해 그 능력을 사용할지도 모른다. 어쩌면 나만의 라디오닉스 기계를 만들 수도 있다. 간단한 구글 검색만으로 몇몇 무료 설계도를 얻을 수 있다. 언젠가 '라디오닉스' 보이스카우트 배지가 나올지도 모른다.

하지만, 알다시피 기존의 의료 현장에서는 전파를 차량 배치 관리자나 구급대원과 의사소통하는 데 사용한다. 또 잘 모르겠지만, 고주파 전류로 열에너지를 발생시켜 문제가 있는 조직을 제거하거나 태워 없애는 데 사용되기도 한다. 그것은 몇몇 종류의 심장 부정맥, 종양, 정맥류를 치료할 수 있다.

아마도 가엾은 싱클레어는 라디오닉스 열풍에 놀아난 자신의 열정에 살짝 억울함을 느낄 것 같다.

**5**

# 왕의 손길
## The King's Touch

연주창, 맥베스, 왕의 터칭 의식, 기적의 말,
약용 동전, 루이 9세의 백골의 효능

중세는 온전한 외양을 유지한 채 살아 있기 어려운 시절이었다. 현대 의학의 이점이 없었기 때문에 온갖 섬뜩하고 외양이 무너지는 질병들이 만연해 있었기 때문이다. 갑상선종, 종양, 피부 발진, 부종, 구순구개열 같은 것들이었다. 그러나 당시 영국과 프랑스에서 가장 심각한 피부병 중 하

돌팔이 의학의 역사

나는 '왕의 악마'로 더 잘 알려진 연주창
이었다.

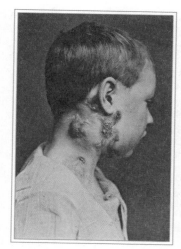

연주창

연주창(스크루풀라$^{Scrofula}$, 번식용 암퇘지
를 뜻하는 라틴어 스크로파$^{scrofa}$에서 유래함. 왜
냐하면 암퇘지는 이 병에 민감하기 때문이다)
은 목의 림프절을 감염시키는 크고 볼품
없는 결핵의 일종이며, 크기가 크고, 시
간이 흐를수록 계속 보기 흉하게 자란
다. 치명적인 경우는 드물지만, 외모는
크게 훼손된다. 스크루풀라는 다른 불가
사의한 피부병들의 숙주일 뿐만 아니라,
치료하기 위해서는 왕의 손길이 필요하기 때문에 전형적으로 '왕의 악'이
라고 일컬어졌다.

그러니 걱정하지 말라. 만약 목에 덩어리가 크고 계속 자라나는 연주
창이 생겼다면 왕을 찾아가면 된다. 일단 왕의 손길이 닿으면, 걱정할 것
없다. 추한 종양은 사라진다.

11세기 영국과 프랑스의 주민들에게는 왕이 스크루풀라에 감염된 소
작농을 만져주는 관행이 의료 행위로 받아들여졌던 것 같다. 신으로부터
부여받은 치유 능력을 입증하기 위해 영국의 에드워드 참회왕(1000~1066)
과 프랑스의 필립 1세(1052~1108)는 연주창을 치유하는 공개적인 행사를
열기 시작했다. 이 병에 시달리던 농민들이 으리으리한 왕실 행사에 모여
들었다. 왕들은 그 자리에서 병자들을 어루만졌다. 그들을 치료하기 위해
서였다.

새뮤얼 피피스$^{Samuel Pepys}$는 몇 백 년 뒤, 1660년에 찰스 2세가 왕위에

앉았을 때 다음과 같은 의례 행사를 묘사했다.

폐하께서는 관습에 따라 우선 그들의 악을 만지기 시작하셨다. 폐하께서는
연회당에 있는 왕의 자리 아래에 앉아 계셨다. 외과의사는 병자들을 왕좌로
데리고 오거나 올려 보낸다. 그곳에서 병자들은 무릎을 꿇고, 폐하께서는
양손으로 병자들의 얼굴이나 볼을 쓰다듬는다. 그 순간 사제가 종교적 형식
의 언어로 말한다. "그가 손을 얹어 그들을 치료했다."

연주창은 치료하지 않고 내버려 두어도 아프지 않고, 저절로 낫는 것
처럼 보이기도 한다. 적어도 왕의 손길이 주요한 기여를 했을 것처럼 보일
정도의 빈도로는 일어나는 일이었을 것이다. 혹은 정말로 유일한 치유의
길이었을지도 모르고.

영국 농민들 사이에서 왕의 손길을 받는 의식이 인기를 끌었던 또 다
른 이유는 성 미카엘이 새겨진 '천사'라고 불리는 특별한 금화를 받을 수
있었기 때문이다. 왕의 손길이 닿은 뒤
농민들은 1465년에 처음으로 주조된
이 특별한 동전을 받았다. 이 기념품들
은 계속해서 가문의 가보가 될 것이고,
그 안에 왕의 치유 마법을 어느 정도
간직하고 있는 것으로 여겨졌다.

사람들은 병을 앓고 있을 때 특별
한 쇠사슬에 동전을 달아 목에 걸고 그
것을 몸에 문지르곤 했다.

왕(문제가 된다면, 왕비와)과의 접촉에

마법의 동전

돌팔이 의학의 역사

이어 '마법 동전'까지 받을 수 있었으니, 중세의
농민들이 경외심을 가지고 기적을 기대하는
것도 무리가 아닐 것이다. 농노제가 깊이 뿌
리내린 사회 속에서 현대적인 교육을 받을
기회도 없었던 그들에게 그러한 경험은 강력
한 플라세보 효과를 만들어 냈을 것이다.

더 강력한 마법의 동전

그런데 왕과 왕비들은 그들이 연주창에 걸리는
것에 대해 걱정하지 않았던 것처럼 보인다. 아마도
당신이 왕이라면 다른 사람들이 당신이 그 병에 걸렸다는 것을 알아차리
기 전에 스스로의 손길로 치유하면 된다고 생각했을까? 그러나 만약 치유
의 손길을 시행하는 왕이 연주창에 걸렸다는 것을 알게 된다면 악몽 같은
홍보 효과를 상상할 수 있는가? 어떻게 전염병이 퍼지는지 이해하기 전에
그러한 관습이 사라졌기 때문에, 행사에 참가한 왕과 왕비들은 사실은 그
들의 신민들에게서 연주창을 제거해 줄 기회는 결코 없다고 믿었다고 가
정해도 무방하다.

그들 중 어느 누구도 연주창에 걸린 적이 없었다는 것은 정말 행복한
역사의 요행(어쨌든 군주제의 관점에서 보면)일 뿐이다.

## 손길로 얻는 왕의 정당성
## 혹은 진정한 정통성

왕가의 손길은 셰익스피어의 《맥베스》에도 나타나는데, 의사가 말콤과
맥더프에게 에드워드 참회왕이 현재 연주창 환자들을 만지느라 바쁘다고

알린다:

**말콤**: 왕께서 나오시겠소?

**의사**: 아아, 비참한 영혼들이 몰려와 있어서, 그곳에 머물러 치유하고 계십니다. 그들의 병은 의술로는 어쩔 수 없지만 왕의 손길이 닿으면 금세 치유됩니다. 그러한 신성함은 하늘이 왕의 손에 내린 것입니다. 지금 그들은 고쳐지고 있습니다.

말콤과 맥더프는 왕의 손길이라는 신성한 치유 능력을 인정받아 진정한 왕이었던 참회왕 에드워드를 불러들인다. 맥베스를 타도하는 것을 도와달라고 부탁하기 위해서다. 셰익스피어는 여기서 제목의 의미를 분명하게 드러내고 있다. 오랜 역사를 통틀어, 왕의 손길은 민중에 대한 국왕의 통치에 정당성을 부여했기에 정치적으로 특별한 이득을 지니고 있었다.

11세기의 참회왕 에드워드와 필립 1세 이후 손을 얹어서 연주창을 치료하는 능력은 신성하게 계승되는 것으로 여겨졌다. 오직 '진정한 왕'만이 그것을 치유할 수 있었다. 그리고 그 능력은 왕의 혈통을 물려받은 자식에게만 계승된다고 했다.

왕의 손길이 지닌 치유 능력으로 입증된 신성한 통치권은 정통성의 중요한 측면이 되어 영국의 통치자들은 700년, 프랑스의 통치자들은 800년 동안 그것을 지켜왔다. 군주제가 얼마나 왕실의 정통성에 필사적으로 매달렸는가를 통해 군주의

왕의 손길

대중적 인기를 추적할 수 있다고 주장할 수 있을 정도다. 마치 왕이 지지율 상승이 필요할 때마다 민중들에게 왕의 손길을 상기시키는 것과 같다.

영국의 경우를 보자. 한 번의 행사에서 놀랍게도 1천5백 명이라는 병자에게 손을 얹은 그 유명한 헨리 4세를 제외하면 다른 통치자들은 왕의 손길에 무심해서, 17세기에 병자들이 급증하기 전까지는 해마다 단 몇몇 환자들만 쓰다듬었다. 그러자 사태가 심각해졌다. 찰스 2세(1630~1685)는 25년의 통치 기간 동안 약 9만 2천 명, 연평균 약 3천7백 명의 사람들에게 손을 얹어 주었다.

왜 그는 그렇게 많은 사람들에게 손길을 내밀었을까? 그 당시는 군주제가 매우 불안정한 시기였다. 찰스의 친아버지 찰스 1세는 1649년 영국의 시민혁명 중에 참수형을 당했다. 찰스 2세는 이후 1651년 올리버 크롬웰과의 싸움에서 패배하여 해협을 건너 유럽으로 망명했다. 영국에서는 그 후 9년 동안 공화제가 실시되었으나, 크롬웰이 사망하고 혼란이 생기면서 1660년에 찰스 2세는 영국으로 돌아가고 왕정복고가 시작되었다.

따라서 왕은 명백한 정당성을 확보하고자 하는 목표를 가지고 있었고, 그래서 그는 궁전 정문을 통해 가능한 빠르게 연주창 환자들을 들여보낼 수밖에 없었다.

그러나 세상의 온갖 연주창을 쓰다듬는다고 해도, 1714년 앤 여왕이 사망했을 때 찰스의 스튜어트 왕가가 몰락하는 것을 막을 수는 없었다. 그러나 몰락한 왕가는 유배가 허락되지 않았고 하노버 왕정은 그들을 억압했다.

그들은 18세기에 여러 차례의 자코바이트 반란을 일으키면서 영국 왕위에 대한 집착을 버리지 못했다. 추종자들은 또한 스튜어트 왕가가 여전히 왕의 손길의 기적을 행할 수 있다는 소문을 퍼뜨렸다.

왕의 손길을 묘사한 판화

("보시오, 우리 왕은 여전히 그의 손길로 연주창을 치료할 수 있소. 신이 그를 편애하니, 영국 왕좌에 앉을 신성한 권리가 분명하지 않습니까?") 그러나 도움이 되지 않았다. 스코틀랜드 민족주의의 끓어오르는 개념이 낭만적으로 얽혀 있기는 하지만 자코바이트 사람들의 반란은 모두 실패로 끝났다.

한편 프랑스에서는 중세 후기부터 이 의식을 프랑스 왕의 대관식에서 시행했는데, 처음부터 신성한 권리를 확보하는 좋은 방식이었다.

왕의 손길은 17세기 프랑스에서, 1680년 루이 14세가 베르사이유에서 부활절이 아니라 부활절 달걀을 기념했을 때(파티!), 1,600명의 연주창 환자들을 쓰다듬으면서 인기의 절정에 달했다. 18세기에 그 관습이 쇠퇴했을 때에도 루이 15세는 불꽃을 살려두기 위한 그의 역할을 확실히 수행했고, 한 자리에서 왕의 손길이 닿은 연주창 환자 숫자가 2,400명에 달하는 놀라운 기록을 세웠다.

엘리자베스 2세 여왕이 자신의 자동차에서 군중들을 향해 손을 흔드는 것과 거의 다를 바가 없지 않은가?

## 왕 대신
## 말이 핥아도 낫는다

돌팔이 의학의 역사

왕의 악(연주창)에 시달리는 농민들이 직면한 아주 현실적인 문제. 오직 왕만이 치료할 수 있는 병이 있다면, 왕을 꼭 만나야 할 것이다. 이지젯이나 라이언에어 같은 저가항공이 존재하기 이전의 시절, 왕의 손길과 접촉할 수 있는 의례에 참여하기 위해 런던이나 파리로 여행할 수 없는 형편이라면, 가망이 없는 것이다. 만약 운이 좋다면 연주창 증상은 저절로 줄어들지도 모른다. 아니면 왕을 대신하는 치료사를 찾을 수도 있다. 말과 같은 대체 치료사들이다.

스코틀랜드의 비국교도 알렉산더 실즈<sup>Alexander Shields</sup>는 1688년 자신의 일기에 스코틀랜드 아난데일 지역의 특별한 말에 대해 적었다. 병자들의 아픈 부위를 핥아서 연주창을 치료하는 말이었다. "나는, 목격자로부터, 아난데일 산 속 혹은 기슭 근처에서 아픈 곳을 핥아서 왕의 악을 치유하는 말이 있다는 이야기를 들었다. 사방에서 모여든 시골 사람들이 마지막으로 기대는 수단이라고 한다."

핥아주는 말은 왕을 직접 만날 기회를 얻을 수 없었던 외딴 스코틀랜드의 가난한 사람들에게 얼마나 큰 혜택이었을까. 그 말을 소유했던 농부에게 핥아주는 말은 얼마나 고마운 존재였을까. 농부는 돌팔이 의사 정신을 가진 장사꾼임에 틀림없었고, 그가 소유한 기적의 말에 접근을 허용함으로써 상당한 부를 얻었다. (처음부터 말이 어떻게 종양을 핥을 수 있다고 확신했는지 그 사실은 역사 속으로 사라졌다.)

또한 왕실의 손길을 받기 위해 순례를 하기에는 너무 멀리 떨어져 있는 아일랜드의 경우에도 17세기 중반에 나타난 독자적인 대안이 있었다. 1662년 발렌타인 그레이트레이크스(일명 '쓰다듬는 이'라 한다)라는 신기한 이름을 지닌 아일랜드의 영적 치료사가 명성을 얻었다. 그는 고통 받는 환자들을 어루만져서 연주창을 치료하는 능력이 있다고 주장했다. 발렌타인이 왕이 아니라는 아주 명백한 사실에도 불구하고 말이다. 진짜 왕의 손길을 받기 위해 런던으로 여행하기가 불가능한 아일랜드 농민들의 고충 때문에(그리고 의심의 여지없이 군주제에 대한 전통적인 아일랜드 공화국의 관점 덕분에), 그레이트레이크스는 돈을 갈퀴로 긁어모을 정도였다. 대단했다. 3년 동안, 많은 사람들이 그의 손길을 받기 위해 그가 나타나는 곳마다 몰려들었다. 그레이트레이크스는 결국 리스모어 주교 재판소의 분노를 자아냈다. 재판소는 "적절한 면허증을 가지고 있지 않다."는 전통적인 이유로 그가 시행하는 의학적 치료를 금지했다.

그러나 그것은 그를 막지 못했다. 1666년 그레이트레이크스는 대서양을 가로질러 영국으로 건너갔고, 영국 전역을 여행하면서 연주창 환자들을 계속 치유했다. 결국 찰스 2세가 그레이트레이크스의 소문을 듣고 그의 능력을 보기 위해 화이트홀로 불러들였다. '쓰다듬는 이'의 쓰다듬는 효험에 대해 지워지지 않는 의심을 품고 있었음에도 불구하고(그리고 자신에게 있는 왕가의 치유 능력에 대한 깊은 개인적 열정에도 불구하고), 찰스 2세는 놀랍게도 그레이트레이크스가 자신의 능력을 광고하는 것을 금지하지 않았고, 아일랜드의 영적 치료사가 계속해서 영국을 돌아다니도록 내버려두었다. 왕은 현재 진행 중인 제2차 앵글로-더치 전쟁과 같은 더 중요한 걱정거리를 가지고 있었다.

영국 언론에서 그의 인상적인 능력에 대해 꽤 많은 논란을 일으킨 뒤(로버트 보일, 현대 화학의 창시자이며 그레이트레이크스의 후원자), '쓰다듬는 이'는 1667년에 아일랜드로 돌아와 농사를 지으며 살았다.

하지만 아일랜드의 영적 치료사나 살아 있는 왕을 찾을 수 없다면……죽은 왕에게 관심을 가질 수도 있지 않을까? 프랑스인들은 관습에 너무 빠진 나머지 왕의 손길이 무덤 너머에서도 연주창을 치료할 수 있을 것이

돌팔이 의학의 역사

## 왕들의 다른 치유 능력

프랑스와 영국의 통치자들은 연주창을 치료하는 능력에서 유럽의 군주들 사이에서도 독특한 존재였지만, 그들만이 선천적인 치유력을 가진 귀족은 아니었다. 오스트리아의 합스부르크 왕가는 입에 키스를 함으로써 말더듬이를 치료할 수 있었다고 한다. 그리고 스페인의 카스티야 왕국의 군주들은 악마에 홀려 죽은 사람 옆에서 신에게 기도하고 성호를 그음으로써 악마를 퇴치할 수 있었다.

그래서, 만약 당신이 악귀에 사로잡힌 말더듬이라면 유럽 그랜드 투어에 착수함으로써 당신의 모든 병을 치료할 수 있었다.

그리고 그것이 이 책에서 소개하던 치료법 중 가장 좋은 치료법일 것이다.

라는 믿음을 가졌다.

죽은 왕 외에 죽은 성인이라는 광휘를 지닌 루이 9세(1214~1270)의 부패한 팔은 왕의 손길이 지닌 치유 능력을 여전히 지니고 있는 것으로 믿어졌다.

유럽 전역을 가로질러 왕이 묻혀 있는 스페인의 수도원으로 향하는 순례자들은 한 가지 희망을 가지고 있다. 오래 전에 죽은 왕의 뼈만 남은 팔로 연주창을 쓰다듬는 것이었다.

## 손길의 능력을 잃다

1689년 윌리엄과 메리가 영국 왕좌에 오르자 왕의 손길을 호의적으로 보는 분위기는 완전히 사라졌다. 영국에서는 카톨릭과 미신을 강력하게 반대하는 개신교가 지속적으로 성장하면서, 새로운 통치자들은 왕실의 손길에 대한 요청에 부응하지 않았다. 그 관습은 가톨릭과 결부되어 부정적으로 받아들여졌던 것이다.

　　17세기에 윌리엄은 심지어 연주창으로 고통 받으며 그의 손길을 요청하는 탄원자에게 화형을 내리기까지 했다. 그의 반응은? "하나님은 너에게 더 나은 건강을 주시고…… 더 나은 두뇌도 주시리라."

　　연주창에 시달리는 가엾은 영혼이 왕에게서 듣고 싶은 말은 아닐 것이다.

　　앤 여왕은 짧은 통치 기간 동안 그러한 관행을 간단히 다시 도입했다. 1712년 3월, 앤은 마지막으로 그러한 의례 행사를 치렀는데, 이 의식에는 '이상한 우연'이 겹쳤다. 앤의 손길을 받은 마지막 연주창 환자는 새뮤얼 존슨<sup>Samuel Johnson</sup>이라는 이름의 어린 아기였다. 그렇다. 나중에 최초의 현대적 영어 사전을 편찬해서 유명해진 바로 그 새뮤얼 존슨이다. 이렇게 해서 스튜어트 왕가의 몰락(그리고 왕위에 대한 그들의 권리를 정당화하려는 노력)과 함께, 왕의 손길을 베푸는 관행도 영국에서 사라졌다.

　　한편, 프랑스에서도 18세기에 들어서면서 그 관습은 쇠퇴하기 시작했다. 계몽주의 시대의 빛에 휩싸인 프랑스인들은 왕의 손길의 효능을 의심하기 시작했다.

앤 여왕이 의례 행사 중 농민들에게 직접 손을 대고 싶지 않을 때 사용했던 자철석

　　　　　　　　　　　　　　　　돌팔이 의학의 역사

과학 혁명의 결과, 사람들의 세계관은 점점 이성적으로 변했다. 프랑스에서는 계몽주의 철학이 절대왕정에 대한 반대세력으로 급성장했다. 누구보다도 재치 있는 사람이었던 볼테르가 왕

왕실 재현: 여왕은 무개차의 뒷부분에 앉아서 치유를 베푼다.

의 권력에 대한 회의론이 고조된 사례를 포착했다. 그는 루이 14세의 정부가 '왕의 손길이 잘 닿았을 텐데도' 연주창으로 사망했다는 것을 강조했다.

1825년까지는 이따금씩 그러한 전통이 부활하곤 했지만, 샤를 10세가 대관식에서 121명의 연주창 환자들을 만진 것이 프랑스 군주가 그 관습을 공개적으로 시연한 마지막 행사였다. 공정하게 말하면, 프랑스 군주제가 거의 끝나갈 무렵이었다.

비록 프랑스는 이제 더는 군주제가 아니지만, 영국은 아직 희망이 남아 있다. 아마도 윌리엄 왕자가 왕좌를 이어받게 되면, 그는 21세기를 위해 그러한 관행을 다시 도입하기로 결정할 것이다. 수많은 팬들이 그 기회를 얻기 위해 기꺼이 연주창에 감염될 것이다.

# 눈 건강편

눈이 건강해 시력에 아무런 문제가 없는 사람은 드물다. 세계 인구의 대부분이 근시, 원시, 난시 또는 노안과 같은 조건과 싸우고 있다. 최근 도수 없는 안경도 유행하고는 있지만, 시력이 좋지 않은 사람들은 아침에 일어나 안경 없어도 자명종 시계가 잘 보이면 좋겠다고 생각할 것이다.

예리한 사업가는 바로 그러한 욕망을 포착했고, 시력의 복잡한 문제를 손쉽게 고칠 수 있다고 장담하는 다양한 제품과 이론을 내놓았다. 돌팔이 사례들 대부분과 마찬가지로 이러한 제품과 이론으로부터 이익을 얻는 유일한 이들은 제품을 제조한 사람이나 판매자뿐이다.

## 눈 운동을 위한 베이츠 시스템

뉴욕의 안과의사 윌리엄 호레이쇼 베이츠는 과학적 근거와는 상관없이, 시력에 문제가 있는 사람들이 안경을 쓰는 것은 좋지 않다고 생각했다. 시력을 향상시키기 위해서는 눈 운동을 해야 한다고 했다. 그것은 한 물체에서 다른 물체로 시선을 옮기다가, 손바닥으로 눈을 가리고, '검은 물체'를 보고 위를 보는 것 같은 것이었다. 베이츠의 방법은 1920년대와 1930년대 사이에 엄청난 인기를 누렸으며, 그 여파로 수많은 돌팔이들을 양산해 맹종하게 만들었다. 또한 뚜렷한 이유 없이 나치 독일에서도 유행했다. 다행히도, 베이츠 방법은 DMV(*역주: 미국 차량관리국)에 의해 채택되지 않았다.

## 올더스 헉슬리

베이츠 방식의 가장 열정적인 채택자 중 한 명은 《멋진 신세계》의 작가 올더스 헉슬리로, 그는 평생 시력 문제로 시달렸다. 헉슬리는 베이츠에 심취한 나머지 《시선의 기술》이라는 책을 썼는데, 1942년에 하퍼 출판사에서는 이 책을 마지못해 출간해 주었으며, 지금도 헉슬리 문학의 흑역사로 남아 있다. 또 다른 시도로 헉슬리는 '코로 글쓰기'를 권하는데, 그것은 즉 자신의 코가 연필이라고 상상한 뒤 허공에 상상의 서명을 써넣는 것이다……. 시력을 향상시키기 위한 방법으로.

## 게이엘로드 하우저의 원더 푸드

지칠 줄 모르고 자기를 홍보하는 사람이자, 최초의 유명인 식단을 만든 게이엘로드 하우저 Gayelord Hauser 는 베이츠에 버금가는 유명한 돌팔이었다. 하우저의 책 《안경이 없이 더 선명한 시력》은 자신의 다이어트 상품을 홍보하고 판매하기 위한 전략으로 베이츠 방식을 선택한 것이었다. 만약 당신이 눈 운동을 하고, 그리고 하우저의 회사에서 판매되는 '원더 푸드'를 지속적으로 먹는다면 시력을 향상시킬 수 있을 것이다. (게이엘로드 하우저가 인증하는 '원더 푸드'에는 요구르트, 양조장의 효모, 분말 탈지우유, 밀 배아, 그리고 당밀과 럼주를 섞은 음료가 있다.)

## 갈바닉 안경

스팀펑크(*역주: 역사에 공상과학과 판타지적 요소를 적용한 에스에프 문학 장르의 일종. 전자제품 대신 증기로 작동하는 기계가 등장한다)의 꿈이 실현되어, 1905년 경에 나온 '갈바닉 안경'은 어두운 녹색 렌즈에 플라스틱 테이지만, 그 속에 전기 배선이 되어 있는 금속 테를 감추고 있었다. 안경은 '시신경에 연속적인 전기 흐름'을 보낸다고 광고했다. 제조업자들은 그것이 소비자에게 유익할 것이라고 가정했다. 제조업자들이 알지 못했던 사실은 시신경이 실제로 안구에 있지 않다는 것이었다. 시신경은 안구 뒤 두개골 깊숙한 곳에 있다. 눈에 전기 충격이 가해지면 스팀펑크에 대한 신뢰가 생길 수는 있겠지만 시력이 좋아지지는 않는다.

## 아이작 톰슨 박사의 기념할 만한 안약

1795년 코네티컷의 아이작 톰슨^Isaac Thompson (사실 의사가 아님) 박사가 처음 특허를 내고 판매를 시작한 안약은 눈의 모든 질환을 치유할 수 있었고, 20세기에도 여전히 판매되었다. 그러나 1906년 순수 식품 의약품법이 통과되기 전까지는 아무도 그 약의 성분을 알지 못했다.

그것이 오랫동안 인기가 있었던 진짜 이유는?

아편이었다.

음흉한 노인이 순진한 어린 소녀에게 이상한 안약을 내밀고 있다.

## 그저 거울을 보라

눈의 홍채가 환자들을 진단하는 데 사용
될 수 있다는 기이한 생각은 19세기 헝가리
의 의사 이그나츠 폰 페첼리Ignaz von Peczley로부
터 비롯되었다. 그는 다리가 부러진 남자와
다리가 부러진 부엉이의 눈 둘 다에서 비슷
한 홍채의 무늬가 있다는 것을 발견했다. 페
첼리는 왜 이것을 우연으로 돌리지 않았을
까, 왜 애당초 부엉이를 예로 들었을까, 그리
고 왜 그가 인간과 새의 눈을 들여다보면서
이런 식의 비교분석을 했을까. 그 이유는 여
전히 오리무중이다.

그럼에도 불구하고, 페첼리의 발견 덕분에
홍채학(여전히 막강한)이 등장했다.

돌팔이 의학의 역사

# 암 치료편

암은 우리 몸의 핵심을 이루는 불변의 화합물, 곧 DNA를 바꾸는 질병이다. 그것은 우리 자신의 세포 중 하나가 돌이킬 수 없게, 음, 보통의 인간으로 행동하는 것을 멈추게 하는 무엇인가로 변하면서 시작된다. 암세포는 분열을 거듭하면서 걷잡을 수 없이 증식하다가 우리를 죽음에 이르게 한다. 암은 전염성이 없다. 바이러스나 박테리아처럼 다른 숙주로 옮겨가지 않는다. 그야말로 살인청부업자처럼 한 가지 일만 수행한다.

히포크라테스는 기원전 4세기에 악성 종

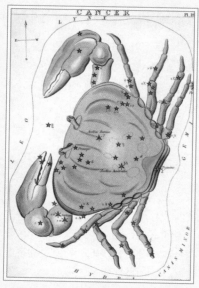

암cancer, 게 별자리, 사회의 전염병

양을 설명하기 위해 암$^{carcinos, carcinoma}$이라는 용어를 만들었다. 이 용어는 게를 의미하는데, 그 이유는 많은 종양들이 중앙에서 나오는 게 다리를 닮은 섬뜩한 돌출부를 가지고 있기 때문이다. 또한 종양의 표면이 게딱지를 닮은 경우도 있고, 어떤 때는 찌르는 듯한 통증이 게의 집게발처럼 느껴지기도 한다. 기원전 1세기에 켈수스가 종양을 'cancer'라고 부르면서 그 단어는 공식적인 정식명칭이 되었다.

암은 여러 가지 적절하지 않은 방식으로 대응되어 왔다. 아직 모든 치료법을 발견하지 못했기 때문에, 돌팔이들이 여전히 사냥감을 찾아 온갖 노력을 다하고 있다. 결코 시도해보고 싶지 않은 가장 나쁜 치유법들을 훑어보자.

## 동물

"독은 독으로 치유한다."는 치료법의 연장으로 볼 수 있다. 2세기 무렵 갈레노스는 게를 태워서 그 재와 게 조각을 깃털로 종양에 발랐다. 그러나 가엾은 게만 희생되었을 뿐이었다. 중세에는 갓 죽인 토끼, 강아지, 고양이 혹은 어린 양을 종양에 붙이는 방법도 있었다. 그러한 발상은 암이 굶주린 늑대와 비숫하므로 사람 대신 동물을 희생물로 삼아 먹이로 던져주겠다는 것이었다. 가엾은 동물들! 18세기에는 여우의 폐, 도마뱀의 피, 악어의 똥과 더불어 거머리처럼 평범하지만 쓸모없는 것들이 치료법에 포함되었다.

## 포도

1925년에 요한나 브랜트 Johanna Brandt가 포도 치료를 소개했다. 그것은 꽤 단순한 발상이었다. 며칠 단식을 하고, 관장제를 사용하고, 그러고 나서 포도 7개를 매일의 식사로 2주 동안 먹는다. 포도 주스 관장, 질 세척, 찜질, 양치 등도 추천됐다. 미국 암협회는 한 번으로는 충분하지 않다는 듯, 네 번(2000년도가 마지막)이나 이러한 충격적인 치료 행위가 오류임을 밝혔다.

## 상어 연골

아마도 상어가 암에 걸릴 수 없다는 사실을 들은 적이 있을 것이다. 1992년에 윌리엄 레인과 린다 코맥은 정확히 《상어는 암에 걸리지 않는다》라는 책을 출간했다. 그리고 엄청난 주목을 받았다. 이 책을 읽는 사람이라면 이렇게 말할 것이다. "하긴 그래, 암에 걸린 상어는 들어본 적이 없어! 한 번도!" 아마도 환자들이 상어 연골과 그것이 지닌 어떤 마법으로 암을 치료할 수 있었다면 전 세계의 종양학자들은 직업을 잃었을 것이다. 몇몇 과학 연구의 결과를 알고 싶은가? (힌트:

종양학자들은 여전히 직업을 가지고 있다.)

어쨌든, 생물학자들이 상어도 암에 걸린다는 슬픈 사실을 지적하기 전까지는 매우 흥미로운 발상이기는 했다.

## 극초단파

로열 레이몬드 라이프 Royal Raymond Rife는 자신이 발명한 광선인 '라이프 주파수 발생장치'가 암을 포함해서 인간의 질병을 유발한다고 여겨지는 미생물을 죽일 수 있다고 주장했다. 그는 미생물학자들에게 알려지지 않은 일이지만 미생물들은 진동하면서 화려한 오라를 발사하기 때문에 가능한 일이라고 믿었다(무지개빛 유니콘을 믿는다는 소리 같다). 기계의 겉모습은 계기판이 달린 크고 검은 박스이고, 바깥에는 형광등 같은 유리 '광선 튜브'가 붙어 있다.

이 모든 것이 1930년대에 일어났지만, 라이프 장치는 오늘날에도 여전히 수천 달러에 팔리고 있으며, 몇몇 판매자들은 건강 사기라는 중범죄로 유죄 판결을 받았다.

## 시안화물

1970년대에는 레이어트릴이라는 약재가 출시되어 화제가 되었다.

때때로 비타민 B-17(비타민은 아니다)로 불리는 레이어트릴은 아미그달린의 반합성 형태로, 살구 씨와 다른 씨앗에서 발견되는 청산가리를 함유한 물질이다. 레이어트릴을 지

돌팔이 의학의 역사

1931년에 로열 라이프가 초기에 발명한 현미경

지하는 이들은 그것이 건강한 세포는 내버려 둔 채 암세포만 공략해 죽일 수 있다고 주장했다. 그 주장은 거짓이었고, 정식 임상 시험에 참가한 피험자들은 결국 청산가리 독성이 몸에 남았다. 암이 비타민 B-17의 결핍이 원인이라는 생각도 마찬가지다. 고맙지만, 아니, 인간에게 시안화물은 부족하지 않으며, 더 많이 원하지도 않는다. 결코.

레이어트릴은 지난 20년 동안 외면되어 왔으나, 완강한 비타민 B-17 애호가들 덕분에, 인터넷이나 한적한 국경 근처의 진료소에서 구할 수 있다.

## 실제로 효험이 있는 것

필라델피아 의사 벤자민 러쉬는 "채소 왕국에는 암의 해독제가 존재하지 않는다는 믿음을 갖고 있다."고 말한 적이 있다. 그는 주목과 페리윙클 식물이 두 가지 강력한 화학요법, 즉 다양한 암을 치료하는 파클리탁셀과 빙카 알칼로이드의 원료가 되었다는 사실

을 알면 놀랄지도 모른다.

위험하고 쓸모없는 오래된 처방전에서 흔히 발견되는 비소가 이제 백혈병의 중요한 치료제 중 하나가 되었다는 사실을 알게 되면 많은 사람들은 충격을 받을 것이다.

오늘날, 우리는 생물학적 표적 치료법을 포함하는 화학요법을 사용해 악성 종양과 싸우고 있다. 호르몬으로 추동되는 암은 호르몬을 차단하는 요법을 쓰고, 암세포만 공격하는 단일 세포에서 생성되는 항체도 개발됐다. 가장 최근에는 우리 자신의 면역체계를 활성화시켜 암세포를 죽이는 면역요법의 방향으로 가고 있다. 수술은 이제 소독법과 해부학에 대한 현대적 이해 덕분에 훨씬 더 정확하고 안전하다. 그리고 방사선이 암을 유발할 수도 있지만, 현대의 방사선 전문의들은 방사선 물리학에 대한 이해도가 높으며, 정밀하게 계산된 방사선량을 암세포에 정확하게 겨냥하는 향상된 기술을 구사한다. 실수하지 말아야 한다. 우리에게 할 수 있는 일은 많고, 우리는 포도를 먹으며 최고의 효과를 바라던 그렇게 무력한 시대에 살지 않는다.

# 감사의 말

어느 화창한 아침 샌디에이고의 한 카페에서 에이프릴 제네비에브 투콜케<sup>April Genevieve Tucholke</sup>가 우리를 바라보면서 "함께 책을 쓰자."고 말했다. 이토록 즐거운 여정을 함께 하게 해준 에이프릴에게 특별한 감사를 보낸다.

우리 책의 에이전트인 에릭 마이어<sup>Eric Myers</sup>에게, 우리의 제안에서 가공되지 않은 다이아몬드를 알아봐주고, 덕분에 책을 출간할 수 있게 되어 감사한다.

우리의 편집자 샘 오브라이언, 그리고 워크맨 출판사의 뛰어난 팀원들에게, 《돌팔이 의학의 역사》가 출간될 수 있는 자리가 되어준 것과 갈고 닦아서 반짝이도록 해준 것에 감사한다. 매우 재미있는 작업이었다. 이따금 매우 이상하기도 했으나, 매우 재밌었다.

네브래스카대학 메디컬센터 맥구건 의학도서관의 사서들과 직원들에게 매우 특별한 감사를 보낸다. 존 슐라이서는 역사기록보관소를 안내하

돌팔이 의학의 역사

여 인상적인 관람을 제공해주었다. 메리 헬름<sup>Mary Helms</sup>은 그곳을 소개시켜 주었고, 이 프로젝트를 지지해 주었다. 캐머런 보쳐<sup>Cameron Boettcher</sup>는 몇몇 놀라운 사진들을 우리에게 제공했다. 그리고 '식인 풍습'과 '비소 중독'이 포함된 논문들을 검색해 달라고 요청을 받았던 사서들에게 감사한다. 경찰서에 전화하지 않은 것에 대해.

## 리디아 강<sup>Lydia Kang</sup>

가장 가까운 친구이자 인생의 동반자, 무급 편집자 겸 자문가로 일해준 버니 수에게. 내 아이들에게. 원고를 쓰면서 이따금 비명을 지르거나 기괴한 소리를 낼 때 결코 놀라지 않아주어 고맙다.

강창욱 박사, 그리고 나의 형제, 리처드 강 박사, 두 사람은 일과 삶에 있어서 품위와 지성 그리고 힘을 보유하고 있다. 나의 어머니 경자씨, 끊임없이 나를 보살피는 당신에게 사랑을 보낸다. 앨리스, 자매처럼 언제나 지지해 주어 고마워. 다나, 오상, 언제나 커다란 포옹을 보낸다. 그리고 시끌벅적한 나의 조카들, 너희들의 이모가 이상하더라도 신경 쓰지 말아라. 나는 너희들을 사랑한다. 나의 수 가족들 모두, 여러분의 사랑, 지지 그리고 호기심에 언제나 감사한다.

의학계에도 조언과 지원을 해준 많은 친구들이 있다 ─ 특히 앤젤라 호킨스, 크리스 브루노, 게일 에서턴, 페자 로칠링을 기억한다. 나의 클리닉을 지원하는 직원들과 동료들 ─ 내 멋진 환자들을 함께 돌봐줘서 고맙다. 로이 콜번, 당신의 돌팔이 책들과 열정에 감사한다. 신시아 레이티치 스미스에게, 당신의 시간과 전문지식에 감사한다. 시드니 슈미트, 모든 참고문헌이 도움이 되었다. 그리고 에멀리 네이피어, 내 주위를 정돈해 준 것 감사한다. 두샤나, 토냐, 모린, 신디, 안나, 엘렌, 아리아네, 그리고 이 바쁜 한 해 동안 나를 지지해 준 많은 다른 사람들에게 큰 사랑을 보낸다. 든든한 글쓰기 친구인 사라 파인에게. 앞으로도 의지하며 지내자, 친구.

그리고 마지막으로 나의 유독한 범죄의 파트너 네이트, 당신은 내가 아는 가장 냉정한 친구야. 그리고 뛰어난 존재이지. 곧 저녁 식사나 함께 하자, 오케이?

## 네이트 페더슨 Nate Pedersen

리디아 강, 당신의 놀라운 효율성과 속도, 그리고 의학적 정확성에 감사한다.

당신은 완벽한 공동저자였다. 언제 다시 한 번 더 이런 작업을 합시다.

내가 언론인으로서 처음 프리랜서 작업을 시작했을 때 너그럽게 조언을 해 준 폴 콜린스와 스콧 카니에게, 그리고 프리랜서 작업을 그만 두고 그 대신 책을 써보라고 제의한 사이먼 윈체스터에게 감사한다.

수년 동안 모든 지원을 아끼지 않은 제임스 당키에게 감사한다.

파인 북스 앤 컬렉션 잡지의 레베카 레고에게 감사한다. 작가를 지지하고, 편집에 대한 의견을 개진하며, 내 많은 기사에 지면을 마련해 주었다

데슈트 공립 도서관

데슈트 카운티 역사 사회 박물관

켈리 캐논 밀러의 협조에 감사한다.

언제나 그 자리에서 나를 응원해 준 토마스 페더슨에게 감사한다.

에이프릴 제네비에브 투콜케, 일일이 거론하기에 너무 많은 멋진 일들에 감사한다.

에이나 그리고 베루어 페더슨, 닐 화이드헤드, 노먼 케인, 그리고 특히 나의 어머니 도나 페더슨을 기억하며.

엄터리 만병통치약에 대한
무시무시한 이야기

# 돌팔이 의학의 역사

| | |
|---|---|
| **제1판 1쇄 발행** | 2020년 9월 3일 |
| **제1판 2쇄 발행** | 2020년 9월 23일 |

| | |
|---|---|
| **지은이** | 리디아 강, 네이트 페더슨 |
| **추천인** | 서민 |
| **옮긴이** | 부희령 |
| **펴낸이** | 김덕문 |

| | |
|---|---|
| **기획** | 노만수 |
| **책임편집** | 손미정 |
| **디자인** | 블랙페퍼디자인 |
| **마케팅** | 이종률 |
| **제작** | 백상종 |

| | |
|---|---|
| **펴낸곳** | 더봄 |
| **등록번호** | 제399-2016-000012호(2015.04.20) |
| **주소** | 경기도 남양주시 별내면 청학로중앙길 71, 502호(상록수오피스텔) |
| **대표전화** | 031-848-8007　　**팩스**　031-848-8006 |
| **전자우편** | thebom21@naver.com |
| **블로그** | blog.naver.com/thebom21 |

ISBN 979-11-88522-79-8  03900